A*t*V

Victor Klemperer (1881–1960) wurde zum Chronisten der Judenverfolgung im Alltag einer deutschen Großstadt. Seit der Veröffentlichung seiner Tagebücher aus der Zeit des »Dritten Reiches« 1995 im Aufbau-Verlag ist der Dresdener Romanist einem internationalen Publikum bekannt geworden. Nicht nur diese unter Lebensgefahr entstandenen Notate, auch seine Aufzeichnungen aus der Zeit der Weimarer Republik und des Kalten Krieges sind Gegenstand intensiver Auseinandersetzung. Hier wird Zeitgeschichte vermittelt aus persönlicher Sicht, mit den Erfahrungen und Wertungen eines Zeitzeugen. Wie ein roter Faden zieht sich durch alle Aufzeichnungen Klemperers die seismographische Beobachtung latenter und schließlich offen ausgetragener nationalsozialistischer Erscheinungsformen: als Intoleranz, als Ausgrenzung und Diskriminierung, als Gewalt und Hass. Er setzt Aufklärung dagegen, das Bewusstmachen von Zusammenhängen: zum Beispiel denen zwischen Denken und Sprache. Hierin berühren sich Klemperers Intentionen mit den Bildungs- und Erziehungszielen der Schulen. Um Jugendlichen den Zugang zu Klemperers beeindruckenden Analysen, seiner Persönlichkeit und seinem Schicksal vorzubereiten, bietet dieser Band vielfältige Aspekte und Diskussionsangebote zum Umgang mit dem Werk Klemperers im Unterricht. Er wendet sich vorwiegend an Lehrerinnen und Lehrer der Fächer Deutsch, Geschichte, Politische Bildung, Ethik u. ä. Für den angelaufenen »Victor-Klemperer-Jugendwettbewerb« unter dem Motto »Kreativ gegen Gewalt« kann er bei der Vorbereitung der Schüler Anregung und Unterstützung bieten.

»Damit es Tag werde in den Köpfen, wird heute die geistige und damit die menschlichste Nahrung in Deutschland benötigt. Denn nimmt man die Verdunklung, unter der wir im Krieg gelitten haben, als Symbol, denkt man an die Köpfe statt an die Fenster, so haben wir nicht sechs, sondern reichliche zwölf Jahre der Verdunklung hinter uns. Und nun gibt es kaum einen wichtigeren Mann im Lande als den Schulmeister, und nun kann es für uns, auf welchem Katheder auch immer wir stehen, es kann für uns nichts Wichtigeres geben, als für Entdunklung zu sorgen, für klare Tageshelle, für Aufklärung.«

Victor Klemperer zur Eröffnung der Dresdener Volkshochschule am
28. April 1946

Victor Klemperers Werk

Texte und Materialien für Lehrer

Herausgegeben von Karl-Heinz Siehr

Aufbau Taschenbuch Verlag

ISBN 3-7466-8065-4

1. Auflage 2001
© Aufbau Taschenbuch Verlag GmbH, Berlin 2001
Einbandgestaltung Preuße & Hülpüsch Grafik Design
unter Verwendung eines Fotos der Stiftung Archiv
der Akademie der Künste, Berlin (Auguste-Lazar-Archiv)
Bildbearbeitung und Kolorierung Bert Hülpüsch
Satz LVD GmbH, Berlin
Druck Ebner Ulm
Printed in Germany

www.aufbau-taschenbuch.de

Inhalt

Anhang

Karl-Heinz Siehr

Vorwort

Das bewegende Schicksal des Dresdener Romanisten und Philologen
Victor Klemperer (1881–1960) ist insbesondere durch seine Tagebücher der Jahre 1933–1945 – erschienen 1995 im Aufbau-Verlag – und
durch deren filmische Verarbeitung (1999, ARD) einem breiten Publikum in Deutschland und darüber hinaus vertraut geworden. Die Tagebücher – inzwischen sind auch die mit großer Spannung erwarteten
Notizen der Jahre 1918–1932 und 1945–1959 veröffentlicht – und der
Film haben nicht nur zahlreiche Leser bzw. Zuschauer gefunden, sie
haben auch die Biografie und das gesamte Werk Klemperers in einer
Weise ins Blickfeld von Öffentlichkeit und Wissenschaft gerückt, wie
es intensiver kaum sein kann. Die allein in den letzten Jahren erschienenen Rezensionen, Kommentare, Aufsätze, Sammelbände und Mo-
nografien umfassen bereits eine stattliche Bibliografie, hinzu kommen
CDs mit Lesungen aus den Tagebüchern und mehrere Dokumentarfilme. Spätestens seit 1995 ist der Name Victor Klemperer für viele ein
fester Begriff geworden – und ein Ende der Auseinandersetzung mit
seinem Werk ist längst nicht in Sicht.

Der vorliegende Sammelband ist Ausdruck und Teil dieser aktuellen
Wirkungs- und Rezeptionsgeschichte des Werkes von V. Klemperer.
Seine Besonderheit liegt darin, dass er – der Untertitel signalisiert es –
ein spezielles Anwendungsgebiet im Blick hat und sich ausdrücklich
an Lehrerinnen und Lehrer der Schule wendet. Dahinter steht die Überzeugung des Herausgebers und des Verlages, dass es für die heutige
Schule in mehrfacher Hinsicht produktiv sein sollte, wenn sie sich Teilen des Werkes von Klemperer systematisch zuwendet und diese für
den Unterricht aufbereitet.

Angesprochen sind vorrangig Lehrerinnen und Lehrer der Fächer
Deutsch, Geschichte, Politische Bildung, Ethik u. ä., denen der Name
Victor Klemperer schon etwas sagt, die bereits über Erfahrungen im
unterrichtlichen Umgang mit Texten von Klemperer verfügen oder die
sich einen neuen, überaus interessanten Unterrichtsgegenstand erschlie-

ßen wollen. Dafür bietet der Band in 13 Einzelbeiträgen Standpunkte und Diskussionsangebote zum Umgang mit verschiedenen Aspekten des Werkes von V. Klemperer im Unterricht. Ein umfangreicher Anhang enthält zudem Materialien, die dem Lehrer in dieser oder jener Form bei der Vorbereitung und Durchführung des Unterrichts hilfreich sein sollten.

Die Beziehung »Klemperer und Schule« hat bereits eine Vorgeschichte. Schon Klemperers berühmte Analyse der Sprache des Dritten Reiches, der Lingua Tertii Imperii, die 1947 unter dem Titel *LTI. Notizbuch eines Philologen* veröffentlicht wurde und derzeit in 18. Auflage vorliegt, hat Spuren in der Schule hinterlassen. Im Heft 2/1948 der Zeitschrift *Deutschunterricht* empfiehlt eine der frühesten Besprechungen das Buch *LTI* ausdrücklich »als unmittelbar wertvoll« für den Unterricht. Dass es entsprechende Aktivitäten in der Schule gab, belegt folgende Notiz aus Klemperers Tagebuch:

»Im Gedränge nach dem Vortrag übergab mir Erich Seidemann Dölzschen das mir gewidmete LTI-Heft der Grundschule Dölzschen: Aufsätze u. Zeichnungen 13- u. 14jähriger nach meiner LTI u. der entsprechenden Schulfunksendung. Ich konnte im Augenblick nicht warm genug danken u. fuhr am Mi. Mittag nach D. hinauf. S. informierte mich, es stehe gerade die Lektion ›Gegenwartskunde‹ bevor, ausserordentlich wichtig für die eben aus der Schule zu Entlassenden, stark sabotiert von der passiven im Elternhaus unterstützten Resistenz der Kinder gegen alles Politische. Da hielt ich zum erstenmal in meinem Leben eine kleine politische Ansprache vor Kindern einer Volksschule. Nicht rein SED-lich, sondern zur notwendigen Politisierung des Denkens.« (10. 4. 1949)

Ob und in welchem Ausmaß *LTI* in der Schule der DDR und in der BRD ein Unterrichtsgegenstand blieb bzw. überhaupt jemals war, darüber ist im Übrigen relativ wenig bekannt. Ohne Zweifel war die Wirkung von *LTI* im Osten Deutschlands, d. h. dort, wo Klemperer lebte, lehrte und sich gesellschaftlich engagierte, bedeutend größer als im Westen – insgesamt 13 Auflagen zwischen 1947 und 1990 und ca. 240 000 verkaufte Exemplare sind zumindest ein Indiz dafür. Die mehrfach getroffene Einschätzung, dass *LTI* in der DDR den Status eines »Volks-bzw. Kultbuches« besaß, entbehrt also nicht einer gewissen Berechtigung. Doch auch in der DDR war die Aufnahme des Bandes keine ungetrübte Erfolgsgeschichte. Im Vergleich zur sonstigen Resonanz blieb die Wirkung in der Schule offensichtlich recht bescheiden. Klemperer notiert am 10. 4. 1949, an dem Tag also, an dem ihm das von Schülern angefertigte »LTI-Heft« (s. o.) überreicht wird, dass ihm der Cheflektor des Schulbuchverlages »Volk und Wissen« versprochen habe, »dafür zu sorgen, daß etwas aus meiner LTI in ein Schullesebuch aufgenommen werde«. Ein Vermerk, dass dies auch geschehen ist, findet sich jedoch nicht. Blickt man in die Lehrpläne, Sprachbücher und unterrichtsbegleitenden Materialien der DDR wird ersichtlich, dass dieses Versprechen – bis auf unwesentliche Ausnahmen – in der Tat nie systematisch eingelöst worden ist. Wenn Klemperers *LTI* dennoch im Unterricht aufgegriffen wurde – und dies war vermutlich vor allem in den späten 40er und in den 50er Jahren dank Klemperers zahlreicher Auftritte vor Lehrern so selten nicht –, handelte es sich im Wesentlichen um individuelle Entscheidungen von Lehrern, Freiräume der Lehrpläne zu nutzen oder außerhalb der Vorgaben zu agieren.

Das schulische Interesse an Klemperers Werk ist seit der Herausgabe der Tagebücher spürbar gewachsen: Die 1997 im Aufbau Taschenbuch Verlag erschienene »Schulausgabe« der Tagebücher von 1933–1945 enthält Anregungen von Harald Roth für einen Einsatz im Unterricht, in einigen neueren Sprachbüchern wird auf Klemperer-Texte Bezug genommen, in Fachzeitschriften für den Deutsch- und Geschichtsunterricht finden sich konkrete Empfehlungen für den Umgang mit der Biografie und mit Texten von Klemperer. Es gibt spezielle Weiterbildungsveranstaltungen zu Klemperer, Deutschlehrer berichten über erste Unterrichtserfahrungen, und Texte von Klemperer bilden auch schon eine Vorlage für Abituraufsätze. All dies spricht dafür, dass ein Prozess der schulischen Aneignung des Werkes von Klemperer längst im Gang ist. Der kurz vor Abschluss der Arbeit an diesem Manuskript vom Bündnis für Demokratie und Toleranz, der Dresdner Bank und dem Aufbau-Verlag ins Leben gerufene »Victor-Klemperer-Jugendwettbewerb« wird die laufenden Aktivitäten zweifellos befördern, begründet hat er sie nicht. Wichtig wird sein, die Beschäftigung mit Klemperers Werk über kurzfristige Initiativen hinaus, so sehr sie in diesem Fall auch zu begrüßen sind, zu verstetigen.

Die bisherigen Erfahrungen aus der praktischen Unterrichtsarbeit verweisen auf mindestens vier Vorzüge des Stoffes:
  – Der Stoff eignet sich für die Vermittlung von Fachwissen in mehreren Unterrichtsfächern (Deutsch, Geschichte, Ethik, Politische Bildung, Religion …). Dabei können Themen abgehandelt werden, die

die Lehrpläne auch sonst vorsehen (oder zumindest nicht ausschließen), die sich aber mit Bezug auf Klemperer-Texte anschaulicher, authentischer, sicherlich auch problemorientierter und tiefgründiger behandeln lassen. Verwiesen sei exemplarisch auf Themenfelder wie die Geschichte des deutschen Faschismus, die Nachkriegsentwicklung in Deutschland, speziell in der sowjetischen Besatzungszone und in der späteren DDR, die politischen und kommunikativen Mechanismen in diktatorischen bzw. autoritär-zentralistischen Systemen, die Funktion und Spezifik von Sprachkritik, die Geschichte des Judentums in Deutschland, die Frage nach dem Demokratieverständnis eines Staates und seiner Bürger.

– Darüber hinaus ist der Stoff offensichtlich geeignet, einen Beitrag für die Wertebildung der Schüler zu leisten. Inwieweit die fachlich, didaktisch und politisch schwierige Gratwanderung des Lehrers gelingt, das Vermitteln von Fachkenntnissen einerseits und ethischen und politischen Einstellungen und Werten andererseits sinnvoll und ohne vordergründiges Aktualisieren oder gar Ideologisieren zu verbinden, hängt u. a. auch davon ab, welchen Gegenständen er sich zuwendet. Nicht alle erweisen sich als geeignet; Texte von Klemperer dagegen (v. a. *LTI* und die Tagebücher) sind in dieser Hinsicht ein Stoff par excellence. Ihre Potenz für ein Unterrichten im Rahmen von antifaschistischer Erziehung bzw. so genannter Holocaust-Education dürfte unstrittig sein. Der bereits erwähnte »Victor-Klemperer-Jugendwettbewerb« knüpft unmittelbar daran an, wenn er junge Menschen anregen will, »zu Kritikern heutiger Erscheinungen von Rechtsextremismus, Fremdenfeindlichkeit und Antisemitismus zu werden.« (Aus dem offiziellen Aufruf)

– Der Stoff ist schuldidaktisch vielseitig einsetzbar: Er eignet sich für mehrere Unterrichtsfächer, mehrere Klassenstufen (etwa von Klasse 8/9 bis 12/13) sowie mehrere Organisationsformen des Unterrichtens (fachzentriert, fachübergreifend, Projektunterricht). Gerade diese integrative Potenz des Stoffes ist von besonderer Bedeutung, bietet sie doch die Möglichkeit, neue, »modernere« Unterrichtsformen der schulischen Lernwelt auszuprobieren.

– Schließlich – und das ist für die alltägliche Unterrichtsarbeit ein nicht zu unterschätzender Umstand – ist für das Thema eine recht günstige Materialbasis vorhanden. Erwähnt seien nur der gut lesbare Band *LTI*, dessen Anschaffung als Klassensatz in jeder Schule möglich sein müsste, die Tagebücher, die inzwischen auch als kostengünstige Taschenbuch-Ausgabe erhältlich sind, und vor allem auch die anderen medialen Präsentationen der Tagebücher und der Biografie Klemperers (CDs, Spielfilm, Dokumentarfilme). Das Erkennen von Vorzügen eines Stoffes ist jedoch nur die eine Seite, ihre Umsetzung im Unterricht die andere, nicht minder schwierige. Hier steht der Lehrer – auch dies zeigen erste Erfahrungen – vor nicht geringen Problemen. Sie betreffen die Materialfülle, die konkrete Auswahl geeigneter Texte bzw. Textstellen, das Erkennen von theoretischen Grundlagen des Stoffes und die didaktisch begründete Umsetzung vor dem Hintergrund der Rahmenlehrpläne und der konkreten Klassensituation. Die Diskussion hierzu hat begonnen, einige inhaltliche Leitlinien zeichnen sich auch bereits ab, doch insgesamt stehen alle, die Lehrer wie auch die schulbezogene Forschung, noch weitgehend am Beginn der theoretischen Reflexionen und der praktischen Erprobungen (vgl. den Aufruf im Anhang).

Der vorliegende Band versteht sich als Beitrag in dieser Debatte und möchte ihr zu einigen Themen Impulse verleihen. Im Zentrum stehen Beiträge, die sich mit verschiedenen Aspekten der sprachkritischen Seite im Werk Klemperers befassen (B. Techtmeier, K. Fischer-Hupe, H. Kämper, A. Schübel, S. Jäger, W. Dieckmann, Ch. Gansel, U. Seidel, K.-H. Siehr). Diese Akzentsetzung ist dadurch bedingt, dass in der bisherigen Rezeption gerade diese Seite, die für den Unterricht besonders ertragreich erscheint, wenig beachtet worden ist. Jeweils andere Schwerpunkte setzen die Beiträge von M. Bircken (zur Erklärung des autobiografischen Schreibens Klemperers), D. Klose (zum Wert der Tagebücher als historische Quelle), I. Diekmann (zur Identitätsproblematik bei Klemperer) und H.-J. Petsche, der sich aus philosophischer Sicht kritisch mit Aspekten der Klemperer-Rezeption auseinander setzt.

Herausgeber und Autoren haben sich bemüht, den Schulbezug nicht aus dem Auge zu verlieren. Er schlägt sich nieder in der Auswahl der Themen, im unmittelbaren Unterrichtsbezug einzelner Beiträge sowie im praktischen Gebrauchswert der im Anhang wiedergegebenen Interviews und der weiteren Materialien (Register zu *LTI*, Bibliografie wichtiger Texte, biografische Daten zu Klemperer). Ziel des Bandes war es jedoch nicht, durchgängig unterrichtsreife Vorschläge oder gar fertige Rezepte zu präsentieren.

Der vorliegende Band würde seine Aufgabe erfüllen, wenn sich an den Schulen mit Bezug auf die hier veröffentlichten Beiträge und Materialien eine lebhafte, stetige, die fachlichen und erzieherischen Potenzen des Themas freilegende Auseinandersetzung mit Klemperers Werk entwickeln würde bzw. wenn bereits vorhandene Aktivitäten weitere Anregungen erhalten könnten.

Anlässlich der Eröffnung der Dresdener Volkshochschule am 28. 4. 1946 hat Klemperer mit Blick auf die Lehrerinnen und Lehrer Folgendes geäußert:

»Damit es Tag werde in den Köpfen, wird heute die geistige und damit die menschlichste Nahrung in Deutschland benötigt. Denn nimmt man die Verdunklung, unter der wir im Kriege gelitten haben, als Symbol, denkt man an die Köpfe statt an die Fenster, so haben wir nicht sechs, sondern reichliche zwölf Jahre der Verdunklung hinter uns. Und nun gibt es kaum einen wichtigeren Mann im Lande als den Schulmeister, und nun kann es für uns, auf welchem Katheder auch immer wir stehen, es kann für uns nichts Wichtigeres geben, als für Entdunklung zu sorgen, für klare Tageshelle, für Aufklärung.«

Diese Worte, so sehr sie auch den Geist der historischen Umstände, auf die sie zielten, erkennen lassen, sind nach wie vor aktuell. »Damit es Tag werde in den Köpfen ...« – wäre dies nicht ein geeignetes Leitbild aller heutigen »Schulmeister« (und »Schulmeisterinnen«!), sich mit Klemperers Werk zu befassen?

Abschließend möchte ich als Herausgeber des Bandes allen danken, die an seinem Zustandekommen Anteil haben: Ich danke den Autorinnen und Autoren der Beiträge für die ausgesprochen kollegiale Zusammenarbeit. Danken möchte ich auch denjenigen, die sich für Interviews zur Verfügung gestellt haben, den Deutschlehrern Gundula Neumann, Gesine Schäfer und Erhard Wesnigk und ganz besonders dem Herausgeber der Tagebücher von V. Klemperer Walter Nowojski.

Ein spezieller Dank gilt meiner Kollegin Dr. Ute Seidel, die mir während der gesamten Zeit der Vorbereitung und Anfertigung des Bandes stets beratend zur Seite stand und deren sachkundiges Urteil mit in den Band eingeflossen ist. Dank sei auch Frau Dr. Birgit Wolf gesagt für das umsichtige Korrekturlesen der Manuskripte. Schließlich ist es mir ein besonderes Bedürfnis, mich auch bei Frau Dr. Almut Giesecke vom Aufbau-Verlag zu bedanken, die den Titel engagiert betreut hat.

November 2000

Siglen

Für einige Werke von Victor Klemperer werden folgende Siglen verwendet:

LTI. Notizbuch eines Philologen: im Text *LTI* (kursiv), innerhalb eines Kurzverweises wird auf die kursive Auszeichnung verzichtet (Bsp.: vgl. LTI, 35); die benutzte Auflage bzw. Ausgabe von *LTI* wird in den Beiträgen jeweils angegeben

Curriculum vitae = CV

Tagebücher von 1918–1932 = LS (= Leben sammeln …)

Tagebücher 1933–1945 = ZA (= Zeugnis ablegen …)

Tagebücher 1945–1959 = ZS (= Zwischen allen Stühlen …)

Ausgabe der Tagebücher von Juni bis Dezember 1945 = AS (= Alles schwankend …)

»Schulausgabe« der Tagebücher von 1933–1945 = ZA (S) (= Zeugnis ablegen …; Schulausgabe)

Die genauen bibliografischen Angaben finden sich in der Bibliografie im Anhang.

Aus den Tagebüchern wird zum leichteren Auffinden der Stellen in folgender Reihenfolge zitiert: Band, Seite, Datum des Eintrags (Bsp.: ZA 1, 22, 12. 4. 1933).

Bei den Tagebüchern 1933–1945 wird entweder aus der zwei- (Aufbau-Verlag) oder aus der achtbändigen (Aufbau Taschenbuch Verlag) Ausgabe zitiert. Die Autoren geben die verwendete Ausgabe an.

Bärbel Techtmeier

»Ich hielt ja meine Balancierstange, und sie hielt mich …« – Victor Klemperers Auseinandersetzung mit der Sprache des Faschismus

Vorbemerkung

Man kann eigentlich nicht Victor Klemperers Stellungnahmen zur Sprache neutral und emotionslos beschreiben bzw. analysieren, wie man dies mit Stellungnahmen anderer Sprachkritiker tut. Zu sehr sind sie mit dem persönlichen Schicksal ihres Verfassers verbunden, der in der dunkelsten Zeit deutscher Geschichte seine schon in jungen Jahren entstandene Gewohnheit, alles Erlebte minutiös aufzuzeichnen (vgl. Nowojski 1996, 774), zur Überlebensstrategie macht. In seinem 1947 erstmals erschienenen berühmten Werk *LTI – Notizbuch eines Philologen*[1], das er in der unmittelbaren Nachkriegszeit aus seinen Tagebuchaufzeichnungen herausfiltert, beschreibt der jüdische Romanist Victor Klemperer, dem man in der Zeit des Nationalsozialismus alle Wirkungsmöglichkeiten genommen hatte und der täglich mit dem unmittelbaren Gefühl der physischen Bedrohung leben musste, warum er trotz der Einwände von Freunden und Leidensgenossen an seinem gefährlichen Tun festhielt: Die Aufzeichnungen gaben ihm Halt, ließen ihn, den an rationales Denken und Analysieren gewöhnten Philologen, für Minuten und Stunden die Demütigungen und Gefahren vergessen, denen er ausgesetzt war. Er veranschaulicht dies im 1. Kapitel seiner *LTI*, indem er sich auf eine Altberliner Anekdote beruft: »Ich habe so oft an eine Alt-Berliner Anekdote gedacht […]. ›Vater‹, fragt also ein Junge im Zirkus, ›was macht denn der Mann auf dem Seil mit der Stange?‹ – ›Dummer Junge, das ist eine Balancierstange, an der hält er sich fest.‹ – ›Au, Vater, wenn er sie aber fallen läßt?‹ – ›Dummer Junge, er hält ihr ja fest!‹ Mein Tagebuch war in diesen Jahren immer wieder meine Balancierstange, ohne die ich hundertmal abgestürzt wäre.« (LTI, 15) Und so entsteht das vielleicht beeindruckendste Zeugnis der sprachlichen Diskurspraxis einer Epoche, in der eine menschenverachtende Ideologie bis in den Alltag hinein das kommunikative Handeln der Menschen prägt (vgl. auch Maas 1984).

Die Publikation der Tagebücher Victor Klemperers bietet nunmehr die einmalige Gelegenheit, die Entstehungsgeschichte von *LTI* im Detail nachzuzeichnen, eine dankbare Aufgabe, die an dieser Stelle jedoch nicht geleistet werden kann. Für das Verständnis des Buches ist es aber wichtig zu wissen, dass ihr Verfasser es nicht von vornherein als eine systematisch angelegte Bestandsaufnahme der Sprache des Faschismus konzipiert hat, sondern dass die Idee zu einer Sprachstudie erst allmählich entstand, aus ersten unsystematischen Beobachtungen heraus, in den Tagebüchern meistens mit »Sprache des 3. Reiches« gekennzeichnet, bis das lateinische *lingua tertii imperii* und die Abkürzung *LTI* »(schöne gelehrte Abkürzung für Lingua tertii imperii, künftig zu benutzen)« (ZA 1, 622, 23. 6.–1. 7. 1941)[2] sich schließlich durchsetzen und die Planung des zu schreibenden Werkes konkrete Gestalt annimmt. Nein, kein einfaches Lexikon der Hitlersprache sollte es werden, sondern eine Abhandlung, die das Wesen einer faschistischen Diktatur über ihren Sprachgebrauch rekonstruiert: »Und endlich ist das dritte Opus da, halb noch ein Plan, halb schon im Werden [...]. Die Sprache des 3. Reiches [...] ist immer um mich und läßt mich keinen Augenblick los, bei der Zeitungslektüre beim Essen, auf der Tram, mit ihr lebe ich, für sie sammle und registriere ich absichtslos, beim Aufwachen morgens fällt mir ein: da sagte doch gestern der Herr neben mir … Aus ihrer Sprache ihren Geist feststellen. Das muß den allgemeinsten, den untrüglichsten, den umfassendsten Steckbrief ergeben. So bin ich auf meine alten Tage doch noch zum Philologen geworden.« (ZA 1, 621, 23. 6.–1. 7. 1941) Die Zweifel hinsichtlich der Möglichkeit, ein solches Werk zu vollenden, lassen ihn aber bis zum Schluss nicht los, wie zahllose Tagebuchnotizen beweisen. Dabei verfolgt ihn die Angst, dass ihm nicht mehr genug Zeit bleibt, um das Werk zu vollenden (vgl. u. a. ZA 2, 279 f., 21. 11. 1942; ZA 2, 344 f., 17. 3. 1943), aber auch inhaltliche Unsicherheiten begleiten ihn: Eignet sich das Material überhaupt für ein tiefgründiges Werk, wo es doch eigentlich »nur um eine Handvoll Ausdrücke und Wendungen« (ZA 2, 59, 2. 4. 1942) geht? Sollte es eine Sprachstudie werden oder doch eine allgemeinere »Studie zur Geistesgeschichte des 3. Reiches«? (ZA 2, 262, 24. 10. 1942; vgl. auch Kämper-Jensen 1996, 335)

Den Ausschlag für die besonders nach dem Ende der qualvollen Jahre des Nationalsozialismus einsetzende systematische Arbeit an *LTI* gibt jedoch eine Begebenheit aus Victor Klemperers Alltag, über die er in seiner *LTI* berichtet und die für jeden Kenner der berlinischen Umgangssprache und Mentalität absolut nachvollziehbar ist: Eine Berliner Arbeiterin erzählt ihm, dass sie ein Jahr im Gefängnis gesessen habe. Auf seine Frage nach den Gründen dafür, antwortet sie: »Na weejen Ausdrücken ...«, womit sie Beleidigungen meinte, mit denen sie den Führer und Einrichtungen des 3. Reiches bedacht hatte. Und Klemperer kommentiert: »Das war die Erleuchtung für mich. Bei diesem Wort sah ich klar. Wejen Ausdrücken. Deswegen und daherum würde ich meine Arbeit am Tagebuch aufnehmen. Die Balancierstange wollte ich aus der Masse des übrigen herauslösen und nur eben die Hände mitskizzieren, die sie hielten. So ist dies Buch zustande gekommen, aus Eitelkeit weniger, hoffe ich, als wejen Ausdrücken.« (LTI, 301)

Zweifellos will Klemperer damit die Bedeutung unterstreichen, die sprachliche und kommunikative Phänomene für die Analyse der Spezifik des Phänomens ›Faschismus‹ haben: ›Aus der Sprache seinen Geist feststellen‹. Das ist aber nicht die einzige Erklärung dafür, dass er zunehmend intensiv gerade an dieser Veröffentlichung arbeitet. Es ist vielmehr sein aufklärerisches Bemühen, der fortwirkenden LTI in der LQI (der Lingua quarti imperii) entgegenzutreten, mit der ein bestimmter Geist am Leben erhalten wird, denn: »Worte können sein wie winzige Arsendosen: sie werden unbemerkt verschluckt, sie scheinen keine Wirkung zu tun, und nach einiger Zeit ist die Giftwirkung doch da.« (LTI, 21) Es ist also die Auseinandersetzung mit den Nachwirkungen des Faschismus, die sich niederschlagen im Weiterleben bestimmter Sprachformen, die ihn veranlasst, die oft qualvolle und ihm manchmal sinnlos erscheinende Arbeit an *LTI* fortzusetzen.

1. LTI: Sprache des Faschismus oder Sprache im Faschismus?

LTI hat wie kaum eine andere Auseinandersetzung mit sprachlichen Problemen das Interesse auch der Nichtfachleute geweckt. Zahllos sind die Veröffentlichungen zu diesem Werk, zahllos und zugleich auch widersprüchlich sind die Stellungnahmen, die gerade auch in jüngster Zeit – angeregt durch die Publikation der Tagebücher und deren mediale Verwertung – dazu abgegeben wurden. Oftmals wird dabei einfach unterstellt, dass Klemperer mit seiner ›lingua tertii imperii‹ *allein* den Missbrauch der Sprache zur Propagierung und Durchsetzung einer faschistischen Ideologie beschreibt und verurteilt. Zweifellos steht dieser Aspekt im Mittelpunkt. Wenn er also beispielsweise vom geplanten »Lexikon der Hitlersprache« (LTI, 42) redet oder die LTI als die Sprache des »marktschreierischen Agitators« (LTI, 28) bezeichnet und sich damit auf die Reden von Goebbels bezieht, wenn er bestimmte Merkmale der LTI herausarbeitet wie Armut, Stereotypie etc. (vgl. Abschnitt 2. 1.) oder nach 1945 immer wieder mahnend seine Stimme erhebt und die Überwindung eines Sprachgebrauchs fordert, den er einer noch nicht überwundenen LTI zuordnet, dann setzt er eindeutig eine solche Definition voraus. Aber es gibt in den erwähnten Werken zahllose Ausführungen und Stellungnahmen, die eine enge Auslegung des Begriffs der LTI erschweren bzw. unmöglich machen: Klemperer beschreibt nämlich zugleich auch die Reaktionen auf diesen herrschenden Diskurs, die ›Sprache des Volkes‹ in jener Zeit, mit der sich die zu beeinflussenden Schichten sprachlich gegen die faschistische Dominanz zur Wehr setzten (vgl. Abschnitt 3). Dieses Vorgehen dokumentiert einerseits eine differenzierte Auffassung von den sprachlichen Verhältnissen in einer Sprach- und Kommunikationsgemeinschaft (in der es immer die Wechselwirkung zwischen den ›Diskursen‹ einzelner Gruppen gibt), es birgt andererseits aber auch ein Problem in sich: Man muss sich oftmals fragen, ob Klemperer bei der Behandlung eines bestimmten Problems nun die LTI im engeren oder im weiteren Sinne meint (also die Sprache *des* Faschismus oder die Sprache *im* Faschismus), was ja nicht ohne Konsequenzen für die Beurteilung des jeweiligen sprachlichen Problems bleibt (vgl. auch Techtmeier 1987, 317 f.). Dass sich Klemperer selbst dieser Schwierigkeit nicht immer voll bewusst war, hat dazu geführt, dass er insbesondere in seinen Stellungnahmen über das ›Fortleben‹ von LTI-Elementen nach 1945 gelegentlich sprachliche Erscheinungen verurteilt, für die es zwar auch Parallelen im Sprachgebrauch der Hitlerzeit gibt, die aber eher allgemeinen Entwicklungstendenzen der deutschen Sprache geschuldet sind als einem spezifisch faschistischen Sprachgebrauch (z. B. den Übergang fachspezifischer Termini – aus der Sportsprache oder der Sprache der Technik – in die Allgemeinsprache, die Tendenz zu Funktionsverbgefügen vom Typ *unter Beweis stellen* für *beweisen* usw.).

Bei einer Analyse und Bewertung der von Klemperer beschriebenen sprachlichen Merkmale bzw. kommunikativen Verfahren ist es deshalb sinnvoll, sich immer wieder die Frage zu stellen, was konkret analysiert wird und wo die jeweilige sprachliche Erscheinung einzuordnen ist.

2. LTI – die Sprache des Faschismus

Trotz der im Abschnitt 1 gemachten Einschränkungen symbolisiert die LTI natürlich zu Recht in erster Linie den herrschenden nationalsozialistischen Diskurs und kann deshalb auch für eine Analyse der Beschaffenheit und der Wirkmechanismen eines solchen Diskurses herangezogen werden.

2.1. Die Haupteigenschaften der LTI

Die große Wirkung, die *LTI* und nun auch die Tagebücher in breitesten Kreisen einer an der Aufarbeitung der Zeit des Nationalsozialismus interessierten Öffentlichkeit erzielt hat und weiter erzielt, beruht – neben der bereits erwähnten Verknüpfung von persönlichem Schicksal und philologischer Analysetätigkeit – darauf, dass es Klemperer in exemplarischer Weise gelingt, einerseits die Komplexität der Einflussnahme durch den nationalsozialistischen Diskurs darzustellen, andererseits dabei aber nicht stehen zu bleiben, sondern diese Komplexität durch die akribische Sammlung und Auflistung von Einzelfakten zu untermauern. Detailliert beschreibt er die Ausbreitung von Redeweisen, die diesem Diskurs zuzurechnen sind, und bemerkt, dass nicht einmal Kritiker desselben letztlich davon unberührt blieben. Er arbeitet die sprachlichen Fakten heraus, die die jeweilige Redeweise charakterisieren, und bezieht diese Einzelfakten dann aber auch wieder auf die Gesamtwirkung des Diskurses. Deshalb haben diejenigen Kommentatoren Unrecht, die Klemperer vorwerfen, sich zu sehr mit den sprachlichen Details aufzuhalten.

An vielen Stellen charakterisiert er die LTI als eine ›arme Sprache‹, deren ›Klischeehaftigkeit‹ und ›Stereotypie‹ eigentlich jeden abschrecken müsste (vgl. u. a. LTI, 21). Stereotype Formulierungen wie *der aufgezwungene Krieg* oder *der Jude* prägen die Redeweisen, wobei der Romanist Klemperer feststellt, dass sogar bei den Beschimpfungen die Armut vorherrscht: »*LTI*. Die Schimpfarmut, das kleine Register, jeder Spanier überlegen.« (ZA 2, 125, 13. 6. 1942) Die LTI ist für ihn auch eine ›mechanische Sprache‹, was er vor allem durch die Übernahme von Lexemen aus der Mechanik (symbolisiert durch ein Verb wie *aufziehen*, vgl. LTI, 53) zu belegen versucht; und sie ist von ›militärischen Ausdrücken‹ durchsetzt. Vor allem aber ist sie ›emotional‹ und ›instinkthaft‹ (verkörpert durch Ausdrücke wie *die kochende Volksseele*).

Klemperer zitiert in *LTI* einen Satz von Goebbels, formuliert nach dem Attentat vom 20. Juli 1944, in dem Letzterer vom »Überwuchern der Kräfte des Instinkts durch solche eines diabolischen Intellekts« redet, und schlussfolgert: »Hier ist denn die Bevorzugung alles Gefühlsmäßigen und Instinkthaften durch die LTI auf ihren letzten Grund gebracht: die instinktbegabte Hammelherde folgt ihrem Leithammel, auch wenn er ins Meer springt.« (LTI, 253) Die Sprache des Nationalsozialismus ist ›symbolhaft‹ und sie ist eine Sprache des ›Glaubens‹, in der die ›Vorsehung‹ eine zunehmende Rolle spielt (vgl. LTI, 117). Insbesondere die Reden Hitlers enthielten zahllose religiöse Bezugnahmen. So vermerkt Klemperer bereits 1937: »Heute eine Hitlerrede in Würzburg wieder mal klarer religiöser Wahnsinn. Nur daß er nicht ich, sondern wir sagte. ›Die Vorsehung‹ führt uns, wir handeln dem Willen des Allmächtigen entsprechend. Es kann niemand Völker- und Weltgeschichte machen, wenn er nicht den Segen dieser Vorsehung hat.« (ZA 1, 365, 28. 6. 1937) Nicht zuletzt verweist Klemperer immer wieder darauf, dass es eine Sprache mit vorwiegend ›mündlichem‹ Charakter ist. Interessant ist in diesem Zusammenhang eine frühe, dem unmittelbaren Eindruck entspringende Notiz: »Sprache des 3. Reiches: […] Ganz allgemein Rolle des *Radio* beachten! Nicht wie andere technische Errungenschaften: neue Stoffe, neue Philosophie. Sondern: neuer *Stil*. Gedrucktes verdrängt. *Oratorisch*, mündlich. Primitiv – auf höherer Stufe!« (ZA 1, 144, 14. 9. 1934) In *LTI* wird dazu nun retrospektiv und analytisch festgestellt, dass man keinen Unterschied mehr machte zwischen gesprochener und geschriebener Sprache: »Vielmehr: alles an ihr war Rede, mußte Anrede, Anruf, Aufpeitschung sein.« (LTI, 28)

2.2. Sprachliche Einzelmerkmale der LTI

Vor dem Hintergrund dieser allgemeinen Charakteristika lassen sich nun auch die zahlreichen Einzelmerkmale auflisten, die Klemperer der ›Nazisprache‹ zuschreibt. Dabei muss gleich eingangs betont werden, dass es sich dabei um zwei fundamental verschiedene Phänomenbereiche handelt, die unterschiedlich zu beschreiben und zu bewerten sind: Es geht zum einen natürlich darum, welche Wortprägungen und spezifischen Formulierungen für den nationalsozialistischen Geist typisch sind. Es geht zum anderen aber mehr noch um die Art und Weise, wie durch die Nutzung sprachlich-kommunikativer Verfahren, die nicht auf diesen spezifischen Diskurs beschränkt sind, dieser Geist transportiert wird. Anders ausgedrückt: Es geht vor allem um den *Missbrauch von* in der Sprache angelegten allgemeinen *Wirkungsmöglichkeiten*. Diese Unterscheidung ist deshalb so wichtig, weil ihre Vernachlässigung zu fundamental falschen Schlüssen führen kann. So ist beispielsweise eine emotionale Ausdrucksweise nicht per se schlecht und zu verdammen, sondern nur dann, wenn sie dazu genutzt wird, die ›Hirne zu vernebeln‹ im Sinne einer irrationalen Überredung. Dies gilt auch für die Nutzung euphemistischer Ausdrucksweisen oder für die Tabuisierung, die in anderen kommunikativen Konstellationen auch eine ganz andere Funktion haben können.

Natürlich spielen – wie in jedem öffentlichen Diskurs – auch im nationalsozialistischen gewisse *Schlüsselwörter (Schlagwörter, Fahnenwörter, Pfeilerwörter)* als Fixpunkte eine nicht unwichtige Rolle. Klemperer beginnt schon früh, auf ihre Verwendung zu achten. Es handelt sich dabei nur in den wenigsten Fällen um Neuprägungen, worauf er an vielen Stellen hinweist; vielmehr erhalten solche Wörter nunmehr eine zentrale Funktion. So vermerkt Klemperer rückblickend in *LTI*, dass es das Lexem *Strafexpedition* war, was ihm als erstes typisch nazistisches auffiel. In seiner für die Tagebücher und für *LTI* charakteristischen anschaulichen Art schildert er ein Telefongespräch mit einem befreundeten jungen Mann, in dem dieser das Wort gebraucht, womit er das Ende seiner Beziehung zu Klemperer besiegelt (vgl. LTI, 48 f.). Später sammelt er dann solche Schlüsselwörter systematisch und stellt sie – philologischer Tradition entsprechend – in ihre typischen Kontexte: »[…] jetzt hatte ich mir einen Bogen zurechtgemacht, um den Gebrauch von *Blut* in all seinen substantivischen, adjektivischen, verbalen Zusammensetzungen, dito von *Art* und *Rasse* zu registrieren.« (ZA 2, 127, 13. 6. 1942) So registriert er Schlüsselwörter wie *Sippe, Gefolgschaft, völkisch, judenrein* u. a.

Mit solchen Schlüsselwörtern sind häufig stark *polarisierende Bewertungen* verbunden, die im Kontext eine spezifische Wirkung entfalten. Während *Sippe, Gefolgschaft* oder *Volk* mit seinen Zusammensetzungen und Ableitungen im Rahmen des herrschenden Diskurses positiv bewertet sind, nimmt man mit Lexemen wie *Judenknecht* eine eindeutig negative Bewertung einer nicht genehmen Person vor. Klemperer registriert sehr genau diese konnotativen Erscheinungen. So schreibt er beispielsweise 1939: »Das Wort *Marxist*. Sozialisten sind, wenn echt, Nationalsozialisten; die anderen sind Marx' Judenknechte.« (ZA 1, 464, 6. 3.) Positiv bzw. negativ bewertet wird aber nicht allein mit Hilfe solcher Etikettierungen durch Schlüsselwörter. Eine wichtige Rolle spielen *Attribuierungen*, durch die Sachverhalte, Personen etc. in ein positives oder negatives Licht gerückt werden. So vermerkt Klemperer die *stolze Freude* oder die *stolze Trauer* in Familienanzeigen jener Zeit, und die Frequenz des Gebrauchs von *sonnig* kommentiert er ironisch: »Es scheint, als sei im Hitlerreich jeder Germane jederzeit sonnig, so wie die Hera des Homer immer rinderäugig und der große Karl des Rolandsliedes immer weißbärtig ist.« (LTI, 129) Weitere frequente positiv bewertete Attribute sind *historisch, einmalig, ewig* etc. Als feindlich betrachtete Personen und Sachverhalte werden demgegenüber mit negativ wertenden Attributen versehen. Klemperer weist darauf hin, dass beispielsweise das Substantiv *Jude* selten ohne ein Attribut vom Typ *gerissen, listig, betrügerisch, feige, plattfüßig, krummnasig* etc. in den Texten erscheint.

Eng verbunden mit dem Problem der Bewertungen ist der exzessive *Gebrauch superlativischer Ausdrucksweisen*, die Klemperer die »meistverwendete Sprachform der LTI« nennt (vgl. LTI, 233; dazu auch Gansel in diesem Band). Die Tagebücher sind voll von sporadischen Notizen darüber (*einmalig, ein Schlachtensieg, wie ihn die Geschichte bisher nicht gekannt hat* usw.). In *LTI* unterzieht er diese Erscheinung einer systematischen Analyse (vgl. LTI, 233–236), gibt dort Beispiele für den Gebrauch des grammatischen Superlativs *(den besten Soldaten seien die besten Waffen der Welt von den besten Arbeitern der Welt zur Ausrüstung geliefert)*, des ›lexikalischen‹ Superlativs *(Großoffensive, Großkampftag, historisch)* und von ganzen superlativischen Satzgebilden, die den Tenor komplexer Texte bestimmen. Auch dieses Phänomen ist weder neu noch einmalig. Klemperer macht selbst darauf aufmerksam. Aber er spricht von einem ›bösartigen Superlativ‹, der den Zwang zu immer größeren Lügen in sich trägt.

Die LTI nutzt oder verstärkt aber nicht nur mit einzelnen Lexemen verbundene Konnotationen, sie verändert diese auch. So kommt es zu einigen nicht unwichtigen *Umbewertungen*, die in der Literatur zur *LTI* immer wieder beschrieben worden sind. Der prototypische Fall für dieses Phänomen ist die Umbewertung des pejorativen Adjektivs *fanatisch* (vgl. Ehlich 1998, 300–303, vgl. auch Seidel/Siehr 1998, 41 ff.), das im offiziellen nationalsozialistischen Diskurs eine positive Bewertung erhielt und mit dieser Bewertung zu einem Schlüsselwort der LTI avancierte. Interessant ist aber der Hinweis, den Klemperer in *LTI* aus der Nachkriegsperspektive gibt: Er vermerkt am Ende seines Kapitels, das den Namen *Fanatisch* trägt, dass dieses Adjektiv nun kaum noch gebraucht wird: »Denn während sich überall Brocken der LTI in der Sprache der Gegenwart breitmachen, ist ›fanatisch‹ verschwunden.« (LTI, 66 f.) Dass dieses Wort bald danach wieder mit abwertender Nuance gebraucht wurde, macht deutlich, dass seine positive Bewertung wohl nie über den spezifisch nationalsozialistischen Diskurs hinausgekommen ist. Das Phänomen der Umbewertung ist aber nicht auf dieses eine Adjektiv zu beschränken. So vermerkt Klemperer bezüglich des Substantivs *Sippe* ein ganz ähnliche Entwicklung: »Zur Sprache *tertii imperii*. Kurve des Wortes. *Sippe*. Im Mittelalter normal gebräuchlich für Familie. In der Neuzeit pejorativ. Jetzt mit affektivischer Gloriole. ›Weihnachten das Fest der Sippe.‹« (ZA 1, 567, 26. 12. 1940) Ganz im Sinne seiner romanistisch-philologischen Grundorientierung rückt er hier – wie an vielen anderen Stellen – den Aspekt der Veränderung, der Sprachentwicklung in den Mittelpunkt. Der Wandel von Bedeutungen und Bewertungen war in dieser Wissenschaftstradition ein wichtiger semasiologischer Untersuchungsgegenstand und ist es – wenn auch mit etwas anderen Akzenten – bis in die Gegenwart hinein geblieben.

So nimmt es nicht wunder, wenn Klemperer sich nicht nur für den Wandel der Sprache hin zum Nationalsozialismus, sondern mit gleicher Intensität auch für die *innere Dynamik der LTI* selbst interessiert. Aufmerksam beobachtet er die Wandlungen, die sich im Sprachgebrauch der Herrschenden in den einzelnen Phasen des ›Tausendjährigen Reichs‹ vollziehen, und erklärt diese natürlich aus den politischen und gesellschaftlichen Veränderungen der Zeit. So konstatiert er den einfachen lexikalischen Wandel von der *nationalen Erhebung* hin zur *nationalsozialistischen Revolution* in der Anfangsphase (vgl. LTI, 37, vgl. auch ZA 1, 36, 30. 6. 1933), von der Formulierung des Kriegsziels *Freiheit Deutschlands* hin zu *Neuordnung Europas* bei wachsenden Misserfolgen (vgl. ZA 1, 586, 10. 4. 1941), das Verschwinden des Lexems *Blitzkrieg* (»Ein Schlagwort, das noch im vorigen Sommer florierte, jetzt aber ganz verstummt ist: der ›*Blitzkrieg*‹« – ZA 2, 138, 21. 6. 1942), die Umformulierung der berühmten Liedzeile *denn heute gehört uns Deutschland und morgen die ganze Welt* in *denn heute, da hört uns Deutschland und morgen die ganze Welt*, von der Klemperer durch Zufall bei einem seiner zahllosen Vorträge zur LTI in der Nachkriegszeit Kenntnis erhielt (vgl. LTI, 263 f.) usw.

Das hervorstechendste Phänomen dieses inneren Wandels, den Klemperer beobachtet, ist zweifellos die mit den immer dramatischeren Kriegsverlusten einhergehende *Zunahme euphemistischer Umschreibungen*. Klemperer bezeichnet die letzte Phase der LTI als die Phase, in der das ›Bemühen um Verschleierung‹ vorherrscht. Die Frontverläufe sind *elastisch*: »*LTI*: Seit Stalingrad ist im Osten die Linie *elastisch*, und nie gelingt dem Feind der *Durchbruch* […]« (ZA 2, 576, 5. 9. 1944), der *Verteidigungskrieg* ist *beweglich*. Anschaulich schildert er, wie sich die Niederlagen auch sprachlich manifestieren. So wird aus der *Festung Europa* die *Festung Deutschland* und schließlich die *Festung Berlin* (vgl. LTI, 241).

2.3. LTI in Texten und Dialogen

Es ist – wie gesagt – Victor Klemperer immer wieder einmal vorgeworfen worden, er habe sich zu sehr auf die Einzelwortanalyse konzentriert und die textuellen Aspekte der LTI nur am Rande oder als Beleg für einzelne lexikologische Studien behandelt. Diese Meinung muss spätestens jetzt, nachdem die Tagebücher durch ihre Veröffentlichung der Forschung zugänglich gemacht wurden, revidiert werden (vgl. auch Jäger 1999). Eigentlich beweist auch schon *LTI* selbst, dass er sehr wohl einen Blick für die textuellen Zusammenhänge hatte, in denen die für ihn natürlich im Mittelpunkt stehenden lexikalischen Einzelerscheinungen ihre Wirkung entfalteten; die Tagebücher untermauern dies nun zusätzlich. Es versteht sich dabei aus wissenschaftshistorischer Perspektive von selbst, dass man an seine Ausführungen nicht die Maßstäbe einer modernen, systematischen Textanalyse anlegen kann; dennoch zeugen sie von einer außerordentlich großen ›Textintuition‹, wie im Folgenden zu zeigen sein wird.

Ein erster Punkt, auf den schon mehrfach hingewiesen wurde, betrifft die Berücksichtigung von *Mimik, Gestik* und *Intonation*, vor allem in den Politikerreden der Zeit. Lang (1986, 75) spricht in diesem Zusammenhang von der »Ensemblewirkung der Zeichensysteme«, die Klemperer aufspürt. Zahllose Tagebuchnotizen belegen dies auf überzeugende Weise. So notiert Klemperer bereits 1934: »Für meine Sprachstudie ist zu beachten: *Gebärdensprache*: ›Einheitstracht‹ neben Gruß, die Tracht der deutschen ›Mädel‹.« (ZA 1, 147, 27. 9. 1934) Ausführlich analysiert er an mehreren Stellen die Bedeutung der *Runen* als Symbol der LTI (vgl. u. a. LTI, 75–77), die in bestimmten Textsorten häufig verwendet wurden und die er mit einer auf germanischer Tradition fußenden ›Versinnlichung‹ des Diskurses in Zusammenhang bringt. Sein ausgeprägtes Interesse für die *Rhetorik* der Herrschenden lässt ihn auch die Rahmenbedingungen beschreiben, die für die angestrebte emotionale Wirkung öffentlicher Auftritte regelrecht inszeniert wurden. So schildert er – um nur ein einziges Beispiel zu nennen – die Art und Weise, wie die Radio-Wiedergabe einer Rede von Hitler vor Siemens-Arbeitern vorbereitet wurde: Nach der Ankündigung »›Feierstunde von 13.00 bis 14.00 Uhr. In der dreizehnten Stunde kommt Adolf Hitler zu den Arbeitern.‹« (LTI, 45) Geräusche aus Maschinenhalle in Siemensstadt: »Minutenlang der volle Betriebslärm, das Hämmern, Rasseln, Dröhnen, Pfeifen, Knirschen. Dann die Sirene und das Singen und allmähliche Verstummen der abgestoppten Räder. Dann aus der Stille heraus, ruhig mit Goebbels tiefer Stimme der Botenbericht. Und nun erst Hitler, dreiviertel Stunden ER.« (LTI, 44) Im Anschluss hieran beschreibt Klemperer die typischen intonatorischen Merkmale von Hitlers Reden: eine erregte, oft heisere Stimme, Passagen im weinerlichen Ton eines predigenden Sektierers vorgetragen usw. An anderer Stelle ergänzt er dieses ›intonatorische Porträt‹: Er spricht von einer Stimme des ›rohen Aufpeitschens‹, die mit fortschreitenden Niederlagen vom Eifern über die ohnmächtige Wut bis hin zur Verzweiflung den ›Weg vom Hetzer zum Gehetzten‹ symbolisierte (vgl. LTI, 59).

Natürlich interessiert sich Klemperer vor allem für die gesprochenen bzw. die geschriebenen Texte selbst, wobei er in allen Fällen eine inhaltliche Interpretation mit der Analyse der jeweiligen sprachlichen Realisierungen verbindet. Dabei sind die lexikalischen Schlüsselelemente für ihn wichtig, er beschränkt sich aber keineswegs auf sie. Auch wenn er sich keiner textsemantischen Terminologie bedient hat und auch nicht bedienen konnte, so sind solche Aspekte doch zweifellos in seinem Fokus, wenn er einzelne Argumente aus diesen Texten herausschält und kommentiert. Ein Beispiel von den zahlreichen, die sich besonders in den Tagebüchern finden, möge als Beleg dienen (vgl. u. a. auch den Aufruf an das Heer in ZA 1, 698, 23. 12. 1941, die Analyse von Hitlers Reichstagsrede in ZA 2, 74, 28. 4. 1942, die Analyse einer Goebbels-Rede in ZA 2, 689 f., 1. 3. 1945, oder die Beschreibung von Pressetexten in ZA 2, 588–590, 21. 9. 1944). Es handelt sich um einen in der Presse veröffentlichten ›Tagesbefehl des Führeres an die Ostfront‹ aus dem Jahre 1945 : [3]

»(1) Bis zuletzt dieselben Züge der Sprache und des Denkens. (2) Maßlose Beschimpfung und Verleumdung des Gegners. (3) ›Der jüdisch-
bolschewistische Todfeind‹ ist ›zum letztenmal‹ zum Angriff angetreten. (4) (Doppeldeutigkeit des ›letzten Mals‹.) (5) Er will uns ›ausrotten‹.
(6) ›Während die alten Männer und Kinder ermordet werden, werden
Frauen und Mädchen zu Kasernenhuren erniedrigt.(7) Der Rest mar-
schiert nach Sibirien.‹ (8) Aber wir haben alles vorausgesehen und unser Heer ›durch *zahllose* neue Einheiten ergänzt‹. (9) (Verlogener Superlativ) (10) Aber: ›Der Bolschewismus wird dieses Mal das alte
Schicksal Asiens erleben, d. h. er muß und wird vor der Hauptstadt des
deutschen Reiches verbluten.‹ (11) Nachher noch einmal, das deutsche Volk hoffe, daß ›durch euren Fanatismus ... der bolschewistische
Ansturm in einem Blutbad erstickt‹. (12) Wieder die Vorspiegelung
einer Möglichkeit des Sieges: (13) ›Im Augenblick, in dem das Schicksal *den größten Kriegsverbrecher aller Zeiten* von dieser Erde genommen hat, wird sich *die Wende* dieses Krieges entscheiden‹. (14) – Rhetorisch formuliert: (15) ›Berlin bleibt deutsch, Wien wird wieder
deutsch, und *Europa* wird niemals russisch.‹ (16) *LTI* (ZA 2, 754,
24. 4. 1945)

Mit den Äußerungen (3), (5), (6), (7), (8), (10), (13) und (15) rekonstruiert Klemperer die argumentative Struktur dieses appellativen
Textes, mit dem man die Soldaten zum Durchhalten bewegen will. Er
listet die einzelnen Argumente auf, die die Siegeszuversicht letztlich
erhalten sollen. Diese lassen sich auf zwei Muster reduzieren: der grau-
same Feind, dem man nicht in die Hände fallen sollte, weil ... – (3), (5),
(6), (7) – und die großen eigenen Möglichkeiten, diesen Feind doch
noch zu besiegen, weil ... (8), (10), (13); mit (15) folgt dann die conclu-
sio. Dass Klemperer diese für solche Texte typische Zweiteilung erkannt hat, lässt sich an der Äußerung (2) ebenso ablesen wie an dem
textstrukturierenden *aber* zu Beginn der Äußerung (8). Klemperer bleibt
jedoch nicht bei der einfachen Reformulierung der Argumentation stehen. Neben der Äußerung (11), die eine Wiedergabe der indirekten Aufforderung an die Soldaten ist *(das deutsche Volk hofft, dass ihr, Soldaten ...)* enthalten die Äußerungen (1), (2) und (12) darüber hinaus
Bewertungen und Funktionszuschreibungen *(bis zuletzt dieselben Züge
der Sprache und des Denkens; maßlose Beschimpfung und Verleumdung des Gegners, wieder die Vorspiegelung einer Möglichkeit des
Sieges)*, die seine textinterpretatorischen Fähigkeiten unter Beweis
stellen. Mit (4) und (9) verweist er auf sprachliche Merkmale des Tex-

tes *(Doppeldeutigkeit des ›letzten Mals‹, verlogener Superlativ)* und mit (14) nimmt er schließlich eine generellere metakommunikative Charakterisierung vor *(rhetorisch formuliert)*. Darüber hinaus werden mehrere Stellen besonders hervorgehoben, im veröffentlichten Tagebuch durch Kursivdruck wiedergegeben *(zahllos, den größten Kriegsverbrecher aller Zeiten, die Wende, Europa)* bzw. durch zusätzliche Anführungszeichen *(der jüdisch-bolschewistische Todfeind, zum letztenmal, ausrotten)*. Solche Markierungen beweisen, dass die Bedeutungen einzelner Schlüsselwörter für die LTI aus den Texten herauskristallisiert worden sind, bevor sie dann in einer verallgemeinerten Form – insbesondere im Werk *LTI* – zusammenfassend behandelt werden.

Klemperer interessiert sich aber nicht nur für offizielle Verlautbarungen mündlicher oder schriftlicher Art, in denen Elemente der LTI besonders markant sind. Vielmehr analysiert er auch andere Textsorten, wie z. B. *Familienanzeigen* in Zeitungen. Besonders aufschlussreich sind hierbei die *Todesanzeigen*, weil sie wiederum jene innere Dynamik spiegeln, von der bereits die Rede war, und weil ihre Formulierung auf andere Textsorten, z. B. *Geburtsanzeigen*, zurückgewirkt haben. Solche Anzeigen sind in der Regel hoch stereotypisierte Texte, die ein bezeichnendes Licht auf die Textproduzenten und ihre Haltungen werfen können. Es ist deshalb nicht verwunderlich, wenn Klemperer sie zur Beschreibung seiner LTI heranzieht (vgl. u. a. das Kapitel *Familienanzeigen als kleines Repertorium der LTI* in LTI, 128 – 133). Sein Interesse für die Textsorte *Todesanzeige* entzündet sich an dem Gebrauch der Adjektive *sonnig, lebensfroh, unfaßbar, stolz*. Bereits im November 1941 notiert er in sein Tagebuch: »Feststellen, ob schon unter den Todesanzeigen des Weltkriegs ›In stolzer Trauer‹ stand.« (ZA 1, 684, 5. 11.) Aufmerksam beobachtet er, wie sich die veränderte politische Situation und die mit den Kriegserfahrungen geringer werdende Identifizierung der Annoncierenden mit dem Nazisystem in den Formulierungen spiegelt: Das Jahr 1942, aus dem die folgende komplexe Charakterisierung der Todesanzeige stammt, nimmt dabei wohl eine Mittelstellung ein: »*LTI*. Todesanzeigen unter dem Hakenkreuz: ›Sonnig‹, das in den ersten beiden Jahren florierte, erscheint auch jetzt, aber seltener. ›Lebensfroh‹ steht in mindestens vier von fünf Anzeigen, und ebenso oft ist die Nachricht, die man tief erschüttert erhält, ›unfaßbar‹. Alle drei Ausdrücke sind lebensbejahend und in diesem Zusammenhang betont unchristlich. Religiöse Formel (›es hat Gott gefallen‹ und dergleichen) ist *sehr selten*, aber auch das Runenzeichen [...] bildet nur die Ausnahme. Selten geworden, nein, nur seltener, keineswegs vereinzelt: ›Für Führer und Vaterland‹ und ›in stolzer Trauer‹.« (ZA 2, 57, 27. 3. 1942) Klemperer macht auch darauf aufmerksam, dass sogar in einem solchen stark genormten Bereich Ausweichstrategien möglich waren. So starben die Soldaten aus Familien, die nicht nationalsozialistisch dachten, eben nicht »im festen Glauben an ihren Führer«, sondern »für das Vaterland« (vgl. LTI, 130). Schließlich verweist er auf eine weitere Differenzierung, die die Todesanzeigen gegen Kriegsende charakterisiert, zu einem Zeitpunkt also, wo immer mehr Zivilisten im ›Hinterland‹ sterben mussten: Die Soldaten starben *auf dem Feld der Ehre* oder *fielen für Deutschland*, bei Bombenangriffen an benannten Orten gestorbene Zivilisten erhielten eine Formulierung vom Typ *Beim Angriff auf [...] wurde unsere geliebte Mutter ...*, wieder andere ereilte ihr Schicksal quasi anonym *durch tragisches Geschick büßten ihr Leben ein ...* Klemperer spricht in diesem Zusammenhang vom ›lügnerischen Euphemismus‹ (vgl. LTI, 132 f.).

Man kann den Abschnitt über den Stellenwert, den der Text in Klemperers Analysen einnimmt, nicht abschließen, ohne einige Anmerkungen zur Rolle und Bedeutung des *Dialogs* in und für die LTI zu machen. Ein wesentlicher Grund für die Faszination, die *LTI* und nun auch die Tagebücher auf den Leser ausüben, ist darin zu suchen, dass Klemperer die spezifischen kommunikativen Situationen vor allem des Alltags schildert, in denen sich die Menschen befanden. Er tut dies, indem er Rede und Gegenrede wiedergibt, Argumente und Kontraargumente dialogisch darbietet und dabei nicht mit abstrakten Situationen operiert, sondern Bekannte, Freunde, Leidensgenossen, Gegner im wahrsten Sinne des Wortes ›zu Worte kommen lässt‹; dies geschieht so authentisch, wie es ihm aus der Erinnerung heraus nur möglich ist. Die Anschaulichkeit, die seine Schilderungen auszeichnet, resultiert vor allem aus diesem Verfahren.

Er setzt es ein, um beispielsweise die *Ausbreitung* der LTI bis hinein in seine unmittelbare Umgebung zu schildern. Eines von vielen Beispielen hierfür ist die Wiedergabe zweier Dialoge mit einer befreundeten Kollegin von der Universität, die sich vollständig mit dem Nationalsozialismus identifiziert; in den wiedergegebenen Dialogen versucht Klemperer, sie von ihrer Haltung abzubringen, und er reformuliert dabei zugleich auch die Gegenargumente der ehemals befreundeten Kollegin (vgl. LTI, 112; vgl. auch einen ähnlich gelagerten Dialog zu

Beginn des Kapitels *Die Sprache des Siegers* in LTI, 202–204). In dialogischer Form schildert er darüber hinaus das kommunikative Verhalten von Menschen in einer Ausnahmesituation wie der gegebenen, wo die Sprecher ihre Ausdrucksweisen bewusst und in Abhängigkeit vom jeweiligen Kommunikationspartner differenzieren müssen: Relativ bewusste strategische Entscheidungen gehen in solchen Situationen oftmals der eigentlichen Äußerungsproduktion voraus: *Mein Gesprächspartner gehört zur Gruppe der Gleichgesinnten (oder der ›anderen‹), deshalb kann ich das sagen bzw. auf eine bestimmte Art und Weise sagen (oder deshalb kann ich das nicht sagen bzw. nur auf eine andere Art und Weise sagen).* Auch hierfür gibt Klemperer ein anschauliches Beispiel: »Am Abend hatte ich Luftwache; der Weg zum arischen Waschraum führte in ein paar Metern Abstand an meinem Sitzplatz vorbei. Während ich in einem Buch las, grüßte die Fridericus-Schwärmerin im Vorbeigehen laut: ›Heil Hitler!‹ Am nächsten Morgen kam sie zu mir heran und sagte in herzlichem Ton: ›Entschuldigen Sie bitte mein ›Heil Hitler!‹ von gestern; ich habe Sie im eiligen Vorbeigehen mit einem verwechselt, den ich so grüßen mußte.‹« Und Klemperer kommentiert zusammenfassend mehrere solcher Verhaltensweisen von Mitmenschen: »Keine[r] war ein Nazi, aber vergiftet waren sie alle.« (LTI, 104; vgl. auch ZA 2, 501, 3. 4. 1944)

3. Der ›Gegendiskurs‹

Dialogische Verfahren wendet Klemperer sehr häufig auch an, wenn er die ›sprachliche Gegenwehr der Unterdrückten‹ beschreibt. Diese bestand zum einen darin, die *rezeptive Fähigkeit zum Zwischen-den-Zeilen-Lesen* bzw. *-Hören* bis hin zur Perfektion zu entwickeln. Als Beispiel dafür kann die Rezeption der Kriegsberichterstattung dienen. Meldungen von der Front, die von Klemperer und seiner Umgebung in den ›Judenhäusern‹ natürlich mit größter Aufmerksamkeit immer in der Hoffnung verfolgt wurden, dass das Grauen bald ein Ende haben möge, erhielten mit den zunehmenden Niederlagen immer stärkere euphemistische und tabuisierende Elemente, die zu durchschauen waren und auch durchschaut wurden. Man reduzierte solche Meldungen auf ihren Informationskern: »Im Dezember 1941 kam Paul K. einmal strahlend von der Arbeit. Er hatte unterwegs den Heeresbericht gelesen. ›Es geht ihnen miserabel in Afrika‹, sagte er. Ob sie das wirklich zugäben, fragte ich – sie berichteten doch sonst immer nur von Siegen. ›Sie schreiben: ‚Unseren heldenhaft kämpfenden Truppen‘. Heldenhaft klingt wie Nachruf, verlassen Sie sich darauf.‹« (LTI, 14; vgl. auch ZA 1, 699, 25. 12. 1941)

Der ›Gegendiskurs‹ weist aber auch eigene Elemente auf, mit denen sich die ›Gefangenen‹ gegen ihre ›Gefängniswärter‹ zur Wehr setzten, denn: »Die LTI war eine Gefängnissprache [...].« (LTI, 89) Klemperer schildert diesen eigenständigen sprachlichen Beitrag der Gegenseite an vielen Stellen. So gibt er mehrfach *Witze* wieder, die bekanntermaßen in einer Situation wie der gegebenen sehr zahlreich produziert werden (und – nebenbei gesagt – auch von Klemperers Humor zeugen, der ihn sein ganzes Leben lang nicht verlassen hat). Und er kommentiert: »Es ist wohl nicht ohne Wert, solche Witze für LTI zu notieren: denn wer wagt, so etwas aufzuschreiben? Es kann ja den Kopf kosten.« (ZA 2, 633, 23. 12. 1944)

Elemente eines ›Gegendiskurses‹ finden sich darüber hinaus in der *ironisch-distanzierenden Behandlung von sprachlichen Spezifika des eigentlichen nationalsozialistischen Diskurses*: Als Beispiel kann der Umgang mit der bekannten Äußerung von Göring dienen, ›er wolle Meier heißen, wenn ein feindlicher Flieger nach Deutschland hereinkäme‹; diese Äußerung wurde in der letzten Phase des Krieges mit seinen zahllosen Bombenangriffen auf deutsche Städte von vielen mit dem höhnischen Ausruf *Hermann Meier!* kommentiert (vgl. LTI, 137). Andere Beispiele finden sich in der *Umdeutung offizieller Abkürzungen* wie *LSR* ›Luftschutzraum‹ zu ›Lernt schnell Russisch‹ (vgl. ZA 2, 575, 4. 9. 1944) oder *V1* ›Vergeltungswaffe‹ zu ›Verzweiflungswaffe‹ (vgl. ZA 2, 547, 19. 7. 1944). Interessant ist auch der Umgang mit dem offiziellen Hitlergruß, der – wo es immer möglich war – vermieden wurde oder zumindest bis zur Unkenntlichkeit verstümmelt bzw. reduziert.

Der ›Gegendiskurs‹ weist aber auch zahlreiche Elemente auf, die aus der spezifischen Lebenssituation in der damaligen Zeit resultieren. Klemperer beschreibt dies an vielen Stellen eindrucksvoll mit Bezug auf die Kommunikation vor allem in den Judenhäusern. So vermerkt er neue *Tabuisierungen* und *euphemistische Umschreibungen,* die einerseits eine gewisse gruppenintegrierende Funktion aufwiesen, andererseits aber auch die Scheu dokumentierten, schlimme, lebensbedrohliche Ereignisse beim Namen zu nennen: Man musste sich *melden,* wenn man zur Gestapo bestellt wurde und oft nicht wiederkam. Nachrichten, die man in einem ›Feindsender‹ gehört hatte, kamen aus *Köt-*

schenbroda usw. Es erstaunt, dass in einer solchen Situation der Humor nicht völlig versiegt, auch wenn es nur Galgenhumor ist. Beispiele dafür sind auch die Umschreibung des Judensterns durch *Pour le Sémite* (vgl. LTI, 181) oder die Entstehung der Abkürzung *Popo*, mit der sich die Berliner in der Zeit der häufigen nächtlichen Bombenangriffe eine gute Nacht wünschten: ›Penne ohne Pause oben!‹ (vgl. LTI, 96).

Die Beschäftigung mit Victor Klemperers sprachkritischen Schriften ist trotz der zahlreichen Publikationen zum Thema keineswegs beendet. Differenziertere und vorurteilsfreie Analysen seiner Stellungnahmen zur Sprachentwicklung nach 1945 – wie sie sich in den Nachkriegstagebüchern und in zahlreichen (zum Teil veröffentlichten) Vorträgen spiegeln – stehen noch aus. Sie würden das Bild vom ›Sprachkritiker Klemperer‹ ergänzen, vertiefen, abrunden. Dennoch kann man auch jetzt schon ein Fazit ziehen: Die wichtigste Einsicht, die uns Klemperers Analysen vermitteln, das ist die Notwendigkeit eines aufmerksamen, kritisch-reflexiven Umgangs mit sprachlichen Äußerungen, insbesondere im medialen Diskurs, auch wenn sich dieser heute unter ganz anderen Bedingungen entfaltet. Nur so können wir das Urteil eines von Klemperer zitierten Volkskundlers Lügen strafen:»Wenn es möglich wäre – (er hielt das damals noch für einen irrealen Konditionalsatz) –, die gesamte Presse, die gesamte Publikation und Lehre auf einen einzigen Ton festzulegen, und wenn dann überall doziert würde, es habe keinen Weltkrieg zwischen 1914 und 1918 gegeben, so würde nach drei Jahren alle Welt glauben, es habe ihn wirklich nicht gegeben.« (LTI, 121)

Anmerkungen

1 Hier wird die 5. Aufl. (Leipzig: Reclam 1975) zugrunde gelegt.
2 Zitiert wird aus der zweibändigen Ausgabe (Berlin: Aufbau 1995).
3 Die Zahlen in Klammern sind von der Verfasserin dieses Aufsatzes hinzugefügt worden, um in der nachfolgenden Analyse auf die einzelnen Äußerungen Bezug nehmen zu können.

Literatur

Ehlich, Konrad (1998): »…, LTI, LQI …,« Von der Unschuld der Sprache und der Schuld der Sprechenden. In: Kämper, Heidrun; Schmidt, Hartmut (Hg.): Das 20. Jahrhundert. Sprachgeschichte – Zeitgeschichte. Berlin; New York: de Gruyter, 275–303.

Kämper, Heidrun (1996): Zeitgeschichte – Sprachgeschichte. Gedanken bei der Lektüre des Tagebuches eines Philologen. In: Zeitschrift für germanistische Linguistik 24(1996)3, 328–341.

Jäger, Siegfried (1999): Sprache – Wissen – Macht. Victor Klemperers Beitrag zur Analyse von Sprache und Ideologie des Faschismus. In: Muttersprache 109(1999)1, 1–18.

Lang, Ewald (1986): Victor Klemperers ›LTI‹. In: Gessinger, Joachim (Hg.): Wem gehört die Sprache? Osnabrücker Beiträge zur Sprachtheorie 33(1986), 69–79.

Maas, Utz (1984): »Als der Geist der Gemeinschaft eine Sprache fand«. Sprache im Nationalsozialismus. Versuch einer historischen Argumentationsanalyse. Opladen: Westdeutscher Verlag.

Nowojski, Walter (1996): Nachwort zu Victor Klemperer: Leben sammeln, nicht fragen wozu und warum.Tagebücher 1918–1933. Band 2. Hg. v. Walter Nowojski unter Mitarbeit von Christian Löser. Berlin: Aufbau, 773–781.

Seidel, Ute; Siehr, Karl-Heinz (1998): Victor Klemperer. Ein Thema für den Deutschunterricht? (Teil II). In: Deutschunterricht 51(1998)1, 37–45.

Techtmeier, Bärbel (1987): Bedeutung zwischen Wort und Text – Die Sprache des Faschismus im Spiegel von Victor Klemperers »LTI«. In: Neumann, Werner; Techtmeier, Bärbel (Hg.): Bedeutungen und Ideen in Sprachen und Texten. Werner Bahner gewidmet. Berlin: Akademie-Verlag, 315–324.

Kristine Fischer-Hupe

Zur Entstehungs-, Editions- und Rezeptionsgeschichte von Victor Klemperers *LTI*

Einleitung

Bei aller Faszination, die Victor Klemperers Buch *LTI* seit seinem ersten Erscheinen vor über 50 Jahren immer wieder auslöste, ist in all der Zeit außer zahlreichen Rezensionen und einigen Aufsätzen erstaunlich wenig darüber geschrieben worden. Man stellt fest, dass über die Bedingungen seiner Entstehung und seines Erscheinens, seine Verfügbarkeit innerhalb des jeweils anderen deutschen Staates und selbst über den Titel oft geteilte Meinungen herrschten und Unklarheit bestand.

Seit nun mit der Veröffentlichung der Tagebücher Klemperers die *LTI*-Lektüre unter neuem Vorzeichen steht, stellen sich auch Fragen zur Geschichte dieses Buches ganz neu. Im Folgenden sollen daher auf der Basis der Tagebuchaufzeichnungen und zahlreicher Dokumente, die sich in Klemperers Nachlass in der Sächsischen Landesbibliothek in Dresden, bei der Witwe des Autors, in Verlagsarchiven und anderswo fanden, Entstehungs-, Editions- und Rezeptionsgeschichte des *Notizbuches eines Philologen* im Überblick dargestellt werden.[1]

Die Entstehung des Bandes *LTI*

Mit den Tagebüchern Victor Klemperers hat sich dem Leser seiner *LTI* ein einzigartiger Blick in die ›Werkstatt‹ eines Autors aufgetan. Die außergewöhnlich hohe Selbstreflexivität des Schreibenden, dessen Aufzeichnungen auch für ihre Authentizität und Detailgenauigkeit schon viel gelobt wurden, hat zur Folge, dass von der ersten Sprachbeobachtung über verschiedene konzeptuelle Vorüberlegungen einschließlich zeitweiliger Zweifel an dem Sinn seiner Arbeit jeder Schritt bis zum fertigen Buch *LTI* dokumentiert ist.

Es lassen sich zwei Phasen der Entstehung unterscheiden: 1933 bis Juni

1945 als die Phase der ›Vorarbeiten‹ Klemperers, des Suchens und Sammelns unter ständiger Lebensbedrohung und ohne Perspektive auf eine spätere Verwendung der Notizen, und Sommer 1945 bis Jahresende 1946 als die Phase der Ausarbeitung der über das Tagebuch verstreuten Notizen zu einzelnen Kapiteln des *Notizbuches eines Philologen.*

Die intensive Beschäftigung mit der ›Sprache des Dritten Reiches‹ begann für Victor Klemperer mit Betroffenheit, mit Ablehnung und Abscheu. (Vgl. ZA 1, 63, 23. 10. 1933; LTI, 40 f.) Doch bald schon fand er gerade in der misstrauischen, wachsamen Beobachtung dieser Sprache eine Aufgabe, die ihm Halt gab: – es war »Selbstbewahrung« (LTI, 42[2]), erkennt er im Nachhinein. Klemperer notierte in den folgenden Jahren alles, was ihm auffiel: Wörter, Tonfälle, Phrasen, Verbote und Einschränkungen seines Alltags, Sprechchöre, Spruchbänder, Plakate, selbst das Grußverhalten der Menschen auf der Straße, Zeitungen, Bücher – die ganze Welt wurde ihm zur Quelle. Er war dem Wesen des Nationalsozialismus auf der Spur; sein leitender Gedanke: »Die Sprache bringt es an den Tag« oder in »lingua veritas«: »Es ist nämlich nur zum kleinern und oberflächlichen Teile wahr, daß die Sprache dem Menschen zum Verbergen seiner Gedanken gegeben ist, vielmehr: sie verrät ihn.«[3]

Eigentlich von Beginn an hatte er dabei die anschließende Abfassung einer »Studie« vor Augen. Parallel zum Tagebuch legte er Wörterlisten an und machte sich zusätzliche Notizen, auf die er im Tagebuch verwies (z. B. ZA 1, 118, 17. 6. 1934) und die teilweise erhalten sind. Sehr früh (29. 7. 1934) versuchte er, allgemeine Tendenzen der »neuen Sprache« zu beschreiben – und erfasste, was sich tatsächlich im Nachhinein als zentral erwies: »Philologie der Nationalsozialisten: […] Bisher fünf Gesichtspunkte: 1. der mechanistische Stil, 2. der enzyklopädische Stil der Emigranten […], 3. der enzyklopädische Stil der Regierung, 4. der Reklamestil, 5. der germanische Stil: Namen […]« (ZA 1, 128).

Je mehr er in seinen Möglichkeiten eingeschränkt wurde, je schwieriger es wurde, an Lektüre heranzukommen, desto wichtiger wurden für ihn Gespräche mit seinen Mitmenschen, denen er seine Überlegungen mitteilte, deren Kritik er sich aussetzte und deren Anregungen und Hinweise seine Arbeit bereicherten.

Lange Zeit dominierte in seinen konzeptuellen Vorstellungen, beeinflusst von dem Gedanken an die große Enzyklopädie der Diderots und d'Alemberts, die Idee eines Lexikons, eines ›Dictionnaire philosophique‹. Er sammelte »beliebte Worte des 3. Reiches« (ZA 1, 184, 21. 2. 1935), »Lieblings- und *Stammwort*[e]« (ZA 1, 645, 8. 7. 1941). Auch in anderen Ideen suchte er Verbindung mit seinen romanistischen Arbeiten herzustellen; so erwog er z. B., die »Sprache der drei Revolutionen«, der französischen, der des italienischen Faschismus und der des Dritten Reiches zu schreiben (vgl. ZA 1, 143, 12. 9. 1934; 215, 16. 9. 1935; 238, 1. 1. 1936). Trotz seiner besonderen Konzentration auf auffällige Worte konnte er über all die anderen, darüber hinausgehenden, auch die auf den ersten Blick außersprachlichen Phänomene der LTI jedoch nicht hinwegsehen und erkannte, dass auch diese für die Affirmation der Ideologie von immenser Bedeutung waren – auch sie waren »Sprache des Dritten Reiches« (vgl. LTI, 16). So geriet er immer wieder in Schwierigkeiten, sein Untersuchungsgebiet abzugrenzen; sein Sprachbegriff[4] geriet angesichts der praktischen Beobachtungstätigkeit ins Wanken.

Hielt er an ihm fest, so kamen ihm Zweifel, »ob LTI wirklich Stoff zu einem Buche gibt. Eigentlich geht es doch nur um eine Handvoll Ausdrücke und Wendungen.« (ZA 2, 59, 2. 4. 1942), auch erschien ihm das ›rein Philologische‹ zu trocken. Er ahnte, dass er damit nicht alles erfassen würde. Doch vorerst stellte sich diese Frage nicht zur Entscheidung; Klemperer registrierte und schrieb gegen die Angst an, seine Frau Eva schmuggelte die Blätter ins Versteck zu einer Bekannten (vgl. ZA 2, 99, 27. 5. 1942) und der Nationalsozialismus dauerte an.

Nach zwölf Jahren des Sammelns war er sicher, nichts Neues über die LTI mehr lernen zu können. Die Begegnungen mit ihr in anderen Teilen Deutschlands auf der Flucht im Frühjahr 1945 bestätigten ihm nur, was er ohnehin schon wusste. Als nach wochenlanger Odyssee Eva und Victor Klemperer Anfang Juni in ihr Haus in Dresden-Dölzschen zurückkehrten, aus dem sie 1940 vertrieben worden waren, war Klemperer bei aller Erschöpfung »übervoll von Plänen u. Arbeitslust« (ZS 1, 24, 23. 6. 1945) und begierig, nun an die Auswertung der Notizen zu gehen. Als er endlich die Tagebuchblätter unversehrt aus dem Versteck zurückerhielt, kamen jedoch auch die alten Schwierigkeiten wieder. Sein Tagebuch berichtet davon, wie er wochenlang in den Aufzeichnungen las, ohne einen Zugriff zu finden. Die Frage der Trennung von persönlichem Erleben und Sprachreflexion quälte ihn und erschwerte in der allgemeinen Situation, bei täglich mehrstündiger Stromsperre, Hunger, Erschöpfung und Müdigkeit, den gewohnten Herzbeschwerden, der andauernden Ungewissheit über seinen beruflichen Fortgang und der Verbitterung darüber, die ehemaligen Kollegen bereits wieder in ihren Positionen zu sehen, in den folgenden Monaten den Fortgang der Arbeit, während er gleichzeitig erfahren musste, dass nach wie vor aktuell war, was er endlich überstanden zu haben glaubte. Mit Unbehagen registrierte Klemperer, wie Wortschatz und Redestil, die er jahrelang festgehalten hatte, um nun darüber Zeugnis ablegen zu können, nicht nur von der Bevölkerung unbewusst weiter verwendet wurden, sondern auch Radio und Zeitung wieder beherrschten: »Ich muss allmählich anfangen, systematisch auf die Sprache des *vierten Reiches* zu achten. Sie scheint mir manchmal weniger von der des *dritten* unterschieden als etwa das Dresdener Sächsische vom Leipziger.« (ZS 1, 26, 25. 6. 1945)

Dies nahm er sich vor und war sich bald sicher, zwischen LTI und LQI »keinen Unterschied (außer dem Vorzeichen)« (ZS 1, 76, 16. 8. 1945) zu sehen. Teils aus Überdruss an dem sich nur noch Wiederholenden, allzu Bekannten, teils auch aus Hilflosigkeit angesichts der Überfülle des bereits Gesammelten, fasste er den Entschluss, »weitere Studien hierzu […] *nicht mehr zu treiben*«, sondern »aus dem vorhandenen Material das *Notizbuch des Philologen*« (ZS 1, 54, 23. 7. 1945) zu machen.

Auch der nun folgende Schritt der Ausarbeitung von *LTI* ist in den Tagebüchern festgehalten. Die Schwierigkeiten des richtigen »Zugriffs« auf den Materialberg halten an, bis Klemperer schließlich auf die Idee kommt, zunächst alles *LTI*-Betreffende zu exzerpieren und wochenlang mit der Schreibmaschine die Aufzeichnungen zu sichten. Noch im Herbst 1945 schließt er diese Arbeit ab; doch die Buchkapitel entstehen langsam, mit größeren Pausen, Stück für Stück im Laufe des folgenden Jahres. Nimmt er sich ein Kapitel vor, so schreibt er es meist innerhalb weniger Tage.

Dem glücklichen Umstand, dass sich im Nachlass Klemperers die genannten Exzerpte erhalten haben, verdanken wir es, nun drei Stadien von *LTI* einander gegenüberstellen zu können: die ursprünglichen Tagebuchaufzeichnungen, die daraus extrahierten Passagen zur »Sprache des Dritten Reiches« und das fertige Buch *LTI*. Auf diese Weise lässt sich Klemperers Vorgehen bei der Abfassung einzelner Kapitel sehr genau rekonstruieren, wie ich es in meiner Dissertation exemplarisch an einem Kapitel vorgeführt habe.

Sein Verfahren lässt sich kurz als das einer ›kommentierenden Kompilation‹ bezeichnen, besteht also im Wesentlichen darin, Passagen des Tagebuchs neu zusammenzustellen und im Nachhinein zu kommentieren. Änderungen gegenüber dem Tagebuch entstehen somit in dreierlei Hinsicht:

1. hinsichtlich der Komposition: Klemperer stellt Passagen verschiedenen Datums zusammen und fügt Anekdoten oder Hintergrundinformationen ein, die im Tagebuch überflüssig, da ihm selbstverständlich waren;

2. hinsichtlich der Gestaltung des Stoffes: Er versucht, das Notierte ›poetisch‹ zu gestalten, bemüht sich aber gleichzeitig, mit Hilfe konkreter Zeit- und Quellenangaben den authentischen, dokumentarischen Charakter zu erhalten, und

3. hinsichtlich der Reflexion bzw. des Kommentars: Hierbei lässt Klemperer den Übergang von Berichtetem und Kommentar, von ursprünglicher Notiz und gegenwärtiger Anmerkung nicht immer deutlich werden. Stets achtet er darauf, dass das Linguistische kein Übergewicht bekommt und der Bezug zum persönlich Erlebten gewahrt bleibt.

Es stellt sich die Frage, ob die Inhalte von Tagebuch und *LTI* einander entsprechen oder ob Klemperer aus der Perspektive von 1946 Dinge ändert, anders bewertet, gewollt oder ungewollt neu deutet. Nach meiner Auffassung ist das nicht der Fall; die Aussagen in Tagebuch und *LTI* sind ungefähr deckungsgleich – mit einer – freilich nicht geringfügigen – Ausnahme: Kommunismuskritische Passagen lässt er bewusst-unbewusst wegfallen! Stattdessen schafft er durch geringfügige Modifikationen und Einfügungen den Eindruck einer Sowjetunion und Kommunismus gegenüber wohlwollenden Haltung.

Zwischen Weihnachten 1946 und Neujahr erfolgt endlich die Schlussredaktion des Buches.

»Am Sonnabend 21. XII habe ich das letzte Stück LTI geschrieben; seitdem die Schlussarbeiten: Copie eines Stückes, Durchlesen des Ganzen, Fahnden auf Wiederholungen, Anordnung der Stücke … Ich arbeite angestrengt. Begonnen habe ich mit Schrei[ben] am 25 Juli 45; fast seit unsrer Ankunft studierte ich dazu das Tgb. Häufige Unterbrechung – Volkshochschule u. viele Vorträge. Immer, eigentlich auch jetzt noch, das Schwanken: wieweit Studie, wieweit Tagebuch? Das schwierigste Buch meines Lebens. Und auch jetzt weiß ich nicht, wie ich das Buch bewerten soll. Einiges sehr gut, anderes fraglich. Vielleicht geht das Buch unter 1000 ähnlichen unter, vielleicht wird es ein Erfolg. Möglich daß ich bis Sylvester ganz fertig bin.« (ZS 1, 330, 25. 12. 1946) – Am 30. 12. 1946 schickt Klemperer »nach acht Tagen sehr angestrengter Korrekturarbeit« (ZS 1, 331) das restliche Manuskript an seinen Verlag.

Die Editionen des Bandes *LTI*

Ort, Jahr und Verfügbarkeit der verschiedenen *LTI*-Ausgaben sind der Aspekt der Rezeptionsgeschichte, über den die größte Unklarheit herrscht und viele falsche Angaben in Literatur und Dokumenten kursieren. In der Tat ist die Editionsgeschichte des Buches gekennzeichnet von Verlagswechseln und deutsch-deutschen Lizenzvergaben, von Zeiten, in denen es jahrelang vergriffen war und politisch bedingten Auseinandersetzungen um Titel und Inhalte des Buches, von denen die Leser in der Regel nichts wissen können. Das Tagebuch Klemperers begleitet hier nur das Zustandekommen der ersten drei Auflagen; wichtigste Quelle zur Rekonstruktion der Editionsgeschichte auch für die Zeit danach sind Verlags-Briefwechsel, auf die sich die folgende Darstellung im Wesentlichen stützt.[5]

Die Erstauflage von *LTI* erschien 1947 beim neu gegründeten Aufbau-Verlag, dem Verlag des Kulturbundes in Ost-Berlin – wie auch die zweite Auflage zwei Jahre später in einer für die unmittelbare Nachkriegszeit vergleichsweise hohen Auflage von 10 000 Exemplaren. Für die zweite Auflage nahm Klemperer geringfügige Änderungen vor, auf die er 1949 in einem Nachwort einging. 1949 kam es außerdem zu einer Auseinandersetzung um das Zion-Kapitel. Die Planung der Neuauflage fiel in eine kurze proisraelische Phase in der Politik der Sowjetunion, und der Abdruck des Kapitels, in dem Klemperer Gemeinsamkeiten zwischen Hitler und Herzl darlegt, schien angesichts der politischen Lage nicht opportun. Der Autor musste sich gegen den Vorwurf des Antisemitismus verteidigen. Da er zu inhaltlichen Veränderungen nicht bereit war, einigte man sich schließlich darauf, das umstrittene Kapitel vorerst wegzulassen. Zu einer weiteren Auflage des Buches ist es beim Aufbau-Verlag jedoch nie gekommen.

Nach einer Publikationspause von acht Jahren erschien 1957 im VEB Verlag Max Niemeyer/Halle eine kleine dritte, wieder vollständige Auflage von *LTI*, auf die alle späteren zurückgehen. Wieder verstrichen mehrere Jahre, in denen das Buch vergriffen war, bis 1966, also nach dem Tod Klemperers im Februar 1960 und zu dessen 85. Geburtstag, Philipp Reclam jr. Leipzig das Buch in seine ›Universalbibliothek‹ aufnehmen konnte, wo es bis heute erscheint. Künftig erschienen Nachauflagen in Stückzahlen bis zu 40 000 Exemplaren alle zwei bis vier Jahre.

Fast parallel erschien 1966 *LTI* erstmals bei einem Verlag in der

Bundesrepublik, und zwar bei Joseph Melzer in Darmstadt, hier unter dem Titel *Die unbewältigte Sprache*.[6] Von dem auf die Rede von der ›unbewältigten Vergangenheit‹ – ein schon damals abgegriffenes Schlagwort – anspielenden neuen Namen versprach man sich bessere Absatzchancen für das Buch; der ursprüngliche Titel, so fürchtete man, wecke keine Assoziationen. Doch die eigenmächtige Umbenennung wie auch die beabsichtigte Präsentation des Buches als Werk zum Verständnis »totalitärer Systeme« erregte den Unwillen der Witwe Klemperers: »Was soll das heißen, unbewältigte Sprache? Ist das ein Werk über Sprachfehler, Stottern, die mangelhafte Beherrschung der Sprache durch Ausländer oder Analphabeten? Die Nazis haben die Sprache durchaus ›bewältigt‹, meinetwegen ›überwältigt‹. Und mit dem Werbeslogan fällt uns der Mann in den Rücken. […] Weder mit diesem Titel noch mit einem Waschzettel über ›totalitäre Systeme‹ darf die ›LTI‹ das Licht der westdeutschen Welt erblicken.«[7]

Während der Klappentext noch geändert werden konnte, wurde hinsichtlich des Titels ein Kompromiss erst für die zweite Auflage vereinbart. Eine solche ist jedoch wiederum nie zustande gekommen. Melzer vergab nach zögerlichem Absatz des Buches die Lizenz an den Deutschen Taschenbuch Verlag, der *LTI* einmalig 1969 herausbrachte, die Initialen *LTI* nun immerhin auf dem Umschlag dem neuen Titel vorangestellt. Die 15 000 Exemplare der Münchener Ausgabe waren erst 1983 ausverkauft.

Ab 1975 übernahm Reclam auch den Druck einer Westausgabe; dem Frankfurter Röderberg-Verlag, unter dessen Namen *LTI* zwischen 1975 und 1987 auf den bundesdeutschen Markt kam, wurde das fertige Buch aus Leipzig geliefert (insgesamt 10 000 Exemplare in 4 Auflagen). Bis zur ›Wende‹ wurden damit im Westen ca. 30 000 Exemplare des Buches verkauft, gegenüber ca. 238 000 in Ostdeutschland. Allein diese Zahlen zeigen schon die Tendenz dessen, was im folgenden Abschnitt über die Rezeption des Buches zu sagen sein wird. – Nach der Wiedervereinigung folgten auf eine absolut größte Auflage von 50 000 Stück kleinere Auflagen denn je. Der Preis stieg bald sprunghaft an, seit dem (Verkaufs-)Erfolg der Tagebücher des Autors aber auch die Nachfrage.

Wie schon gesagt, gehen die heutigen Auflagen auf die dritte von 1957 zurück. Klemperer wollte bis auf die wenigen Korrekturen von der ersten zur zweiten Auflage inhaltlich nichts verändern, auch nichts ergänzen.

»Die dritte Auflage meiner LTI ist der wortgetreue Abdruck der Erstauflage von 1946, nichts ist weggelassen oder eingefügt oder (von wenigen korrigierten Druckfehlern abgesehen) geändert worden. Die LTI ist ein Erlebnisbuch und eine Fixierung erlebter Sprache. Das folgende Jahrzehnt brachte große Entwicklung: aus dem befreiten Deutschland wurde das zerrissene Deutschland, aus der Sowjetzone wurde die DDR. Alles Abändern von Gedanken oder Worten vom gegenwärtigen Zeitpunkt aus würde in meinem Buch den Wert der historischen Aussage verwischen«, heißt es in der Vorbemerkung zu besagter dritter Auflage. Kleinere Unterschiede zwischen den einzelnen Auflagen bestehen abgesehen von zahlreichen kleineren, z. T. aber sinnentstellenden Druckfehlern, die *LTI* bis 1991 mitschleppte, im Äußeren, in Umschlaggestaltung, Drucksatz und Seitenumfang. Besonderheiten einzelner Ausgaben – wie das versehentlich der 12. Auflage von 1993 (Reclam) beigegebene Foto, das Lion Feuchtwanger statt Klemperer darstellt – sind selten.

Die Gesamtzahl der seit der Erstauflage in Deutschland produzierten *LTI*-Exemplare betrug im Sommer 1999 ca. 416 000 Stück. Wünschenswert wäre für die Zukunft eine kommentierte Auflage, die ein Register[8] und möglichst einen Stellenkommentar enthielte. Auf dem britischen Buchmarkt ist unlängst eine solche erschienen; ein schottischer Professor hat sie für den Hochschulunterricht konzipiert (deutscher Text mit englischen Kommentierungen; vgl. Watt 1997).

Die Rezeption von *LTI* in der Öffentlichkeit[9]

Victor Klemperers Wunsch, seine ›Sprache des Dritten Reiches‹ möge eine breite Rezeption erfahren, ist in Erfüllung gegangen: ca. 100 Rezensionen[10], Zeitungsartikel und Leserbriefe, Gedenkreden und wissenschaftliche Aufsätze und nicht zuletzt die Nachkriegstagebücher des Autors geben ein eindrucksvolles Bild von ihr. In vier Abschnitten sollen ihre wesentlichen Züge hier nachgezeichnet werden: für Nachkriegsdeutschland, die DDR, die Bundesrepublik und die Zeit nach 1990 (›Wende‹) bzw. nach 1995, d. h. nach der Veröffentlichung der Tagebücher.

Die Rezeption des Bandes *LTI* beginnt im Frühjahr 1947. Klemperer hatte zu diesem Zeitpunkt das Buch bereits in einigen Vorträgen der Öffentlichkeit vorgestellt. Bei diesen Auftritten, die sich künftig bald vor »VVN-Leuten« (Mitgliedern des Vereins der Verfolgten des Nationalsozialismus), bald in einer Ausbildungsstätte für die so genannten Neulehrer oder auf dem Pädagogenkongress in Leipzig und noch häufiger als Veranstaltungen des Kulturbundes wiederholten, betonte er immer die anhaltende Aktualität seiner Ausführungen und endete mit einem eindringlichen Appell, die »Sprache des Dritten Reiches« zu meiden. Als im Laufe des Jahres 1948 zudem eine Flut von Rezensionen einsetzte, war die erste Auflage seines Buches bald ausverkauft (vgl. ZS 1, 545, 24. 5. 1948). Klemperer wurde von Lesern angesprochen, die ihm ihre Bewunderung mitteilten (vgl. ZS 1, 454, 2. 11. 1947; 521, 12. 3. 1948; 534, 1. 5. 1948; 588, 13. 9. 1948); an Autor und Verlag ergingen Dankesbriefe aus Ost und West, und ein Grundschullehrer behandelte die »Sprache des Dritten Reiches« im Unterricht.[11] Erreichen wollte Klemperer vor allem die Jugend, denn er meinte: »Schwerer als das Unschädlichmachen der bewußt Böswilligen, schwerer als das Wiederdenkfähigmachen einer betäubten Millionenschar älterer Menschen […], unendlich viel schwerer ist es, diese Jugend zu gewinnen.« (Klemperer 1946, 54)

Er wollte sie über das Vergangene aufklären und zu wachsamen, selbständig denkenden Menschen erziehen; seine Sensibilität für das Handlungspotenzial der Sprache weitergeben. Und er hatte Erfolg. Vielen, die mit der Nazi-Ideologie aufgewachsen waren, vielleicht Krieg und Kriegsgefangenschaft erlebt und nichts anderes kennen gelernt hatten als das, wovon sie sich jetzt distanzieren sollten, wurde ›Lingua Tertii Imperii‹ zu einem wichtigen Buch.

Die Besprechungen aus der Zeit bis zur Jahresmitte 1949 kennzeichnen eine fast uneingeschränkt positive Aufnahme des Buches.[12] Quer durch die Besatzungszonen wurde *LTI* einhellig als »vortreffliches«, »wichtiges«, ja »notwendiges« Buch begrüßt. Die gemeinsame Überzeugung, am Ende einer Zeit der »Sprachverderbnis« zu stehen, ließ die Verfasser der frühen Rezensionen *LTI* als ein Buch von besonderer Aktualität willkommen heißen. Denn, darüber war man sich einig, die »Sprache des Dritten Reiches [ist] noch immer lebendig«. Man hoffte, das Buch möge »zum Lehrbuch des deutschen Volkes« werden. *LTI* gehöre »in die höheren Klassen jeder deutschen Schule und Volkshochschule«; es »sollten […] alle jene Menschen lesen, denen an der Erneuerung der Kultur gelegen ist«. Neben klarem Stil und guter Lesbarkeit wurde dem Buch »wissenschaftlicher Ernst« und dem Autor die »Gründlichkeit eines Philologen« zugesprochen. Dieses Buch sei »die Bilanz einer ganzen Zeit«. Man sagte voraus, es werde »den Beginn der dokumentarischen Literatur darstellen, die wir so dringend nötig haben, wenn wir von der Distanz aus das Hitlerregime in seiner ganzen vermessenen Unzulänglichkeit, Grausamkeit und Primitivität in seinen Grundzügen zu verstehen versuchen«.[13]

Die seltenen kritischen Anmerkungen waren v. a. politisch motiviert. So stieß z. B. Klemperers Argumentation in Kapitel XXIII *Wenn zwei dasselbe tun* auf zurückhaltend angebrachte Bedenken in den Westzonen. Insgesamt aber hat *LTI* in der frühen Nachkriegszeit inhaltlich und in der Art der Darstellung seine Leser überzeugt. Die positiven Reaktionen auf die Neuerscheinung in der Presse wiederholen sich auch in Briefen und Postkarten, die Klemperer im selben Zeitraum von Lesern der *LTI* erhielt.[14] Durch ihre Zeitzeugenschaft sahen sich einige Leser gewissermaßen als Experten, die Klemperers Arbeit beurteilen und ergänzen konnten. Neben dem Bedürfnis, Klemperer Dank auszusprechen, sind es daher sachliche Korrekturen, stilistische Anmerkungen und inhaltliche Zusätze, die diese Briefe kennzeichnen. – Klemperer gaben sie Hoffnung: »[…] was auch der Inhalt dieser Zuschriften sei, aus welcher politischen Gesinnung sie auch stammen – eines ist doch ihnen allen gemeinsam, und dieses eine ist das Entscheidende: das Sprachthema interessiert den Briefschreiber, er ist für das Nachdenken über die Sprache des Dritten Reiches gewonnen. Und noch einmal: wer über die Sprache des Dritten Reiches nachzudenken beginnt, über den hat sie schon ihre Gewalt verloren.«[15]

Die Rezeption in der DDR ist ambivalent, ihre Mehrschichtigkeit offenbart sich erst auf den zweiten Blick. Einerseits fügte *LTI* sich als ein Buch gegen den Nationalsozialismus gut in den Kanon des doktrinär antifaschistischen SED-Staates ein. Andererseits aber beziehen sich nicht wenige Beobachtungen Klemperers auf Phänomene, die schon vorher, gleichzeitig auch anderswo und heute noch, gehäuft aber in der DDR zu beobachten waren, und so war *LTI* hier vielleicht mehr als andernorts geeignet, zu Vergleichen anzuregen und die Kritik vom einen auf das andere Regime zu übertragen.

Wenn aus dem vor 1933 nur in Fachkreisen bekannten Dresdener Professor nach 1945 in der SBZ (= sowjetische Besatzungszone) bzw. DDR bald ein bekannter Mann werden konnte, war das vor allem eine Folge der großen Popularität dieses Buches. Neben den vielen Studenten, die nach dem Krieg in Klemperers Vorlesungen strömten – »[…] Balzac oder Flaubert – nichts war so wichtig wie LTI – wir rannten hauptsächlich wegen des Mysteriums zu Klemperer, das ihn doch umgab, die rätselhafte Aura – was der erlebt haben mußte!« (Kuhnke 1997, 52) – lasen es in den kommenden Jahrzehnten Menschen aller gesellschaftlichen Schichten; Klemperers *LTI* ging unter den Bürgern der DDR von Hand zu Hand.

Artikel, mit denen Victor Klemperer an Geburtstagen und nach seinem Tod geehrt wurde, enthielten in der Regel längere Abschnitte, in denen *LTI* gewürdigt wurde. Preisverleihungen, wie z. B. die Auszeichnung mit dem Nationalpreis 1952 oder der 1960 postum an Klemperer verliehene F.-C.-Weiskopf-Preis, erfolgten ausdrücklich mit Blick auf »seine Verdienste auf dem Gebiet der germanischen und romanischen Philologie«. (Schober, ca. 1952[16]) In den offiziellen Ehrungen dominiert jedoch der Eindruck einer Stilisierung und sublimen Vereinnahmung Klemperers. Der *LTI*-Autor eignete sich als eine im Sinne des Antifaschismus identitätsstiftende Vorzeigefigur. Er wurde als »Volkserzieher«, »sozialistischer Wissenschaftler« und »Freund der Sowjetunion« beschrieben, der »entscheidend dazu beigetragen [habe], unsere Sprache von dem faschistischen Unrat zu befreien«[17], wobei das Lob nicht selten mit der Mahnung verbunden war, sprachliche Phänomene des Nationalsozialismus im aktuellen Sprachgebrauch aufzudecken und zu meiden, z. B. mit Hinweis auf die Funktionärssprache, das so genannte ›Kaderwelsch‹, dessen Kritik sich Klemperer selbst zu einer seiner ständigen Aufgaben gemacht hatte.

Vielleicht lässt sich *LTI* tatsächlich als ein »quasi kanonische[r]« Text in der DDR (Maas 1984, 209) bezeichnen. In bestimmten Kreisen jedenfalls gehörte Klemperers *Lingua Tertii Imperii* zum ›Muss‹; jede Generation von Intellektuellen wuchs mit dem Buch auf oder ist ihm irgendwann begegnet. *LTI* war eine Art ›Kultbuch‹, dessen verschiedene Ausgaben von Fans gesammelt wurden.

Dabei hat jede Generation es anders gelesen. Ab den 50er Jahren avancierte sein Titel zu einem Beschreibungsmittel für die (medien)sprachlichen Zustände in der Bundesrepublik und somit zum Instrument einer grundsätzlichen Diskreditierung des anderen deutschen Staates. Auch Klemperer warnte: »Wenn wir uns nicht von dem nazistischen Gift freimachen, so vergiften wir weiter unser Denken. In Ostdeutschland haben die Faschisten und die Überreste des Faschismus keine Perspektive. Wenn man heute in Westdeutschland Faschisten in der alten Tonart mitreden läßt, dann vergiftet man das Denken der Menschen weiter.«[18]

In den 60er Jahren setzte sich diese Tendenz fort; *LTI* soll in dieser Zeit z. B. an der Uni Greifswald in Veranstaltungen zur ›Sprache der Politik‹ als Folie zur Analyse bundesrepublikanischen Sprachgebrauchs verwendet worden sein. Gleichzeitig wurde mit der ersten Taschenbuchauflage bei Reclam 1966 endlich die Basis für eine wirkliche Verbreitung des Buches geschaffen. Ende der 70er, Anfang der 80er Jahre entstanden ein Hörspiel zu *LTI* (vgl. Pirskawetz 1980) und erste wissenschaftliche Aufsätze. Auf der Gedenkveranstaltung der Akademie der Wissenschaften der DDR zu Klemperers 100. Geburtstag wurde *LTI* ein »Volkslesebuch« (Schober 1982, 17) genannt. Ihm wurden »anhaltende Popularität« und eine »faszinierende Wirkung« bescheinigt, und es wurde der Wunsch geäußert, *LTI* möge »als Studienobjekt schon in den höheren Semestern der Germanistikausbildung seinen Platz haben,« (Lang 1986, 69) Für viele war es da längst ein persönliches »Standardwerk der Sprach- und Literaturgeschichte« (Weißelberg 1985). Genau wie früher berichteten auch in den 80er Jahren junge Leser: »Victor Klemperers Buch war für mich ein Schlüsselerlebnis. Nach der Lektüre achtest du sensibel darauf, was du sagst.« (Oschlies 1987)

Die Rezeption des Buches ist jedoch ambivalenter, als es sich bisher darstellte. Wohl nicht ohne Grund war in den letzten Jahren zu lesen, *LTI* sei ein »der Literaturbehörde unliebsames Buch« (Jäckel; AS, 249) oder »bis zum Ende der DDR [...] vom Mißtrauen der Funktionäre umwittert« (Bauschmid 1995) gewesen.

Jürgen Fuchs, der *LTI* 1967 im Alter von siebzehn Jahren in der DDR zum ersten Mal las, berichtet, wie er angesichts frappierender sprachlicher Parallelen spontan Vergleiche anstellte und erleben musste, wie derlei Assoziationen von einem Lehrer sofort abgeblockt wurden. »›Nein, das lässt sich nicht vergleichen, unter keinen Umständen, das geht nicht!‹ [...] Ich fühlte, dass seine Antwort die Ablehnung eines Denkvorganges war, der sich ihm längst aufgedrängt hatte.« (Fuchs 1983, bes. 42–46)

Wie Fuchs wird es vielen gegangen sein, gerade jüngeren Lesern, die in dem Bewusstsein aufgewachsen waren, in einer dem Faschismus entgegengesetzten Gesellschaft zu leben. Sein Bericht enthüllt eindrucksvoll die Mehrschichtigkeit der *LTI*-Rezeption in der DDR: offizielle Lobpreisung und eindimensionale Wahrnehmung als rein antifaschistisches Werk bedingten einander; das kritische Potenzial des Buches durfte nur in dieser einen Hinsicht zur Kenntnis genommen werden. – Schon in den 50er Jahren hatten ähnliche Beobachtungen Leser mit Wut gegen Klemperer erfüllt und zu schweren Anklagen gegen ihn verleitet. Gerade weil dieser Mann der Verfasser der *LTI* war, konnte sein politisches Engagement, sein Auftreten in der und für die DDR als falsch und verräterisch empfunden werden. Nach dem Pfingsttreffen der FDJ 1950 z. B., auf dem er das blaue Hemd der FDJ empfangen und darin Vorlesungen gehalten hatte, erhielt Klemperer mehrmals anonyme Post aus Ost und West. Ein Leser fragte sich: »Vielleicht sind sich das Nazisystem und das jetzige Regime nicht so unähnlich? […] Vielleicht sind auch Sie, Herr Professor, nur ein verhinderter Nazi? Dass Sie es sind, wird leider durch die Tatsache bewiesen, dass Sie das jetzige, den Nazisten doch wahrhaftig in nichts nachstehende Terrorregime in so leidenschaftlicher Weise propagieren.«[19]

Klemperer schrieb auf diesen Brief hin in sein Tagebuch: »[…] Daran [dass sich ›LQI‹ und ›LTI‹ gleichen – K. F.-H.] u. an der Scheußlichkeit unserer Kulturpolitik ist leider viel Wahres. Morgens blies, trommelte u. zackte ein Trupp vor meinem Fenster, haargenau wie die HJ, trug aber blaue Hemden. Ich werde in meinen Wahlreden mit dem ›falschen Demetrius‹ u. ›Wenn zwei das Gleiche tun‹ operieren; es ist mir aber leider recht elend zu Mut.« (ZS 2, 91, 29. 9. 1950)

Latentes Misstrauen gegen *LTI* unter Funktionären ist also gut vorstellbar. Was hätte man jedoch tun sollen? Mit einem Verbot des Buches oder mit Zensureingriffen (wie sie in der Vorbereitung der dritten Auflage tatsächlich einmal erwogen worden waren) hätte man Parallelen zum eigenen System offiziell eingestanden und sich mehr geschadet als gedient. Dies Dilemma, *LTI* nicht verbieten zu können und auch gar nicht verbieten zu wollen und seine Wirkung mithin nicht kontrollieren zu können, mag auch der Grund gewesen sein, warum es – anders als angesichts der großen Popularität zu erwarten wäre – etwa nicht in Lehrplänen oder Schulbüchern auftauchte.[20] Aussagen darüber, ob *LTI* dennoch im Unterricht in der DDR behandelt worden ist, widersprechen sich stark, abhängig von der individuellen Erfahrung.

Im Gegensatz zur DDR erfuhr *LTI* in der Bundesrepublik aus verschiedenen Gründen wenig öffentliche Beachtung. Die Person Victor Klemperers, seine politischen Ansichten und Aktivitäten dominieren die westdeutschen Rezeptionszeugnisse nicht nur der 50er und 60er Jahre. Seine »weltanschauliche Bindung an Moskau«, die man aus *LTI* herauslas und in der Realität bestätigt sah, wurde kritisiert und abgelehnt. Neben einer positiven Gesamtbewertung des Buches macht sich hier also genau wie in der DDR der Ost-West-Gegensatz bemerkbar. Deutlichstes Beispiel ist ein 1952 in der *Deutschen Rundschau* erschienener Beitrag von Karl W. Fricke über die Sprachentwicklung in der DDR. Hier wurde auf *LTI* als ein »recht kluges Buch« hingewiesen, das »vor fünf Jahren noch […] im Ost-Berliner Aufbau-Verlag« erscheinen »konnte«. Der Verfasser stellte Klemperer als verdienstreichen Akademiker und Opfer des Nationalsozialismus vor. »Dafür gebührt ihm unsere uneingeschränkte Hochachtung.« Er kontrastierte dann: »Ein Mann aber auch, der heute dem neuen Gewaltregime in der Sowjetzone vorbehaltlos dienstbar ist und der sich trotz seinem Alter von 71 Jahren nicht schämt, seine Kollegs an der Universität Halle im blauen Hemd der FDJ abzuhalten. Dafür gebührt ihm unsere uneingeschränkte Verachtung.« (Fricke 1952, 1243)

Lesen sollte man Klemperers Buch dennoch, meinte Fricke und wies auf sprachliche Parallelen zwischen »Zone« und »Drittem Reich« hin – und nahm damit die allgemeine Rezeptionstendenz in den 60er Jahren, auch in der Sprachwissenschaft, vorweg.

Die Welt fragte einige Jahre später, am 9. 10. 1956, anlässlich Klemperers 75. Geburtstages: »[…] wer kennt ihn denn eigentlich noch? Die jüngeren Akademiker lesen ihn nicht mehr. Die älteren Gelehrten gehen auf diesen alten Genossen ihrer würdigen Zunft gar nicht erst ein. Sie winken ab. Nach seinen Büchern und Schriften fragt der forschende Bundesbürger vergebens. – Wie kam es dazu? […] Seine Nachkriegshaltung und seine Schriften sind keine gute Mischung. Sie reduzieren ihn von der wissenschaftlichen Größe seiner Anfänge zu einem schmerzlichen und makabren Beispiel: Victor Klemperers persönliches Schicksal und seine politische Funktion in der DDR hindern den 75jährigen daran, über die gesamtdeutsche Sprachsituation von 1956 nachzudenken.«[21]

Ungeachtet dessen wurde *LTI* jedoch, als sie 1966 endlich auch im Westen erschien, von den Rezensenten mehrheitlich empfohlen. Der Verlag Joseph Melzer, der den Titel 1966 im Westen herausbrachte, konnte trotz des anfänglich zögerlichen Absatzes mit dem Echo zufrieden sein.[22] Anstelle der brennenden Aktualität im Rahmen einer Spracherneuerung nach dem Ende des Nationalsozialismus wurde nun vor allem der Wert des Buches als historische Quelle betont. *LTI* wurde als »ein Dokument erster Ordnung für jene Jahre« (Schwab-Felisch 1966, u. a.) gesehen. Relevanz für die Gegenwart besaßen die sprachkritischen Beobachtungen Klemperers, anders als der westdeutsche Herausgeber vermutet hatte, weniger auf Grund der »unbewältigten Reste« der »Sprache des Dritten Reiches«, als vielmehr mit Blick auf die aktuelle Sprache der Politik(er), auch im Westen.

Bezeichnend für die vergleichsweise geringe Bekanntheit des Buches in der Bundesrepublik ist die Besprechung in *Die andere Zeitung*, der ›kritischen Wochenzeitung der Linken‹, wo *LTI* als ein im Westen so gut wie unbekanntes Buch vorgestellt wurde und der Rezensent dafür eine unfreiwillige Bestätigung lieferte, indem er über die Geschichte des Buches ahnungslos informiert: »Dieses Dokument erschien zuerst 1946 bei Reclam in Leipzig und 1947 beim Aufbau-Verlag in Berlin. Seitdem gilt es als verschollen.«

In der *FAZ* stellte Ansgar Skriver *LTI* als ein »nun schon […] klassisch gewordenes Buch« vor, das schon bald nach der Erstauflage [auch hier unrichtige Angaben – K. F.-H.] »zu den antiquarisch gesuchten Raritäten« zählte. »Aufklärung, Kritik, Bildung, Anstoß zu Wachsamkeit – das alles geht von diesem Buch aus, es kann nicht genug empfohlen werden.« (Skriver 1966) Die Anspielung auf den Begriff der ›unbewältigten Vergangenheit‹ im Titel, von der sich der Herausgeber so viel versprochen hatte, wurde nicht als neu und anders wahrgenommen, dennoch aber tendenziell, z. B. als »fade und sogar etwas peinlich«, abgelehnt.

Man kann zusammenfassen: Lange Zeit war *LTI* im Westen nicht verfügbar und sein Autor ein unbekannter Volkskammerabgeordneter in der »Ostzone«, der dafür bei den wenigen, die ihn noch kannten, von vornherein diskreditiert war. Auch später war *LTI* daher im Westen eine Art Geheimtipp, bekannt unter Germanisten, Deutschstudenten und sprachkritisch Interessierten, dessen Lektüre man dem zufälligen Hinweis von Freunden, Bekannten oder auch Lehrern verdankte. Über die Behandlung von *LTI* im Schulunterricht in der Bundesrepublik ist allerdings wenig bekannt. Noch 1983 wiesen die Sprachwissenschaftler Kinne (1983, 519) und Voigt (1983, 5) in den Zeitschriften *Diskussion Deutsch* und *Praxis Deutsch* nachdrücklich auf *LTI* als ein bisher zu wenig beachtetes Buch hin. Maas vermutete ein Jahr später (1984, 209), das Buch habe trotz seiner relativen Bekanntheit in der Bundesrepublik aufgrund der »eindeutige[n] politische[n] Option« Klemperers in »offiziösen (Bildungs-)Kontexten« kaum Verwendung erfahren. Dass diese Option so eindeutig nicht war, haben inzwischen Klemperers Nachkriegstagebücher gezeigt. Dass diese Einschätzung für die Rezeption des Buches in der Bundesrepublik aber tatsächlich hinderlich gewesen sein mag, ist angesichts der hier wiedergegebenen Meinungen plausibel.

Noch im Mai 1990, zwischen Maueröffnung und Wiedervereinigung und noch einige Jahre vor dem ›Klemperer-Boom‹ im Westen, druckte der SPIEGEL einen Artikel, in dem Walter Boehlich Klemperers *Curriculum vitae* verriss und auch *LTI* mit einem Satz destruierte: »Es ist ein fahrlässiges, durch und durch mißlungenes Buch, schnell hingeschrieben und wenig durchdacht wie fast alle Bücher Klemperers, interessanter durch die eingestreuten Mitteilungen zur Person als durch seine meist oberflächlichen Analysen.« (Boehlich 1990, 266) – Ein extremes Beispiel, in dem die Tendenz zur Personalisierung der Kritik im Westen noch Jahrzehnte nach Klemperers Tod mit größter Polemik und Konsequenz auf sein Werk übertragen wird.

Mit dem Zusammenbruch der DDR 1989/90, vor allem aber seit der Publikation der Tagebücher ab 1995 erfuhr die Rezeption von *LTI* in quantitativer wie qualitativer Hinsicht bedeutende Veränderungen. Die Wiedervereinigung hatte zunächst Konsequenzen für die Verfügbarkeit des Buches, das im Oktober 1990 seine bis heute höchste Auflage erfuhr und nun in Ost und West in der gleichen Ausgabe des Reclam-Verlages Leipzig erhältlich war. Mit seinem für westliche Verhältnisse niedrigen Preis von 2,50 DM war die Auflage innerhalb eines Jahres ausverkauft. Insgesamt wurden in den Jahren seit der ›Wende‹ allerdings weniger Bücher abgesetzt als in den zehn Jahren vorher.[23]

Die Frage, ob *LTI* ein in der DDR unterdrücktes Buch gewesen ist oder nicht, wird heute, je mehr man über den Autor erfährt, kontrovers diskutiert. Wer heute behauptet, *LTI* sei ungern verbreitet worden, erregt den Widerspruch derjenigen, die in der DDR mit dem Buch unterrichtet haben und den Staat nicht in Frage stellten, sondern an seiner Verbesserung arbeiteten. Wer hingegen behauptet, *LTI* sei jederzeit zugänglich und auch ›salonfähig‹ gewesen, stößt auf den Protest jener Leser, denen *LTI* Kraft für die Infragestellung desselben Staates gab.

Auch die Schwierigkeiten des sprachlichen Zusammenwachsens von Ost und West riefen in den 90er Jahren Klemperers Sprachkritik in Erinnerung; die Termini »LTI« und »LQI« tauchten im Gespräch über die ›Sprache der Wende‹ auf (vgl. Jacobs 1992).

Dass mit dem Erscheinen der Tagebücher 1933–1945 im Jahre 1995 sich die Rezeptionsvoraussetzungen für *LTI* weiterhin wandelten, zumal in fast allen Tagebuch-Besprechungen *LTI* erwähnt wurde und wieder mehr ins Bewusstsein der Öffentlichkeit geriet, wurde erwähnt. Die Kenntnis der authentischen Vorlage hat die Wahrnehmung des Buches verändert, und verändert hat sich auch der Umgang mit der allzeit konstatierten ›Aktualität‹ der Sprachkritik Klemperers. Der Transfer auf den aktuellen Sprachgebrauch findet heute in größerem Rahmen, auf Tagungen, in Vorträgen und Publikationen statt.[24] Themen, bei denen eine Übertragbarkeit auf die Gegenwart gesehen wird, sind Machtausübung und Unterdrückung durch Sprache in den Bereichen ›Ost- und Westdeutsch‹, Krieg und Umweltzerstörung, der rechtsextreme Diskurs sowie der offizielle und alltägliche Umgang mit Ausländern und Asylanten. Schließlich wird *LTI* inzwischen auch in Richtlinien für den Unterricht empfohlen.[25]

Mit zunehmendem Wissen um die Skepsis und stille Kritik des Tagebuchschreibers und seine innere Distanz gegenüber dem Regime verstummen die Stimmen, die Klemperer als Stalinisten brandmarken. Das Verhältnis kehrte sich um: Victor Klemperer wird neuerdings vom Westen für sich reklamiert, als großer Deutscher und Kronzeuge für die Parallelisierung von roter und brauner Diktatur. Besonders schwer ist das für die Menschen, die sich in der DDR für die DDR auf Klemperer berufen haben und heute erleben, wie mit ›ihrem‹ Klemperer gegen sie argumentiert wird.

Resümee

In ihrer ersten Hälfte lebendig dokumentiert in den Tagebüchern des Autors, später vor allem in Rezensionen, Artikeln und Verlags- oder Leser-Briefen, spiegelt die Geschichte des Notizbuches eines Philologen ein Stück Zeitgeschichte. (Junge) Menschen verschiedener Zeiten ließen sich von der eigentümlichen Mischung aus täglichem Erleben des Nationalsozialismus und sprachbezogenen Beobachtungen ergreifen, und viele beschrieben seine Lektüre als ein Schlüsselerlebnis. Regelmäßig vergriffen, auch schon mal als verschollen oder unterdrückt beklagt, erlebte das Buch doch immer wieder neue Auflagen. *LTI* war natürlich nicht wirklich jedermann bekannt, doch es war – insbesondere im Osten Deutschlands – eine kleine Legende und im Westen zumindest Germanisten geläufig. Die Veröffentlichung der Tagebücher Klemperers hat neue Perspektiven bzgl. Lektüre, Interpretation und Bewertung des Buches eröffnet. Nicht nur lässt sich seine Entstehungsgeschichte rekonstruieren; auch das Verhältnis von Tagebuch und *LTI*, der Wechsel von reflektierenden Passagen und ursprünglichen Tagebuchnotizen, auch die zeitlichen Sprünge in die Gegenwart des Schreibenden werden dem *LTI*-Lesenden nun eher transparent; die

Frage nach der Authentizität des Inhalts kann beantwortet werden: kaum eine substanzielle Änderung hat der Autor bei der Ausarbeitung vorgenommen.

Entstehungs-, Editions- und Rezeptionsgeschichte von *LTI* bieten vielfältige Ansatzpunkte, mit Schülern Fragen von Sprache, Sprachbegriff und politischem Sprachgebrauch oder Aspekte der deutschen Geschichte zu diskutieren; insbesondere die Rezeptionsgeschichte des Buches eignet sich, vergangene Diskurse nachzuvollziehen und an sie anzuknüpfen.

Anmerkungen

1 Die Ausführungen sind eine knappe Wiedergabe von Inhalten meiner Dissertation »Victor Klemperers ›LTI. Notizbuch eines Philologen‹. Ein Kommentar« (erscheint demnächst). Sie enthält neben den hier zusammengefassten Aspekten u. a. eine Kommentierung von Buchtitel, Sprachbegriff und Sprachgebrauch Klemperers, der Frage von »LTI« und »LQI« und des »enzyklopädischen Stils«, einen Stellenkommentar und ein umfassendes Register sowie einen Anhang mit tabellarischen Übersichten, Dokumenten und Abbildungen.

2 Zitiert wird hier aus der 12. Aufl. (Leipzig: Reclam 1993).

3 Brief Klemperers an seinen Schwager Sußmann vom 24. 4. 1937, Sächsische Landesbibliothek – Staats- und Universitätsbibliothek Dresden (SLUB)

4 Zu Klemperers Sprachbegriff siehe auch H. Kämper (in diesem Band) und Fischer-Hupe (demnächst).

5 Relevant sind hier die Archive des Reclam-Verlages, Leipzig, und des Aufbau-Verlages, Berlin; zahlreiche Dokumente befinden sich auch im Besitz Dr. Hadwig Klemperers.

6 Zur Vorgeschichte dieser Ausgabe siehe die amüsante Schilderung des westdeutschen Herausgebers (Schröder 1995).

7 Brief H. Klemperers an den Reclam-Verlag vom 12. 3. 1966, Privatbesitz H. Klemperer. Die Formulierung »fällt uns der Mann in den Rücken« ist nach Aussagen der Verf. als Sorge um die auch künftig ungehinderte Verbreitung des Buches in der DDR zu verstehen, die sie durch diese indirekte Kritik an der DDR-Regierung gefährdet sah.

8 Siehe dazu Fischer-Hupe (in diesem Band).

9 Die Reflexion in der Sprachwissenschaft ist ein eigener Aspekt der Rezeptionsgeschichte der *LTI*. Hier wurde das Buch lange Zeit zwar geschätzt, aber als vorwissenschaftlicher Erlebnisbericht gesehen bzw. im Zuge der zunehmenden Kritik an der isolierten Betrachtung einzelner Wörter (erstaunlicherweise) als Wörterbuch abgetan. Erst in den 80er Jahren wurde *LTI* neu entdeckt (Lang 1981; Maas 1984), um heute Klemperers Ansatz als modern und seiner Zeit voraus zu beurteilen (z. B. Jäger/ Jäger 1999).

10 3/4 dieser Rezensionen befinden sich im Nachlass des Autors in der Sächsischen Landesbibliothek – Staats- und Universitätsbibliothek Dresden; der dortige Bestand konnte ergänzt werden durch Funde im Archiv des Reclam-Verlages, bei Dr. Hadwig Klemperer bzw. über Literaturrecherche.

11 Ein mit Buntstift-Zeichnungen bebildertes Heft aus dem Frühjahr 1949 dokumentiert die Ergebnisse einer auf *LTI* und einem Rundfunkvortrag zum Thema aufbauenden Unterrichtseinheit; einzelne Wörter (*holen, knif* oder *zackig*) haben sich vor Gericht zu verantworten, um schließlich freigesprochen, aber entnazifiziert zu werden (SLUB, Mscr. Dresd. App. 2003, 1478).

12 Ich zitiere im Folgenden aus Rezensionen des Korpus, ohne Belegstellen anzugeben.

13 SLUB, Mscr. Dresd. App. 2003, 1336.

14 Mehrere sind im Nachlass Klemperers erhalten, von weiteren berichten das Tagebuch und die *Bemerkungen zur zweiten Auflage*.

15 SLUB, Mscr. Dresd. App. 2003, 658 (undatiertes Manuskript).

16 Vgl. auch SLUB Mscr. Dresd. App 2003, 1535 (undatierter Zeitungsausschnitt).

17 SLUB, Mscr. Dresd. App. 2003, 1501.

18 Zitiert nach einem Zeitungsbericht über den Vortrag (SLUB, Mscr. Dresd. App. 2003, 1352).

19 SLUB, Mscr. Dresd. App. 2003, 527.

20 Mir bekannt gewordene Ausnahme ist ein nach 1984 erschienenes *Erzähl- und Arbeitsbuch vom Widerstehen im Nationalsozialismus*, das unter *Jüdischer Widerstand* u. a. das *LTI*-Kapitel XXV *Der Stern* enthält (mit Arbeitsanregungen; vgl. Ruppel; Schmidt; Wippermann 1986).

21 Erschienen unter dem Titel *Makabres und schmerzliches Beispiel. Aus Wissenschaft und Politik – Victor Klemperer wird 75 Jahre alt,* Verf. hds (Kürzel), vgl. auch SLUB Mcsr. Dresd. App. 2003, 1522.

22 Eine Ausnahme stellt die Rezension in der *Allgemeinen*, der unabhängigen jüdischen Wochenzeitung, dar (Lewy 1966). Dessen ablehnende Haltung der Neuauflage gegenüber beruhte auf dem – nicht zum ersten und nicht zum letzten Mal angefochtenen – *Zion*-Kapitel und Klemperers Haltung zum Judentum. Das Kapitel *Zion* hat seine eigene Geschichte. Bereits 1949 einmal einer Art Zensur zum Opfer gefallen (vgl. hier Abschnitt 2), erregt es immer wieder die Gemüter. Wer sich dazu äußert, tut dieses meist stark ablehnend, seltener interessiert-erstaunt oder befremdet. Auch der unter allen mir vorliegenden Rezeptionszeugnissen einzige, ebenso kurze wie pauschale Verriss der *LTI* in einem SPIEGEL-Artikel, geht daran nicht vorbei: »Wer das Buch gelesen hat, durch das Victor Klemperer berühmt wurde, die ›LTI‹ (Lingua Tertii Imperii = die ›Sprache des Dritten Reiches‹), wird sich schaudernd an dessen Passagen erinnern, in denen die engste Verwandtschaft zwischen Zionismus und Hitlerismus behauptet wird […].« (Boehlich 1989, 266) Es sind – verständlicherweise – vor allem Juden, die sich gegen dieses Kapitel wehren; so z. B. der Historiker Bein (1965) oder 1948 der Vorstand der jüdischen Gemeinde in Dresden. Auch 1993 wieder gab die jüdische Gemeinde zu verstehen, das Kapitel sei ihr unlieb (Titelakte der *LTI* bei Reclam, Leipzig).

23 Seit Publikation der Tagebücher steigt der Absatz wieder. Siehe die tabellarische Übersicht über die Auflagen der *LTI* in meiner Dissertation.

24 Im Herbst 1997 griff in einer dreitägigen Tagung die Evangelische Akademie Tut-

zing Klemperers *Lingua Tertii Imperii* auf. Im Programm der Veranstalter heißt es, man wolle es angesichts der heutigen gesellschaftlichen und politischen Situation in Europa nicht mit dem Rückblick bewenden lassen, sondern die Auseinandersetzung über aktuelle sprachliche Diffamierungen und rechtsextreme Ideologie führen. Wissenschaftler, Politiker, Journalisten u. a. beschäftigten sich in Vorträgen und Diskussionen mit dem Sprachgebrauch in den Massenmedien, der Sprache der rechtsextremen Diskurse u. a., siehe dazu Michalzik (1997). Im selben Jahr hielt in Dresden Dr. R. Hoppe einen Vortrag zu ›LTI – LQI und Sprachgewissen heute‹. Jäger/ Jäger (1999) stellen Klemperers sprachkritischen Ansatz mit neuer Bewertung und Übertragung auf aktuelle Themen allgemeinverständlich dar.

25 So z. B. in den Richtlinien Deutsch und Sozialwissenschaften Gymnasiale Oberstufe in Nordrhein-Westfalen von 1996, zitiert bei Elbers (1999).

Literatur

Bauschmid, Elisabeth (1995): »Das Aber höre ich in mir selber.« Leben im Zwiespalt: Victor Klemperer, der Träger des Geschwister-Scholl-Preises. In: Süddeutsche Zeitung (Nr. 272) vom 25./26. 11. 1995, 13.

Boehlich, Walter (1990): »Ich war nichts als Deutscher«. In: DER SPIEGEL Nr. 19 v. 7. 5. 1990, 264–267.

Elbers, Helmut (1999): Intentionen, Entstehungsprozeß und Wirkung von Victor Klemperers »LTI«. Duisburg: UD (= Duisburger Materialien zur Politik- und Verwaltungswissenschaft; Nr. 1999/8).

Fricke, Karl W[ilhelm] (1952): Die Sprache des Vierten Reichs. In: Deutsche Rundschau 78(1952)12, 1243–1246.

Fuchs, Jürgen (1983): Das Erschrecken über die eigene Sprache. In: Deutsche Akademie für Sprache und Dichtung. Jahrbuch 1983. 1. Halbjahresband. Heidelberg: Schneider, 42–83.

Jacobs, Peter (1992): Leichtfertig ist die Einheit mit dem Wort. Ein Exkurs zu den Quellen unserer Mißverständnisse. In: Wochenpost v. 22. 10. 1992, 21.

Jäger, Margret; Jäger, Siegfried (1999): Gefährliche Erbschaften. Die schleichende Restauration rechten Denkens. Berlin: Aufbau.

Kinne, Michael (1983): Zum Sprachgebrauch des deutschen Faschismus. Ein bibliographischer Überblick. In: Diskussion Deutsch 73, 518–521.

Klemperer, Victor (1946): Kultur. Erwägungen nach dem Zusammenbruch des Nazismus. Berlin: Neues Leben. (= Mensch, Natur und Gesellschaft).

Kuhnke, Manfred (1997): Klemperers Tagebuch – ein Jahrhundertbuch. In: Deutschunterricht 49(1997)1, 51 f.

Maas, Utz (1984): »Als der Geist der Gemeinschaft eine Sprache fand«. Sprache im Nationalsozialismus. Versuch einer Argumentationsanalyse. Opladen: Westdeutscher Verlag, 209–219).

Michalzik, Peter (1997): Die Macht der Wörter. Die Sprache des Dritten Reiches und Sprachfreiheit heute. Wissenschaftler und Politiker befassten sich in Tutzing mit Victor Klemperers Hauptwerk ›LTI‹. In: Börsenblatt für den deutschen Buchhandel (Nr. 89) v. 7. 11. 1997, 18 f.

Lang, Ewald (1986): Victor Klemperers ›LTI‹. In: Gessinger, Joachim (Hg.) (1986): Wem gehört die Sprache? (= Osnabrücker Beiträge zur Sprachtheorie 1986, H. 33), 69–79 (zuerst unter dem Titel: ›Victor Klemperers LTI ins Germanistik-Seminar‹ oder: ›LTI – ein antifaschistisches Volksbuch‹?). In: FORUM. Organ des Zentralrates der FDJ. Zeitung für geistige Probleme der Jugend (1982)1, Berlin/Ost, 14–15.

Lewy, Hermann (1966): Die Sprache der Unmenschen. Reflexionen des Philologen und Pädagogen Victor Klemperer. In: Allgemeine. Unabhängige jüdische Wochenzeitung, Düsseldorf, 21. Jg. (Nr. 28) v. 7. 10. 1966, 7.

Oschlies, Renate (1987): Eine Arbeit – zeichenhaft und deutlicher Verantwortung und Solidarität. Ein Gespräch im Gedenken an die jüdischen Opfer des Faschismus. In: Neue Zeit, Berlin (Nr. 262) v. 7. 11. 1987, 5.

Pirskawetz, Lia (1982): Stille Post. Ein Hörspiel für kopfbezogene Stereophonie frei nach Tagebuchnotizen von Victor Klemperer. In: Das klare Wort der Schrift. Hörspiele. Hg. vom Staatlichen Komitee für Rundfunk beim Ministerrat der Deutschen Demokratischen Republik. Verantwortlich Christa Vetter, Leiterin der Hörspielabteilung. DDR – Berlin: Henschelverlag Kunst und Gesellschaft, 161–197.

Ruppel, Helmut; Schmidt, Ingrid; Wippermann, Wolfgang (1986): »… stoßet nicht um weltlich Regiment«? Ein Erzähl- und Arbeitsbuch vom Widerstehen im Nationalsozialismus. Neukirchen-Vluyn: Neukirchener Verlag. (= Wege des Lernens. Hg. von Ingo Baldermann, Christoph Bitzer u. a.; Bd. 3).

Schober, Rita (ca. 1952): Victor Klemperer (Köpfe aus dem kulturellen Leben II). In: [vermutl.] Sonntag ca. 1952/1953.

Schober, Rita (1982): Victor Klemperer in memoriam. In: Spectrum (1982)3, 16–17.

Schröder, Jörg (1995): Schröder erzählt. Folge 22: Traumgold. Augsburg: März-Desktop-Verlag.

Skriver, Ansgar (1966): LTI. Klemperers Buch über die Sprache des »Dritten Reiches«. In: Frankfurter Allgemeine Zeitung (Nr. 192) vom 20. 8. 1966.

Voigt, Gerhard (1983): Bibliographie. Die deutsche Sprache in der Zeit des Nationalsozialismus. In: Praxis Deutsch 58, 4–6.

Watt, Roderick H. (Hg.) (1997): Victor Klemperer: An annotated edition of Victor Klemperer's LTI, Notizbuch eines Philologen. With english commentary by Roderick H. Watt. Lewiston; Queenston; Lampeter: The Edwin Mellen Press (= Studies in German thought and history; vol. 17).

Weißelberg, Roland (1985): LTI – nur ein Notizbuch? In: Potsdamer Kirche v. 10. 2. 1985.

Heidrun Kämper

Das Sprach- und Kulturkonzept Victor Klemperers

Vorbemerkung

»Was war dieses Werk? [...] Linguistik? Literaturgeschichte? Kultur-geschichte?« – diese Frage stellt Victor Klemperer im Jahr 1950 (Klemperer 1950, o. S.) in seinem Nachruf auf Karl Vossler und bezieht sie auf dessen Hauptwerk *Frankreichs Kultur im Spiegel seiner Sprach-entwicklung*. Diese Frage hätte Klemperer auch auf sein eigenes Werk beziehen können. Freilich, als Linguistik hätte er es wohl nie bezeichnet, obwohl immer auch von Sprache handelnd, wohl aber als Literatur- und Kulturgeschichte und – als idealistische Neuphilologie. Im Folgenden wird auf der Grundlage vor allem von Tagebucheinträgen Klemperers Weg in sein Fach rekonstruiert, um anschließend sein kulturkundli-ches Konzept und dessen Bewährung zur Zeit des Nationalsozialismus nachzuzeichnen. »Zwiespältiger denn je«, »Und so sitze ich denn zwi-schen allen Stühlen«, »Und so ist alles schwankend« sind nicht nur Tagebucheinträge (und danach z.T. Titelgeber der entsprechenden Bände), sondern sie bezeichnen eine Grundbefindlichkeit Klemperers, der im Sinn einer idealistischen Kulturkunde seine Profession ausübt und deren Grenzen erkennt – vor allem seine *LTI* legt dafür Zeugnis ab.

1. Die wissenschaftliche Selbstfindung

Seinen Platz in der Wissenschaft findet Klemperer, indem er sich kri-tisch mit seinen Lehrern auseinander setzt. Dem Studenten im ersten Semester gibt Hermann Paul Orientierung – nicht Gustav Roethe –, dem Habilitanden weist Karl Vossler den Weg – nicht Adolf Tobler.

Der kenntnisreiche Mediävist Hermann Paul – 1913 wird er neben F. Muncker der Referent seiner Dissertation – imponiert Klemperer: »Ein Glück für mich, daß ich in meinem ersten Semester ein wenig Mit-telhochdeutsch getrieben hatte und daß ich später auf diesem Gebiet an

Hermann Paul den bedeutendsten Lehrer fand, sonst wäre es mir durch Roethes Belehrungen für immer verekelt geblieben.« (CV 1, 357)

Die Vermittlung der mittelhochdeutschen Sprache durch den Kulturwissenschaftler Hermann Paul – das dürfen wir annehmen – zieht Klemperer an: die Paul'sche Auffassung von der kulturwissenschaftlichen Prinzipienlehre, welche »zu zeigen hat, wie die Wechselwirkung der Individuen auf einander vor sich geht, wie sich der einzelne zur Gesamtheit verhält, empfangend und gebend, bestimmt und bestimmend, wie die jüngere Generation die Erbschaft der älteren antritt.« (Paul 1975, 7) Klemperer hat Pauls *Prinzipien* nie gelesen. Über Pauls Lehre bekommt er sie vermittelt.

Eine parallele Konstellation findet sich bei zwei Lehrern der Romanistik, wo die Antipoden Adolf Tobler und Karl Vossler heißen. Jener der trockene Buchhalter Dante'scher Verse – in einem von Klemperer selbst mit leisem Unbehagen als »Ketzerei« beurteilten Gedicht entlädt er seinen Zorn über Toblers vermeintliche Missachtung des Dante'schen Geistes: »O Adolf Tobler, Fürst der Philologen!/Nur wer in deinem Seminar gesessen,/Wenn du den Dante Wort um Wort gewogen,/Ihm mit der Elle Vers um Vers gemessen,/Ihm vampirgleich die Seele ausgesogen,/Ihm mottengleich das bunte Kleid zerfressen,/Der ahnt allein die Qualen jener Zeiten,/Als ich gebannt in tote Trockenheiten.« (CV 1, 358)

Und die erinnerte Verabredung eines literarhistorischen Dissertationsthemas lässt noch Klemperers Schrecken über eine »rein sprachwissenschaftliche Aufgabe« und die Enttäuschung über des Ordinarius Verschlossenheit erkennen. *Voltaires Ansicht von den Sprachen* lautet des Geheimrats Vorgabe: »Ich erstarrte. Aus dem Wort ›Sprachen‹ glaubte ich entnehmen zu müssen, daß es sich um eine rein sprachwissenschaftliche Aufgabe handle. Für Tobler wäre es ein leichtes und ein Zeitverlust von drei Minuten gewesen, mir mit ein paar Worten anzudeuten, wie das Thema gemeint und wie es anzufassen sei. [...] Aber Tobler stand eisig schweigend vor mir und wartete auf meine dankbare Zustimmung.« (CV 1, 360)

Klemperer macht sich an die Arbeit, gekränkt, weil ihm *sein* Voltaire dabei abhanden kommt. Rückblickend konzediert er, übersehen zu haben, dass »von Voltaires Ansicht über die Sprache viele Wege zu seinen allgemeinen Ideen hinüberführen. Nur die geringste Anleitung, und ich hätte Geschmack an meiner Arbeit gefunden und etwas Passables zustande gebracht. Aber ich war ganz allein auf mich angewiesen und verbohrte mich darein, das Thema zu den ›toten Trockenheiten‹ zu rechnen.« (CV 1, 360)

Dagegen die Begegnung mit Karl Vossler – freilich viele Jahre später, nachdem Klemperer 1905 seine Dissertation bei Tobler abgebrochen hatte. 1912 nimmt er seine Studien wieder auf, promoviert 1913 bei Muncker und Paul und trifft Karl Vossler: Von Beginn an »aufs äußerste überrascht und gefesselt«, sucht der Doktorand nach Argumenten, um sein ›schicksalhaftes‹ Engagement in Vosslers Kolleg und Seminar vor sich selbst zu rechtfertigen: Dessen *Frankreichs Kultur im Spiegel seiner Sprache* (1913 erschienen unter dem Titel *Frankreichs Kultur im Spiegel seiner Sprachentwicklung*, von Klemperer in *Studi di Filologia moderna* 7/1914, 93–110 rezensiert) begeistert ihn. Hier offenbart sich Klemperer die »geistesgeschichtliche Orientierung« (vgl. CV 2, 27 f.) einer als Kulturwissenschaft verstandenen idealistischen Philologie, der er sich von nun an endgültig verschreibt. Das Konzept einer kulturhistorischen Ausrichtung ist in Klemperer angelegt und wird ihn Zeit seines Lebens begleiten, er wird es zu verteidigen haben gegen ›linguistische‹ Anfeindungen.

Klemperer promoviert bei Muncker und Paul – *Die Vorgänger Friedrich Spielhagens* lautet das Thema (1913 in Weimar unter dem Titel *Die Zeitromane Friedrich Spielhagens und ihre Wurzeln* veröffentlicht) –, er habilitiert sich bei Vossler über *Montesquieu* (Band 1 und 2, Heidelberg 1914–15). Und seine Leidenszeit beginnt – seine Mitteilungen über seine Befindlichkeiten lassen keine andere Deutung zu. Die Leidenszeit beginnt mit fünfjähriger Verzögerung, bedingt durch den Ersten Weltkrieg, an dem Klemperer teilnimmt: Suche nach Anerkennung beim wissenschaftlichen Vater Vossler[1] im Wettstreit mit dem wissenschaftlichen ›Bruder‹ Eugen Lerch. Die Konsolidierung des Kultur- und Sprachbegriffs Victor Klemperers ist ursächlich mit diesem Streit verbunden und aus seinen Kommentaren zu diesem Kampf zu rekonstruieren.

Eugen Lerch ist der Grammatiker, der Syntaktiker: »Syntaxen [›seine private Wortbildung und sein Lieblingswort‹] ging ihm über alle literarische Beschäftigung« (CV 2, 281) und »Voßler […] rühmt Lerchs syntaktisches Können, seine Arbeit über das Futurum.« (LS 1, 62, 6. 2. 1919) Klemperer hingegen verachtet diese Art von Wissenschaft – »Lerchs Futurjagd u. -Bettelei […] Flöhe fangen ist geistiger« (LS 1, 143, 6. 7. 1919), die inhaltliche Beliebigkeit der zu grammatischen Zwecken gelesenen Literatur, das Mechanische, Schematische des Stoffsammelns, die geistige Leere, das Verharren im Äußerlichen, im Formalen – »sammeln, belegen, bewurzeln – mit einem Worte: breittreten, stumpfsinnig sein, lügen« (ebd.).

Dennoch – und trotz aller wissenschaftlichen Gegnerschaft – setzt sich Klemperer mit Lerch direkt auseinander, meidet ihn nicht, verteidigt sich und seine Literatur- und Kulturgeschichte:

»Lerch […] gab mir ein Feuilleton über sein suggestives u. kategorisches Futurum […]. Ich sagte ihm: Sie können es dem unvorbereiteten Leser nicht glaubhaft machen, daß der Franzose despotischer sei als der Deutsche, nur weil er das Futurum häufiger gebraucht. Ich sagte ihm auch, solche Sprachdeutung sei subjective Philologie unter dem Einfluß der Literaturerkenntnisse. Er lehnt entrüstet ab. Sprachdeutung ist mathematisch tiefer, ist objectives Ergebnis im Gegensatz zur subjectiven Literaturgeschichte, ist eigentliche Wissenschaft! Entgegnung: Gegeben u. sicher ist nur das Futurum. Seine Auslegung aber ist subjective Deutung!« (LS 1, 168, 9.8.1919)

Das Kriterium der Wissenschaftlichkeit ist im Zuge dieser Selbstfindung und bis zu seinem Lebensende Klemperers ständiges Memento. Mit diesem Prädikat hadert er, der sich selbst bisweilen als »entgleister Journalist« sieht, »als Philologe mitleidig belächelt, weil nur ›neuerer Literarhistoriker‹« (LS 1, 127, 17.6.1919), zeit seines Lebens. Und Wissenschaftlichkeit ist auch die neiderregende – »Wie sollte ich nicht neidisch […] sein?« (LS 1, 127, 17.6.1919) – Auszeichnung Lerchs: »Brief von Lerch. Syntaktiker sein ist doch das geruhigere Leben. Er hat einen Einfall. Infinitiv mit à sei gefühlsmäßig, Infinitiv mit de logisch analytisch. Der Einfall ist Anwendung des Voßlerbuches. Er schreibt darüber 40 Ms-Seiten. Wieviel solcher de- oder à-Einfälle muß ich haben, um den kleinen Petraca-Essay zu machen? Aber Lerch ist wissenschaftlicher.« (LS 1, 357, 16.9.1920)

Dieser ›Bruder‹ Lerch findet beim Vater Vossler Anerkennung: »Immer wieder bedrückt mich die enge Intimität u. Meinungsgleichheit zwischen Voßler u. Lerch. Auch im Literarischen, wo beide rein aesthetisch urteilen …« (LS 1, 89, 28.3.1919) Lerch kann eben die Aufmerksamkeit und Wertschätzung des Vaters erlangen, die Klemperer – »[ich] fühle mich Voßler u. Lerch gegenüber als der Outsider, der Unwissenschaftliche, der Fremdgewordene« (LS 1, 88, 26.3.1919) – fehlt: »Ich bin heute wieder tief deprimiert durch einen Besuch bei Voßler gestern Abend. Ständiges Zwiegespräch Voßlers und Lerchs über linguistische Dinge. Conjunctive, Etymologieen – Lerch benutzt die Bibliothek u. die Erfahrungen Voßlers. Und ich sitze so stumm u. neben-sächlich dabei wie Frau Voßler u. ein junger Sohn. Sage ich etwas Lite-rarhistorisches, so werde ich von Voßler u. Lerch sogleich gehackt: sie stehen überlegen auf rein aesthetischen Höhen … Lerch sagt von Voßler u. sich: ›Wir Linguisten‹ – ›Sie müssen das verachten, weil sie ja nicht der Form der Dichtung Hauptwert beilegen.‹« (LS 1, 90, 2. 4. 1919)

Zweifel an Vosslers wissenschaftlicher Qualität lässt Klemperer da-her – menschlich verständlich – bisweilen zu: »[Voßler] dreht sich aber doch wohl immer um den einen Gedanken von der Geistigkeit der Sprache, den er wahrscheinlich von Croce hat, u. der zu gewaltsamen Anwendungen führt, wenn er auf die psychischen Extremitäten, die Laute angewandt wird; bis dahinunter scheinen mir die esprits ani-maux doch nicht zu reichen.« (LS 1, 162, 1. 8. 1919)

Klemperer schreibt dies anlässlich seiner Lektüre von Vosslers *Posi-tivismus und Idealismus*. Abgesehen davon, dass er keine Verbindung zu Humboldt, dessen Sprachtheorie er nicht kennt, herstellt – in einem Eintrag vom März 1924 gebraucht Klemperer sogar die von Vossler verwendete Humboldt'sche Formel von der ›inneren Form‹ (LS 1, 794, 10. 3.), aber an keiner Stelle erscheint auch nur der Name, außer ein-mal in touristischem Kontext (LS 2, 262, 25. 6. 1926) –, abgesehen da-von also ist es wohl dieses Hinabsteigen auf die unterste sprachliche, auf die Lautebene, welches Klemperer nicht einzusehen vermag und welches er als ungeistiges Zählen und Sammeln versteht. Vossler be-schreibt die Aufgabe der Sprachwissenschaft als »den Geist als die al-leinig wirkende Ursache sämtlicher Sprachformen zu erweisen« (Vossler 1904, 63). »Sämtlicher Sprachformen«, damit meint Vossler »von der Stilistik herab zur Syntax und weiter zur Flexions- und Laut-lehre« (ebd., 10).

Zwar bemüht sich Klemperer immer wieder um Objektivität, um An-erkennung der reinen Sprachwissenschaft: »Ich ging heute den Verlags-katalog von Niemeyer, Halle durch. Welche Themen! ›Über die Ge-schichte des c vor hellen Vokalen‹. Lieber Steineklopfen! […] welche Themen! Ein Schauder. Aber nicht diese Ameisen verlachen, die nütz-liche Werke tun u. dabei zufrieden sind. Ich bin kein Kärrner, aber auch kein König – nur ein Jongleur.« (LS 1, 591, 17. 5. 1922)

In der theoretischen Reflexion aber und zunächst verweigert sich Klemperer dieser Form von Sprachbetrachtung – sein ›Bruder‹ Lerch folgt hingegen diesem Konzept.[2] Für Klemperer bedeutet das Lerch ge-genüber Abgrenzung.

1919 werden beide zu außerordentlichen Professoren an der Universität München ernannt, den Kampf um den Vater drängt die nun einsetzende Konkurrenz um Lehrstühle in den Hintergrund – Klemperer fühlt sich von dem ›Linguisten‹ Lerch bedrängt, er besteht auf der Fächergrenze: »Lerch ist voller literarhistorischer Pläne. Ich glaube nicht, ihn auf diesem Gebiet fürchten zu müssen, aber vielseitiger u. arbeitskräftiger als ich ist er gewiß.« (LS 1, 251, 21. 3. 1920)

Die Gereiztheit nimmt ab – 1920 erhält Klemperer einen Ruf an die Technische Hochschule Dresden –, seit Mitte der 20er Jahre pflegt man freundschaftlichen Umgang, man besucht sich gegenseitig, man gibt gemeinsam das *Jahrbuch für Philologie* heraus.[3] Im Fachlichen indes weiterhin die Trennung, 1928 will Klemperer mit Lerch »abrechnen«. (LS 2, 414, 11. 2. 1928) Dieser veröffentlicht einen Aufsatz mit dem Titel *Kulturkunde,* und die Überschrift ist mit einem rhetorischen Fragezeichen versehen.[4]

Wir sehen: Obwohl zeitlebens mit Sprache beschäftigt – das idealistische Konzept, das er sich zu Eigen macht, lässt Klemperer in Bezug auf die Linguistik der ›unteren‹ Sprachebenen nicht gelten. Dennoch versteht Klemperer den sprachlichen Ausdruck als wissenschaftlichen Gegenstand: auf der Ebene des Sprachgebrauchs – und nicht der des Systems, auf der Ebene des Stils und des Wortes – und nicht der Morphologie, Syntax und Phonologie. In diesen Grenzen bewegt sich Klemperers sprachanalytisches Konzept, es ist ein philologisches. Sprachwissenschaftler, Linguist gar, will Klemperer mithin nicht sein.

2. »Idealistische Neuphilologie«

Der Weg ist gefunden. Klemperer versteht sich nunmehr als »Professor der idealistischen Neuphilologie« (LS 1, 696, 20. 5. 1923), der sich »fest auf den Standpunkt des Literarhistorikers u. Aesthetikers stellen« will: »Wozu mich mühsam mit fremden Linguistenfedern schmücken, die ich mir doch nur verkehrt aufstecke?!« (LS 2, 167, 12. 12. 1925)

Am Ende ist es natürlich doch die Schule Karl Vosslers, die Klemperer auf den Weg gebracht hat. Dessen Richtung bestimmt eben diese durchaus kritische, schließlich aber doch affirmative Auseinandersetzung mit Vossler und die produktive Konkurrenz zu Lerch. Denn: ›Idealistische Philologie‹ – im Vossler'schen und von Klemperer akzeptierten Sinn heißt das: »Philologie mit der Kultur in Zusammenhang« bringen

(LS 2, 75, 12. 7. 1925), heißt: die wechselseitige Determinierung von Geist und Kultur, die Reflexion nationaler Eigenart in der Kultur beschreiben. Klemperer sucht »das geistige, das schöpferische Wesen eines Volkes in seiner Verdunkelung durch die Materie und in seinem Ringen mit der Materie zu erfassen« (Klemperer 1925a, 267) – das sei »das Wesen des Idealismus« (ebd.). Ein Kommentar aus dem Jahr 1930 zu dem Vortrag eines Kollegen erhellt die Bedeutung dieser kryptischen Formulierung: »Am 20/10 hielt bei den Neuphilologen in der Aula des Vitzum-Gymnasiums *Schücking Vortrag* über den englischen Puritanismus. (Als Eigengewächs u. Nicht-Import, Nicht-Calvinismus.) Es interessierte mich ungeheuer. Im Grunde geht der Mann vor wie ich. Dieser Vergleich der Charaktere Robinsons u. Heinrichs V als Shakespeares Idealkönig! In beiden *englische* Züge!« (LS 2, 669, 27. 10. 1939) Die Züge des Volksgeistes erkennbar machen, die für ein Volk, eine Nation typischen (nicht nur sprachlichen) Ausdrucksweisen aufdecken und geistesgeschichtliche Erscheinungsformen als Ausdruck eines Volksgeistes erklären – das ist Klemperers Konzept einer idealistischen Neuphilologie.

Kulturkunde heißt die dieser Auffassung entsprechende, zu Klemperers Zeit junge wissenschaftliche Richtung.[5] Sich selbst sieht Klemperer danach als »einen modern gerichteten und ›kulturkundlichen‹ Mann«.[6] Der »kulturkundliche Mann« schaut jedoch nicht nur auf die großen, die literarischen und philosophischen Ausdrucksformen des nationalen Geistes. Auch die kleinen Momente des Alltags sind ihm wert, registriert und gedeutet zu werden: »mich an die Tabaksdosen zu halten« (CV 2, 98) – vor dem Ersten Weltkrieg, als Klemperer ein Lektorat in Neapel wahrnimmt, legt er dies Gelübde ab, einer Situation in Bologna gedenkend, wo eine alte Dame, sich in der Kirche zu einem Gebet anschickend, »eine Dose [zog] und […] mit Gründlichkeit [schnupfte]« (ebd., 97). Gegenstand der Kulturkunde sind also nicht nur Paläste und Tempel, Museen und Kirchen (ebd.), sondern ist auch der im Alltag ausgedrückte Volksgeist, sozusagen die kulturgeschichtliche Miscelle. Diesem Kulturkonzept zugrunde liegt Klemperers Überzeugung, dass Zivilisation und Kultur konsequent nicht voneinander zu trennen sind[7] – die Verkehrsordnung, Kleidung, Schmuck und Radio versteht Klemperer insofern als Ausdruck von Kultur, nicht von Zivilisation: Beide bezeichnen »die Entfaltung der spezifisch menschlichen Fähigkeiten über den naturgegebenen Urzustand hinaus«. (Klemperer 1948, 11) Und: Kultur ist nicht nur ein nationales Geschäft, sondern Ergebnis

wechselseitiger Einflüsse, wahrnehmbar in den großen geistesgeschichtlichen Strömen – die Aufklärung und ihre Wirkung ist Klemperers Lebensthema – ebenso wie in den Erscheinungen des Alltags- und
Sprachgebrauchs, und sein Wandel ist Ausdruck dieses Einflusses:
»Philologische Notiz: Als Kind, also Ende der achtziger Jahre, hörte ich
im Elternhaus französische Worte, von denen ich nicht wußte, daß sie
französisch seien, die zum täglichen Sprachgebrauch gehörten: das
Cul (Küh, hätte ich's damals buchstabiert) u. Chaud d'eau (Schodoh),
eine Eiersauce mit Wein daran. Das ist jetzt ganz abgekommen. Man
müßte untersuchen, wie weit – ich denke bis etwa 1890 – französische
Civilisation den deutschen Sprachgebrauch beeinflußte. Sodann: Wie
weit das abgekommen u. wie weit statt dessen jetzt aus literarischer,
artistischer Sphäre französischer Spracheinfluß da ist.« (LS 2, 456,
1. 10. 1929)

Danach heißt kulturkundliche Sprachbetrachtung auch den kulturellen Einfluss einer Nation über den Wortschatz rekonstruieren. In diesem
Sinn berät Klemperer einen Kollegen: »Gutkind […] schrieb einen
Brief aus Paris. Er arbeitet über französische Sportsprache. Ich schrieb
ihm: Über Sportsprache müsse man arbeiten, wie Hettner die Aufklärung behandelt habe: England/Amerika, Deutschland, Frankreich. In
dieser Dreifaltigkeit ergäbe sich die schönste Studie zur Kulturkunde
und idealistischen Philologie.« (ZA 1, 54 f., 6. 9. 1933[8])

3. Angewandte Kulturkunde: Kulturgeschichte des Nationalsozialismus

Am 17. Januar 1942 notiert Klemperer: »Ich möchte auch gar zu gern
der Kulturgeschichtsschreiber der gegenwärtigen Katastrophe werden. Beobachten bis zum letzten, notieren ohne zu fragen.« (ZA 2, 12)
Das ist er dann geworden. Wenn Klemperer Tagebuch schreibt, rettet
er nicht nur seine seelische Existenz, sondern übt in spezifischer Weise
seine Profession aus.[9] Aber: Der Nationalsozialismus zwingt ihn zu
einer Revision. In der ›entarteten‹ Version einer – wie wir sie nennen
können – nationalistischen, wertenden Kulturkunde erkennt Klemperer nach 1945 deren Anteil, indem sie Deutungsmuster bereitstellte, die
sich die nazistische ›Rassenkunde‹ dienstbar machen konnte.[10] Lange
vor 1933 räsonniert Klemperer zwar bereits über idealistische Typisie-
rungen – die Extreme machen ihn misstrauisch –, um schließlich doch

nationale Identität zu behaupten: »Und ob ich mit meinen Theorien von *dem* Franzosen recht habe? Y'en a tant. Und doch wieder: so wie sich deutscher Communist u. deutscher Hakenkreuzler zu *dem* Deutschen zusammenfinden, genauso ...« (LS 2, 41, 23. 4. 1925)

Erst ab 1933 scheint ihm unmöglich, Deutschtum und Nationalsozialismus zusammenzudenken: »Im Jahre 1933 ist dann mein Glaube an das deutsche Wesen, ja an die feste Bestimmbarkeit nationaler Eigenarten, fast bis zum Zusammenbruch erschüttert worden.« (CV 1, 287) Dies schreibt Klemperer rückblickend, nachdem er bereits mehrere Jahre unter den Bedingungen des Nationalsozialismus gelebt hat, nachdem er Demütigung, Entehrung und Angst erfahren hat. Der Verlauf der zwölf Jahre Nationalsozialismus zwingt Klemperer zu dieser Modifizierung seines Kulturkonzepts, welches er anwendet, um den Nationalsozialismus selbst kulturgeschichtlich einzuordnen. Den Nationalsozialismus als kulturgeschichtliches Phänomen im Rahmen eines modifizierten idealistischen kulturkundlichen Konzepts darstellen, heißt, den vom Nationalsozialismus selbst gebrauchten Kultur(kunde)-begriff umkehren[11]: Nicht Kulturkunde im Sinn von (wertender) Rassenkunde – diese übergeordnete nazistische Pseudowissenschaft, auf die Wissenschaft gleich welcher Provenienz zuzulaufen hatte –, sondern: »eine bescheidene und ehrliche Kulturkunde muß es sein, die erkennen läßt, wie deutsche mit fremder Geistigkeit verflochten ist, und wie sie in Schuld verfiel, als sie sich unverpflichtet, autochthon und die herrlichste von allen dünkte.« (Klemperer 1946, 636)

Bestimmend ist die Vorstellung von einer Geschichte der Kultur, deren verschiedene Epochen immer die Errungenschaften der vorangegangenen Epoche voraussetzen. Mit diesem Kulturkonzept erklärt Klemperer den Nationalsozialismus als Erbe der Romantik: »Der Nationalsozialismus ist eine giftigste Konsequenz, richtiger Überkonsequenz der deutschen Romantik; sie ist an ihm genauso schuldig und unschuldig wie das Christentum an der Inquisition; sie macht ihn zu einer spezifisch deutschen Angelegenheit und sondert ihn vom Faschismus und Bolschewismus ab. Sie findet ihren stärksten Ausdruck im Rassenproblem, und dieses wiederum tritt am stärksten hervor in der Judenfrage. [...] Das Judenproblem ist die Giftdrüse der Hakenkreuzotter.« (ZA 2, 576, 5. 9. 1944)

Klemperer unterscheidet zwischen ›deutscher‹ und ›teutscher Romantik‹. Er hat Scheu, die Romantik schlechthin in die Traditionslinie zu stellen, die am Ende in den Nationalsozialismus mündet – die tümelnde

Variante der ›teutschen Romantik‹ indes erlaubt diese Zuordnung: »Die deutsche [Romantik] hat ins Weite geführt, ins Allgemeinmenschliche, ins Geistige und Göttliche, die teutsche ins Enge und Dumpfe, ins Animalische und zuletzt ins viehisch Barbarische.« (CV 1, 576)

Mit diesem Kulturkonzept tritt Klemperer ab 1933 an, eine Kulturgeschichte der Nazizeit zu schreiben: »In einem Spielzeugladen ein Kinderball mit Hakenkreuz.« (ZA 1, 16, 30. 3. 1933); »Morgen beginnt der Boykott. Gelbe Plakate, Wachen« (ebd.); »rote Zettel an den Geschäften: ›Anerkannt deutschchristliches Unternehmen‹. Dazwischen geschlossene Läden, SA-Leute davor mit dreieckigen Schildern: ›Wer beim Juden kauft, fördert den Auslandsboykott und zerstört die deutsche Wirtschaft‹« (ZA 1, 17 f., 3. 4. 1933); »*Sprache des 3. Reichs.* Gebärdensprache: Rote Briefkästen, rote Postautos. Propaganda: Umnennung der Straßennamen« (ZA 1, 159, 24. 10. 1934); »Reichsaktion gegen Spionage […] an allen Schaufenstern, an den Scheiben der Trambahnen, in den Ecken der Zeitungen schwarz aufschabloniert die Gestalt des massigen Mannes mit Schlapphut, von hinten gesehen. Er ist links seitlich geneigt, der linke Arm mit halboffener Hand hängt herunter, er schleicht oder lauert. Darunter ein weißes Fragezeichen.« (ZA 2, 477, 23. 1. 1944)

Von Beginn an beobachtet Klemperer die Ausdrucksformen des Nationalsozialismus in den Kategorien seines kulturkundlichen Konzepts: Kinderball mit Hakenkreuz, gelbe Plakate, rote Zettel, Briefkästen und Postautos, »Gebärdensprache«, das »Feind-hört-mit-Symbol« – Kulturgeschichte der Nazizeit, das ist für Klemperer die »Sprache der Schaufenster, der Plakate, der braunen Uniformen, der Fahnen, der zum Hitlergruß gereckten Arme, der zurechtgestutzten Hitlerbärtchen« (LTI, 16 f.)[12], was wir heute ›Semiotik des Nationalsozialismus‹ nennen würden. Und: Zur Ikonographie der Nazizeit gehört auch der gelbe Stern: »Der ›Judenstern‹ schwarz auf gelbem Stoff, darin in hebraisierenden Buchstaben ›Jude‹, auf der linken Brust zu tragen.« (ZA 1, 669, 18. 9. 1941) Seine Einführung im September 1941 dokumentiert Klemperer mit nahezu filmischer Prägnanz – sein Entsetzen bei der Bekanntgabe seiner Einführung: »ich […] fühle mich zerschlagen, finde keine Fassung« (ZA 1, 663, 15. 9. 1941) und die Einführung selbst: »Gestern, als Eva den Judenstern annähte, tobsüchtiger Verzweiflungsanfall bei mir« (ZA 1, 671, 20. 9. 1941), Vermeidungsstrategien: »mit aufgespanntem Schirm, auch wenn es nicht mehr regnet – denn so verdeckt der Arm den Stern. Oder ein Paket oder eine Tasche dagegen gedrückt.« (ZA 1, 678, 7. 10. 1941) Wesentliches Bestimmungsstück von Klemperers Kulturkonzept ist seine realistische Darstellung: Er vermittelt ein Bild vollständig, achtet auf die altera pars, darauf, gerecht zu sein. – Ist dies nicht der Grund dafür, dass seine Tagebücher 1933–1945 den deutschen Rezipienten so wohl taten? Hat Klemperer nicht mit seinem Bemühen um eben diese Gerechtigkeit für Entlastung gesorgt? »›Ganz gut, Ihr Zeichen, da weiß man, wen man vor sich hat, da kann man sich mal aussprechen!‹« (ZA 1, 673, 25. 9. 1941) – diese Mitteilung der Alltagsbemerkung eines ›anderen‹ Deutschen ist auch ein Dokument für Klemperers Konzept einer idealistischen Kulturgeschichte.

Kulturgeschichte der Nazizeit – Klemperer beobachtet gleichsam parasprachliche Ausdrucksformen: »Am Sonnabend, 4., hörte ich ein Stück Hitlerrede aus Königsberg. […] Ich verstand nur einzelne Worte. Aber der Ton! Das salbungsvolle Gebrüll, wirklich Gebrüll, eines Geistlichen (ZA 1, 8, 10. 3. 1933); »Hitler pastoral deklamierend […] Sachlicher und menschlicher gibt sich im Ton Hugenberg. Peinlich arrogant […] Schacht.« (ZA 1, 17, 31. 3. 1933)

Kulturgeschichte der Nazizeit – das sind die Verbote. Klemperer verzeichnet sie seit März 1933 kontinuierlich: »Dann die wilden Verbote und Gewaltsamkeiten […] Verbot des Jüdischen Zentralvereins jüdischer Bürger in Thüringen, weil er die Regierung ›talmudistisch‹ kritisiert und herabgesetzt habe.« (ZA 1, 8, 10. 3. 1933) Eine Aufstellung antisemitischer Ge- und Verbote allein aus dem Jahr 1942 führt erbärmlichste Perfidie vor Augen: »Kuchen dürfe an Juden und Polen nicht mehr abgegeben werden« (ZA 2, 25, 15. 2. 1942); »Jetzt ist ein Verbot des Blumenkaufes für Juden herausgekommen« (ZA 2, 48, 16. 3. 1942); »Verbot, arische Friseurgeschäfte aufzusuchen. […] Ersatz von Brillengläsern, Reparaturen an Wirtschaftsgegenständen sind vorher bei der jüdischen Gemeinde anzumelden. […] Neulich wurde das Radfahren an Sonntagen zu Besuchszwecken verboten« (ZA 2, 96, 23. 5. 1942); »Verbot für Juden, den Bahnhof zu betreten; Verbot, arische Handwerker ›zu persönlichem Bedarf‹ in Anspruch zu nehmen« (ZA 2, 59, 2. 4. 1942); »Juden dürfen nicht Schlange stehn. – Juden haben abzuliefern: ›Haarschneidemaschinen – Haarschneidescheren, Haarkämme, ungebraucht‹« (ZA 2, 72, 26. 4. 1942); »Juden haben alle elektrischen Apparate, Staubsauger, Grammophone und Grammophonplatten abzugeben« (ZA 2, 132, 16. 6. 1942); »Vom 30. Juni ab werden die jüdischen Schulen geschlossen, es darf den Kindern auch kein Privatunterricht erteilt werden« (ZA 2, 141, 23. 6. 1942); »absolutes Verbot höherer Schulen für fünfzigprozentige Mischlinge« (186 f., 27. 7. 1942); »Diesmal ›erscheint es unerwünscht‹, a) daß Juden im schriftlichen Verkehr mit Behörden ihren Titel oder früheren Beruf nennen [...], b) daß Juden solche ›deutschblütige Hausangestellte weiterhin beschäftigen‹, die ihnen nach den Nürnberger Gesetzen [...] erlaubt sind (über 45 Jahre)« (ZA 2, 217, 21. 8. 1942); »Juden ist der Kauf von Speiseeis verboten. [...] Alle entbehrlichen Schlüssel [...] sind sofort abzugeben« (ZA 2, 223, 24. 8. 1942); »Verbot, arische Wäschereien zu benutzen« (ZA 2, 240, 11. 9. 1942); »Den Juden werden alle Fleisch- und alle Weißbrotmarken entzogen« (ZA 2, 256, 10. 10. 1942); »Jüdisches Vermögen der Mischehemänner verfällt beim Tode des Mannes [...]. Auf Juden findet deutsches Gesetz keine Anwendung; ihre Vergehen straft die Gestapo!« (ZA 2, 403, 11. 7. 1942) – 1944 bemerkt Klemperer, dass es keine neuen Verbote mehr gibt – und findet die lapidare Erklärung: »es ist ja schon alles verboten, und es gibt ja kaum noch Juden hier.« (ZA 2, 541, 8. 7.)

Klemperers idealistisches kulturgeschichtliches Konzept ist darauf angelegt, eine Gesamtsicht, sozusagen die gesellschaftliche Totale zu vermitteln. Es erlaubt insofern die Aufhebung von Grenzen: Klemperers Kulturgeschichte der Jahre 1933 bis 1945 ist nicht nur die Kulturgeschichte des Nationalsozialismus, sondern er beschreibt das Leben in diesen zwölf Jahren unter den Bedingungen des Nationalsozialismus. Klemperer stellt somit die Lebensbedingungen aller Zeitgenossen der Nazizeit dar, die der Täter und die der Opfer, und er nennt den (nicht nur im engeren Sinn sprachlichen) Ausdruck dieser Lebensbedingungen *LTI*. (Vgl. auch Seidel/Siehr 1997/98, 38 f.) Insofern ist er aufmerksamer Archivar von für die Zeit überhaupt typischen kulturgeschichtlich bedeutenden Erscheinungen, die z. B. auch Kommunikationsformen sein können, z. B. auch solcher des Diskriminierten mit der Diktatur: »Inzwischen geht ein demütiges Bittgesuch an Herrn Mutschmann, mir einen Teil meines Ruhegehalts zu bewilligen, da sowohl ich als meine *arische* Ehefrau erwerbsunfähig seien. ›Wir müssen auf Mutschmanns primitive Mentalität Rücksicht nehmen‹, sagte Neumark. Nichts fordern, nur demütig um *einen Teil* bitten! Wir schrieben nur ›Prof. der technischen Hochschule‹. Keineswegs ›Kulturwissenschaftliche Abteilung‹. Das würde ihn reizen – ein Jude und die deutsche Kultur! [...] Auch das gehört wohl zur LTI.« (ZA 2, 514, 12. 5. 1944)

Und schließlich: Kulturgeschichte 1933 bis 1945 ist auch die Beschreibung von Ausdrucksformen des Widerstands: »Bei Gusti sah ich eine Zeitung der SPD, Seidenpapier, Perldruck, versandt in länglichem rosa Kuvert, parfümiert und handschriftlich, daß es sich anfühlte, -sah und -roch wie die Reklame einer Drogerie.« (ZA 1, 167, 4. 12. 1934)

Klemperers idealistischem Konzept einer Kulturgeschichte liegt das Paradigma von Kultur als Ausdruck des ›Volksgeistes‹, des ›National-charakters‹ zugrunde – ab 1933 mag Klemperer diese Überzeugung verwünscht haben: »Alles, was ich für undeutsch gehalten habe, Brutalität, Ungerechtigkeit, Heuchelei, Massensuggestion bis zur Besoffenheit, alles das floriert hier.« (ZA 1, 18, 3. 4. 1933) Klemperer zieht die Konsequenz für sich: »Mein Deutschtum wird mir niemand nehmen, aber mein Nationalismus und Patriotismus ist hin für immer. Mein Denken ist jetzt ganz und gar das voltairisch kosmopolitische. Jede nationale Umgrenzung scheint mir als Barbarei.« (ZA 1, 430, 9. 10. 1938)

Was ihm dabei hilft – die traits éternelles rekonstruieren und übernationale Menschheitsprinzipien erkennen. Klemperer kommentiert z. B. eine Aussage des Mörders von Wilhelm Gustloff. Dieser habe gezögert, seine Tat auszuführen, nachdem er der Frau Gustloffs ansichtig geworden war (»ein verheirateter Mann, ein Mensch«). Dies sei die »genaueste Transposition der Ponsardschen Charlotte Corday: Grand Dieu! sa femme! [...] on l'aime«. (ZA 1, 325, 13. 12. 1936) Die nazistische »Heiligkeit des Brotes, Erntefest« setzt er »zum italienischen ›Fest des Waldes‹« parallel, »zur *Ruralizzazione*«. (ZA 2, 226 f., 29. 8. 1942) Indes: Die Feststellung solcher Parallelen ist nur momentane Tröstung. An Klemperers Grundüberzeugung von der Übereinkunft zwischen Nazismus und deutschem Wesen ändern sie nichts. Und: An dieser Vorstellung – gewendet auf den sprachlichen Ausdruck – verzweifelt Klemperer vollends.

Bereits im Jahr seiner Habilitation formuliert Klemperer seinen Glaubenssatz: »Sprache sei das einzige, worin sich wirklich Volksgeist, Volksseele finden und greifen lasse. [...] Sprache, das Geistige eines Volkes, den Einzelnen speisend, vom Geist aller gespeist.« (LS 1, 118, 24. 5. 1942) Sprache ist Ausdruck der Kultur, ihres Geistes und Charakters. In der Sprache drückt sich die Kultur, mithin das Volk, die Nation aus. Diese Überzeugung gibt Klemperer auch nicht auf, nachdem er den Nationalsozialismus seit zehn Jahren als das Monstrum der Menschheitsgeschichte erfahren hat: »Über die Zugehörigkeit zur Nation entscheidet weniger das Blut als die Sprache. [...] Bei der Biegsamkeit des kindlichen Organismus wird ein in rein deutscher Umgebung aufwachsendes schwarzes oder gelbes Kind genauso rein deutsch, vielmehr so rein Berlinisch oder Münchnerisch sprechen wie eines mit lauter Berliner oder Münchner Vorfahren. Im Sprachstrom aber schwimmen sämtliche Kulturelemente, die man bewußt oder unbewußt in sich aufnimmt. Musik, Malerei, Architektur geben Einzelaspekte – Sprache enthält das gesamte Geistige. Und das gesamte Geistige ist von der Sprache nicht zu trennen. […] Bin ich einmal in einer Sprache aufgewachsen, dann bin ich ihr für immer verfallen, ich kann mich von dem Volk, dessen Geist in ihr lebt, auf keine Weise, durch keinen eigenen Willensakt abwenden, durch keinen fremden Befehl absondern lassen.« (ZA 2, 322, 28. 1. 1943)

Erstaunlicher noch: Klemperer erkennt die Verwandtschaft des nazistisch-rassistischen Sprachbegriffs mit dem idealistischen: »In der ›Dresdener Zeitung‹ vom 26. 4. 44 geschwollenes Referat über die ›Fortsetzung der Vortragsreihe des Sprachamtes Sachsen‹. […] Entscheidender Satz: ›Im nationalsozialistischen Staate gilt die Sprache nicht mehr als ein Mechanismus, sondern sie wird erkannt und gewertet als Gestalt von eigenem Wesen, als Ausprägung des Seelentums der biologisch-geistigen Gemeinschaft Volk und Mensch.‹ Sieht man von dem Phrasenschwall ab, so will die neue Sprachphilosophie nichts andres, als die ›idealistische‹ Philologie, als Vossler, Spitzer, ich wollen. Nur: Sie *will* unwissenschaftlich sein. Sie will der Politik dienen. […] Es handelt sich bei den Nationalsozialisten um bewußte Verdrängung und Versklavung der Wissenschaft.« (ZA 2, 507, 29. 4. 1944)

Und: Kulturkundliche, idealistische Sprachbetrachtung heißt auch: Sprache führt ein Eigenleben, ist unbeeinflussbar vom Willen des Sprechenden, denn »es [ist] die Sprache, die seine [eines Volkes] geistigen Grundzüge bewahrt und weitergibt, denn der einzelne Sprechende ist im höchsten Grade von seiner Sprache abhängig, er glaubt sie zu regieren und sie regiert ihn, er glaubt seine Gedanken auszusprechen und denkt doch in weitem Maße, ohne es zu wissen, nur das, was seine Muttersprache ihm vorschreibt«. (Klemperer 1948, 18)

Klemperer ist zutiefst und stets überzeugt von der ›Wahrheit‹ der Sprache, von der Möglichkeit einer ›guten‹ und einer ›bösen‹ Sprache. Diese Überzeugung kommt bei der Interpretation der LTI im Band ›Sprache des Dritten Reiches‹[13] zum Tragen – in den zwölf Jahren Naziherrschaft ist dieser Sprachbegriff fatal und schmerzhaft. Denn: Der Nationalsozialismus stellt Klemperers wissenschaftliches Credo in Frage. Die Widerspiegelung des Geistes – der hier Ungeist ist – in der

Sprache heißt konsequent: »[der Nationalsozialismus ist] eine spezifisch deutsche Krankheit« (LTI, 61). Andererseits – Deutschtum und Nationalsozialismus zusammenzudenken scheint Klemperer unmöglich: »Im Jahre 1933 ist dann mein Glaube an das deutsche Wesen, ja an die feste Bestimmbarkeit nationaler Eigenarten, fast bis zum Zusammenbruch erschüttert worden« (CV 1, 287). »Fast« – Klemperer rettet seinen Glauben zuzeiten, indem er auch erkennen will: »[Hitlers Rhetorik ist] im Kern [...] undeutsch« (LTI, 61).

Es sind kulturspezifische, anfangs noch unbewusst bzw. implizit sprachreflexive Beobachtungen der Nazizeit, welche Klemperer dann auf den Weg zur Sprachkritik *LTI* bringen, indem die Buchstaben-Sprache Teil des kulturkundlichen Gesamtkonzepts ist (s. dazu in diesem Band Techtmeier). Wir sehen: Kulturgeschichte ist ein Haus mit vielen Zimmern. Und Klemperers Ringen mit dem Konzept seiner *LTI* (vgl. auch Seidel/Siehr 1997/1998, 569 f.) ist Dokument für diese Offenheit. Immer wieder denkt er an ein Lexikon, ein Wörterbuch, einen Dictionnaire philosophique, er will Enzyklopädist sein: »Ich erwäge, ob meine Lingua tertii imperii nicht ein wirkliches Lexikon, Dictionnaire philosophique in Einzelartikeln werden soll.« (ZA 1, 571, 31. 1. 1941) Er will nicht nur Wortbedeutungen beschreiben, sondern geistesgeschichtliche Entwicklungslinien aufzeigen, von weit her kommend – er achtet auf Einflüsse, sein Kulturkonzept gebietet ihm die Offenlegung von Traditionslinien: »Ich muß meine Rousseau-Beobachtungen mit dieser Sprachstudie verbinden« (ZA 1, 322, 24. 11. 1936) und: »Die fremden Vorbilder der LTI. [...] Italien, Sowjetrußland, Vereinigte Staaten prägen überall die LTI, sind stärker als das ursprünglich Deutsche« (ZA 1, 623, 23. 6.–1. 7. 1941); aber auch die Blut- und Boden-Ideologie und deren »engstes Verhältnis zur deutschen Romantik«, in ihrer Spielart der ›teutschen Romantik‹ (ebd.) – das idealistische sprachkritische Konzept Klemperers muss diejenigen enttäuschen, die eindimensionale Erklärungsmuster erwarten.

Fassen wir zusammen: Der Kultur- und Sprachbegriff Klemperers scheint relativ eindeutig im idealistischen Sinn bestimmbar: Kultur ist Ausdruck von Geist und Charakter eines Volkes, einer Nation – und Sprache ist eine Ausdrucksform dieses Volksgeistes. Zeitlebens hat Klemperer dieses Konzept im Prinzip gelten lassen. Ab 1933 aber bringt die deutsche Erscheinungsform des Faschismus Klemperers wissenschaftliche Grundüberzeugung ins Wanken: ›Spezifisch deutsch‹ und ›im Kern undeutsch‹ heißen die Extreme seiner Sprach- und Kulturkritik des Nationalsozialismus, zwischen denen sich Klemperer nicht mehr festlegen lässt.

Anmerkungen

1 Gegen diese ›Familiarisierung‹ hätte Klemperer nichts einzuwenden. Er selbst spricht in seinem offenen Brief an Karl Vossler von der »sehr naheliegenden Vergleichung des Verhältnisses zwischen Lehrer und Schüler mit dem zwischen Vater und Sohn«. (Klemperer 1925a, 249)

2 Zur Sprachtheorie Karl Vosslers und zu ihrem Einfluss auf Eugen Lerch vgl. Christmann (1974).

3 In dessen Titelgebung mischt Vossler sich ein: »Am nächsten trifft mich u. am meisten quält mich die Auseinandersetzung mit Voßler, die fast ein Bruch ist. […] eben […] schrieb er mir in burschikosem Ton, unser Jahrbuch solle das ›Jahrbuch für Sprachkritik‹ heißen, in sie gehe richtig verstandene Literaturgeschichte mit ein, meine ›Seelenriecherei‹ möge ich anderwärts betreiben. [Ich] habe […] ihm […] geschrieben, er wolle mich verdrängen, er mute mir Selbstverrat zu usw.« (LS 1, 794, 10. 3. 1924)

4 Die alte Konkurrenz flackert dann noch einmal bei dem Siebzigjährigen auf, der nunmehr nicht mehr nur seinen wissenschaftlichen kulturkundlichen Ansatz zu verteidigen hat, sondern außerdem auch noch die DDR und sein aktives politisches Leben in dieser: »das Hamburger Romanistische Jahrbuch, 3. Jhg. *Sechshundert Druckseiten* u. reine Facharbeiten. Und bei uns in der DDR keine Möglichkeit philologischer Fachveröffentlichung. Und die große lexikalische Studie (Bericht mit Zusätzen) von Lerch. Wo kann ich die Zeit hernehmen *so* zu arbeiten? Ich werde nie Philologe werden wie er, auch die große sprachphilosophisch berichtende Studie von Küchler über Voßler könnte ich nicht schreiben – aber mein 18ième, meinen Barbusse könnte ich doch sehr wohl noch schaffen, wenn ich mich nicht aufriebe in der vita activa.« (ZS 2, 178 f., 20. 6. 1951) Klemperers Bedrückung über den Zeitaufwand für seine politische Arbeit – sein stets unbefriedigter Geltungsdrang indes hindert ihn daran, sich ausschließlich seinen wissenschaftlichen Studien zu widmen – ist hier herauszulesen, aber vor allem auch heimliche Wertschätzung: »Ich werde nie Philologe werden wie er«, scheint nicht Ausdruck trotziger Verweigerung, sondern eher geseufzte Sehnsucht.

5 Sie hat Züge der heutigen, von der Geschichtswissenschaft auf den Weg gebrachten Mentalitätsgeschichte als »Geschichte der Wert- und Deutungssysteme« (Hardtwig/Wehler 1996, 7).

6 Brief an Vossler vom 1. 10. 1926; Bayer. Staatsbibliothek München, Ana 350, 12 A; Nr. 61; vgl. auch Klemperer (1925b).

7 »eine feste Gebietsabgrenzung von Zivilisation und Kultur [ist] gar nicht durchzuführen« (Klemperer 1948, 10).

8 Zitiert wird aus der zweibändigen Ausgabe (Berlin: Aufbau 1995).

9 Vgl. zu Klemperers Tagebüchern in der Nazizeit Kämper (1996).

10 »Die Kulturkunde der zwanziger Jahre hat in ihrer Entartung den Nationalsozialismus mit herbeiführen helfen, und ich habe mich lange Zeit geschämt, selbst einmal für die kulturkundliche Betrachtungsweise eingetreten zu sein« (Klemperer 1946, 636).

11 »[der Nazismus] verbannt [...] aus der Menschheitsgeschichte den einigenden Begriff der Menschheit und läßt nur den aufspaltenden Begriff der Rasse gelten« (Klemperer 1948, 49).

12 Zitiert wird aus: Klemperer, Victor (1987): LTI. Notizbuch eines Philologen. 4. Aufl. Köln: Röderberg.

13 Vgl. die von Kristine Fischer jüngst vorgelegte, sehr akribisch erarbeitete und ertragreiche Editions- und Rezeptionsgeschichte von *LTI* (Fischer 1999). Zur Fortführung von Klemperers sprachkritischen Beobachtungen nach dem 8. Mai 1945 vgl. Kämper (2000; 2001).

Literatur

Christmann, Hans Helmut (1974): Idealistische Philologie und moderne Sprachwissenschaft. München: Wilhelm Fink.

Fischer, Kristine (1999): Victor Klemperers ›LTI. Notizbuch eines Philologen‹. Ein Kommentar. Masch.Diss. Kiel (erscheint demnächst).

Hardtwig, Wolfgang; Wehler, Hans-Ulrich (1996): Kulturgeschichte Heute. (Geschichte und Gesellschaft. Zeitschrift für Historische Sozialwissenschaft. Sonderheft 16). Göttingen: Vandenhoeck und Ruprecht.

Kämper, Heidrun (1996): Zeitgeschichte – Sprachgeschichte. Gedanken bei der Lektüre des Tagebuchs eines Philologen. In: ZGL 24(1996), 328 – 341.

Kämper, Heidrun (2000): Sprachgeschichte – Zeitgeschichte. Die Tagebücher Victor Klemperers. In: Deutsche Sprache 28 (2000)1, 25 – 41.

Kämper, Heidrun (2001): LQI – Sprache des Vierten Reichs. Victor Klemperers Erkundungen zum Nachkriegsdeutsch. In: Cherubim, Dieter; Burkhardt, Armin (Hg.): Semantik, Pragmatik und Sprachkritik (Festband für Helmut Henne). Tübingen: Niemeyer (demnächst).

Klemperer, Victor (1925a): Positivismus und Idealismus des Literarhistorikers. (Offener Brief an Karl Vossler). In: Jahrbuch für Philologie 1(1952), 245 – 268.

Klemperer, Victor (1925b): Der Streit um den Begriff Kulturkunde. In: Die neueren Sprachen 33(1925), 437 – 449.

Klemperer, Victor (1946): Barbusse und Plivier. In: Aufbau. Kulturpolitische Monatsschrift. Hg. vom Kulturbund zur demokratischen Erneuerung Deutschlands. (1946)6, 635 – 645.

Klemperer, Victor (1948): Kultur. Erwägungen nach dem Zusammenbruch des Nazismus. Berlin: Neues Leben.

Klemperer, Victor (1950): Karl Voßler (1872 bis 1949). Sonderdruck aus: Forschung und Fortschritt 26(1950)5/6 (März).

Paul, Hermann (1975): Prinzipien der Sprachgeschichte. 9. unveränd. Aufl. Tübingen: Niemeyer.

Seidel, Ute; Siehr, Karl-Heinz (1997/98): Victor Klemperer. Ein Thema im Deutschunterricht? In: Deutschunterricht 50(1997)12, 562 – 573/Teil 1) und 51(1998)1, 37 – 45/Teil 2).

Karl Vossler (1904): Positivismus und Idealismus. Heidelberg: Winter.

Karl-Heinz Siehr

Die Sprachkritik Victor Klemperers im Muttersprachunterricht Anmerkungen aus linguistischer Sicht

Vorbemerkung

Die Aneignung des Werkes von V. Klemperer aus der spezifischen Sicht der Schule bedeutet zunächst vor allem, dass der einzelne Lehrer nach Anknüpfungspunkten Ausschau halten muss, die der Spezifik »seines« Faches gerecht werden und die sich mit Lehrplanforderungen in Übereinstimmung bringen lassen. Auch wenn die entsprechenden fachlichen und didaktischen Auswahl- und Bewertungsprozesse für alle Fächer noch nicht sehr weit vorangeschritten sind, zeichnen sich bereits erste Konturen ab. Für den Deutschunterricht z. B. liegt es nahe, in Klemperers Notizen und Kommentaren zur Sprache einen zentralen, wenn nicht gar *den* fachlichen Anknüpfungspunkt zu sehen. V. Klemperer war nicht nur romanistischer Literaturhistoriker – dies freilich zuallererst –, sondern auch Sprachkritiker, der ein Werk hinterlassen hat, das vom Umfang, von der Substanz und der Wirkung her die Ausgliederung einer eigenständigen sprachkritischen Dimension rechtfertigt. Mit *LTI. Notizbuch eines Philologen* (1947)[1] und vor allem mit den sprachthematisierenden Passagen seiner Tagebücher 1933–1945[2] und 1945–1959 hat sich Klemperer einen bleibenden Platz in der Geschichte der Sprachkritik erobert.[3] Diese sprachkritische Seite ist es in erster Linie, die das Werk Klemperers speziell für den heutigen Muttersprachunterricht so überaus anregend macht.[4] So unproblematisch, ja fast trivial diese Bezugnahme auf den ersten Blick erscheint, so folgenreich erweist sie sich beim näheren Hinsehen, wenn ein ganzes Bündel von linguistischen und didaktischen Fragen auftaucht, das zu durchdenken ist und das z. T. sowohl von linguistischer als auch von didaktischer Seite noch der genaueren Erforschung bedarf.[5] Die folgenden Ausführungen greifen einige jener Gesichtspunkte auf, die sich dem Lehrer aufdrängen (könnten), wenn er sich Klemperers Sprachkritik zuwendet.[6] Die aufgeworfenen Fragen berühren einige generelle Gesichtspunkte, aber auch ein empirisches Beispiel der Arbeit an der Sprachkritik Klemperers.

1. Klemperers sprachkritisches Schaffen – ein Abriss

Klemperer sah sich in erster Linie als Literarhistoriker, nicht als Sprachwissenschaftler[7] und – zumindest zu einer bestimmten Zeit – schon gar nicht als Sprachkritiker.[8] Daher ist es angebracht, seine unter diesen Vorzeichen überraschende Entwicklung zum Sprachkritiker in groben Zügen zu kennen und nachzeichnen zu können. Dieser Abriss ist insofern von Interesse, als er im vorliegenden Fall den Zusammenhang von sprachkritischer Praxis und den jeweiligen biografischen und historischen Umständen besonders anschaulich erhellt. Klemperers Sprachkritik lässt im Wesentlichen drei Phasen erkennen:

Phase 1: Hier handelt es sich um den Abschnitt in Klemperers wissenschaftlichem, publizistischem und literarischem Schreiben bis 1932. Soweit es die bisherigen Quellen – vor allem *Curriculum vitae* und die Tagebücher 1918–1932 – zu erkennen geben, ist eine explizite sprachkritische Praxis außerhalb einer literaturwissenschaftlich und philologisch ambitionierten Beschäftigung mit Sprache nicht gegeben. Nur vereinzelt und unsystematisch tauchen in den Tagebüchern von 1918–1932 Kommentare auf, die sich auf Sprachliches beziehen.[9] Man könnte diesen Abschnitt als das »normale« Interesse eines geschulten Philologen an der Sprache, mit dem Wissen um das Kommende auch als eine vorbereitende Phase seiner Sprachkritik charakterisieren, weil sie bereits deutlich Klemperers Neigung erkennen lässt, sensibel auf »Symptome«, auf den Reflex von Veränderungen der materiellen und geistigen Welt in der Welt der (verbalen und nichtverbalen) Zeichen zu achten. Eine gezielte Analyse einzelner Erscheinungen ist jedoch noch nicht nachweisbar.

Phase 2: Zunächst fast mit Widerwillen, wie Klemperer in *LTI* (21 f.) bemerkt, richtet er nach der Machtergreifung der Nazis im Januar 1933 sein Interesse nun gesondert und systematisch auf Veränderungen in der öffentlichen Kommunikation. Die zunehmende berufliche Isolierung und vor allem das Bibliotheksverbot beschleunigen den Schritt zum Sprachkritiker. Die sprachkritische Beschäftigung mit der »Sprache des Dritten Reiches«, der Lingua Tertii Imperii, die er seinem Sprach- und Kulturbegriff entsprechend außerordentlich weit bestimmt, wird zusammen mit dem Schreiben des Tagebuchs zu einem wesentlichen Lebensinhalt und zur persönlichen Überlebensstrategie, zur »Balancierstange, ohne die ich hundertmal abgestürzt wäre«. (LTI, 19) Der Übergang von der ersten zur zweiten Phase ist anhand der Tagebuchnotizen des Jahres 1933 genau nachzuvollziehen.[10] Als methodisches Grundprinzip kristallisiert sich sehr schnell heraus, die wahrgenommenen Veränderungen in den verschiedenen semiotischen Codes, den sprachlichen wie den nichtsprachlichen, auf ihre geistigen, d. h. vor allem auf ihre kulturell-ideologischen Grundlagen zurückzuführen.[11]

Die zweite Phase, die in gewisser Hinsicht als sprachkritische Hauptphase Klemperers gelten kann, schlägt sich in den sprachkritischen Kommentaren der Tagebücher 1933–1945 und dann in dem Buch *LTI. Notizbuch eines Philologen* nieder, das Klemperer nach dem Krieg anhand der Tagebuchnotizen Ende 1946 fertig stellt und das ihn als Sprachkritiker bekannt gemacht hat. Die einzelnen Schritte der Entstehung von *LTI* sind ein besonders interessanter Aspekt, auf den auch im Unterricht eingegangen werden sollte, weil sich hier grundlegende methodische Probleme von Klemperers Sprachkritik zeigen lassen (etwa bei der von Klemperer diskutierten Frage, ob man die Sprache im Faschismus in einem Wörterbuch, einem Lexikon oder in einer die Beziehung von Sprache und Gesellschaft noch stärker integrierenden Abhandlung darstellen sollte).

Phase 3: Der einmal geschärfte Blick für die tieferen Zusammenhänge von Sprache und Geist, von Sprache und Ideologie führt nach 1945 dazu, dass Klemperer sein sprachkritisches Engagement beibehält – die Realität bietet ohnehin neue sprachkritische Gegenstände. Die Tagebücher 1945–1959 belegen beide Umstände hinreichend. Das Buch *LTI*, das einerseits die zweite Phase abschließt, steht andererseits zugleich auch für den Beginn der dritten Phase. Einige Passagen deuten nämlich an, dass *LTI* nicht eine einfache Zusammenschau von Klemperers Beobachtungen und Kommentaren bis Juni 1945 ist, sondern bereits mit dem Blick auf das Weiterleben der LTI und damit auf die sprachliche Praxis nach Juni 1945 geschrieben wurde. Klemperer verdichtet seine Eindrücke im Begriff »Sprache des Vierten Reiches« (in *LTI*) bzw. »LQI« (in den Tagebüchern). In *LTI* (25) bemerkt Klemperer, dass sich »zum Gesichtspunkt des Damals […] häufig der Gesichtspunkt des Heute […] gesellt« und seine Darstellung daher außer einem »wissenschaftlichen Zweck zugleich einen erzieherischen verfolge«. (25)[12]

Diese dritte sprachkritische Phase schlägt sich in Ansätzen in *LTI*, vor allem jedoch in den der Öffentlichkeit erst viel später zugänglichen Tagebüchern der Jahre 1945–1959 sowie in zahlreichen Vorträgen, Zeitschriften- und Zeitungsartikeln nieder, soweit sie sich mit sprachlichen Themen befassen (vgl. z. B. Klemperer 1953a, b; 1955). Klemperer reagiert u. a. auf das Weiterleben von sprachlichen Eigenheiten des Faschismus, auf Ähnlichkeiten der LTI mit der Sprache in der sowjetischen Besatzungszone bzw. der DDR (LQI), auf bestimmte Erscheinungen der »Funktionärssprache« in der DDR und auf sprachliche Differenzierungen zwischen West- und Ostdeutschland.

Insgesamt ist Klemperers sprachkritisches Schaffen textlich umfangreich sowie thematisch außerordentlich breit gefächert. Es verkörpert auf der einen Seite eine stark von lebensgeschichtlichen und individuellen Umständen geprägte Sprachkritik, wirft auf der anderen Seite jedoch eine Reihe von Fragen auf, die für Sprachkritik von übergreifendem Wert und insofern zumindest partiell auch für Lehrzwecke geeignet sind.

Es ist sicherlich unrealistisch, unterrichtsdidaktisch wenig begründbar und an sich auch nicht nötig, die gesamte Sprachkritik Klemperers zum Gegenstand des Unterrichts machen zu wollen. Die Erstbegegnung wird sich in der Regel vermutlich am Buch *LTI* vollziehen oder aus der Behandlung spezieller Textstellen aus den Tagebüchern[13] erwachsen. Aus fachlicher Sicht ist zu betonen, dass sich Klemperers Sprachkritik besonders ergiebig erschließt, wenn man den Texten in *LTI* bzw. in den Tagebüchern nicht (nur) linear folgt, sondern zu einzelnen Schwerpunkten (z. B. zum Superlativismus, zum Lexem *fanatisch*) ausgewählte Passagen quasi hypertextartig liest und analysiert. Für eine solche Rezeptionsweise wird das Register zu *LTI* (s. Anhang) wertvolle Hilfe leisten. Ein sprachkritisches Gesamtregister, das alle Tagebücher einschließt, liegt bisher nicht vor.

2. Fachliche Anknüpfungsmöglichkeiten für den Muttersprachunterricht

Entscheidet man sich im Muttersprachunterricht, an Klemperers Sprachkritik anzuknüpfen, entsteht sofort die Frage, welches sprachkritische Potenzial textlicherseits eigentlich gegeben ist, auf das man sich beziehen könnte. Die Antworten werden vermutlich nicht identisch ausfallen, je nachdem, ob man die Rekonstruktion aus sprachwissenschaftlicher oder schulischer Sicht vornimmt. Dies berücksichtigend, sei im Folgenden der Versuch unternommen, wesentliche Eckpunkte von Klemperers Sprachkritik zu skizzieren, an die die schulische Arbeit prinzipiell anschließen kann.

Die Beschäftigung mit Klemperers Sprachkritik im Muttersprachunterricht kann – grob gesagt – der Entwicklung von zwei Kompetenz-
bereichen dienen: zum einen der Vermittlung von Kenntnissen über
wichtige Entwicklungsabschnitte der deutschen Sprache im 20. Jh.
(Sprache im Faschismus, in der sowjetischen Besatzungszone und in
der DDR), zum anderen zur Entwicklung der produktiven sprachkritischen Kompetenz der Schüler. Von daher ist es sinnvoll, den Gegen-
standsbereich »Klemperers Sprachkritik« entsprechend zu strukturieren
und einen sachlogisch-historischen Aspekt und einen Anwendungs-
aspekt zu unterscheiden. Der erste Gesichtspunkt dominiert u. a. bei den
Schwerpunkten:

– Herausarbeiten und kritisches Kommentieren der sprachlichen
  Befunde, die Klemperer zu den Stichworten »LTI« und »LQI« auf-
  führt;
– Herausarbeiten der Spezifik von Klemperers Sprachkritik (sein
  Sprachbegriff, seine methodischen und sprachtheoretischen Positionen …);
– Diskussion von Produktions-, Editions-, und Rezeptionsaspekten
  der Sprachkritik von Klemperer (Entwicklungsetappen seiner
  Sprachkritik und ihrer verschiedenen textlichen Äußerungsfor-
  men; der Weg von der Idee zum fertigen Buch *LTI*, Sprachkritik in
  der DDR anhand der Begleitumstände des Artikels *Zur gegenwärtigen Sprachsituation in Deutschland*; vgl. Klemperer 1953a und
  ZS 2, 799, Anm. 232);
– kritischer Vergleich der Befunde Klemperers zu »LTI« und »LQI«
  mit anderen Arbeiten zur Sprache im Faschismus (vgl. z. B. Seidel/
  Seidel-Slotty 1961; Sternberger u. a. 1970; Stötzel/Wengeler 1995;
  Kinne/Schwitalla 1994) und in der DDR (vgl. als Überblick Polenz 1999).

Der zweite Gesichtspunkt ist bestimmend u. a. bei diesen Themen:
– Erörterung der Spezifik und der Funktion von Sprachkritik in der
  Gegenwart (Vergleich des Vorgehens von Klemperer mit modernen Ansätzen der Sprachkritik);
– Diskussion der Frage nach der Spezifik von »demokratischen«
  versus »autoritär-zentralistischen« Kommunikationsmechanismen
  und -verhältnissen (gibt es eine »Sprache« von Diktaturen oder
  von Demokratien?);
– Vergleich der historischen Befunde Klemperers (und anderer) mit

faschistoiden, rassistischen, inhumanen Redeweisen in der Gegenwartssprache, speziell in der öffentlichen Kommunikation;
– Erörterung einzelner Themen, die von übergreifender Relevanz für praktische Sprachkritik sind (These von der »Macht« der Sprache bzw. von der Manipulierbarkeit des Menschen mittels Sprache; Umgang mit »brisanten« Wörtern; Sprache und Wahrheit (Euphemismen), Formen und Funktionen des sprachlichen Übertreibens (Superlativismus) in heutiger Politik und Werbung; Schlüsselwörter, Fahnenwörter, Stigmawörter in der politischen Sprache; das Problem der angemessenen Metaphorik; Wechselwirkungen von Sprache und Ideologie; Sprache und Denken …).[14]

Diese Eckpunkte ergeben den – weiter auszufüllenden – stofflichen Rahmen für die Auseinandersetzung mit dem Sprachkritiker Klemperer im Muttersprachunterricht. Es gibt kaum ein anderes Beispiel aus der jüngeren Geschichte der Sprachkritik, das derart viele und authentische sprachkritische Themen vereint. Für die schulische Begegnung ist dabei auch wichtig, dass Klemperers Sprachkritik in einer Schülern prinzipiell zugänglichen und verständlichen Sprache geschrieben ist.

Die Unterscheidung der beiden o. g. Gesichtspunkte bedeutet nicht, dass sie nicht auch in Beziehung stehen; in der praktischen Arbeit ist eine strikte Trennung ohnehin nicht zu empfehlen. Dennoch sollte man sich des Unterschieds bewusst sein. Seine Berücksichtigung immunisiert gegen flache bzw. falsche Parallelisierungen zwischen »historischen« Befunden der Sprachkritik Klemperers einerseits und sprachkritisch relevanten Erscheinungen der Gegenwartssprache andererseits. Klemperers Sprachkritik ist sicherlich aktueller, als gemeinhin gedacht wird; ihre Aktualität liegt jedoch eher in einer kritischen Anwendung seines Herangehens als in einer unreflektierten und kurzschlüssigen Übertragung einzelner sprachkritischer Befunde auf die Gegenwart.

3. Bemerkungen zum Begriff Sprachkritik

Die Redeweise vom »Sprachkritiker Klemperer« impliziert einen allgemeinen Begriff von Sprachkritik und weiterhin die Annahme, dass Klemperers Art, Sprache zu kommentieren, diesem Begriff weitgehend entspricht. Dazu sollen im Folgenden thesenhaft einige Anmerkungen gemacht werden.

a) Es gibt nicht *die* Sprachkritik und folglich nicht *den* Begriff ›Sprachkritik‹. Das Wort *Sprachkritik* wird für sehr verschiedenartige Umgangsweisen mit Sprache gebraucht. H. von Hofmannsthals berühmter Brief des Lord Chandos gilt ebenso als Sprachkritik wie Platons sprachphilosophischer Kratylos-Dialog, ein Leserbrief zum Fremdwortgebrauch in einer Zeitung ebenso wie die jährliche Unwort-Aktion. Es verwundert deshalb nicht, dass Schiewe (1998, 17) in seiner *Geschichte der Sprachkritik* ganz unspezifisch (und ein wenig tautologisch) von »alle(n) kritisch wertenden Bemühungen um eine Sprache« sprechen muss, um der historischen Vielfalt *der* Sprachkritik gerecht zu werden.[15] Diese Vielfalt ist im Wesentlichen bedingt durch die Weite des Objektes Sprache (Sprache als allgemein menschliche Fähigkeit, als System von Zeichen einer Einzelsprache, als kollektiver und individueller Gebrauch von Sprache) sowie durch die unterschiedlichen Handlungskontexte, in denen Sprachkritik mit jeweils spezifischen Zwecken betrieben werden kann (Sprachkritik im Kontext von Literatur, Rechtsprechung, Politik, Philosophie, Feuilleton, Schule, Sprachberatung, Sprachwissenschaft; vgl. genauer Heringer 1982; Siehr 1996; 2000; Linke/Voigt 1995).

b) Wegen dieser Schwierigkeit bei der begrifflichen Bestimmung ist vorgeschlagen worden, konkrete Erscheinungsformen von Sprachkritik eher mit einem Bündel von Kriterien zu beschreiben als in inhaltsarme Begriffe zu pressen. Ein solches Beschreibungsraster ist z. B. von W. Dieckmann (1992, 1 f.) entwickelt worden, der sechs »Dimensionen« heranzieht: Es handelt sich um

– die Dimension der sprachkritisch Handelnden (wer kritisiert in welchen institutionellen Einbettungen? – literarische, philosophische, linguistische … Sprachkritik);

– die Dimension der sprachkritischen Ziele (Förderung des wirklich oder vermeintlich normgerechten Sprachgebrauchs; Bewusstmachung eventuell sprachbedingter Verzerrungen der Wirklichkeitswahrnehmung; Kritik am sprachanalytisch aufgedeckten falschen Bewusstsein …);

– die Dimension der sprachkritischen Gegenstände (Kritik an menschlicher Sprache überhaupt, Kritik am grammatischen und lexikalischen System einer historischen Einzelsprache, Kritik am Sprachgebrauch bestimmter Individuen, bestimmter Sprechergruppen bzw. in bestimmten Kommunikationsbereichen, z. B. politische, juristische, wissenschaftliche Sprache);

- die Dimension der sprach- und bedeutungstheoretischen Voraussetzungen der Sprachkritik (z. B. Annahmen zum Verhältnis von Sprache, Bewusstsein, Denken und Wirklichkeit);
- die Dimension der sprachkritischen Werte bzw. Kriterien (Funktionsadäquatheit, Wahrheit, Wahrhaftigkeit, Verständlichkeit, Sprachrichtigkeit, Schönheit u. a.);
- die Dimension der Zeit (Sprachkritik in der Antike, im Mittelalter, im 19. Jahrhundert, seit 1945 u. a.).

c) Ein solches mehrdimensionales Raster ermöglicht es in der Tat, eine bestimmte Sprachkritik umfassend zu charakterisieren. Der Unterschied zu eindimensionalen Charakterisierungen, wie z. B. jener, dass Klemperers Sprachkritik antifaschistisch oder ideologiekritisch sei, wird schnell ersichtlich. Es empfiehlt sich, die Beiträge in diesem Band vor dem Hintergrund des dargelegten Rasters zu lesen, um ein genaueres Bild von *der* Sprachkritik Klemperers zu erhalten.

d) Der Vorteil des Rasters ist allerdings auch ein gewisser Nachteil. In ihm sind alle Aspekte gleichgewichtig, und für Lehrzwecke wird nicht sofort ersichtlich, was letztlich eine sprachkritische Kompetenz ausmacht. Die Idee der Ausgliederung von Dimensionen der Sprachkritik im Grundsatz beibehaltend, sei ein Vorschlag unterbreitet, der die Dimensionen wichtet, einen Kernbereich von Sprachkritik zugrunde legt und dadurch eine (für didaktische Zwecke) operationalisierbare Vorstellung von (schulischer) Sprachkritik zu erreichen gedenkt. Ausgangspunkt ist dabei folgende definitionsartige Bestimmung: Sprachkritik ist eine Erscheinungsform des Thematisierens von Sprache und Sprachgebrauch, die ihren Ausgangspunkt bei der Wahrnehmung sprachlich-kommunikativer »Störungen« bzw. bei Kommunikationskonflikten hat. Sie basieren letztlich auf dem divergierenden Gebrauch von sprachlichen Regeln, Konventionen und Normen in der Kommunikation. Der sprachkritisch Agierende begibt sich in ein analytisch-beurteilendes Verhältnis zum konfliktären Sprachgebrauch, d. h., er sucht mittels analytisch aufgedeckter sprachlich-kommunikativer Strukturen und Funktionen nach einer Erklärung der Konfliktsituation und gibt – darauf aufbauend – eine Bewertung ab.

e) Nach diesem Verständnis von Sprachkritik ergibt sich, dass eine sprachkritische Handlung im Kern aus
- einer Gegenstandsdimension (dem Strittigen),
- einer Analysedimension (der Suche nach Gründen bzw. Erklärungen für das Strittige) und

– einer Bewertungsdimension (dem Beurteilen des Strittigen) besteht.

Diese Dimensionen bilden die allgemeinen, prototypischen Handlungsmodi von Sprachkritik, wobei im konkreten Fall der Grad ihrer Entfaltung sehr unterschiedlich sein kann. Soll ein Thematisieren von Sprache jedoch als sprachkritisch gelten, ist es schwer möglich, dass nicht alle drei Aspekte – wenigstens in Ansätzen – vorhanden sind. Dieser »Kernbereich« von Sprachkritik wird überlagert und in seiner Entfaltung bestimmt vom jeweiligen Handlungskontext, in dem Sprachkritik ausgeübt wird (Literatur, Medien, Unterricht …), den Zielen, die mit der Sprachkritik verfolgt werden (Ideologiekritik, Aufklärung von Kommunikationsstörungen, »Reinhaltung« von Sprache …), sowie auch von subjektiven Dispositionen des Sprachkritikers (Sprachwissen und -können, Sachwissen, ethischen, politischen u. a. Einstellungen).

f) Mit den nötigen Modifizierungen sollte auch im Unterricht die Nähe zu einer sprachwissenschaftlich begründeten Sprachkritik angestrebt werden.[16] Es handelt sich dabei um eine Variante von Sprachkritik, die mit Mitteln und Methoden der Sprachwissenschaft arbeitet bzw. argumentiert und besonders die Analysedimension betont. Während die genaue sprachliche Analyse in anderen sprachkritischen Erscheinungsformen oft nur am Rande oder eher intuitiv eine Rolle spielt, erscheint sie hier als eine Art Schlüsselstelle für qualifizierte Sprachkritik. Sprachwissenschaftlich begründete Sprachkritik soll, so die Forderung, möglichst auf der Basis einer umfassenden Analyse betrieben werden – Analyse vor dem Urteil! (vgl. Wimmer 1986) lautet die handlungsleitende Maxime.

Die Betonung des analytischen Moments und damit der prinzipiellen Überprüfbarkeit der Argumente sichern, dass Sprachkritik sich nicht unter der Hand in pure Sach- oder Ideologiekritik im Gewande von Sprachkritik verwandelt, was der Sprachkritik nicht förderlich ist. Sie sichert jedoch vor allem die Anschließbarkeit von Sprachkritik an den Grammatik- und Ausdrucksunterricht. Sprachkritik, die sprachwissenschaftlich fundiert ist, setzt einerseits systematisches Sprachwissen voraus, trägt andererseits durch den Rückgriff auf Sprachwissen aber auch zu seiner Entwicklung bei.[17] Damit ließe sich die manchmal alternativ diskutierte Fragestellung, ob denn der Unterricht eher einen Beitrag zur Erhöhung der Sprachkultur oder eher zur Entwicklung einer sprach- und damit normenkritischen Kompetenz leisten sollte, in ihren Grundzügen aufheben (vgl. dazu auch Siehr 1996).

g) Was in einem konkreten sprachkritischen Fall linguistische Analyse heißt, berührt ein gewisses Dilemma von Sprachkritik überhaupt: Hinweise für die analytische Behandlung von Kommunikationskonflikten sind wegen ihrer Vielfalt schwer zu generalisieren. Im Sinne einer methodischen Orientierung lässt sich dennoch formulieren, dass ein sprachkritisches Problem bearbeitet wird, wenn man die Analyse entlang den Schritten Gestaltwahrnehmung, Strukturanalyse und Funktionszuschreibung vollzieht. Dies bedeutet: Man schaue erstens genau auf die Form, auf die Ausdrucksseite des strittigen Wortes, Satzes bzw. Textes (sprachlicher Kontext), man suche zweitens nach denjenigen Grundlagen des Konfliktes, die sprachstrukturell (d. h. durch entsprechende Regularitäten der Grammatik, der Lexikologie, der Textlinguistik, der Stilistik, der Pragmatik) fassbar sind, und man frage drittens nach den Zwecken und Zielen, die sprecher- und/oder hörerseitig mit der strittigen Äußerung verbunden sein können (situativer Kontext). Das Resultat einer linguistischen Analyse ist möglicherweise nur ein Teil der Erklärung eines Kommunikationskonfliktes, der Stellenwert der Analyse ist dennoch zu verteidigen: Für *Sprach*kritik ist in erster Linie der Mutter*sprach*unterricht zuständig (und nicht der Geschichtsunterricht, dem wiederum beim Reden über die historischen Umstände eines Kommunikationskonfliktes das Primat zukommt).

h) Aus dem dargelegten Verständnis von Sprachkritik ergibt sich, dass bei den Schülern Fähigkeiten bzw. Kompetenzen in dreierlei Hinsicht zu entwickeln sind:

Schüler sollten Sprachkonflikte sensibel wahrnehmen können (ein Hellhörig-Sein in Bezug auf sprachliche »Störungen«), sie sollten zu deren Erklärung fundierte sprachwissenschaftliche Kenntnisse heranziehen können (ein Wissen-Können warum) und sie sollten aufbauend auf der Analyse das sprachliche Problem mit Hilfe expliziter Kriterien beurteilen können (ein Urteilen-Können wie). Dies ist zweifellos ein komplexes Programm zur Entwicklung von sprachkritischer Kompetenz, dessen Umsetzung im täglichen Unterricht nicht leicht zu bewältigen sein dürfte. Am Ziel sollte jedoch festgehalten werden, selbst wenn die Lehrpläne das nicht gesondert betonen. Einer von vielen Wegen, bei den Schülern eine sprachkritische Kompetenz zu entwickeln, besteht darin, sie mit geeigneten Beispielen aus der sprachkritischen Praxis zu konfrontieren. Die Sprachkritik von V. Klemperer ist dafür in herausragender Weise geeignet.

4. Klemperers Analysen zu *fanatisch* – fachliche Aspekte eines möglichen Gegenstandes

Im Folgenden sollen am Beispiel des Lexems *fanatisch*[18] exemplarisch und thesenhaft einige fachlich-linguistische Grundlagen zu einem sprachkritischen Fall aufgezeigt werden, der in Klemperers Sprachkritik eine zentrale Rolle spielt. Die Anmerkungen bieten sich an, weil die vorliegenden Erfahrungsberichte von Deutschlehrern zeigen, dass das Beispiel *fanatisch* offensichtlich recht gern im Unterricht behandelt wird.[19] Auch wenn die Unterrichtssituation für das Weitere eine gewisse Orientierung darstellt, sind mit den Bemerkungen keine konkreten didaktischen Empfehlungen verbunden.

a) Mehrere Gründe sprechen in der Tat dafür, sich dem Lexem *fanatisch* gesondert zuzuwenden: *Fanatisch* nimmt zum einen in Klemperers Sprachkritik eine besondere Stellung ein. Dies zeigt sich bereits darin, dass dem Wort in *LTI* ein eigenes Kapitel (Kap. IX) gewidmet ist und es darüber hinaus an mehreren Stellen des Buches erwähnt oder kommentiert wird (vgl. das Stichwort im Register). Nimmt man die Tagebücher von 1933–1945[20], aber auch von 1945–1959 hinzu[21], wird deutlich, dass *fanatisch* ganz offensichtlich Klemperers sprachkritische Aufmerksamkeit besonders intensiv und über viele Jahre herausgefordert hat. Die Belege ergeben ein Korpus, das umfangreich und gut isolierbar ist, das aber auch Bezüge zu anderen Schwerpunkten herzustellen erlaubt.[22] Zum anderen eignet sich das Beispiel auch deshalb als Stoffgrundlage im Unterricht, weil es sich bei *fanatisch* um eine der auffälligsten Besonderheiten der Sprache im Faschismus handelt, Klemperer spricht sogar von einem »Schlüsselwort des Nazismus« (LTI, 82). Eine umfassende Behandlung der Spezifik der LTI verlangt zwar weitaus mehr als einen Blick auf ihre lexikalische Ebene,[23] doch ist auch zu sehen, dass sich das Verhältnis von Ideologie, Kultur und Sprache – und um deren Verflechtung im Kontext des Faschismus geht es Klemperer ja letztlich – besonders anschaulich gerade an Veränderungen im Wortschatz zeigen lässt.

b) Ein Zugang zum Fall *fanatisch* könnte zunächst über eine Analyse des Kapitels IX in *LTI (Fanatisch)* erfolgen.[24] Klemperers Sicht auf *fanatisch* ist hier umfassend dargestellt, und gerade dieser Abschnitt eignet sich auch, die weiter oben beschriebenen allgemeinen Handlungsmodi von Sprachkritik zu demonstrieren. Die thematische Grobstruktur des Textes korreliert nämlich in gewisser, wenn auch nicht in ein-

deutiger Weise mit den Schritten Wahrnehmen eines Kommunikationskonfliktes (1.), sprachliche Analyse (2.) und Bewertung (3.):

- 1. Schritt (S. 77, 1. Absatz): Einführung des Gegenstandes *fanatisch* und Benennen des sprachkritisch relevanten Gesichtspunk-
tes (»Wichtiger […] als die Häufigkeit ist der Wertwandel des Wortes«);
- 2. Schritt (S. 77–79, 2. Absatz): Erster Teil der Analyse durch
eine Erläuterung der Etymologie des Wortes (»die Wurzel liegt in
fanum« …) und der Gebrauchsgeschichte bis zum Faschismus
(»bis dahin blieb das Fanatische eine verpönte Eigenschaft«);
- 2. Schritt (S. 79–82, 4. Absatz): Zweiter Teil der Analyse durch
eine Beschreibung der Stellung des Ausdrucks im Sprachsystem
des Deutschen (»im Deutschen unübersetzbar und unersetzbar«,
»immer als wertender Ausdruck mit starker Negation geladen«)
und des Gebrauchswandels in der Zeit des Faschismus (»ein superlativisch anerkennendes Beiwort«, »selbst der leiseste pejora-
tive Nebensinn fiel […] fort«), ferner durch eine außersprachliche
Erklärung des beobachteten Wandels (»denn da der Nationalsozialismus auf Fanatismus gegründet ist und mit allen Mitteln die
Erziehung zum Fanatismus betreibt«) und einen Verweis auf die
sprachlichen und mentalen Folgen der eingetretenen Veränderungen (»Gift, das du unbewußt eintrinkst und das seine Wirkung
tut«);
- 3. Schritt (S. 82–83): Bewertung (»Verfall des Wortes«; »Gift«),
nochmalige Verallgemeinerung der Analyse (»Schlüsselwort des
Nazismus«) und Ausblick auf den Gebrauch nach dem Krieg (»ist
[…] verschwunden«).[25]

c) Bezüglich des 1. Schrittes bietet es sich an, die entsprechenden Tagebucheinträge heranzuziehen, auf die Klemperer zu Beginn des Kapitels IX selbst verweist und aus denen ersichtlich wird, wie sein
sprachkritisches »Unbehagen« in Bezug auf *fanatisch* entsteht. Klemperer bemerkt den bis dahin unüblichen Gebrauch in Wendungen wie
*fanatisches Gelöbnis, fanatisches Bekenntnis, fanatischer Glaube an
den Endsieg,* er beobachtet insgesamt eine zunehmende Gebrauchs-
häufigkeit des Wortes vor allem in der offiziellen Rede, aber auch in
anderen Kommunikationsbereichen (z. B. in Romanen und Übersetzun-
gen), und er sieht vor allem den von den Nazis betriebenen Gebrauchs-
speziell Wertwandel des Ausdrucks.

Im Weiteren ließe sich gut herausarbeiten, dass Klemperer es nicht beim Konstatieren des sprachkritischen »Unbehagens« belässt, das selbstverständlich Teil seiner generellen kritischen Sicht auf die LTI ist. Er beobachtet zunehmend systematischer und sucht nach Erklärungen des sprachlichen Wandels. Im *LTI*-Kapitel *Fanatisch* ist erkennbar, wie er dabei auf gängige linguistische Verfahren bzw. Denkweisen zurückgreift, ohne diese allerdings explizit zu thematisieren. Stichwortartig seien folgende linguistischen Ansätze genannt: das Berücksichtigen etymologischer und sprachhistorischer Erkenntnisse zum Wort *fanatisch*; die Beachtung des Unterschieds von Synchronie und Diachronie bei Anerkennung des Primats der Gegenwartssprache; die Beschreibung der neuen Gebrauchsweisen von *fanatisch* mit Hilfe von lexikologischen Kategorien wie Synonymie, Polysemie, Kollokation, Denotation und Konnotation; das Beachten von quantitativen (die Gebrauchsfrequenz in verschiedenen Textsorten und Kommunikationsbereichen) und qualitativen Aspekten des Gebrauchs von *fanatisch* (der Status eines Schlüsselwortes in der politischen Rede der Nazis); die Berücksichtigung außersprachlicher Faktoren für die Erklärung des Sprachwandels (das Wirken der faschistischen Ideologie, speziell ihres Fanatismus).

Dieses beachtliche analytische Potenzial sollte man bewusst machen. Zum einen deshalb, um die philologische Fundiertheit der Sprachkritik von Klemperer zu zeigen und erklären zu können, weshalb sie auch aus der Sicht der modernen Sprachwissenschaft als aktuell für die Beschreibung politischer Sprache angesehen wird (vgl. dazu speziell Jäger 1999, mit kritischem Akzent Maas 1984). Zum anderen ist auf die linguistische Substanz zu verweisen, um bei den Schülern die Einsicht in die Notwendigkeit des Analysierens zu wecken bzw. zu vertiefen. Speziell für Sprachkritik im Dienste von Ideologiekritik ist dieser Zusammenhang wesentlich (obwohl oft nicht beachtet).

Auch die expliziten Wertungen Klemperers bieten sich für eine genauere Betrachtung an. Klemperer spricht von einem »Verfall des Wortes« (LTI, 82) und gebraucht Sätze wie »Sprache, die für dich dichtet und denkt …« und »Gift, das du unbewußt eintrinkst und das seine Wirkung tut«, mit denen er die Wirkungen und die Gefahren der veränderten Gebrauchsweisen von *fanatisch* charakterisiert. Diese Urteile und die in ihnen enthaltenen Implikationen (Sprache verfällt, Sprache determiniert das Denken, Sprache ist vergleichbar mit einem Gift) sollte man kritisch diskutieren und dabei Klemperers Sprach- und Kulturbegriff sowie seine Auffassung zum Zusammenhang von Sprache und Denken berücksichtigen (vgl. Kap. I in *LTI* und Kämper in diesem Band).

d) In einer weiteren Kommentierung sollte unterstrichen werden, dass Klemperers Befunde zu *fanatisch* sich prinzipiell als zutreffend erwiesen haben. In der ursprünglichen Fassung des *Wörterbuchs des Unmenschen* befindet sich ein sprachkritischer Essay von G. Storz (1945/46), der *fanatisch* ebenfalls als ein besonders charakteristisches Wort des faschistischen Sprachgebrauchs einstuft.[26] Auch in späteren Kommentaren zur Sprache im Faschismus gibt es bis auf wenige Ausnahmen kaum ein Werk, in dem nicht auf *fanatisch* Bezug genommen wird.[27]

Auch Klemperers Analyse des Gebrauchswandels von *fanatisch* als »Wertwandel« (LTI, 77) und als Wandel zu einem »superlativisch anerkennende(n) Beiwort« (ebd., 80) trifft zweifellos die sprachliche Realität: Storz (1945/46, 619) spricht an dieser Stelle von einer »Verkehrung des Wortes [...] aus einer tadelnden in eine rühmende Vokabel«. Schmitz-Berning (1998, 226) bilanziert, dass es im Nationalsozialismus »zum ersten Mal zu einer breiten Umwertung der Ausdrücke fanatisch, Fanatismus, Fanatiker« gekommen ist.[28]

Aus der Sicht der lexikalischen Semantik und der weithin üblichen Zweiteilung der Wortsemantik in Denotation und Konnotation (vgl. z. B. Schippan 1992) lässt sich der Wertwandel von *fanatisch* vor allem als eine Veränderung der konnotativen Bedeutungsdimension des Ausdrucks beschreiben: Damit ist zum einen der Wandel zu einem primär positiv gebrauchten Ausdruck gemeint, zum anderen aber auch die damit einhergehende Veränderung zu einem zentralen Wort der politischen Meinungssprache der NSDAP.

Dabei sollte man verdeutlichen, dass die Redeweise vom positiv konnotierten Ausdruck *fanatisch* im Grunde ungenau ist. Die Sprachwirklichkeit zwischen 1933 und 1945 war durch mindestens zwei Bedeutungsvarianten des Lexems *fanatisch* gekennzeichnet, die jeweils unterschiedlich konnotiert waren. Zu den zunächst noch dominanten Gebrauchsweisen mit negativer Wertung, die Klemperer übrigens selbst weiterhin in den Tagebüchern verwendet, gesellte sich die »neue« Verwendungsweise, bei der mit *fanatisch* die positive Bewertung verbunden war und die zunehmend bestimmend wurde. Klemperer sieht Vorläufer dieser Gebrauchstradition bereits bei Rousseau (LTI, 77 f.) und »gelegentlich im Nachruf auf einen Forscher oder Künstler«, wenn

z. B. die Floskel »Fanatiker seiner Wissenschaft oder Kunst« (ebd., 80) gebraucht wurde. Selbst wenn man solche Gebrauchsweisen von *fanatisch* in dieser Weise beurteilt, ist der qualitative Unterschied zum ideologisch motivierten Gebrauch in den faschistischen Texten erheblich. In diesem Zusammenhang sollten die Schüler erfahren, dass *fanatisch* bereits in den 20er Jahren im faschistischen Diskurs positiv gebraucht wurde.[29] Der Gebrauchswandel vollzog sich folglich doch langfristiger und allmählicher, als es Klemperers Notizen nahe legen, vgl. z. B.: »Niemals vor dem Dritten Reich wäre es jemandem eingefallen, fanatisch als ein positives Wertwort zu gebrauchen.« (LTI, 80) In den Tagebüchern der Jahre 1918–1932 finden sich bei Klemperer allerdings keine Beobachtungen dazu.

e) Die von Klemperer beschriebenen Veränderungen im Gebrauch von *fanatisch* gelten als Beispiel der Umwertung von Ausdrücken bzw. einzelner ihrer Bedeutungsvarianten. »Die Worte fanatisch und Fanatismus sind nicht vom Dritten Reich erfunden, es hat sie nur in ihrem Wert verändert und hat sie an einem Tage häufiger gebraucht als andere Zeiten in Jahren.« (LTI, 27) An dieser Stelle bietet es sich an, generell auf die grundlegenden Mechanismen von Veränderungen im Wortschatz zwischen 1933 und 1945 einzugehen. Schmitz-Berning (1998, XI) nennt drei wesentliche Typen: »a) Wörter, die […] neugeprägt wurden; b) Wörter, die umgedeutet wurden oder eine zusätzliche spezifische Bedeutung erhielten; c) Wörter, die sehr häufig gebraucht wurden und durch die hohe Gebrauchsfrequenz im NS-Sprachgebrauch ihren hohen Stellenwert signalisieren.«

Für alle drei Gruppen gibt Klemperer in *LTI* und in den Tagebüchern zahlreiche Beispiele. Zum Typ b) gehören außer *fanatisch* z. B. auch Adjektive wie *hart, brutal, rücksichtslos, grausam, blind, stur, blindlings*, die im faschistischen Sprachgebrauch ebenfalls umgewertet und dominant positiv gebraucht wurden.[30]

Die Fälle b) und c) hatte Klemperer wohl auch im Blick, als er bemerkte: »Das Dritte Reich hat die wenigsten Worte seiner Sprache selbstschöpferisch geprägt, vielleicht, wahrscheinlich sogar, überhaupt keines.« (LTI, 27) Die Absolutheit des zweiten Teils der Aussage ist dabei durch geeignete Beispiele zu korrigieren.

f) Klemperers Charakterisierung von *fanatisch* als »Schlüsselwort« könnte ein Einstieg sein, der Frage nach dem Charakter solcher Wörter nachzugehen, die ja generell in der politischen Kommunikation (aktuell gerade *Neue Mitte, ökologische Steuerreform, Leitkultur*), aber auch in der Werbung fundamental sind. Klemperer gibt keine explizite Definition; aus seiner Argumentation wird aber ersichtlich, dass Kriterien wie Gebrauchsfrequenz und vor allem eine gewisse Typik des Bedeutungsgehalts in Relation zu dominanten Inhalten bzw. Denkfiguren des herrschenden Zeitgeistes eine Rolle spielen. Er belegt dies dadurch, dass er den Zusammenhang zwischen der faschistischen Ideologie und dem Wort *fanatisch* herstellt: »[…] denn da der Nationalsozialismus auf Fanatismus gegründet […] und mit allen Mitteln die Erziehung zum Fanatismus betreibt, so ist fanatisch während der gesamten Ära des Dritten Reiches ein superlativisch anerkennendes Beiwort gewesen.« (LTI, 80) Klemperers Auffassung entspricht durchaus einem modernen Verständnis von Schlüsselwörtern. Ein Schlüsselwort ist danach ein Ausdruck mit den Merkmalen »inhaltliche Relevanz, Typizität und Vorkommenshäufigkeit […] in bezug auf den untersuchten Kommunikationsbereich«. (Herberg u. a. 1997, 3) Schlüsselwörter haben eine gewisse semantische Unschärfe und sind im Allgemeinen keine isolierten Wörter, d. h., sie haben Nachbarn, Gegenwörter, Konkurrenten (vgl. dazu genauer Seidel in diesem Band).

g) Das Beispiel *fanatisch* eignet sich ebenfalls dafür, Klemperers weiten LTI-Begriff zu belegen. Er registriert das Fanatische des Faschismus nicht nur im Verbalen, sondern auch in anderen Symbolisierungen und Verhaltensweisen. Hier ist an erster Stelle die Gestalt des in religiöser Ekstase marschierenden Tambours im Kap. II zu nennen, in der Klemperer bereits 1932 »zum erstenmal die Sprache des Dritten Reiches« (LTI, 30) erblickt hat. Weitere Belege finden sich z. B. im Kap. XVIII *Ich glaube an ihn*, speziell etwa die von Klemperer berichtete Geschichte um Paula von B., die Assistentin eines Professorenkollegen. Die konstitutive Rolle des Fanatismus für den Nazismus zeigt sich darin, dass Klemperer die LTI insgesamt als »die Sprache des Massenfanatismus« (LTI, 36) charakterisiert.

h) Abschließend sei noch auf Möglichkeiten verwiesen, die Erörterungen zu *fanatisch* in einer Weise zu problematisieren, dass dabei auch aktuelle sprachkritische Fragen berührt werden. Zum einen betrifft dies die Tatsache, dass Klemperer selbst in den Tagebüchern mehrere Male *fanatisch* gebraucht, obwohl er doch das Wort als Schlüsselwort des Nazismus analysiert und vor seinem Gebrauch mehrfach gewarnt hat (vgl. zu diesem scheinbaren Paradoxon W. Dieckmann in diesem Band). Diese Debatte führt über die Analyse des Verhaltens von Klemperer direkt zu der für Sprachkritik wichtigen Frage nach dem Umgang mit »brisanten«, speziell historisch belasteten Ausdrücken. Hier ergeben sich Möglichkeiten von Exkursen zu den Themen »Sprache in der DDR« oder auch »Sinn der jährlichen Unwort-Aktion«.

Zum anderen ist es ratsam, auch unmittelbar auf die aktuelle Gebrauchssituation von *fanatisch* einzugehen. Dies ist möglich mit Hilfe einer Analyse von verschiedenen Wörterbucheinträgen, sollte aber auch durch aktuelle Belege aus den Medien, der Alltagssprache u. ä. ergänzt werden. Drei Beobachtungen erscheinen zentral: Einmal lässt sich zeigen, dass *fanatisch* für die Mehrheit der heutigen Sprecher – noch dazu für die jüngeren – nicht mehr ›faschistisch‹ markiert bzw. konnotiert ist. Nur vor diesem Hintergrund sind Belege zu erklären wie die folgenden: »Ich liebe Dich fanatisch viel« (H. Grönemeyer auf der CD *Bleibt alles anders.*); »Der Begriff Fan leitet sich von Fanatismus her. Er faßt die Blindheit und Rigorosität, in die strikte Anhängerschaft umschlagen kann. Aus diesem Blickwinkel betrachtet, sind die Fußballvereine wie der FC Bayern und der TSV 1860 München die größten Fans ihrer selbst. Denn mit Fanatismus haben sie wider alle Einsprüche den Umbau des Münchner Olympiastadions zur Fußballarena durchgesetzt.« (FAZ v. 6. 11. 2000, 1); »Hier tobt der Homo fanaticus sich aus, darf der Neanertaler in jedem verbal die Keule schwingen.« (SPIEGEL 26/2000, 107; Interview über Fußball-Fangesänge) Alle Gebrauchsweisen von *fanatisch* wären unmittelbar nach dem Krieg so nicht denkbar gewesen, hätten wohl heftige sprachkritische Reaktionen ausgelöst. Ihre heutige Verwendung spricht dafür, dass der historisch arg belastete Ausdruck *fanatisch* offensichtlich wieder entlastet worden ist, jedenfalls für einen großen Kreis von Sprechern.[31]

Zweitens sollte man ansprechen, dass bestimmte Gebrauchsweisen von *fanatisch, Fanatismus, Fanatiker* nach wie vor jedoch auch als »brisante« Ausdrücke gelten und in das Lexikon *Brisante Wörter von Agitation bis Zeitgeist* (vgl. Strauss u. a. 1989, 146 ff.) aufgenommen worden sind. *Fanatismus* z. B. wird dort als »Schlagwort mit eher negativer Wertung« für den politischen und religiösen Bereich, selten für die Bereiche Kultur, Bildung, Kunst und Wissenschaft charakterisiert. Insgesamt jedoch wird an keiner Stelle eine aktuelle Verwendung von *fanatisch* mit einer positiven Wertung vermerkt.

Diese Tatsache – und das wäre eine dritte Bemerkung – bedeutet aber nicht, dass Sprechergruppen an die sprachlichen Traditionen von *fanatisch* im Nazismus nicht wieder anknüpfen könnten. In der Studie *Was die Rechten lesen*, in der fünfzig rechtsextreme Zeitschriften ausgewertet wurden, kommt A. Lange (1993, 20) u. a. zu dem Fazit, dass folgende Eigenschaften generell »hochbewertet« werden: Härte, Zucht und Ordnung, blinder Gehorsam, bedingungslose Unterordnung, Wehr- und Kampfbereitschaft, Gewalt, Macht- und Stärkedemonstration, unbedingter Durchsetzungswille. Dass damit in der Sache Eigenschaften gemeint sind, die begrifflich wohl ohne weiteres mit *Fanatismus* verbunden werden können, ist sicherlich keine Fehldeutung. Meine Recherchen haben bisher zwar keinen Beleg für einen eindeutig positiven Gebrauch von *fanatisch* bzw. *Fanatismus* im Umkreis von Texten mit rechtsextremer bzw. neofaschistischer Ideologie ergeben, was allerdings wenig bedeuten muss. Zum einen ist die Beziehung von Wort und Sache im Prinzip arbiträr, muss eine bestimmte Sache nicht notwendig mit einem bestimmten Wort bezeichnet werden, zum anderen geht der sichtbaren sprachlichen Veränderung zumeist ein weniger auffälliger Prozess der mentalen Veränderung voraus: »Die gesellschaftlich Handelnden organisieren, bevor sie Täter werden, ihre Wissenssysteme in einer Weise, die sie in ihrer Täterschaft rechtfertigen.« (Ehlich 1998, 293) Dies bedeutet auch, dass sich ideologischer Fanatismus in Texten repräsentieren kann, ohne (zunächst?) auf die Lexeme *fanatisch* und *Fanatismus* mit positiver Bewertung zurückzugreifen.[32]

Lehren wir also die Schüler, hellhörig zu sein – in Bezug auf die Worte, auf die Texte und auch darüber hinaus. Sprachkritik ist nötig! Und Klemperer ist aktuell.

Anmerkungen

1   Hier wird aus der 17. Auflage zitiert (Leipzig: Reclam 1998).
2   Hier wird aus der 6. Auflage der zweibändigen Ausgabe zitiert (Berlin: Aufbau 1996).
3   In der Geschichte der Sprachkritik von Schiewe (1998, 209 ff.) wird Klemperer ein gesondertes Kapitel gewidmet. Zuvor hatte bereits Motsch (1987, 80) Klemperer in die »reiche Tradition der kritischen Sprachanalyse« eingereiht, zu der Motsch weiterhin K. Kraus, F. Mauthner und C. v. Ossietzky zählt (vgl. auch Polenz 1999, 314 ff.).
4   Für den Deutschunterricht insgesamt sind selbstverständlich auch andere Zugänge möglich. M. Bircken z. B. (in diesem Band) plädiert dafür, die Genrespezifik der Tagebücher zum Ausgangspunkt der Erörterung zu machen, auch eine gesonderte Betrachtung von Klemperers Sprache sollte lohnenswert sein (vgl. dazu z. B. Mieder 2000).
5   Etwa zur Spezifik von Sprachkritik, zum Lernbereich »Reflexion über Sprache« und zu Möglichkeiten einer sinnvollen Verbindung. Vgl. dazu Schübel (in diesem Band), Linke/Voigt (1995), Ingendahl (1999), Siehr (1996; 2000).

6 Vgl. dazu auch die Beiträge in diesem Band von W. Dieckmann, K. Fischer-Hupe, Ch. Gansel, S. Jäger, H. Kämper, A. Schübel, U. Seidel, B. Techtmeier.

7 Vgl. dazu genauer H. Kämper (in diesem Band). Klemperer selbst hat einmal im Tagebuch notiert: »Und während mir alles gleichgültig sein müßte, quälten doch die Niederlagen dieses Jahres: der verfehlte Nationalpreis, der verfehlte Sitz in der Akademie, die verfehlte Berliner Professur. Und dabei weiß ich, daß mir das alles in Wahrheit gar nicht zukommt, daß ich nie im Leben Philologe gewesen bin.« (ZS 1, 713, 31. 12. 1949)

8 Gegen die Bestimmung seines wissenschaftlichen Tuns als Sprachkritik hat Klemperer sich einmal entschieden verwahrt. Es handelt sich hierbei um eine Kontroverse um den Titel einer Publikation aus dem Jahre 1924: »Ein von mir herausgegebenes […] Jahrbuch wird niemals den Namen ›Jahrbuch für Sprachkritik‹ tragen«, heißt es in einem Brief an seinen Lehrer K. Vossler unmissverständlich. Sprachkritik sei doch nur eine »Sache der äußeren Form« und führe die Literaturgeschichtsschreibung weg vom »Inhalt« und hin zu »Positivismus« und »Materialismus«. Das Jahrbuch, von dem die Rede ist, bekam dann auch den Namen *Jahrbuch für Philologie* (vgl. dazu genauer Hausmann 1996, woraus hier auch zitiert ist). Bei Klemperers Abwehrhaltung gegenüber dem Begriff Sprachkritik ist zu bedenken, dass sie im Kontext eines grundlegenden Streites über das programmatische Selbstverständnis als romanistischer Literaturwissenschaftler und Philologe der Vossler-Schule steht. Hierfür musste Klemperer der Begriff Sprachkritik, wie er ihn vermutlich durch die in dieser Zeit verbreiteten sprachkritischen Ansätze eines F. Mauthner oder L. Wittgenstein kannte, als zu eng erscheinen. Ferner ist auch zu bedenken, dass zu diesem Zeitpunkt Klemperers eigentliche sprachkritische Praxis noch ausstand.

9 Vgl. z. B.: »Einen hübschen Abend in *Heidenau* 27/8. Auch das schon etwas. Sommerliche Fahrt, gutes Essen, guter Mosel u. Eva vergnügt. Freilich am andern Tag dann meist Migräne, Magenstörung, Nervenschmerzen. Von 7 Tagen höchstens drei gute, aus dem Haus ein- zweimal wöchentlich. Jetzt etwas ›angekurbelt‹ (*das* Modewort) durch neue Baupläne.« (LS 2, 759, 21. 9. 1932) – »Aber von Tag zu Tag wird die deutsche Gesamtlage verzweifelter u. undurchsichtiger. Ich verstehe nicht, was vorgeht, niemand versteht es, *die Zeitungen schwätzen oder lügen*. Sind wir nun in Staatsbankerott u. Inflation mitteninne … – oder nicht?« (LS 2, 721, 16. 7. 1931; letzte Hervorhebungen – K.-H. S.)

10 Bald nach der Machtergreifung Hitlers werden Klemperers Beobachtungen zur Sprache und Kommunikation sichtlich intensiver, zunehmend systematischer und mehr und mehr auch methodisch reflektierter. Er notiert »durch Straße, Radio etc. die grenzenlose Propaganda«, bemerkt, dass niemand mehr wagt, »etwas zu sagen, alles ist in Angst« (ZA 1, 8 f., 10. 3. 1933), registriert zunehmendes Drohen und Beschimpfen in der öffentlichen Rede und Flüstern im privaten Kreise. Am 15. 5. 1933 (ZA 1, 28) heißt es: »Von den Schand- und Wahnsinnstaten der Nationalsozialisten notiere ich bloß, was mich irgendwie persönlich tangiert. Alles andere ist ja in den Zeitungen nachzulesen. Die Stimmung dieser Zeit, das Warten, das Sichbesuchen, das Tagezählen, die Gehemmtheit in Telefonieren und Korrespondieren, das zwischen den Zeilen der unterdrückten Zeitungen Lesen – alles das wäre einmal in Memoiren festzuhalten.« Und wenig später ist bereits zu lesen: »Für mein Lexikon ist neben Schutzhaft zu setzen: der Volkskanzler.« (ZA 1, 37, 30. 6. 1933)

11 Es gibt zwei Notizen von Klemperer, die dieses Prinzip deutlich zum Ausdruck bringen: »Aus ihrer (der Nazis – K.-H. S.) Sprache ihren Geist feststellen. Das muß den allgemeinsten, den untrüglichsten, den umfassendsten Steckbrief ergeben. So bin ich auf meine alten Tage doch noch zum Philologen geworden.« (ZA 1, 621 f., 23. 6. bis 1. 7. 1941) Sieben Jahre später heißt es: »Marxismus: eine Gesamtphilosophie, keine nur politische oder nur wirtschaftliche Doctrin, das ist jetzt die überall central gestellte Deklaration und Fundamentierung der LQI.« (ZS 1, 601, 31. 10. 1948)

12 Diese und einige andere Passagen in *LTI* sind von H. Kämper (1999; auch 2000) einer eingehenden Prüfung unterzogen worden, in deren Ergebnis sie zu der Auffassung gelangt, dass die Tagebücher 1933–1945 und *LTI* »im Verhältnis einer moralisierenden erzieherischen Hebung« (107) stehen, dass in *LTI* ein »offene(r) Philokommunismus« (110) dominiere und dass daher anhand der Tagebücher »eine neue ›LTI‹ nachgeschrieben werden« (112) müsse. – Es ist hier nicht der Platz, auf diese Thesen genauer einzugehen, speziell die Auffassung, dass die eigentliche *LTI* noch zu schreiben sei, scheint mir doch eine diskussionswürdige Schlussfolgerung zu sein. Auf jeden Fall hat H. Kämper auf einen Punkt aufmerksam gemacht, der in der bisherigen *LTI*-Rezeption vernachlässigt wurde und der sich nun durch den möglichen Vergleich von *LTI* mit den Tagebuchnotizen aufdrängt.

13 An dieser Stelle ist darauf zu verweisen, dass Klemperers Tagebücher von 1933–1945 auch als Schulausgabe herausgegeben wurden (vgl. Klemperer 1997). Zu dieser an sich sehr verdienstvollen Ausgabe ist zu sagen, dass sie leider Klemperers sprachkritische Notizen etwas stiefmütterlich behandelt und deshalb der Deutschlehrer relativ wenig geeignete Textstellen zum Thema »Klemperer als Sprachkritiker« finden wird.

14 Allgemein zum Thema Sprache in der Politik vgl. die Studie von W. Dieckmann (1975).

15 Im Übrigen ist die Formulierung »eine Sprache« zumindest missverständlich, denn es geht in der Sprachkritik sehr oft um einen bestimmten *Sprachgebrauch* und nicht um Kritik an einer Einzelsprache oder einer ihrer Varietäten (Jugendsprache, Dialekte, Standardsprache …).

16 Die linguistische Sprachkritik hat sich seit den 60er Jahren des 20. Jh. entwickelt. Verwiesen sei insbesondere auf die Arbeiten von P. v. Polenz, R. Wimmer, H.-J. Heringer. Vgl. den guten Überblick in Polenz (1999).

17 Damit sei auch ein deutlicher Zweifel an Ingendahls Position (1999, 14) zum Ausdruck gebracht, der von einer »Nutzlosigkeit grammatischer Kenntnisse für sprachkritische Aussagen« spricht. – Sprachkritik ohne Rückgriff auf sprachstrukturelle Gegebenheiten beraubt sich wohl selbst ihrer Grundlagen.

18 Das Lexem *fanatisch* steht hier – wenn nichts anderes vermerkt ist – für das Wortfeld *fanatisch, Fanatismus* und *Fanatiker,* das in Klemperers Analysen insgesamt eine Rolle spielt.

19 Übrigens auch in der Sprachwissenschaft (vgl. z. B. K. Ehlich 1999; auch B. Techtmeier und W. Dieckmann in diesem Band).

20 Einige Belege aus den Tagebüchern 1933–1945 (nur Datumsangabe): ZA 1, 10. 4. 1933; 13. 6. 1934; 1. 1. 1935; 14. 10. 1940; 17. 9. 1941; 7. 10. 1941; 2. 11. 1941; 23. 12. 1941; 25. 12. 1941; ZA 2, 17. 8. 1942; 9. 1. 1943; 11. 2. 1943; 8. 1. 1944; 28. 7. 1944; 7. 9. 1944; 20. 9. 1944; 24. 10. 1944; 1. 3. 1945; 15. 4. 1945; 24. 4. 1945.

21 Einige Belege aus den Tagebüchern 1945–1959 (nur Datumsangabe): ZS 1, 19. 8. 1945;

18. 9. 1945; 20. 9. 1945; 28. 8. 1945; 4. 12. 1945; 19. 12. 1945; 18. 4. 1946; 28. 7. 1946; 15. 5. 1947; 12. 2. 1948; 26. 5. 1949; ZS 2, 22. 4. 1950; 24. 7. 1950; 13. 1. 1957; 3. 11. 1957; 7. 7. 1958; 20. 11. 1958.

22 Etwa zum Thema »superlativische Semantik«.

23 Vgl. dazu z. B. Maas (1984); Ehlich (1998); Seidel/Siehr (1997/1998) sowie B. Techtmeier (in diesem Band).

24 Das Kapitel *Fanatisch* ist im Kontext jener Kapitel zu sehen, in denen sich Klemperer vorwiegend mit Besonderheiten des nazistischen Wortschatzes beschäftigt (Kap. VI: *Die drei ersten Wörter nazistisch;* Kap. VII: *Aufziehen*) und in denen er intensiv darüber nachdenkt, welche psychologischen und sprachlichen Gründe es gibt, weshalb der Faschismus von der Bevölkerung so lange toleriert wurde (Kap. VIII: *Zehn Jahre Faschismus*).

25 Diese Einschätzung trifft nicht ganz zu, auch nach 1945 führt Klemperer einige wenige Belege auf (vgl. Anm. 20); insgesamt jedoch ist *fanatisch* insbesondere in offiziellen Texten offensichtlich kaum noch gebraucht worden.

26 Es wäre eine lohnende Aufgabe, die Texte von Klemperer und Storz zu vergleichen. Wegen der sprachlichen Dichte des Textes von Storz, die u. a. ihre Grundlage in einem betont historisierenden und metaphysischen Erklärungsansatz haben dürfte, sollte man auf ihn jedoch nur in einem Leistungskurs in oberen Klassen (Sek. II) und für sehr interessierte Schüler zurückgreifen.

27 Vgl. z. B. Widmer (1966, 42 f.); Berning (1964, 74 ff.). und die bereits erwähnte Arbeit von Schmitz-Berning (1998, 224 ff.). Bei Seidel/Seidel-Slotty (1961) fehlt allerdings ein Verweis auf *fanatisch.* Vermutlich ist dies eine Folge der bereits 1938 abgeschlossenen Materialsammlung, wenngleich Klemperers Beobachtungen im Grunde zeigen, dass das Wort bereits zu diesem Zeitpunkt auffällig war. Bereits 1930 hat T. Mann in seiner *Deutschen Ansprache* ausdrücklich vor dem aufkommenden Fanatismus gewarnt und dies u. a. auch mit einigen sprachlichen Beobachtungen gestützt (vgl. Mann 1965, 533 ff.).

28 Müller (1994, 37) verweist darauf, dass »Textstellen in ›Mein Kampf‹, an denen *fanatisch* als Negativum steht, in späteren Auflagen verändert worden sind. So heißt es in der 617. Auflage […] über den *Juden,* der nach Hitler zum *Blutjuden* wird, der alle anderen Völker unterjocht: ›Das furchtbarste Beispiel dieser Art bietet Rußland, wo er an dreißig Millionen Menschen in wahrhaft fanatischer Wildheit teilweise unter unmenschlichen Qualen tötete oder verhungern ließ.‹ In der 820. Auflage 1943 lautet der Passus ›wahrhaft satanischer Wildheit‹.« – Den Nazis war *fanatisch* für diese Aussage offensichtlich »zu positiv« geworden.

29 Eine differenzierte Analyse von *fanatisch* hat K. Ehlich (1998) vorgelegt. Er zeigt anhand von Belegen aus Hitlers *Mein Kampf,* dass die Umwertung des Ausdrucks im faschistischen Umkreis bereits weit vor 1933 eingesetzt hatte. Bsp.: »Überhaupt war diese ganze Zeit des Winters 1919/20 ein einziger Kampf, das Vertrauen in die siegende Gewalt der jungen Bewegung zu stärken und zu jenem Fanatismus zu steigern, der als Glaube dann Berge zu versetzen vermag.« In *Mein Kampf* gebraucht Hitler *Fanatiker* z. T, aber auch noch als negativ konnotiertes Wort. Ehlich weist nach, dass in Texten von Goebbels zwischen 1941 und 1945 die von Klemperer kritisierte Variante dann »zum Standard« geworden war. Klemperers Urteil, dass es sich hier um ein »Schlüsselwort« des Faschismus handelt, wird durch Ehlichs Untersuchung insgesamt gestützt. Übrigens spricht auch E. Jünger bereits 1926 »von

dem glühenden Fanatismus nationalistischer Gesinnung« (zit. nach: Loewy 1990, 212).

30 In Bezug auf *brutal* bietet sich eine aktualisierende Diskussion an, indem die Formulierung des hessischen Ministerpräsidenten Koch von der »brutalstmöglichen Aufklärung« im Zusammenhang mit der Spendenaffäre um H. Kohl auch als ein Beispiel dafür diskutiert wird, wie sich Konnotationsverschiebungen in der politischen Rede einstellen können.

31 Es gibt übrigens auch eine Rockgruppe mit dem Namen *Die Fanatischen 2.*

32 Erschreckende Beispiele für hochgradig »fanatisierte« Texte finden sich derzeit auf der Homepage des Ortes Sebnitz im Zusammenhang mit den Ereignissen im Todesfall des Jungen Joseph. Ich verzichte hier bewusst auf eine Zitierung, der Verweis soll nur die Richtigkeit des Zitats von Ehlich unterstreichen.

Literatur

Dieckmann, Walther (1975): Sprache in der Politik. Einführung in die Pragmatik und Semantik der politischen Sprache. 2. Aufl. Heidelberg: Winter.

Dieckmann, Walther (1992): Sprachkritik. Heidelberg: Groos (= Studienbibliographien Sprachwissenschaft; Bd. 3).

Ehlich, K. (1998): »… LTI, LQI, …« – Von der Unschuld der Sprache und der Schuld der Sprechenden. In: Kämper, H.; Schmidt, H. (Hg.): Das 20. Jahrhundert. Sprachgeschichte – Zeitgeschichte. Berlin; New York: de Gruyter, 275 – 303.

Hausmann, Frank-Rutger (1996): »Wir wollen keine Positivisten sein«. Victor Klemperers Briefwechsel mit Karl Vossler. In: lendemains 21(1996)82/83, 54 – 85.

Herberg Dieter; Steffens, Doris; Tellenbach, Elke (1997): Schlüsselwörter der Wendezeit: Wörter-Buch zum öffentlichen Sprachgebrauch 1989/1990. Berlin; New York: de Gruyter.

Heringer, Hans Jürgen (1982): Sprachkritik – die Fortsetzung der Politik mit besseren Mitteln. In: Heringer, Hans Jürgen (Hg.): Holzfeuer im hölzernen Ofen: Aufsätze zur politischen Sprachkritik. Tübingen: Narr, 3 – 34.

Ingendahl, Werner (1999): Sprachreflexion statt Grammatik. Ein didaktisches Konzept für alle Schulstufen. Tübingen: Niemeyer.

Jäger, Margret; Jäger, Siegfried (1999): Gefährliche Erbschaften. Die schleichende Restauration des rechten Denkens. Berlin: Aufbau Taschenbuch Verlag.

Jäger, Siegfried (1999): Sprache – Wissen – Macht. Victor Klemperers Beitrag zur Analyse von Sprache und Ideologie des Faschismus. In: Muttersprache 109(1999), 1–18.

Kämper, Heidrun (1999) (fälschlicherweise als Utz Maas ausgewiesen): Sprachgeschichte – Zeitgeschichte. Die Tagebücher Victor Klemperers. In: Sprache und Literatur in Wissenschaft und Unterricht. 30(1999)83/1. Halbjahr, 97 –112.

Kämper, Heidrun (2000): Sprachgeschichte – Zeitgeschichte. Die Tagebücher Victor Klemperers. In: Deutsche Sprache 28(2000)1, 25 – 41.

Kinne, Manfred; Schwitalla, Johannes (1994): Sprache im Nationalsozialismus. Heidelberg: Groos (= Studienbibliographien Sprachwissenschaft; Bd. 9).

Klemperer, Victor (1953a): Zur gegenwärtigen Sprachsituation in Deutschland. In: Sprachpflege 2(1953)3, 25 – 29.

Klemperer, Victor (1953b): Unsere Sprache – ein einigendes Band der Nation. Purismus und Sprachreinheit. In: Die neue Schule 8(1953)52, 4 f.

Klemperer, Victor (1955): Verantwortung für die Sprache. In: Neue deutsche Literatur 3(1995)3, 122–126.

Lange, Astrid (1993): Was die Rechten lesen: fünfzig rechtsextreme Zeitschriften; Ziele, Inhalte, Taktik. München: Beck.

Linke, Angelika; Voigt, Gerhard (1995): Sprache kritisieren – Sprachkritik. In: Praxis Deutsch 22(1995)132, 18–22.

Loewy, Ernst (1990): Literatur unterm Hakenkreuz. Das Dritte Reich und seine Dichtung. Eine Dokumentation. Frankfurt a. M.: Athenäums Taschenbuch.

Mann, Thomas (1965): Gesammelte Werke. Bd. 12: Zeit und Werk. Berlin; Weimar: Aufbau.

Maas, Utz (1984): »Als der Geist der Gemeinschaft eine Sprache fand.« Sprache im Nationalsozialismus. Versuch einer historischen Argumentationsanalyse. Opladen: Westdeutscher Verlag.

Mieder, Wolfgang(2000): »In lingua veritas«: Sprichwörtliche Rhetorik in Victor Klemperers Tagebüchern 1933–1945. Wien: Edition praesens 2000.

Motsch, Wolfgang (1987): Sprachkultur. Eine Herausforderung an alle. In: Techtmeier, Bärbel (Hg.): Theoretische und praktische Fragen der Sprachkultur. Berlin, 79–85 (= Linguistische Studien, Reihe A, H. 170).

Müller, Senya (1994): Sprachwörterbücher im Nationalsozialismus: die ideologische Beeinflussung von Duden, Sprachbrockhaus und anderen Nachschlagewerken während des »Dritten Reiches«. Stuttgart: M und P Verlag für Wissenschaft und Forschung.

Polenz, Peter von (1999): Deutsche Sprachgeschichte vom Spätmittelalter bis zur Gegenwart. Band III: 19. und 20. Jahrhundert. Berlin; New York: de Gruyter (= De-Gruyter-Studienbuch).

Schiewe, Jürgen (1998): Die Macht der Sprache. Eine Geschichte der Sprachkritik von der Antike bis zur Gegenwart. München: Beck.

Schippan, Thea (1992): Lexikologie der deutschen Gegenwartssprache. Tübingen: Niemeyer.

Seidel, Eugen; Seidel-Slotty, Ingeborg (1961): Sprachwandel im Dritten Reich. Eine kritische Untersuchung faschistischer Einflüsse. Halle: Verlag Sprache und Literatur.

Seidel, Ute; Siehr, Karl-Heinz (1997/1998): Victor Klemperer – ein Thema im Deutschunterricht? Deutschunterricht 50(1997)12, 562–573 (Teil 1) und 51(1998)1, 37–45 (Teil 2).

Siehr, Karl-Heinz (1996): ›Sprachkritik‹. Anmerkungen zu einem vielschichtigen Begriff. Deutschunterricht 49(1996)2, 77–86.

Siehr, Karl-Heinz (2000): Sprachkritik und Muttersprachunterricht. Anmerkungen aus linguistischer Sicht. In: Thieroff, Rolf u. a. (Hg.): Deutsche Grammatik in Theorie und Praxis. Tübingen: Niemeyer, 287–297.

Siehr, Karl-Heinz; Seidel, Ute (2000): Victor Klemperer im Deutschunterricht? – Erfahrungen und Antworten aus der Praxis! In: Deutschunterricht 53(2000)3, 164–181.

Sternberger, Dolf; Storz, Gerhard; Süskind, Wilhelm Emanuel (1970): Aus dem Wörterbuch des Unmenschen. Neue erweiterte Ausgabe mit Zeugnissen des Streits über die Sprachkritik. München: dtv.

Storz, Gerhard (1945/1946): Aus dem Wörterbuch des Unmenschen: Fanatisch. In: Die

Wandlung 1(1945/1946)7, 617–620 (in der späteren Sammlung *Wörterbuch des Unmenschen* ist die Glosse F*anatisch* nur in der ersten Auflage enthalten).

Stötzel, Georg; Wengeler, Georg (1995): Kontroverse Begriffe: Geschichte des öffentlichen Sprachgebrauchs in der Bundesrepublik Deutschland. Berlin; New York: de Gruyter.

Straus, Gerhard; Hass, Ulrike; Harras, Gisela (1989): Brisante Wörter von Agitation bis Zeitgeist: ein Lexikon zum öffentlichen Sprachgebrauch. Berlin; New York: de Gruyter.

Widmer, Urs (1966): 1945 oder die »Neue Sprache«. Studien zur Prosa der Jungen Generation. Düsseldorf: Pädagogischer Verlag Schwann.

Wimmer, Rainer (1986): Neue Ziele und Aufgaben der Sprachkritik. In: Schöne, Albrecht (Hg.): Kontroversen, alte und neue: Akten des VII. Internationalen Germanisten-Kongresses Göttingen 1985. Bd. 4. Tübingen: Niemeyer, 146–158.

Adelbert Schübel

Aufklärung tut not: Über Sprachreflexion, Sprachkritik und Victor Klemperer im Deutschunterricht

> Man fragte den chinesischen Lyriker Li Tai-Po (701–762) ein-
> mal, womit er begänne, wenn er ein Land zu verwalten hätte.
> »Ich würde den Sprachgebrauch verbessern«, antwortete der
> Meister. Seine Zuhörer waren erstaunt. »Das hat doch nichts
> mit unserer Frage zu tun.«
> Der Meister erwiderte: »Wenn die Sprache nicht stimmt, so ist
> das, was gesagt wird, nicht das, was gemeint ist. Ist das, was ge-
> sagt wird, nicht das, was gemeint ist, so kommen die Werke nicht
> zustande. Kommen die Werke nicht zustande, so gedeihen Mo-
> ral und Kunst nicht. Gedeihen Moral und Kunst nicht, so weiß
> die Nation nicht, wohin Hand und Fuß setzen. Also dulde man
> keine Willkür in den Worten.«
>
> *(Nach F. C. Weiskopf)*

Was kann die Institution Deutschunterricht leisten, »wenn die Sprache
nicht stimmt«? Können Schülerinnen und Schüler erkennen, dass jenes, was gesagt bzw. geschrieben wird, nicht das ist, was gemeint ist?
Mit anderen Worten: Verfügen die Lernenden über die erforderlichen
Fähigkeiten und Fertigkeiten zu einem reflexiven Sprachgebrauch, insbesondere neben einem linguistischen Verfügungswissen über sprachanalytisches und sprachkritisches, aufklärendes Verständigungswissen?

1. Über Sprachreflexion im Deutschunterricht

Es gestaltet sich überaus schwierig, diese Frage zu beantworten, zu
problembeladen ist der hochkomplexe Lernbereich »Reflexion über
Sprache«. Dabei gibt es ihn nun schon fast dreißig Jahre. »Reflexion
über Sprache« wurde Anfang der 70er Jahre in der Bundesrepublik
Deutschland als eigenständiger Lernbereich in den Rahmenplänen anstelle von »Sprachlehre« oder »Grammatik« eingeführt. (Im anderen
Teil Deutschlands, in der DDR, erfolgte in den 80er Jahren eine Instru-
mentalisierung der Grammatik zu Gunsten von Orthographie und
Ausdruck.) Als Wegbereiter dienten die Hessischen Rahmenrichtlinien Deutsch von 1972. Im Mittelpunkt dieses Lernbereichs soll das

Erfahrungsobjekt Sprache als Ganzes stehen. Sprachbetrachtung wird »funktional in den Dienst der Untersuchung realer Sprachverwendung gestellt« (Neuland 1994, 29), und zwar auf der Basis der Spracherfahrungen der Lernenden.

Der zentrale Anspruch dieses Lernbereichs besteht darin, sprachliches Tun bewusst zu machen, um das in der Regel unbewusst ablaufende Sprachverhalten durchschaubarer, steuerbarer und autonomer zu gestalten, d. h. das »implizit vorhandene wissenschaftliche Begleitbewußtsein zu einem kognitiv verfügbaren, expliziten und begründeten Wissen umzuwandeln«. (Neuland 1993, 97) Wer sprachliche Phänomene erkennen, interpretieren und kritisch zu hinterfragen gelernt hat, kann sich zum einen gegen mannigfaltige sprachliche Beeinflussungen und Manipulationsversuche wappnen und kann zum anderen durch ein reflektiertes Verhältnis zur eigenen wie auch zur fremden Sprachlichkeit deren Wirkungsmöglichkeiten viel bewusster nutzen. Eine solche sprachliche Qualifizierung ermöglicht »emanzipatorische Einsicht in die soziale Gebundenheit und Ideologiehaltigkeit von Sprache« (ebd., 86) und führt durch Selbstreflexion zum Überdenken des eigenen sprachlichen Handelns, setzt Maßstäbe und gibt Impulse für den Sprachgebrauch. Die Lernenden sollen erfahren, dass Sprache einerseits verletzen und diskriminieren, aber andererseits auch informieren und emanzipieren kann; sie sollen lernen, dass Sprache Herrschaft zu erhalten, aber auch zu unterhöhlen vermag, dass man mit ihr Interessen unterdrücken, aber auch artikulieren kann (vgl. Bremerich-Vos 1992).

Das sind wesentliche Sollenskompetenzen – in der didaktischen und schulpraktischen Realität sieht alles ein wenig anders aus. Vermisst werden nach wie vor die soziolinguistischen und die sprach- und gesellschaftskritischen Dimensionen der Sprachreflexion. E. Neuland (vgl. 1993, 1994) hat schon vor Jahren auf dieses »uneingelöste Programm« der Sprachdidaktik aufmerksam gemacht. Auch im Deutschunterricht von heute stehen noch zu selten die Spracherfahrungen und die reale Sprachverwendung der Lernenden sowie die alltäglichen Erscheinungen der Gegenwartssprache im Mittelpunkt des Lernbereichs »Reflexion über Sprache«. Nach wie vor dominiert in vielen Schulstuben, insbesondere in der Sek. I, der traditionelle systemorientierte Grammatikunterricht, von einigen Ausflügen – je nach Rahmenplanauflagen und Sprachbuchinhalten – in die Pragmatik und Varietätenlinguistik (mit den Themen Dialekte, Jugendsprache, seltener auch Werbesprache) abgesehen.

Zweifelsohne hat die Vermittlung von Wissen über das Sprachsystem, wie zum Beispiel über die Morphologie (Wortformenlehre) und Syntax (Satzbaulehre) des Deutschen, ihre Berechtigung; Grammatikwissen im engeren Sinne bildet sozusagen eine wichtige Basis für reflektiertes sprachliches Tun, sichert metakommunikative Aktivitäten. Das kann aber kein Argument dafür sein, Reflexion über Sprache auf Vermittlung von Wissen über sprachliche Einheiten zu reduzieren, in der Hoffnung, dass dieses Wissen über den Bau der Sprache gleichermaßen wie von selbst Sprachbewusstsein befördert und reflexiven Sprachgebrauch initiiert. Sprachbewusstsein wird in diesem Fall auf ein Sprachmängelbewusstsein reduziert. Das alles geschieht in der Regel unter dem Deckmantel von »Sprachreflexion«. Bereits 1993 äußerte E. Neuland daher den Verdacht, »daß mit der Verwendung des Begriffsetiketts nur eine terminologische Modernisierung eines herkömmlichen systemorientierten Grammatikunterrichts mit einer pragmatischen Zusatzkomponente erfolgt sei« (1993, 88).

Wo liegen die Ursachen? Nach wie vor begegnet man noch häufig einer Gleichsetzung von Grammatikunterricht und Reflexion über Sprache, nicht nur in der Unterrichtswirklichkeit, sondern auch, und das ist nahezu paradox, in der didaktischen Literatur, wie z. B. in der *Einführung in die Fachdidaktik Deutsch* (1992) von Schuster. Im ziemlich häufig in der Lehrerausbildung verwendeten *Handbuch für Deutschlehrer* (Baurmann/Hoppe Hg. 1984) finden die Adressaten lediglich einen Abschnitt zum Grammatikunterricht. Im *Taschenbuch des Deutschunterrichts* (Lange u. a. Hg. 1994) werden die Leserinnen und Leser mit Informationen über »Sprachreflexion im Deutschunterricht« ebenfalls nicht verwöhnt. Mit dem Argument »Grammatikunterricht ist Reflexion über Sprache« (226) steht in der 1998 erschienenen vollständig überarbeiteten 6. Auflage der Grammatikunterricht nach wie vor im Mittelpunkt. Das Stichwort »Sprachreflexion« bleibt auch in der aktuellen fachdidaktischen Literatur bzw. auf einschlägigen Tagungen und Symposien ziemlich rar. Fündig wird man in den Publikationen von Ivo, Neuland, in einem Themenheft von ide (4/94) oder in dem jüngst erschienenen Buch von Ingendahl mit dem Titel *Sprachreflexion statt Grammatik* (1999). Ingendahl bezweifelt den Nutzen jeglicher Grammatikbelehrung und stellt den Grammatikunterricht in Frage. »Grammatikkenntnisse machen nicht sensibler, nicht sprachbewußter, nicht handlungsfähiger, nicht verständlicher (nicht mal Linguisten!)« (ebd., 13). Sein Alternativkonzept zum Umgang mit Sprachreflexion kann allerdings nicht durchgehend überzeugen. Es erinnert ein wenig an den »anderen Grammatikunterricht« – konzeptionell durchaus nachvollziehbar, aber die angeführten Beispiele zur praktischen Umsetzung machen sehr schnell die Grenzen dieses Konzepts deutlich. Zu verwirrend und teilweise wenig praktikabel sind manche Darstellungen, z. B. zu den Wortarten, zu den Nebensätzen und zur Rechtschreibung, zu der es gar heißt: »Rechtschreibung ist […] gar kein sprachwissenschaftliches, sondern ein politisches Problem.« (Ingendahl 1999, 162) Aber vielleicht macht dieses Buch sensibel für gegenwärtig durchaus erkennbare innovative Sprachwandelprozesse, die sich an einer zunehmend kritischeren Einstellung gegenüber einer traditionell normierten Einheitssprache feststellen lassen.

Erfreulicherweise beobachten wir auch in der Unterrichtspraxis einen Prozess des Umdenkens: Sprachnormen werden zwar nach wie vor vermittelt, und nicht zu wenig, aber mehr und mehr wird in der Schule auch über die Funktion und Sinnhaftigkeit dieser Normen und des Sprachgebrauchs ganz im Sinne eines aufklärenden Deutschunterrichts nachgedacht, ja sie werden sogar, insbesondere in zugegebenermaßen noch immer zu seltenen sprachreflexiven, sprachspielerischen und sprachexperimentellen Phasen, kritisch analysiert und in Frage gestellt.

Einen nicht unwesentlichen Anteil an dieser Entwicklung haben die Rahmenpläne. So erhalten z. B. die Lehrerinnen und Lehrer in Brandenburg bereits im Bereich der Sekundarstufe I ziemlich konkrete Aufgabenschwerpunkte:

– Sprachhandlungsprozesse untersuchen
– Verschiedene Sprachvarianten untersuchen und nutzen
– Veränderungen von Sprache untersuchen
– Sprachliche Formen und ihre Funktion in der Verständigung untersuchen, insbesondere kognitive Funktion (vgl. Vorläufiger Rahmenplan Deutsch 1991, 31).

Die Lehrplanauflagen enthalten relativ konkrete Aufgabenstellungen und einige methodische Hinweise für die Klassenstufen 7/8 und 9/10.

Im *Lehrplan für die Regelschule Deutsch* des Landes Thüringen (1999), einem der neuesten Rahmenpläne der Bundesrepublik, geht man wesentlich unkonkreter mit dem Lernbereich »Reflexion über Sprache« um. Als Aufgabenschwerpunkte werden genannt:

– Reflektieren und Anwenden von sprachlichem Wissen, von Normen und Konventionen

- Reflektieren des Verhaltens von Kommunikationspartnern
- Reflektieren von Tendenzen der Sprachentwicklung
- Anwenden spezifischer Lern- und Arbeitstechniken.

Diese Schwerpunkte werden mit äußerst knappen inhaltlichen Auflagen untersetzt. In der Klassenstufe 9 finden die Lehrenden z. B. für den Schwerpunkt »Reflektieren des Verhaltens von Kommunikationspartnern« als inhaltlichen Hinweis lediglich die Aufgabe: »Erkennen und Werten des Gültigkeitsgrades von Argumenten und Auffassungen, das angemessene Reagieren auf den/die Vorredner« (ebd., 40).

Solche wenig aussagefähigen Rahmenpläne erschweren natürlich den Zugang zur Gestaltung sprachreflexiver Handlungen im Deutschunterricht enorm. Hinzu kommt, dass Lehrer noch immer zu wenig positive Erfahrungswerte im Umgang mit diesem Lernbereich einbringen können. In den seltensten Fällen konnten sie selbst als Schüler einen sprachreflektierenden, aufklärerischen Deutschunterricht erleben; ebenso wenig erfolgreich in dieser Hinsicht verlief zumeist das universitäre Studium. Veranstaltungen zu dieser Thematik genießen Seltenheitswert, das trifft auch auf die Angebote im Rahmen der Lehrerfortbildung zu. Boettcher (1994, 30) spricht von Defiziten in der »Sprachreflexions-Lehre«.

2. Über Sprachkritik im Deutschunterricht

Von dem »defizitären Modus« der Sprachreflexion ist auch der Umgang mit *Sprachkritik* betroffen. Schon die Hessischen Rahmenrichtlinien von 1972 orientierten neben der kommunikativ-pragmatischen und der soziolinguistischen auf die sprachkritische Dimension der Sprache als Mittel von Manipulation und Herrschaftsausübung. Die Sprachkritik sollte also schon seit längerem ein Aufgabenschwerpunkt des Deutschunterrichts sein. Bremerich-Vos (1992, 50) spricht gar von einem »prädestinierten Ort«, den der Deutschunterricht für sprachkritische Aktivitäten bietet. Auch das Lehrziel für Sprachkritik als Unterrichtsgegenstand ist bekannt: »Fähigkeit und Bereitschaft zur Sprachkritik« (ebd.). In diesen Fällen geht es dann zumeist um die Sprache der Werbung und der Medien, manchmal auch um die Sprache der Politik. Die sprachliche Ebene, der sich Sprachkritik zuwendet, ist in der Regel der Wortschatz, d. h. zumeist das Einzelwort einschließlich spezifischer Wortbildungsmuster.

Der Erfolg sprachkritischer Bildung wird aus unserer Sicht wesentlich dadurch bestimmt, dass auf ein gediegenes Maß an Sprachwissen, Sprachbewusstheit und auf eine grundsätzliche Befähigung zur Sprachreflexion zurückgegriffen werden kann; denn Kritik an der Sprache ist in der Regel mit dem Bewusstsein verbunden, »zu wissen, wie es richtiger, besser und schöner ist«. (Linke/Voigt, 1995, 20) Sprachkritische Kompetenz ist letztendlich ein Produkt von Sprachreflexion. Das zentrale Anliegen der Sprachkritik wird von Linke/Voigt (ebd., 22) folgendermaßen beschrieben: »Wenn man es erreicht, daß Schüler und Schülerinnen durch sprachkritische Erörterungen zu einem vertieften Verständnis der Gegenwartssprache gelangen, so befähigt man sie damit auch dazu, Sprachkritik bzw. sprachkritische Äußerungen anderer selbst wieder kritisch zu hinterfragen und so die Normen aufzudecken, die sich hinter Einstellungen zu Sprache und Sprachgebrauch verbergen.«

Diese oder ähnliche Positionen, in der Regel von Fachdidaktikern in Publikationen diskutiert, haben längst noch nicht durchgehend die Schulpraxis erreicht. Eine Ursache dafür mag vielleicht auch darin zu suchen sein, dass auch in den Rahmenrichtlinien und Sprachbüchern Sprachkritik als Unterrichtsthema sehr unterschiedlich repräsentiert wird. So sucht man z. B. im Vorläufigen Rahmenplan Deutsch für die Sekundarstufe I des Landes Brandenburg (1991) vergeblich nach dem Stichwort »Sprachkritik«, wird aber bei etwas gutem Willen durchaus fündig, wenn es darum geht, vom Rahmenplan geforderte sprachkritische Aktivitäten zu entdecken. So werden zum Beispiel im Lernbereich »Reflexion über Sprache« unter dem Aufgabenschwerpunkt »Veränderungen von Sprache untersuchen« u. a. folgende methodische Hinweise gegeben:

- »ideologische Verzerrung, z. B.
- unaufrichtiges, autoritäres Verhalten zum Adressaten
- willkürlicher Umgang mit Tatsachen
- willkürliche Urteilsbildung [...]
- Um- und Entwertung von Wörtern und Begriffen im Zuge politischer Prozesse«. (35)

Der Vorläufige Rahmenplan Deutsch für die Sekundarstufe II des Landes Brandenburg (1992) wird etwas konkreter, obwohl auch hier das Stichwort »Sprachkritik« nicht enthalten ist. (Das ist bedauerlich, denn was im Lehrplan nicht prononciert hervorgehoben und als Schwerpunkt benannt wird, hat auf Grund der vielfach stofflich überladenen Lehrprogramme und der daraus resultierenden Zeitnot – insbesondere in der gymnasialen Oberstufe – nicht immer Chancen, genügend Beachtung zu finden.) Für den Lernbereich »Mündliche und schriftliche Kommunikation« werden u. a. folgende Auflagen gestellt:

»Die Schülerinnen und Schüler erfahren […] in der eigenen Tätigkeit, wie mit Sprache aufgeklärt, erklärt, informiert, integriert und aktiviert, aber auch verschleiert, verschwiegen, verletzt, isoliert, manipuliert, verführt und diskriminiert werden kann.« (36)

Und an anderer Stelle – im Lernbereich »Reflexion über Sprache« – ist zu lesen: »In der kritischen Auseinandersetzung mit Sprachhandlungen gewinnen sie Analyse-, Beschreibungs- und Bewertungskriterien und damit Maßstäbe und Impulse für den eigenen Sprachgebrauch.« (41)

Die Chance, den Stellenwert der Sprachkritik in der Schule zu stärken, ist allerdings nur gegeben, wenn der Sprachkritik mehrfach, also nicht nur punktuell, Unterrichtseinheiten gewidmet werden, in denen Sprachkritisches *der* zentrale Gegenstand ist, wie dies z. B. im Brandenburger Rahmenplan Deutsch für die Sekundarstufe II praktiziert wird. Dort schlägt man ein sprachkritisches Unterrichtsvorhaben im Rahmen eines Profilkurses (ca. 20 Stunden) vor – Thema: Manipulation durch Sprache (ebd., 45).

Um Sprachkritik »auf den Weg zu bringen«, bedarf es allerdings Anstrengungen »von unten« an, also bereits in der Grundschule beginnend, in der Sekundarstufe I auf höherem Niveau und mit einem größeren zeitlichen Umfang fortsetzend, um dann in der Sekundarstufe II Sprachkritik zu einem zentralen disziplin- und fächerübergreifenden Thema auszubauen. Hierzu eignet sich die ganze Vielfalt unterrichtlicher Möglichkeiten: Einzelstunden (als Zubringer), Unterrichtseinheiten, disziplin-, fächer-, ja sogar schulübergreifende Projekte (z. B. Die Sprache der Politiker unserer Region). Bezugsstiftendes Zentrum für die Realisierung solcher unterrichtlicher Aktivitäten müssen natürlich sprachkritische Aktivitäten (im weitesten Sinne) bilden.

Die Unterrichtspraxis ist oft in großer Not, wenn es um die Auswahl schülerbezogener Themenschwerpunkte geht. Natürlich eignen sich solche Themen, wie z. B. Werbesprache, Sprache der Medien oder Varietäten der deutschen Sprache, sicher auch Untersuchungen zu Entwicklungstendenzen des Deutschen (Grammatikbereich: weil plus Verbzweitstellung; Wortschatz: Gebrauch von Anglizismen; Orthographie: neue Rechtschreibregeln).

Als nahezu ideal für sprachkritische Beschäftigung im Deutschunterricht bietet sich das Thema »Victor Klemperer als Sprachkritiker« an.

3. Victor Klemperer im Deutschunterricht

LTI. Notizbuch eines Philologen hat sich zu einem Klassiker in der sprach- und kulturkritischen Aufarbeitung des Nationalsozialismus entwickelt. Seit 1995 liegen vom Aufbau-Verlag auch die umfangreichen Tagebücher (1933–1945) vor, außergewöhnliche Zeugnisse dieser so finsteren Epoche, vor allem für die Nachgeborenen. Insbesondere für die Heranwachsenden des beginnenden 21. Jahrhunderts steht auch eine für die Schule zusammengestellte Ausgabe der Tagebücher zur Verfügung, die bereits einige Anregungen für den Unterricht enthält. Obwohl stark gekürzt, bietet diese Auswahl von Tagebuchnotizen für die Leser eine Fülle von Informationen zum Verhältnis von Sprache und Leben im Dritten Reich. Sie vermitteln (bezieht man *LTI* mit ein) einen eindrucksvollen, mit dem Fortschreiten der Geschehnisse erschütternden Blick hinter die Fassaden des Faschismus und geben gleichermaßen eine detaillierte Analyse über die Lingua Tertii Imperii.

Schritt für Schritt kann der Leser in *LTI* die Manipulation mittels Sprache durch das herrschende Regime, die »Faschistisierung« sprachlicher Elemente – Einzelwörter wie auch Texte – verfolgen und deren Wirkung nachvollziehen, die durch verschleiernde, emotionalisierende oder auf andere Art und Weise bedeutungsprägende Steuerung des Sprachgebrauchs erreicht werden.

Schritt für Schritt weist Klemperer durch seine Sprachanalysen nach, wie die Sprachteilnehmer, ja selbst Juden, immer stärker in den faschistischen Diskurs verstrickt werden. Schritt für Schritt wird dem Leser an authentischem Sprachmaterial der Zusammenhang von Sprache und Macht vorgeführt.

Schülerinnen und Schüler können häufig bei der ersten Begegnung mit den Tagebüchern gar nicht begreifen, dass es sich nicht um ein fiktives Konstrukt wie bei Orwells *1984* handelt, sondern dass alles Dargestellte vom Autor wahrhaftig erlebt wurde. In Gesprächen wird auch deutlich, dass sie viel zu wenig über diese Zeit wissen und daher mehr erfahren wollen. Sowohl *LTI* als auch die Schulausgabe der Tagebücher bieten hierzu, unterstützt durch die Lehrenden, ausreichend Möglichkeiten. Inzwischen liegen interessante Unterrichtserfahrungen (vgl. Siehr/Seidel 2000) im Umgang mit den Texten vor.

Im Folgenden soll auf einige fachliche, didaktische und erzieherische Potenzen verwiesen werden, die die Werke Klemperers bieten.

3.1. Welche Texte sollten für die unterrichtliche Arbeit in welchen Klassenstufen genutzt werden?

Für den Deutschlehrer bzw. die Deutschlehrerin empfehlen wir *LTI* und die Tagebücher von 1933–1945. Die Tagebücher von 1918–1932 und Klemperers Autobiografie sollten in die Vorbereitung einbezogen werden, wenn ein Profilkurs bzw. ein langfristiges Unterrichtsprojekt (»Victor Klemperer als Sprachkritiker« oder »Die Sprache des 3. Reiches«) vorzubereiten sind.

Für die Hand des Schülers sollte die ebenfalls bereits erwähnte Schulausgabe der Tagebücher und, wenn die Möglichkeiten bestehen, Audio-CDs zu den Tagebüchern von 1933–1945 (vgl. die Bibliografie im Anhang) verwendet werden. Außerdem müssten für jeden Schüler Textausschnitte mit »Schlüsselszenen« für die individuelle Analysetätigkeit zur Verfügung gestellt werden. Dies sichert einen gewissen Erarbeitungsstandard, falls die Leseaufträge (Ganztexte in der gymnasialen Oberstufe, ausgewählte Abschnitte aus den Tagebüchern für Klassenstufen 9/10) nicht von allen erfüllt wurden.

Der Entscheidung der Lehrenden obliegt es, in welcher Klassenstufe die Thematik behandelt werden kann. Unsere Erfahrungen besagen: Je reicher die Spracherfahrungen der Schülerinnen und Schüler, je ausgeprägter ihr Sprachbewusstsein, je besser die Geschichtskenntnisse, desto intensiver und gewinnbringender kann an den Texten gearbeitet werden. Wir empfehlen deshalb für die Real- und Mittelschulen die Klassenstufen 9/10 und die Klassenstufen 12 bzw. 13 für die gymnasiale Oberstufe.

3.2. Welche Auflagen bzw. Aufgabenschwerpunkte stellen Rahmenpläne und Sprachbücher?

Die Funktion von Rahmenrichtlinien besteht im Wesentlichen darin, erzieherische Normen und Unterrichtsinhalte festzulegen und zu reihen, die sich als Qualifikationen zur Bewältigung der Lebenspraxis, den Ansprüchen und Vorstellungen der Gesellschaft entsprechend, zu bewähren haben (vgl. Lange/Neumann/Ziesenis 1994, 103). Mit anderen Worten und auf den Deutschunterricht bezogen bedeutet dies nichts anderes, als dass das im Deutschunterricht Gelernte jetzt oder später zur Lebensbewältigung dienen soll.

Im Rahmenplan für das Fach Deutsch der gymnasialen Oberstufe des

Landes Brandenburg (1992, 18) heißt es z. B.: »Der Deutschunterricht in der gymnasialen Oberstufe schafft wichtige Voraussetzungen dafür, daß die Schülerinnen und Schüler ihre Mitbestimmung und Mitverantwortung in der demokratischen Gesellschaft wahrnehmen können. In seinen Gegenständen, Themen und besonders auch in seinen Arbeitsformen fördert er ihr Vermögen und ihre Bereitschaft, Probleme des gesellschaftlichen Lebens wahrzunehmen, Argumentationen nachzuvollziehen, kritisch-wertend zu prüfen und sich dazu selbst zu äußern. Er unterstützt Toleranz, Sachlichkeit und Kritikfähigkeit als wichtige demokratische Werte.« Solche oder ähnliche Ziel- und Aufgabenstellungen mit den erhabenen Leitzielen *Mitbestimmung, Mitwirkung, Mitverantwortung, Toleranz* findet man in allen Rahmenrichtlinien und Lehrplänen der Bundesrepublik Deutschland.

Tagebücher wie auch *LTI* von Klemperer bieten ein außerordentlich umfangreiches erzieherisches und fachspezifisches Potenzial für den Unterricht. Wenn auch bisher Klemperers Werke in kaum einem Curriculum prononciert Berücksichtigung finden, so stehen entsprechende Freiräume zur unterrichtlichen Behandlung in allen Rahmenplänen und Lehrplänen der Bundesrepublik Deutschland sowohl für die Sekundarstufe I als auch für die Sekundarstufe II in ausreichendem Maße zur Verfügung.

Fachspezifisches Potenzial bietet vor allem im Lernbereich »Reflexion über Sprache« die Auseinandersetzung mit Begriffen wie *Sprachkritik* und *Sprachmanipulation*.

Die Sprachbücher sind in der Regel den kommunikations- und neuerdings kompetenzorientierten Lehrplänen angepasst. Dies hat zur Folge, dass zu realisierende Lernziele und auszubildende Kompetenzen (Selbstkompetenz, Sachkompetenz, Methodenkompetenz) im Mittelpunkt stehen. Die Auswahl der Unterrichtsinhalte wird weitgehend den Lehrenden überlassen, und die Sprachbücher haben mehr oder weniger Angebotscharakter. Noch ist Klemperer in den Sprachbüchern kaum vertreten. Es ist anzunehmen und zu hoffen, dass sich dies aber auf Grund der gesellschaftlichen Entwicklung im Deutschland der 90er Jahre (Auseinandersetzung mit Fremdenfeindlichkeit, Judenhass, mangelndem Demokratieverständnis) und der (vielleicht auch daraus) wachsenden Popularität Klemperers (Film, Fernsehen, CDs, Bücher) bald ändern wird.

Gute Ansätze bietet zum Beispiel das Lehrwerk *Sprache und Kommunikation* (Ulrich/Michel Hgg. 1995) für die Sekundarstufe II vom Verlag Volk und Wissen. Hier werden die Lernenden im Abschnitt »Sprache als Instrument gesellschaftlicher Interessen« mit einem kleinen Auszug aus *LTI* bekannt gemacht, um Beispiele für die nicht-ästhetische Sprachkritik kennen zu lernen.

3.3. Welche Unterrichtsziele sollten angestrebt werden?

Über die Leitziele des Deutschunterrichts haben wir bereits informiert. Sie sollten stets bei allen fachspezifischen Zielstellungen des Sprachunterrichts berücksichtigt werden. Klemperers Tagebücher und *LTI* bieten hervorragende Möglichkeiten, Schülerinnen und Schüler mit Themen wie Wahrung der Menschenrechte, Demokratieverständnis, Antisemitismus und Toleranz vertraut zu machen.

Welche Zielstellungen können nun im Sprachunterricht verfolgt werden? Im Mittelpunkt sollte eine reflektierte politische Sprachkritik stehen, und zwar auf der Basis von *LTI* und der Tagebücher. Ohne Zweifel gehören diese Texte zu den wichtigsten und eindrucksvollsten sprachlichen Zeugnissen des Dritten Reiches. Sie bieten eine Fülle von Informationen über das Verhältnis von Sprache und Leben und Sprache und Macht sowie über die Rolle der Sprache im Faschismus (vgl. Jäger 1999, 1).

Daher sollten auch Reflexionen über die Sprache im Dritten Reich im Zentrum der unterrichtlichen Arbeit stehen. Den Zugang bietet ganz im Sinne von Seidel/Siehr (1997) der Sprachkritiker Klemperer, und zwar »Klemperers Art, Sprache zu beobachten und zu analysieren, seine Motive, dies zu tun, seine methodischen Reflexionen, seine konkreten sprachlichen Befunde.« (Seidel/Siehr 1997, 564)

Anregungen für die Ziel- und Aufgabenstellungen bietet auch die bereits erwähnte Schulausgabe *Das Tagebuch 1933–1945*, zusammengestellt von Harald Roth. Der Autor schlägt 10 Themenkreise vor, die von den Schülerinnen und Schülern in Arbeitsgruppen bearbeitet werden können. Diese Themenkreise berühren weniger sprachliche als vor allem historische, politische, weltanschauliche und ethische Aspekte des Lebens im Faschismus. Sie bilden die Voraussetzung für einen sprachreflektorischen Zugang der Lernenden, denn immerhin liegen die Tagesberichte Klemperers 55 Jahre und mehr zurück.

Allerdings halten wir einige Themenkreise und Arbeitsvorschläge für überaus anspruchsvoll und viel zu umfänglich. Als Beispiel führen wir Arbeitsvorschläge zum Themenkreis 4 an »*Ich bin deutsch, die anderen sind undeutsch*« (vgl. ZA (S), 230):

- »Untersucht V. Klemperers Verhältnis zum Deutschtum.
- Deutsche Juden oder Juden in Deutschland?: Welche Position bezieht V. Klemperer?
- Wie beurteilt er das Verhalten mancher Juden gegenüber der NS-Herrschaft?
- Welche Auswirkungen hat der Nationalsozialismus auf das Selbstverständnis der assimilierten Juden?
- Wie verbreitet ist der Antisemitismus unter den Deutschen? Wie äußert sich der tägliche Antisemitismus?«

Es empfiehlt sich, die Arbeitsvorschläge insbesondere für die Klassenstufen 9/10 unter Berücksichtigung aktueller Ereignisse in Deutschland zu überarbeiten, durch die Einbeziehung konkreter sprachlicher Befunde zu ergänzen und vor allem überschaubarer und verständlicher für 15- und 16-jährige Jugendliche zu formulieren.

Nun zu *Ziel- und Aufgabenstellungen im Einzelnen (Auswahl)*, und zwar unter besonderer Berücksichtigung sprachreflektorischer und sprachkritischer Aspekte:

- Vermitteln biografischer Daten über Victor Klemperer
- Informieren über das Dritte Reich und den Nationalsozialismus
- Vermitteln von Kenntnissen über das Judentum und das Leben der Juden im Dritten Reich
- Nachdenken über den Zusammenhang von Sprache und Denken sowie Sprache und Gesellschaft
- Kennen lernen der Textsorte »Tagebuch«
- Befähigen zur kritischen Reflexion über Sprache
- Auseinander setzen mit dem Begriff Sprachkritik (Was zeichnet sprachkritisches Handeln aus?)
- Kennen lernen der sprachkritischen Methoden Victor Klemperers
- Erkennen der besonderen sprachschöpferischen Leistung Klemperers
- Herausarbeiten des Beitrages von Victor Klemperer für das Verständnis des Faschismus
- Ermitteln von charakteristischen Merkmalen der Sprache im Faschismus
- Erkennen von Manipulationsmechanismen auf der Basis der sprachkritischen Methoden Klemperers

- Erkennen, wie sich totalitäre Gesellschafts- und Denkstrukturen auch in der Sprache widerspiegeln
- Analysieren konkreter Manipulationstechniken der faschistischen Propaganda (Verschleiern, Schönreden, Lügen, maßloses Übertreiben)
- Befähigen zur Analyse von Einzelwörtern, Euphemismen, superlativistischer Ausdrucksweise, Interpunktionsstrategien, der Verwendung von Fremdwörtern etc.
- Vertraut machen mit der aufklärerischen Funktion von Sprachkritik Sensibilisieren für aktuelle Manipulationsmechanismen mittels Sprache im Bereich der Politik, der Medien, der Werbung etc.
- Befähigen zur Reflexion des eigenen Sprachverhaltens und zum Einwirken auf das Verhalten anderer.

3.4. Welche didaktischen Konzepte bieten sich an?

Ob Einzelstunde, Unterrichtssequenz, fachspezifisches oder fachübergreifendes Unterrichtsprojekt – jede unterrichtliche Aktivität bietet sowohl in Bezug auf die erzieherischen als auch die fachlichen Potenzen dieser Thematik einen Gewinn für die Schülerinnen und Schüler.

Einzelstunden sind vor allem in unteren Klassen (7. bis 8.) als Vorbereitung für Unterrichtssequenzen oder Unterrichtsprojekte in den oberen Klassen dringend zu empfehlen. Sie sollten eine Art Trailer-Funktion haben, d. h. die Schülerinnen und Schüler für das schwierige, überaus komplexe Thema »Sprache und Gesellschaft« vorbereiten und interessieren.

Der Zugang kann auch über den Literaturunterricht erfolgen, eventuell im Zusammenhang mit der Behandlung des *Tagebuchs der Anne Frank* oder mit einem Ausschnitt aus den Tagebüchern von Klemperer. Mit Victor Klemperer lernen die Kinder ebenfalls einen Zeitzeugen der jüdischen Katastrophe kennen – seine Tagebuchaufzeichnungen sind authentisch und ein einzigartiges Zeugnis über die tagtägliche Realität jüdischen »Lebens« im Nationalsozialismus.

»Das Buch wurde mir auf den Schädel gehauen, ich wurde geohrfeigt, man drückte mir einen lächerlichen Strohhut [...] auf: ›Schön siehst du aus!‹ Als ich auf Befragen angab, bis 1935 im Amt gewesen zu sein, wurde ich von zwei mir schon bekannten Kerlen (Anmerkung: Die SS-Leute Johannes Clemens, genannt der ›Schläger‹, und Weser, genannt der ›Spucker‹ – A. Sch.) zwischen die Augen gespuckt. Indem erschien Eva vom Einkauf. Die Tasche wurde ihr sofort abgenommen, man schimpfte auch auf sie wegen des Buches ein. Ich wollte ihr zu Hilfe kommen, wurde geohrfeigt und mit Fußtritten in die Küche gestoßen.« (ZA (S), 150)

Für 12- bis 14-Jährige ist es überaus schwierig, nachzuvollziehen, dass die geschilderten Situationen keine fiktiven, erdachten Ereignisse sind, wie sie es täglich in Film- und Fernsehproduktionen vorgeführt bekommen. Darauf muss bei der Lektüre des Ausschnitts aus den Tagebüchern immer wieder verwiesen werden, dass es sich, so unglaublich es für die Kinder ist, um ein wahrhaftiges Zeitdokument handelt.

In den oberen Klassenstufen (9–13) bietet eine mehrstündige Unterrichtssequenz (»Victor Klemperer und die Sprache des Dritten Reiches«) die Gewähr für die angemessene Behandlung dieses anspruchsvollen Unterrichtsthemas und für die Realisierung der überaus umfangreichen Ziel- und Aufgabenstellungen.

Die von uns vorgeschlagene Sequenz besteht für die Klassenstufen 9/10 aus drei bzw. für die Klassenstufen 11/13 aus vier Bausteinen:

Baustein I (ca. 4 Stunden)

1./2. Stunde; Basisinformationen über das Dritte Reich und den Nationalsozialismus sowie über die Verfolgung und Vernichtung der Juden in Deutschland (evtl. in Zusammenarbeit mit den Fächern Geschichte und Ethik)

3. Stunde: Victor Klemperer – sein Leben, sein Werk

4. Stunde: Das Tagebuch als literarische Form und intimes Dokument persönlicher Aufzeichnungen.

Baustein II (ca. 4 Stunden)

1. Stunde: Sprachbetrachtungen und Sprachkritik (Erarbeitung einer Definition für den Begriff ›Sprachkritik‹, Diskussion über Aufgaben und Funktion von Sprachkritik)

2. Stunde: Sprache und Gesellschaft/Sprache und Macht – Die Sprache als Instrument gesellschaftlicher Interessen (Herausarbeiten der Gefahren, die durch den Missbrauch von Sprache, insbesondere durch totalitäre Staatssysteme entstehen, evtl. auch durch die Einbeziehung von Ausschnitten aus Orwells *1984*)

3. Stunde: Sprache im Faschismus (anhand von Auszügen aus Reden von Goebbels und Hitler, evt. auch Filmausschnitten)

4. Stunde: Klemperers Kritik der Sprache im Faschismus.

Baustein III (ca. 4 Stunden)

1./2. Stunde: (evtl. Blockarbeit für 90 Minuten) Analyse der Sprache im Faschismus auf der Grundlage des Materials von Victor Klemperer (Arbeit in Gruppen an typischen Erscheinungsformen der faschistischen Sprache: Untersuchung von Einzelwörtern, wie z. B. *fanatisch, Volk, Horden*; Untersuchungen zum Fremdwortgebrauch, zum Gebrauch von superlativischer und euphemistischer Ausdrucksweise)

3. Stunde: Sprachmanipulationen heute – aktuelle Tendenzen von Sprachmissbrauch in der Gegenwartssprache (Analyse konkreter aktueller Manipulationsmechanismen mittels Sprache im Bereich der Politik, der Medien und der Werbung; die Sprache der rechten Szene)

4. Stunde: Sprachreflektorische und sprachkritische Betrachtungen zur eigenen Sprache und zur Sprache anderer (Analyse des eigenen Sprachverhaltens und der Sprache im ›Umfeld‹; Diskussion von Möglichkeiten des Einwirkens auf das Verhalten anderer).

Baustein IV (nach Bedarf für die Klassenstufen 11 bis 13; 3 Stunden)
LTI – ein außergewöhnliches sprachkritisches Werk: (1) Entstehung, Anliegen und Inhalt; (2) Klemperers Sprachbegriff; (3) Vergleich der sprachkritischen Methoden Klemperers mit den Methoden der Sprachkritiker heute; (4) Klemperers Vermächtnis wider völkisch-nationalistisches und rassistisches Denken.

Unterrichtsprojekt »*Sprache im deutschen Faschismus*«
Diese Thematik eignet sich auf Grund ihrer außerordentlichen Komplexität und Vielfältigkeit in hervorragender Weise für ein Unterrichtsprojekt. Sie könnte sowohl in einem fächerübergreifenden Projekt bearbeitet werden, an dem sich die Fächer Deutsch, Geschichte, Kunst, Ethik, Gemeinschaftskunde, Religion bzw. Lebensgestaltung, Ethik, Religion beteiligen, oder auch in einem spezifischen Unterrichtsprojekt für den Deutschunterricht.

An dieser Stelle sollen vor allem Möglichkeiten für ein Unterrichtsprojekt im Fach Deutsch für die Klassenstufen 9 bis 13 vorgestellt werden.

Auch wenn die Hoch-Zeiten für einen projektorientierten Deutschunterricht vorüber zu sein scheinen – nach einer Projekteuphorie im Zusammenhang mit der »kommunikativen Wende« und einem erneuten Projektboom in den neuen Bundesländern Anfang der 90er Jahre (die Schule bevorzugt die Projektidee offensichtlich immer dann, wenn gesellschaftliche Umwälzungen zu meistern sind) –, sollte nicht nur an Unterrichtsprojekten gearbeitet werden, wenn die Komplexität und stoffliche Vielfalt den unterrichtlichen Rahmen zu sprengen drohen, sondern auch, um durch handlungsorientierte Freiarbeitsphasen die Selbstverantwortung und Mitverantwortung der Schüler beim Erwachsenwerden auszubilden.

Im Mittelpunkt von Unterrichtsprojekten steht in der Regel ein Problem aus der gesellschaftlichen Realität, das situativ von den Schülerinnen und Schülern gelöst werden muss, ganz im Gegensatz zu den in der Schule im Allgemeinen üblichen simulierten, fiktiven Situationen.

Das Projekt »Sprache im deutschen Faschismus« kann in enger Zusammenarbeit von Lehrenden und Lernenden entwickelt und weitestgehend eigenständig von den Lernenden realisiert werden. Innerhalb des Projektverlaufs müssen unterschiedliche Stufen/Phasen berücksichtigt werden, wie z. B. die so wichtige *Motivationsphase* (warum und wozu?), die *Planungsphase* (welches Ergebnis soll erzielt werden, was könnte von wem untersucht werden?), die *Realisierungsphase* (wer macht was wie?), die *Präsentationsphase* (wo und wem werden die Resultate vorgestellt?) und die kritische *Reflexionsphase* (was ist gut gelaufen, was nicht, weshalb?).

Die Vorteile eines solchen handlungsorientierten Vorgehens liegen auf der Hand: Es werden vielfältige sprachliche und nichtsprachliche Handlungen initiiert, erprobt und angeeignet. Die Nachteile sollen ebenfalls nicht verschwiegen werden: Planung und Realisierung von Projektarbeit ist nicht nur äußerst zeitaufwendig, sondern auch aus inhaltlicher, organisatorischer und didaktisch-methodischer Sicht außerordentlich anspruchsvoll.

Wenn es auch an dieser Stelle nicht möglich ist, das Projekt *Sprache im deutschen Faschismus* detailliert vorzustellen, so soll dennoch in aller Kürze auf die einzelnen Projektphasen eingegangen werden:

Motivationsphase
Schulpraktiker wissen, dass es nicht immer leicht ist, Schülerinnen und Schüler der oberen Klassenstufen für Sprachuntersuchungen zu begeistern. In diesem Falle helfen die zur Verfügung stehenden Untersuchungsmatcrialicn (Tagebücher, *LTI*, Filme, Videos, CDs, Zeitungsausschnitte etc.). So wäre es möglich, einen kurzen Ausschnitt aus den Tagebüchern zu wählen, z. B. aus den Tagebuchnotizen Klemperers während seines Gefängnisaufenthaltes vom 23. Juni bis 1. Juli 1941:

»Die neuen Führer sprechen allein, niemand kann ihnen widersprechen, sie reden vor einem stummen Scheinparlament nicht anders als im Rundfunk, sie haben keine Pressekritik zu befürchten, sie sind völlig ungebremst. Sie gehen hemmungslos auf die Betäubung einer stummen Masse aus, sie gehen darauf aus, die Vielheit beseelter Individuen zu dem mechanisierten Kollektivum zu machen, das sie Volk nennen und das Masse ist. Aus dieser Ungehemmtheit ergibt sich die Rohheit und Maßlosigkeit der Rhetorik und die dominierende Stellung der Rhetorik in LTI. Ein besonderes Kapitel über die Beschimpfungen, über den Gebrauch des Superlativs. Im Italienischen, wahrscheinlich auch im Russischen, bestimmt in der amerikanischen Reklamesprache ist der Superlativ längst gebräuchlich, er entspricht dem Volkscharakter, und so wirkt er nicht übermäßig schädlich, die Sprache ist gegen ihn immunisiert. Im Deutschen trifft er auf einen von dieser Krankheit nie zuvor befallenen Körper. Fluch des Superlativs: Er muß von Mal zu Mal überbieten. Nachweis an Hitlers und Goebbels' Reden ...« (ZA 1, 624)[1]

Es können aber auch Ausschnitte aus *LTI* oder aus Reden von Hitler oder Goebbels sein. Vielleicht hilft aber auch eine interessante Fragestellung, etwa »Können Wörter lügen?« (vgl. Siehr/Seidel 2000) oder »Aus ihrer Sprache kann man ihren Geist feststellen?«, um die Jugendlichen zu interessieren und zu motivieren. Denkbar wäre in oberen Klassen ebenfalls ein literarischer Einstieg, z. B. mit einem Gedicht von Rose Ausländer (1988, 48), die ebenso wie Klemperer unter schlimmsten Umständen in Nazideutschland leben musste:

Identität

Menschen haben mir / mein Ich verboten / Sie wissen nicht / daß ich auch / Baum bin Vogel Stern / und Architekt / der Märchen baut / die sie nicht sehen / obwohl sie / bis in den Himmel reichen.

Planungsphase

Die Planung soll weitgehend selbstständig von den Schülerinnen und Schülern entworfen werden – so will es die Projekttheorie. In der Schulpraxis hat sich aber bewährt, dass die Lehrenden vor allem in dieser für den erfolgreichen Anlauf des Projektes entscheidenden Phase tatkräftig in Form von Vorschlägen und Ideen Hilfestellung leisten. Das betrifft sowohl das anzustrebende Ergebnis als auch Vorschläge für Themen (Arbeitsaufträge), die von den Arbeitsgruppen (die in dieser Phase ebenfalls zusammengestellt werden müssen) in einem bestimmten Zeitraum zu bearbeiten sind. Folgende Themen könnten bearbeitet werden:

- Der Nationalsozialismus und das Dritte Reich – Deutschlands finsterstes Kapitel (in Zusammenarbeit mit dem Fach Geschichte)
- Victor Klemperer – sein Leben und Werk
- Juden in unserer Region – früher und heute
- Sprachkritik – was ist das?
- Klemperers Kritik der Sprache im Faschismus (2 Arbeitsgruppen)
- Arbeitsgruppe 1: Analyse von Einzelwörtern
- Arbeitsgruppe 2: Analyse komplexer sprachlicher Mittel (Superlativismus, Fremdwortgebrauch, Interpunktion, Berufsbezeichnungen, Anzeigen …)
- Sprachkritische Untersuchungen an der Sprache der Gegenwart
- Vorbereitung einer Aktion (an der Schule, in der Region) für Demokratie und Toleranz und gegen Fremdenfeindlichkeit und Judenhass.

Realisierungsphase

In dieser Phase geht es um die konkrete Umsetzung der geplanten Aktivitäten durch die Arbeitsgruppen. Da nicht alle Untersuchungen und Ermittlungen im unterrichtlichen Rahmen durchgeführt werden können, muss den Schülerinnen und Schülern entsprechender Freiraum z. B. für Bibliotheks- und Museumsbesuche, für Interviews, für Kontakte mit Medien, Regionalpolitikern, Zeitzeugen, jüdischen Mitbürgern etc. eingeräumt werden.

Wichtig ist, dass die Projektteilnehmerinnen und -teilnehmer regelmäßig über den Zwischenstand ihrer Arbeiten berichten können und dabei die Möglichkeit haben, bei auftretenden Schwierigkeiten und Problemen Tipps und Hilfe von den Lehrenden und Mitschülern zu erhalten. Diese Zwischenberichte sollten daher im üblichen unterrichtlichen Rahmen mit allen am Projekt Beteiligten erfolgen.

Präsentationsphase

Der Höhepunkt – die Ergebnisse des Projektes werden in der Öffentlichkeit vorgestellt. Einen guten Anlass zur Präsentation der Untersuchungs- und Forschungsergebnisse bieten der alljährlich am 10. Dezember stattfindende Tag der Menschenrechte oder der 9. November als Gedenktag an die Reichspogromnacht 1938 in Deutschland. Im Rahmen von Veranstaltungen in der Schule oder in der Region können die Schülerinnen und Schüler vor geladenen Vertretern von Menschenrechts- und Jugendorganisationen, Parteien, Kommunalpolitikern, Vertretern der Staatsanwaltschaft und der Polizei, kirchlichen und jüdischen Würdenträgern und jüdischen Mitbürgern die Ergebnisse ihres Projektes vorstellen und zur Teilnahme an der vorbereiteten Aktion im Kampf gegen Gewalt, Menschenfeindlichkeit und Judenhass aufrufen.

Projektergebnisse können in Ausstellungen, z. B. in Banken und Sparkassen, Rathäusern und anderen öffentlichen Einrichtungen, präsentiert werden.

Reflexionsphase
Nach der Präsentation des Projektes sollte unbedingt der Verlauf der Projektarbeit analysiert werden, um sowohl den Arbeitsgruppen als auch jedem/jeder Einzelnen Stärken und Schwächen der Tätigkeit bewusst zu machen und Folgerungen für die weitere Arbeit abzuleiten.

4. Abschließende Bemerkungen

Wir haben versucht, uns aus didaktischer Sicht den fachlichen und erzieherischen Potenzen Victor Klemperers zu nähern, und dabei festgestellt, dass Teile seines Werkes wie kaum andere geeignet sind, Zusammenhänge zwischen Gesellschafts-, Denk- und Sprachstrukturen aufzuzeigen. Klemperers Sprachkritik in *LTI* und in den sprachthematisierenden Passagen seiner Tagebücher zeigen den Jugendlichen teilweise in schockierender Weise, wie nahe verbale und physische Gewalt stehen (vgl. Siehr/Seidel 2000, 181).

Daher gilt es, den Schülerinnen und Schülern jenes Wissen und Können zu vermitteln, das sie befähigt, die vielfältigen sprachlichen Beeinflussungs- und Manipulationsmechanismen, die es auch heute gibt, zu erkennen und aufzudecken. Umfangreiche Hilfestellung leisten ihnen dabei die Methoden der linguistischen Sprachkritik sowie auch die sprachkritischen Methoden Victor Klemperers.

Ausgerüstet mit dem sprachlichen Handwerkszeug, sollte es den Lernenden möglich sein, dem übergreifenden Ziel des Deutschunterrichts entsprechend, allen Versuchen, Sprache für antidemokratische, antisemitische und fremdenfeindliche Aktionen zu missbrauchen, mit entsprechenden verbalen und nonverbalen Mitteln entgegenzutreten.

Besorgnis erregende rechtsextremistische, Gewalt verherrlichende und den Judenhass schürende politische Strömungen und Organisationen im Deutschland der Jahrtausendwende machen deutlich – Aufklärung tut not, auch sprachliche!

Anmerkung

1 Zitiert wird aus der zweibändigen Ausgabe der Tagebücher (Berlin: Aufbau 1995).

Literatur

Ausländer, Rose (1988): Gesammelte Werke in acht Bänden. Band 7. Braun, Helmut (Hg.): Und preise die kühlende Liebe der Luft. Gedichte 1983–1987. Frankfurt a. M.: Fischer-Verlag.

Baurmann, Jürgen; Hoppe, Otfried (Hg.) (1984): Handbuch für den Deutschlehrer. Stuttgart: Verlag W. Kohlhammer.

Boettcher, Wolfgang (1994): Grammatikunterricht in Schule und Lehrerausbildung. In: Der Deutschunterricht 46(1994)5, 8–31.

Bremerich-Vos, Albert (1992): Zur Förderung von Sprachkritik und reflexivem Sprachgebrauch in der Sekundarstufe II. In: Der Deutschunterricht 44(1992)4, 50–62.

Ingendahl, Werner (1999): Sprachreflexion statt Grammatik. Ein didaktisches Konzept für alle Schulstufen. Stuttgart: Niemeyer.

Ivo, Hubert; Neuland, Eva (1991): Grammatisches Wissen. In: Diskussion Deutsch 22(1991)121, 437–493.

Jäger, Siegfried (1999): Sprache – Wissen – Macht. Victor Klemperers Beitrag zur Analyse von Sprache und Ideologie des Faschismus. In: Muttersprache 109(1999), 1–18.

Lange, Günter; Neumann, Karl; Ziesenis, Werner (Hg.) (1998): Taschenbuch des Deutschunterrichts. Band 1. 6., vollständig überarbeitete Auflage. Hohengehren: Schneider Verlag.

Lehrplan für die Regelschule und für die Förderschule mit dem Bildungsgang der Regelschule Deutsch. Hrsg. vom Thüringer Kultusministerium 1999.

Linke, Angelika; Voigt, Gerhard (1995): Sprache kritisieren – Sprachkritik. In: Praxis Deutsch 22(1995)132, 18–22.

Michel, Georg; Schübel, Adelbert; Starke, Günter: Grammatik braucht der Mensch. Reflexion über Sprache – was und wie? In: Deutschunterricht 45(1992)9, 394–406.

Neuland, Eva (1993): Reflexion über Sprache. Reformansatz und uneingelöstes Programm der Sprachdidaktik. In: Bremerich-Vos, Albert (Hg.): Handlungsfeld Deutsch im Kontext. Frankfurt a. M.: Verlag Moritz Diesterweg, 85–101.

Neuland, Eva (1994): Vielfältiges Deutsch und eine eigene Sprache. Anmerkungen zum Lernziel »Reflexiver Sprachgebrauch«. In: ide. Informationen zur Deutschdidaktik 18(1994)4, 28–41.

Schuster, Karl (1993): Einführung in die Fachdidaktik Deutsch … 3. Aufl. Hohengehren: Schneider-Verlag.

Siehr, Karl-Heinz (1996): ›Sprachkritik‹. Anmerkungen zu einem vielschichtigen Begriff. In: Deutschunterricht 49(1996)2, 77–86.

Seidel, Ute; Siehr, Karl-Heinz (1997/1998): Victor Klemperer – ein Thema für den Deutschunterricht? In: Deutschunterricht 50(1997)12, 562–573 (Teil 1) und Deutschunterricht 51(1998)1, 37–45 (Teil 2).

Siehr, Karl-Heinz; Seidel, Ute (2000): Victor Klemperer im Deutschunterricht – Erfahrungen und Antworten aus der Praxis! In: Deutschunterricht 53(2000)3, 164–181.

Ulrich, Winfried; Michel, Georg (Hg.) (1995): Sprache und Kommunikation. Deutsch Sekundarstufe II. Berlin. Verlag Volk und Wissen.

Vorläufiger Rahmenplan Deutsch des Landes Brandenburg, Sekundarstufe I. Hg. vom Ministerium für Bildung, Jugend und Sport Brandenburg 1991.

Vorläufiger Rahmenplan Deutsch des Landes Brandenburg, Gymnasiale Oberstufe. Hg. vom Ministerium für Bildung, Jugend und Sport. Brandenburg 1992.

Siegfried Jäger

»Die Sprache bringt es an den Tag.« Victor Klemperers Beitrag zum Verständnis des Faschismus und seiner Nachwirkungen in der Gegenwart

Einleitung

Klemperers Lingua Tertii Imperii, seine *LTI*[1], bediente sich bei der Charakterisierung der Sprache des Faschismus bzw. der Sprache im Faschismus durchgängig einer Krankheits- und Giftmetaphorik. Er nannte sie eine »Infektion durch fremde Bakterien«, eine »Krankheit« (LTI, 61), eine »spezifisch deutsche Krankheit«, eine »wuchernde Entartung deutschen Fleisches« (alles ebd.). Diese Metaphorik macht misstrauisch, eine solche Sichtweise erinnert an eine Sprachauffassung, die behauptete, die Sprache als solche bestimme – unausweichlich – die »Weltanschauung«, also die Art und Weise, wie wir (z. B. als Deutsche) die Welt sehen und verstehen.

Besonders schwer wog und wiegt noch heute der Vorwurf, dass Klemperer dadurch, dass er die LTI als eine Art Epidemie charakterisierte, die alle erfasste, den Schluss zulasse, die Deutschen seien allesamt »unschuldige Täter«. Wenn Klemperer zudem feststellen musste, dass auch Juden und sogar er selbst dieser Ansteckung unterworfen gewesen seien, indem sie selbst Wörter und Wendungen der LTI benutzten (vgl. ZA 2, 482 f., 6. 2. 1944)[2], könnte sich dieser Eindruck noch verstärken: sie seien Verführte gewesen, die sich der Suggestion der faschistischen Propaganda nicht hätten entziehen können. Erst später, erst nach der Lektüre seiner Tagebücher, wurde mir klar, dass diese Verstricktheit in den faschistischen Diskurs für Klemperer keineswegs unabwendbar ist. Seine Aufzeichnungen und Notizen geben dazu wichtige Hilfestellung – auch für die kritische Auseinandersetzung mit aktuellen Diskursen.

1. Von der LTI zur LQI

1.1 Klemperers Methode: eine kleine Archäologie

Ich möchte im Folgenden zeigen, dass Klemperers sprach- und kultur-
historischer Ansatz, so unsystematisch und tastend er auf den ersten
Blick wirken mag, mit modernen diskurstheoretischen Überlegungen
und Verfahren durchaus kompatibel ist. Theorie und Methode Klemperers sind leicht sichtbar zu machen, wenn man darauf achtet, wie er
bei seinen Analysen im Einzelnen vorgegangen ist, wie er Wörter,
Texte und ganze Textfolgen in Zeitungen und Zeitschriften analysiert
hat und immer wieder auf das soziale und politische Geschehen seiner
Zeit zu sprechen gekommen ist. Er sah einen überaus dichten Zusammenhang zwischen Sprache, Macht und Gegenmacht; und genau
dies rückt ihn in die Nähe einer modernen Diskurstheorie, die ja auch
davon ausgeht, dass Diskurse Wissen enthalten und Macht ausüben,
insofern sie subjektives Handeln leiten, gesamtgesellschaftliche Ge-
staltungsperspektiven steuern – und dass sie veränderbar sind.[3]

Klemperer befasste sich in einer ersten Phase etwa bis zum Beginn
des Krieges 1939 bei seiner Beobachtung des faschistischen Diskurses
fast ausschließlich mit der Betrachtung von Einzelwörtern; und auch
später erfahren Einzelwörter immer wieder seine besondere Aufmerksamkeit. Aber er konstatiert regelmäßig auch die Grenzen der wortbezo-
genen Kritik (etwa ZA 2, 59, 31. 3. 1942). Zudem ist er sich oft unsicher,
wenn es um die Einzelwortanalyse geht, was z. B. in Formulierungen
wie: »Auch das gehört *wohl* zur LTI.« seinen Ausdruck findet (ZA 2,
514, 12. 5. 1944; meine Hervorhebung – S. J.).

Nie aber betrachtet Klemperer die Wörter selbst als böse;[4] er sieht neue
semantische Aufladungen, neue Konnotationen, die aus dem Gebrauch
je nach den Kontexten, in denen sie verwendet werden, entstehen.

Er merkte: Im Faschismus hatte sich eine neue hegemoniale ideologische Position durchgesetzt, eine neue »Denkungsart«, wie es hieß, die
den einzelnen Wörtern und Phrasen neue Bedeutungen oder doch Bedeu-
tungsnuancen zuordnete bzw. aufherrschte (vgl. ZA 2, 110, 4. 6. 1942).
Meist handelt es sich nicht um vollständige Neuprägungen oder Sinnumkehrungen, sondern nur um leichte Sinnverschiebungen, etwa wenn
es hieß: *Ein deutscher Junge weint nicht.* Hier wurde dem *deutschen
Jungen* eine Vorstellung von harter Männlichkeit zugewiesen; totale
Sinnumkehrungen gab es zwar auch, etwa bei dem Wort *fanatisch*, das
absolut positiv besetzt wurde; sie stellten aber die Ausnahme dar.

Die Zahl der Belege, die Klemperer anführt, ist allerdings sehr klein, und er findet bald schon wenig Genügen daran: »Als bloßes LTI würde mein vorschwebendes Opus wenig mehr enthalten als zwei Dutzend Wörter und Wendungen.« Und es meldet sich der Selbstzweifel: »Ich muß erweitern – aber wohin erweitern?« (ZA 2, 117, 9. 6. 1942)

Dieser Zweifel hört auch nach der Befreiung vom Faschismus nicht auf: »Die LTI-Exzerpte stocken wieder und sind überhaupt unergiebig.« (ZS 1, 165, 19. 9. 1945)

Doch es finden sich in seinen Tagebuch-Texten außerordentlich viele Reflexionen über Sprache allgemein und über faschistische Texte im Besonderen.

1.2 Klemperers Archiv

Klemperer war zunächst einmal und in erster Linie Empiriker. Das heißt: Er sammelte und sichtete ungeheuer umfangreiches Material und klopfte es daraufhin ab, was er als LTI *empfand*. Dabei hat er im Laufe der 12 Jahre des Faschismus ein umfassendes und in hohem Maße für die faschistische Sprache charakteristisches Archiv versammelt.

Klemperer bedauert zwar: »Alles Material mußte auf Schleichwegen herangeschafft, mußte heimlich ausgebeutet werden.« (LTI, 18) Und er beschreibt die Mühsal der Materialbeschaffung, aber auch seine ungewöhnlichen Wege, den faschistischen Diskurs zu erfassen: »Ich habe, wie sich mir gerade die Möglichkeit des Lesens ergab […], bald den ›Mythus des zwanzigsten Jahrhunderts‹ und bald ein ›Taschenjahrbuch für den Einzelhandelskaufmann‹ studiert, jetzt eine juristische und jetzt eine pharmazeutische Zeitschrift durchstöbert, ich habe Romane und Gedichte gelesen, die in diesen Jahren erscheinen durften, ich habe beim Straßenkehren und im Maschinensaal die Arbeiter sprechen hören: es war immer, gedruckt und gesprochen, dasselbe Klischee und dieselbe Tonart.« (LTI, 25 f.)

Klemperer hat den faschistischen Diskurs qualitativ relativ vollständig erfasst, gerade weil sein Material zwangsläufig breit gestreut war und einer Vielzahl von Textsorten und Sprachebenen entnommen werden musste. In dieser Hinsicht gedieh ihm die Not zur Tugend. Dafür spricht auch ein Vergleich mit den »Meldungen aus dem Reich« (Boberach Hg. 1963), die Klemperer selbstverständlich unbekannt waren, die aber im Wesentlichen dieselben Inhalte transportieren wie sein Dossier.[5]

Dieses Material stellt die Grundlage für Klemperers sprachliche Reflexionen und Analysen dar. Wichtig ist hierbei zu beobachten, dass Klemperer sich neben fortdauernder Einzelwortbetrachtung immer häufiger und immer intensiver auch ganze Texte vornimmt. Und dies begründet er wie folgt: »[…] das Einzelwort, die Einzelwendung können je nach dem Zusammenhang, in dem sie auftreten, höchst verschiedene, bis ins Gegenteil divergierende Bedeutung haben, und so komme ich doch wieder auf das Literarische, auf das Ganze des vorliegenden Textes zurück. Wechselseitige Erhellung tut not, Gegenprobe von Einzelwort und Dokumentganzem.« (LTI, 158)

Seine Aufmerksamkeit richtet sich damit auf die Wirkung ganzer Texte und Textfolgen, die komplexere gedankliche Zusammenhänge enthalten. Dabei betreibt er im Ansatz so etwas wie kleine Diskursanalysen und ordnet so die Texte dem zu, was er LTI nannte, mit anderen Worten: dem faschistischen Diskurs.

Seinen Analysen liegt ein sehr differenziertes und umfassendes text- und diskursanalytisches Instrumentarium zu Grunde. Er untersucht die Metaphorik, die Bildlichkeit, die Kollektivsymbolik, Bedeutungsfelder wie Religion, Sport, Militär, feste sprachliche Wendungen und Redensarten, Argumentationsstrategien wie etwa Verleugnungs- oder Relativierungsstrategien, (unzulässige) Verallgemeinerungen, Implikate, deren Auflösung das Lesen zwischen den Zeilen ermöglicht; nicht-wörtliches Sprechen, das Auftreten von Widersprüchen, Euphemismen, Superlative und Übertreibungen, Akteure und Freund-Feind-Schemata, die Verwendung und Funktion von Fremdwörtern, die Stigmatisierung durch Namen, den Tonfall von Reden, die Funktion von Sprechchören, Besonderheiten der Interpunktion, Quellen des Wissens und deren Problematisierung sowie den sprachlichen Stil insgesamt.

Für die Anwendung dieser analytischen Kriterien führt Klemperer eine große Fülle von Beispielen und Belegen an.

1.3 Die Analyse des faschistischen Diskurses und seiner Wirkung auf die Bevölkerung

Das skizzierte Analyseverfahren Klemperers kann füglich als Diskursanalyse bezeichnet werden, wenn man Diskurs als »Fluß von Wissen bzw. sozialen Wissensvorräten durch die Zeit« begreift; eines Wissens, das sich netzartig und wuchernd über die Gesellschaften gelegt hat. Dieses Wissen bestimmt die Entwicklung der Gesellschaften und die Konstitution der Subjekte, die in das bewusstseins-generierende Netz der Diskurse verstrickt sind.[6]

Klemperer formuliert diesen Sachverhalt wie folgt: »Im Sprachstrom aber schwimmen sämtliche Kulturelemente, die man bewußt oder unbewußt in sich aufnimmt. Musik, Malerei, Architektur geben Einzelaspekte – Sprache enthält das gesamte Geistige. Und das gesamte Geistige ist von der Sprache nicht zu trennen. Logos ist das Wort, und Logos ist das Denken, und das Denken ist gewollte Tat.« (ZA 2, 322, 28.1.1943)

In der Fortsetzung dieses Zitats zeigt sich zugleich aber, dass Klemperer sich noch nicht restlos von den sprachidealistischen und völkerpsychologischen Ideen seiner Zeit gelöst hat. Da heißt es: »Bin ich einmal in einer Sprache aufgewachsen, dann bin ich ihr für immer verfallen, ich kann mich von dem Volk, dessen Geist in ihr lebt, auf keine Weise, durch keinen eigenen Willensakt abwenden, durch keinen fremden Befehl absondern lassen.« (Ebd.) Auf solche Formulierungen beriefen sich diejenigen, die Klemperer den Vorwurf machten, dass seine Sprachkritik die Täter entschuldige. Doch bei genauem Lesen ist festzustellen, dass Klemperer sein Modell durchaus modifiziert und ausdifferenziert.

Einige Jahre später heißt es etwa in der *LTI*: »[…] der Nazismus glitt in Fleisch und Blut der Menge über durch die Einzelworte, die Redewendungen, die Satzformen, die er ihr in millionenfachen Wiederholungen aufzwang und die mechanisch und unbewußt übernommen wurden. […] Aber Sprache dichtet und denkt nicht nur für mich, sie lenkt auch mein Gefühl, sie steuert mein ganzes seelisches Wesen je selbstverständlicher, je unbewußter ich mich ihr überlasse. Und wenn nun die gebildete Sprache aus giftigen Elementen gebildet oder zur Trägerin von Giftstoffen gemacht worden ist? Worte können sein wie winzige Arsendosen: sie werden unbewußt verschluckt, sie scheinen keine Wirkung zu tun, und nach einiger Zeit ist die Giftwirkung doch da.« (LTI, 21)

Hier sieht Klemperer Sprache keineswegs als Schicksal, dem man nicht entkommen kann; es wird durchaus ein individueller Bewegungsspielraum gesehen: Der sprachliche Determinismus wird dadurch aufgelöst, dass ein *Grad* seiner Wirksamkeit konstatiert wird: man muss sich dem Diskurs ja nicht selbstverständlich und unbewusst überlassen. Darauf wird zurückzukommen sein.

Klemperer sieht, dass es nicht das einzelne Wort und der einzelne

Text ist, der nachhaltig auf das Bewusstsein der Menschen wirkt, sondern die langfristige und ständige Verstrickung in den Diskurs, der sich netzartig über die Gesellschaft legt und in den jeder Einzelne verwickelt ist. Das meint Klemperer, wenn er von der Wirkung der millionenfachen Wiederholung immer des Gleichen spricht.

Mit diesem Konzept der Verstrickung der Menschen in diskursive Netze erklärt Klemperer sich die Gläubigkeit der Bevölkerung gegenüber der faschistischen Ideologie: »Die mannigfachen ans Jenseitige rührenden Ausdrücke und Wendungen der LTI bilden in ihrer Gemeinsamkeit ein Netz, das der Phantasie des Hörers übergeworfen wird und das sie in die Sphäre des Glaubens hinüberzieht. Ist dieses Netz wissentlich geknüpft, beruht es, um den Ausdruck des achtzehnten Jahrhunderts zu gebrauchen, auf Priestertrug? Zum Teil sicherlich. [...] Aber die Wirkung des einmal vorhandenen Netzes von sich aus scheint mir völlig gewiß; der Nazismus wurde von vielen Millionen als Evangelium hingenommen, weil er sich der Sprache des Evangeliums bediente.« (LTI, 126) Und er betont auch die relative Selbstständigkeit solcher Netze, wenn sie sich einmal erst herausgebildet haben.[7]

Klemperer hebt ferner hervor, dass die propagandistische Zurichtung des faschistischen Diskurses so hermetisch und total gewesen ist, dass seiner Wirkung schwer zu entgehen ist. Er zeigt, wie der gesellschaftliche Diskurs totalitär homogenisiert wurde, und zwar von Beginn der faschistischen »Machtübernahme« an. Klemperer schreibt: »Immerhin: soviel schlimmer es auch kommen sollte, alles, was sich noch später an Gesinnung, an Tat und Sprache des Nationalsozialismus hinzufand, das zeichnet sich in seinen Ansätzen schon in diesen ersten Monaten ab.« (LTI, 46)

Dabei richtete sich die faschistische Ansprache in erster Linie an Gefühl und Instinkte, nicht an die Vernunft: »Die ganze Gefühlsverlogenheit des Nazismus, die ganze Todsünde des bewußten Umlügens der vernunftunterstellten Dinge in die Gefühlssphäre und des bewußten Verzerrens im Schutz der sentimentalen Vernebelung.« (LTI, 251)

Immer wieder versucht Klemperer, seine Beobachtungen zusammenfassend, den Diskurs des deutschen Faschismus und seine Funktion begreiflich zu machen. Dabei betont er die außerordentliche Armut und Einförmigkeit, aber auch die Wirksamkeit dieses Diskurses, selbst für diejenigen, die Widerstand leisteten bzw. ausgegrenzt wurden: »Im Nationalsozialismus [...] herrscht die uniformierte Armut der Sklaverei. Mit den Schlagwörtern und ›Ausrichtungen‹ Hitlers und

Goebbels' arbeiten wir alle. Wer eine andere Sprache reden will, wird mindestens mundtot gemacht. Derselbe Jargon auf allen Gebieten.« (ZA 2, 482, 6. 2. 1944) Und er fragt: »Wie muß heute die Welt in einem Kopfe aussehen, dem alles das in früher und widerstandsloser Kindheit farbig eingeprägt wurde!« (LTI, 288) Zur Einförmigkeit des faschistischen Diskurses bemerkt Klemperer lapidar: »[…] alles ist abgelatscht. Sehr wenige Gedanken, sehr wenige stilistische Wendungen. Immer bis zum Überdruß dasselbe.« (ZA 2, 540, 5. 7. 1944) Der vorherrschende Diskurs wird zudem dadurch im Sinne der Faschisten homogenisiert, dass Zensur ausgeübt wird, besonders »verschärft« gegen Ende des Krieges (vgl. ZA 2, 477, 23. 1. 1944). Und Klemperer schlussfolgert: Die LTI »ist wirklich total gewesen, sie hat in vollkommener Einheitlichkeit ihr ganzes Großdeutschland erfaßt und verseucht«. (LTI, 296)

Hier erhebt sich nun die Frage, ob sich die einzelnen Subjekte der Macht der Diskurse überhaupt widersetzen können. Um dem damit verbundenen Problem der subjektiven Verantwortlichkeit genauer auf die Spur zu kommen, sind einige weitere Überlegungen anzustellen. Die Prägung des Subjekts durch den Diskurs bzw. das »diskursive Gewimmel«, in das wir Menschen verstrickt sind, behandelt Klemperer in der folgenden Passage genauer: »Originalität (des Einzelnen – S. J.) liegt in der Art des Adaptierens, in dem Verschmelzen des Überkommenen oder Gleichzeitigen mit der eigenen Persönlichkeit.« (ZA 2, 224, 28. 8. 1942) Das klingt sehr modern und lässt sich mit den Überlegungen des französischen Soziologen Pierre Bourdieu zum Verhältnis von Individuum und Gesellschaft durchaus vergleichen (vgl. Bourdieu 1982).

Ausführlich thematisiert Klemperer die diskursive Verstricktheit selbst von Gegnern des Regimes oder sogar von Juden in den faschistischen Diskurs. Klemperer ist entsetzt, als er bemerkt, wie Freunde oder auch er selbst sich »der Sprache des Siegers« bedienen (vgl. LTI, 202 ff.), und er kritisiert: »Ich ärgere mich über das Nachplappern der LTI-Wörter durch die Juden und sündige doch selbst (indem ich etwa sage – S. J.): Herr Stühler, wegen Benutzung des Badezimmers – haben Sie diesen Sonntag ,Arbeitseinsatz‘!« (ZA 2, 483, 6. 2. 44) Arbeitseinsatz – das ist durchaus ein Wort, das der faschistischen Befehlssprache angehörte.[8] Klemperer konstatiert: »Ich beobachtete immer genauer, wie die Arbeiter in der Fabrik redeten und wie die Gestapobestien sprachen und wie man sich bei uns im Zoologischen Garten der Judenkäfige ausdrückte. Es waren keine großen Unterschiede zu merken; nein, eigentlich überhaupt keine. Fraglos waren alle, Anhänger und Gegner, Nutznießer und Opfer, von den selben Vorbildern geleitet.« (LTI, 17) Wie die Verstrickung funktioniert, beschreibt Klemperer an einem konkreten Beispiel: Eine Frau, die ihm wohlgesonnen ist und ihm die Zwangsarbeit schon öfters zu erleichtern versucht hat, grüßt ihn mit »Heil Hitler!«, weil sie ihn mit dem Vorarbeiter verwechselt. Am nächsten Tag entschuldigt sie sich dafür: Man ordnet sich den hegemonialen Ritualen unter, weil man Nachteile und Bestrafung fürchtet.

Klemperer reflektiert denn auch, »ob alle, die über Goebbels' allzu starke Lügen lachten oder schalten, nun auch wirklich unberührt von ihnen blieben«. (LTI, 236) Er macht sich Gedanken darüber, wie es möglich ist, dass nahezu alle durch den faschistischen Diskurs geformt sind und in ihm entsprechende Handlungsbereitschaften entwickeln. Er schreibt dazu: »Das Gefühl hatte das Denken zu verdrängen – es mußte selber einem Zustand der betäubten Stumpfheit, der Willens- und Fühllosigkeit weichen; wo hätte man sonst die notwendige Masse der Henker und Folterknechte hergenommen?« (LTI, 259)

Er sieht – in seiner eigenen Diktion – die Macht der Diskurse und ihren subjektprägenden Determinismus sehr klar und schreibt: »Sprache dichtet und denkt nicht nur für mich, sie lenkt auch mein Gefühl, sie steuert mein ganzes seelisches Wesen«; aber er fährt dann fort, und das ist sehr wichtig, und deshalb zitiere ich es noch einmal: »*je selbstverständlicher, je unbewußter ich mich ihr überlasse.*« (LTI, 21, Hervorhebung – S. J.) Mit diesem letzten Satz deutet er an, wie diesem Determinismus zu entkommen wäre, nämlich indem ich mich diesen Diskursen eben *nicht* selbstverständlich und unbewusst überlasse. Nur wenn ich nicht darauf achte und ich mich nicht damit auseinander setze, bin ich den Einflüssen dieses Diskurses ausgeliefert und beginne faschistisch zu denken und mich in den faschistischen Diskurs zu integrieren.

Wie schwer es aber ist, den Wirkungen des faschistischen Diskurses zu widerstehen, betont Klemperer immer wieder, wenn er z. B. sagt: »Irgendwann überwältigt mich die gedruckte Lüge, wenn sie von allen Seiten auf mich eindringt, wenn ihr rings um mich her nur von wenigen und immer wenigern und schließlich von keinem mehr Zweifel entgegengebracht werden.« (LTI, 237) Das verweist auf die Verantwortung der Medien und der Politik und natürlich auf die der einzelnen Subjekte selbst. Wenn diese Verantwortung nicht wahrgenommen wird, wie dies im faschistischen Deutschland sehr verbreitet der Fall war, wenn bewusst strikt ideologisch reguliert wird, ist Entkommen allerdings schwer.

Klemperer zeigt, wie die Umstände selbst uns zu kritischerem Nachdenken zwingen können. Unter dem Druck des gegen ihn ausgeübten Terrors und seiner akribischen Analysen der faschistischen Ideologie wandelte er sich vom deutschen Nationalisten zum Kommunisten. Solche Wandlungen beobachtet er auch bei anderen, etwa bei den Arbeitern, wenn er schreibt: »Die Arbeiter waren erst recht nicht nazistisch gesinnt, sie waren es mindestens im Winter 1943/44 nicht mehr.« (LTI, 101)

Klemperer ist trotz solcher Beobachtungen der Vorwurf gemacht worden, seine Sprachkritik entschuldige die Täter und Mitläufer.[9] Zu bedenken ist in diesem Zusammenhang jedoch, dass die Technik der Massenbeeinflussung im Faschismus intensiv strategisch vorbereitet und hoch entwickelt war. Klemperer zitiert Goebbels: »Wir müssen die Sprache sprechen, die das Volk versteht. Wer zum Volke reden will, muß, wie Martin Luther sagt, dem Volke aufs Maul sehen.« (LTI, 246)

Die Wirkung solcher Ansprache erfolgt selbstverständlich nicht mit einem Schlag. Diskursanalytisch formuliert, ließe sich sagen, dass die Subjektbildung im Diskurs einen lange währenden Prozess darstellt, in dessen Verlauf die jeweilige subjektive Diskursposition bzw. die »Denkungsart« durch ständige Reproduktion gleicher oder ähnlicher Inhalte allmählich herausgebildet wird. Der damit konstatierte Determinismus der Diskurse entschuldigt allerdings keinen und keine, der und die sich in den faschistischen Diskurs verstricken lässt. Er macht sie nicht zu willenlosen, durch Sprache manipulierten Opfern.

Dies markiert das Versäumnis oder auch die mangelnde Fähigkeit der meisten Deutschen während des Faschismus, insbesondere das der Intellektuellen, sich mit der Ideologie des Faschismus auseinander zu setzen. In der »Bibel« der Nazis, Hitlers *Mein Kampf*, wäre sie für jeden nachzulesen gewesen. So meinte denn auch Klemperer: »Es wird mir immer das größte Rätsel des Dritten Reichs bleiben, wie dieses Buch in voller Öffentlichkeit verbreitet werden durfte, ja mußte, und wie es dennoch zur Herrschaft Hitlers und zu zwölfjähriger Dauer dieser Herrschaft kommen konnte, obwohl die Bibel des Nationalsozialismus schon Jahre vor der Machtübernahme kursierte.« (LTI, 29 f.) Doch Klemperer erklärt nachvollziehbar, wie Untertanengeist und mangelnde Kritikfähigkeit die Menschen der faschistischen Ideologie hat folgen lassen. Sie haben sich als gelernte Untertanen dieser Ideologie unterworfen, sie als neue Glaubenslehre verinnerlicht und gefeiert.

Allerdings hat es durchaus Versuche gegeben, den herrschenden Diskurs zu unterlaufen. Klemperer gibt Beispiele widerständiger Rede wie etwa regimekritische Witze (ZA 2, 401, 5. 7. 1943), die, wie er beobachtet, gegen Kriegsende zunehmen; in seinem Umfeld lehnten Menschen es ab, Reden der Faschisten zur Kenntnis zu nehmen (etwa Goebbels' ständige Radioansprachen und Zeitungskommentare; vgl. ZA 2, 388, 5. 6. 1943). Klemperer selbst hörte Fremdsender und ließ sich häufig von abgehörten Sendungen berichten (vgl. ebd.). Zu diesen kleinen Widerständen gehören auch verbreitete Verballhornungen des faschistischen Jargons. So wird die Abkürzung von Luftschutzraum LSR, die an jedem Hauseingang angebracht war, zu: »Lernt schnell Russisch!« (ZA 2, 575, 4. 9. 1944)

Widerständige Sprache war notwendig, um sich über die Verbrechen zu verständigen: Es war verboten, Personalnachrichten weiterzugeben, etwa über Todesfälle: Klemperer berichtet von einer Unterschrift auf einer Postkarte: »Witwer Wisch« (ZA 2, 489, 21. 2. 1944), eine Formulierung, durch die der Schreiber mitteilte, dass seine Frau ermordet worden war. Und es gab auch sehr bittere Witze: Ermordete Menschen wurden »zu den Himmlerischen Heerscharen einberufen (von Hingerichteten)« (ZA 2, 484, 7. 2. 1944), oder jemand sagte: »Eh ick mir hängen lasse, jloob ich an 'n Sieg!« (ZA 2, 597, 27. 9. 1944) Ähnlich funktionierte auch der ironische Gruß: »Bleiben Sie übrig!« (ZA 2, 484, 7. 2. 1944) Zugleich berichtet Klemperer über die schärfste Unterdrückung solcher Versuche von Gegenwehr, und er schreibt: »Die kleinste ›defätistische‹ Äußerung genügt […] als Basis eines Todesurteils.« (ZA 2, 428, 15. 9. 1943)

Es bleibt zu fragen, welchen Stellenwert die Tagebücher Klemperers und seine *LTI* für eine Analyse des NS-Faschismus insgesamt haben.

1.5 Die Analyse des faschistischen Macht-Dispositivs

Betrachtet man die Tagebücher aus der Perspektive heute entwickelter Theorien und Analyseverfahren, so kann man sie als Materialien für die Analyse faschistischer *Macht-Dispositive* verstehen, die bereits eine Fülle von interpretativen Ansätzen für eine solche Analyse enthalten.

Dies sticht besonders dann hervor, wenn man Klemperers Tagebücher auf dem Hintergrund dessen liest, was Michel Foucault unter dem Begriff des Dispositivs versteht. Foucault schreibt: »Was ich unter diesem Titel festzumachen versuche ist erstens ein entschieden heterogenes Ensemble, das Diskurse, Institutionen, architekturale Einrichtungen, reglementierende Entscheidungen, administrative Maßnahmen, wissenschaftliche Aussagen, philosophische, moralische oder philanthropische Lehrsätze, kurz: Gesagtes ebensowohl wie Ungesagtes umfaßt.« (Foucault 1978, 120) Die Analyse solcher Dispositive zielt darauf ab, das hinter diesen Diskursen, Praxen und »Dingen« stehende spezifische *Wissen* zu ermitteln, das in wie auch immer modifizierter Form von Generation zu Generation, vermittelt über Institutionen wie Familie, Schule, Alltag, Medien und Politikeransprache, weitervererbt wird.

Ich meine, dass Klemperer, jedenfalls in relevanten Ausschnitten, die er aus seiner Perspektive und über andere Wissensquellen in den Blick bekommt, eine solche Dispositiv-Analyse geleistet hat. In der Einleitung zur *LTI* operiert Klemperer mit einem sehr weiten Sprachbegriff, der den Foucault'schen Begriff des Dispositivs im Ansatz vorwegnimmt, wenn er schreibt: »Das Dritte Reich spricht mit einer schrecklichen Einheitlichkeit aus all seinen Lebensäußerungen und Hinterlassenschaften: aus der maßlosen Prahlerei seiner Prunkbauten und aus ihren Trümmern, aus dem Typ der Soldaten, der SA- und SS-Männer, die es als Idealgestalten auf immer andern und immer gleichen Plakaten fixierte, aus seinen Autobahnen und Massengräbern. Das alles ist Sprache des Dritten Reiches.« (LTI, 16)

Auch der Zusammenhang von großer Rede und Umgebung wird von Klemperer analysiert, wenn er bemerkt: »In gewissem Sinn kann man den festlich geschmückten Markt oder die mit Bannern und Spruchbändern hergerichtete Halle oder Arena, in der zu der Menge gesprochen wird, als einen Bestandteil der Rede selber, als ihren Körper ansehen; die Rede ist in solchem Rahmen inkrustiert und inszeniert, sie ist ein Gesamtkunstwerk, das sich gleichzeitig an Ohr und Augen wendet, und doppelt an das Ohr, denn das Brausen der Menge, ihr Applaus, ihr Ablehnen wirkt auf den Einzelhörer mindestens gleich stark wie die Rede an sich.« (LTI, 57)

Klemperer macht zudem »auf die architektonische Kraftprotzerei aufmerksam«; und wieder konstatiert er: »auch sie ist LTI« (LTI, 277); und auch den sog. Reichstagsbrand begreift er als Bestandteil der LTI. (Vgl. LTI, 58)

Solche Beobachtungen außerhalb der Sprache im engeren Sinne finden sich keineswegs selten, so auch im folgenden Zitat: »Ähnlich kokettieren jetzt die Weiber mit ihren Schwangerschaften. Sie tragen den Bauch wie einen Parteiknopf. Auch das gehört, wie die Rune und das zackige SS zur LTI. Ganz Deutschland ist eine Fleischfabrik und Fleischerei.« (ZA 2, 188, 27. 7. 1942)

In der *LTI* selbst – seinem »Erziehungsbuch« – beschränkt Klemperer sich leider jedoch im Wesentlichen auf die Beschreibung der sprachlichen Seite solcher diskursiven Praxen, mit der Begründung, er sei ja gelernter Philologe. Doch *LTI* ist ja kein völlig neu geschriebenes Buch, keine stringent entwickelte Kritik an der Sprache des Faschismus. Sie ist ja nichts anderes als eine (sehr selektive) Zusammenstellung der LTI-Notizen aus den Tagebüchern der 12 Jahre währenden faschistischen Herrschaft, die er geordnet und kommentiert hat. Er fällt nach 1945 damit ein Stück weit hinter seine Analysen aus den Tagebüchern zurück.

In den Tagebüchern aber betrachtet Klemperer die faschistischen Institutionen, die Praxen der Judenverfolgung und -ausgrenzung konkret, die Lebensbedingungen der Menschen, der Juden und »Arier«, wissenschaftliche Aussagen, Gesetze, die Arbeitsbedingungen, den Krieg und die Kriegsfolgen, die Medien und deren Wirkung und den Alltag. Er charakterisiert die faschistische Ideologie, die Strafpraxen und Hinrichtungsformen – und zusätzlich die sprachlichen und medialen Prozesse und Hervorbringungen. Mit den Tagebüchern liegt demnach eine Art Dispositivanalyse vor, die insgesamt viel mehr über den deutschen Faschismus aussagt, als dies die Betrachtung der sprachlichen Praxen alleine vermocht hätte.

So ist Klemperers Beitrag zum Verständnis des Faschismus von unschätzbarem Wert. Darüber hinaus liegt für uns Heutige vielleicht sein wichtigstes Vermächtnis darin, uns für das, was in unserer Gegenwart vor sich geht, zu sensibilisieren und kritikfähig zu machen, damit wir uns und andere diesen diskursiven Verstrickungen nicht selbstverständlich und unbewusst aussetzen.

1.6 Klemperers Beobachtungen zum politischen Diskurs nach 1945: Lingua Quarti Imperii

Klemperer fürchtete das Fortleben der faschistischen Ideologie nach dem Dritten Reich. So schreibt er: »Wie lange wird es dauern, bis man aus diesen Kinderköpfen den nationalsozialistischen Unrat entfernt haben wird?« (ZA 2, 481, 30. 1. 1944) Aber er sieht auch, dass dieser ideologische Wissensfluss nicht erst mit der Zeit des Faschismus an der Macht entstanden ist. Er weiß: »Die Hitlerei hat tiefe Wurzeln.« (ZA 1, 684, 5. 11. 1941) Und er sieht diese Wurzeln im – wie er sagt – übersteigerten Nationalismus der »teutschen Romantik« (vgl. ZA 2, 576, 5. 9. 1944 und auch LTI, 138 ff.).

Auch noch nach dem Ende des Krieges befürchtet er für die Zukunft: »Ich sehe einen neuen Hitlerismus kommen, ich fühle mich durchaus nicht in Sicherheit.« (ZS 1, 109 f., 18. 9. 1945)

Sein Motiv, möglichst bald nach dem Krieg seine *LTI* fertig zu stellen, entsprang insbesondere der Furcht, die sich aus konkreten Beobachtungen der Sprache nach 1945 nährte, es könne eine Sprache des Vierten Reiches geben, eine LQI, die sich aus der des faschistischen Reiches speiste und dessen Geist fortleben lassen würde (vgl. LTI, 20). Diese Befürchtung war ganz und gar nicht unberechtigt.

In seinem Tagebuch von 1945 beschreibt er das Fortdauern von LTI als LQI besonders intensiv. Er schreibt etwa: »Ich muß allmählich anfangen, systematisch auf die Sprache des *vierten Reiches* zu achten. Sie scheint mir manchmal weniger von der des *dritten* unterschieden als etwa das Dresdener Sächsische vom Leipziger. Wenn etwa Marschall Stalin der Größte der derzeit Lebenden ist, der genialste Stratege usw. Oder wenn Stalin in einer Rede aus dem Anfang des Krieges von Hitler, natürlich mit allergrößtem Recht, als von dem ›Kannibalen Hitler‹ spricht. Jedenfalls will ich unser Nachrichtenblatt und die *Deutsche Volkszeitung*, die mir jetzt zugestellt wird, genau sub species LQI studieren.« (ZS 1, 26, 25. 6. 1945) Dafür findet er viele Belege auf allen Diskursebenen und fordert: »Man sollte ein antifaschistisches Sprachamt einsetzen.« Er sieht »Analogien der nazistischen und bolschewistischen Sprache« (ZS 1, 38, 4. 7. 1945), dabei bediene »man sich sämtlicher nazistischer Schlagworte, die wie Leichengift wirken«. (ZS 1, 50, 19. 7. 1945) Und er führt an: »1) Alle Welt sagt nach wie vor *der* Russe. 2) Man spricht in der Volksztg. von einer *Verlautbarung*. Das ist österreichische Militärsprache u. wird nun, trotzdem von Hitler eingeschleppt, trotzdem es mehrere deutsche Ausdrücke wie Anordnung, Befehl, Heeresbericht, Kundgebung … zusammenmantscht, stur beibehalten. 3) Marshall Stalin beim großen Armeefest auf den gemeinen Mann, den Poilu inconnu trinkend, nannte ihn wiederholt ›Die Schrauben‹ des ganzen Werkes. Also der technischste der Ausdrücke. Cf. Gleichschalten.« (ZS 1, 28, 27. 6. 1945)

Klemperer entschließt sich dann zunächst aber, seine LTI-LQI-Studien abzubrechen, wegen »Saturiertheit« (ZS 1, 54, 23. 7. 1945), wie er sagt. Doch dabei bleibt es nicht. Es gibt weiterhin ausführliche Notizen zu diesem Thema, jetzt versehen mit dem Kürzel *LQI*, etwa: »Nazistische Propaganda wirkt noch, wird wohl auch heimlich fortgesetzt. Ist Dresden denn besonders kleinbürgerlich – oder ist ganz Deutschland so gerichtet? (ZS 1, 62, 1. 8. 1945) Scharf formuliert er: »LQI übernimmt LTI mit Haut u. Haaren. Sogar Becher – höher geht's nimmer – schreibt andauernd ›kämpferisch‹. Frau Kreisler war erstaunt, als ich ›charakterlich‹ beanstande. In einem Aufsatz, der die Humanität der jetzigen Straflager (Kommandohaft) rühmt, werden die Häftlinge zu ›einsatzfreudigen‹ Menschen erzogen.« (ZS 1, 127, 15. 10. 1945) Er sieht, dass sich mit der »Wende« von 1945 nicht alles zum Besseren gekehrt hat, nicht auf einen Schlag Sozialismus und Demokratie eingetreten sind und dass auch in seiner unmittelbaren Umgebung weiterhin Antisemitismus grassiert: »Was würde aus uns paar Juden, wenn die Alliierten abzögen?« (ZS 1, 185, 27. 1. 1946) Und er notiert die Aussage: »Es ist uns körperlicher Ekel vor den Juden beigebracht worden. Da war ein Schulungsbrief: ein arisches Mädchen heiratet einen Juden; ihr Grauen, wie sich an dem Kind die Rassenmerkmale zeigen: schwarze Löckchen, krumme Nase … Ich habe gedacht, es mag hart sein für den einzelnen, aber sie müssen fort, sie sind die Vergifter, die Rasse … man sucht doch auch bei Hunden die Rasse reinzuhalten.« (ZS 1, 393, 15. 6. 1947) Solche menschenverachtenden Ansichten dauern bis heute fort, wie man feststellen kann, wenn man Alltags- und Familiengespräche beobachtet.[10]

Klemperer beobachtet vor allem Beispiele aus seiner näheren Umgebung, also aus der russischen Besatzungszone und der späteren DDR. Bitter notiert er kurz vor seinem Tod: »Das Ganze, und dieses Ganze conzentriert sich immer mehr auf diesen einen Ulbricht, unterscheidet sich immer weniger von nazistischer Gesinnung u. Methode. Sag Arbeiterklasse statt Rasse, u. beide Bewegungen sind identisch. Tyrannei u. Enge nehmen täglich zu. Glaubenshetze, Jugendweihe, Kampf gegen ›ideologische Coexistenz‹ gegen ›Fraktionismus‹, gegen ›kleinbürgerliche Überheblichkeit‹ all das ist LQI.« (ZS 2, 673, 14. 2 1958) Enttäuscht notiert er: »*Das* kann nicht Marx' Idealzustand gewesen sein.« (ZS 2, 723, 24. 10. 1958)

Doch auch westliche Sprachgewohnheiten werden von Klemperer zur Kenntnis genommen: »natürlich muß sich LTI fortsetzen, bei uns, weil wir Sowjetzone sind, im Westen weil man nazistisch geblieben ist.« (ZS 1, 595, 10. 10. 1948) Sein Land, die DDR, erscheint ihm, bei aller Kritik, durchweg als das kleinere Übel, auch wenn es ihm zunehmend schwer fällt, diese Sichtweise beizubehalten.

Wichtig ist bis heute: Klemperer dokumentiert, wie Diskurse nicht einfach abbrechen, sondern – als Einheiten von sprachlichen Formen und gedanklichen Inhalten – eine zähe Lebensdauer haben und Ideologien transportieren, die man längst auf dem Müllhaufen der Geschichte wähnte – im Osten wie im Westen.

2. Völkischer Nationalismus im Diskurs der Gegenwart

2.1 Einleitung

Analysen zum öffentlichen Diskurs der Gegenwart, wie er in Politikerreden, in den Medien, im Alltag, aber auch in der Wissenschaft anzutreffen ist, zeigen, dass völkisch-nationalistisches Denken heutzutage wieder hoffähig zu werden beginnt. Die Hitlerei ist zwar vorbei; das Denken, auf dessen Hintergrund sie möglich geworden ist, ist jedoch keineswegs tot. Es beeinflusst den gesamten hegemonialen Diskurs weiterhin: Die Bereitschaft, innere und äußere Feinde mit allen Mitteln zu bekämpfen, der Ruf nach dem loyalen und opferbereiten Bürger, der Wille, die Frauen auf ihren »angestammten Platz« zurückzudrängen, das sind die alten Ideologien des völkischen Nationalismus und der konservativen Revolution der 20er und 30er Jahre, die – oft kaum verhohlen – den politischen Diskurs der Gegenwart wieder zu infiltrieren begonnen haben.[11] Dies äußert sich nicht nur in Wahlerfolgen rechtsextremer Parteien und in der drastischen Zunahme rassistisch und rechtsextremistisch motivierter Straftaten, so etwas findet man nicht nur in den zahlreichen rechtsextremen Gazetten, sondern dies äußert sich insgesamt in einer Rechtsdrift, die sich heute unter dem Deckmantel der Normalität in der Mitte der Gesellschaft vollzieht.

Diese Feststellung kann im Rahmen dieses Artikels nur exemplarisch belegt werden, wobei ich mich auf eine Vielzahl von Projekten und Einzeluntersuchungen berufen kann.[12] Hier soll es vor allem darum gehen, den Blick dafür zu schärfen, dass in Politik, Medien und Alltag auch heute ein Denken und Sprechen Bestand hat, das demokratischen Vorstellungen diametral entgegensteht.

Seit Mitte der 80er Jahre kontinuierlich durchgeführte Medienanalysen und Erhebungen zum Politiker- und Alltagsdiskurs zeigen, dass Rassismus und rechtsextreme Ideologeme generell fortlaufend Bestandteil des öffentlichen und privaten Diskurses sind.

2.2 Politikerdiskurs

Als *der* zentrale Stichwortgeber für den Medien-Diskurs gilt der *Politikerdiskurs*. Dazu möchte ich auf die Untersuchung der Debatten des Deutschen Bundestages seit dessen Einrichtung verweisen (vgl. Wichert 1995). Diese Untersuchung zeigt, wie insbesondere konservative Politiker das Thema Asyl von langer Hand vorbereiten und spätestens seit der Bonner Wende von 1982 das Ziel verfolgten, den Asylartikel (Art. 16 GG) faktisch auszuhebeln.

Dies gelang auch: Im Mai 1993 verabschiedete der Bundestag den neuen Asylartikel, und kurz danach verwarf das Bundesverfassungsgericht Einsprüche gegen die neue Fassung dieses Artikels, so dass ein wesentlicher Bestandteil des Grundgesetzes, in dem einige Konsequenzen aus den Gräueln des 3. Reiches gezogen worden waren, nun entfallen ist. Diese Entwicklung war begleitet von massiven ausländerfeindlichen Debatten im Bundestag selbst, in die sich auch die Sozialdemokraten verwickeln ließen und die eine verheerende Wirkung auf das gesamtgesellschaftliche Denken und Tun hatten. Untersuchungen des Wiener Instituts für Sprachforschung unter Leitung von Ruth Wodak und des Amsterdamer Diskursanalytikers Teun van Dijk ergaben, dass ein *Racism at the Top* in allen europäischen Parlamenten stark verbreitet ist. Er kommt zwar etwas subtiler einher als an den Stammtischen und in der Boulevardpresse, ist aber – wie gesagt – als Stichwortgeber für diese Mittler ungeheuer diskursmächtig.[13]

2.3 Medien

Untersuchungen der Medien zeigen, dass die politische Argumentation sehr breit medial aufgenommen wurde, wodurch die Medien für die massenhafte Produktion und Reproduktion auch des militanten Rassismus äußerst große Mitverantwortung trugen und weiterhin tragen. Das gilt gegenüber allen Menschen, die – in welcher Weise auch immer –

von »unserer« deutschen Normalität abweichen, insbesondere aber für diejenigen, deren äußeres Erscheinungsbild sozusagen auf den ersten Blick »Fremdheit« signalisiert. Diese Art der Berichterstattung trägt dazu bei, besonders Menschen mit schwarzer Hautfarbe, aber auch diejenigen, die andere Sitten und Bräuche pflegen, mit Gefahr und Katastrophe zu assoziieren, so dass diese Bedrohungsgefühle und Angst auslösen. Das ist die Ursache dafür, sie abzulehnen, auszugrenzen, sie zu verfolgen und zu verletzen oder gar zu töten.

Die Medien schaffen zwar nicht – und schon gar nicht allein – den alltäglichen Rassismus, es handelt sich keineswegs um eine Einbahnstraße von den Medien hin zum Alltagsbewusstsein. Sie nehmen alltägliches Denken aus dem Alltagsdiskurs auf, verbinden es mit den politischen Vorgaben, spitzen diese, je nach eigener politischer Diskurs- bzw. ideologischer Position mehr oder minder stark zu und reproduzieren solche Haltungen von Tag zu Tag immer wieder aufs Neue. Die Rekursivität solcher Berichterstattung erzeugt ein festes »Wissen«, das die Grundlage für das Handeln und Verhalten gegenüber den o. g. Personen darstellt. Diese Wissensproduktion stößt zudem auf einen historischen Diskurs, der seine Wurzeln mindestens im 19. Jahrhundert hat und mit dazu geführt hat, dass Völkermord und Vernichtung, dass der Holocaust möglich wurde. Ich möchte das im Folgenden anhand nur einiger weniger Beispiele verdeutlichen.

Bereits seit den späten 70er und frühen 80er Jahren lässt sich in den Medien eine eigentümliche begriffliche Spaltung erkennen, wenn über Flüchtlinge berichtet wird. Seit dieser Zeit nämlich geistert die neue Bezeichnung *Asylant* durch fast alle Medien. Mit dem Terminus »Asylant« wurden vornehmlich bis ausschließlich nur *diejenigen* Flüchtlinge bezeichnet, die aus Ländern der sog. Dritten Welt zu uns kommen, während für solche aus Osteuropa weiterhin der Begriff »Flüchtling« angewendet wurde und wird. Durch diese Terminologie wird eine Aufspaltung der Einwanderer in gute, zugangsberechtigte Flüchtlinge und schlechte, nicht berechtigte Flüchtlinge vorgenommen. Die nicht berechtigten Flüchtlinge meint man dabei häufig bereits an ihrer Hautfarbe erkennen zu können.

Die »Flüchtlinge«, das sind die politisch Verfolgten, von denen es auch nur wenige gibt. »Asylanten«, das sind die Massen, die uns bedrängen, die mit dem Grundgesetz Missbrauch treiben usw. Unter Berücksichtigung der Gruppe der Aussiedler haben wir es in den Medien mit einer Hierarchie von Flüchtlingen zu tun, die der *Spiegel* im September 1991 in seiner Titelstory prägnant ausgeführt hat. Dort heißt es in negativer Steigerung: »Flüchtlinge, Aussiedler, Asylanten – Ansturm der Armen«. Hinzu kommt, dass der Begriff »Asylant« in eine Verbindung mit anderen, leicht verständlichen kollektiven Symbolen gebracht wurde und wird, was mit zur Eskalation von Gewalt gegenüber fremden Menschen in unserem Land beigetragen hat. Dies ist z. B. der Fall, wenn von »Asylanten-Fluten« die Rede ist, gegen die man »Dämme« errichten müsse.

Unter solchen Kollektiv-Symbolen versteht der Kulturwissenschaftler Jürgen Link dabei Bilder, die gleichzeitig Träger eines bestimmbaren Sinns sind. Das können Bilder im Wortsinne sein, also Fotos und Karikaturen, es können aber auch Sprachbilder sein. »Wichtig ist, dass diese Symbolik der Medien für den Großteil der Gesellschaft sofort den Effekt von ›Verständlichkeit‹ hervorruft und eben ›sinnvoll‹ erscheint.« (Gerhard 1992, 165)

Gerade an der Debatte über Flüchtlinge, die seit Jahren in den Medien geführt wird, lässt sich nachvollziehen, wie durch den Einsatz und den Gebrauch solcher Symboliken in der Bevölkerung ein Bedrohungsgefühl entstanden ist, das geradezu danach verlangt, die Gefahr endlich abzuwehren und nun endlich – auch gewaltsam – dagegen vorzugehen. Die Medien wiederholen solche Symbole in Verbindung mit dem Thema Einwanderer und Asyl massenhaft und stereotyp und bilden eine Kette von Äquivalenzen, aufgrund derer sich die folgenden Analogien ergeben:

Die Bundesrepublik wird im Verhältnis zu Flüchtlingen und Einwanderern dargestellt als eine »Insel«, als ein »Land ohne Damm« angesichts von riesigen »Fluten«, die sie überschwemmen, oder als ein »Boot« mit »geöffneten Schotten« bzw. »Undichtigkeiten« in diesen »Fluten«, oder wie ein Land, bei dem trotz einer »Belagerung« bzw. »Invasion« die »Einfallstore« weit offen stehen, oder als ein »Haus«, in dem ein »Sprengsatz« deponiert wird, oder auch als ein »Körper«, der von »Krankheiten«, »Giften«, wie z. B. »Drogen«, bedroht ist, oder auch als ein »Haus« mit »nicht funktionierender Tür« bzw. »nicht funktionierendem Tor« angesichts des »Riesenandrängens« bzw. »Ansturms« der Fremden, oder schließlich auch als eine »Oase der Ordnung«, die bedrängt wird von der »Wüste des Chaos«. (Beispiele nach Gerhard 1992, 170) Unter Zuhilfenahme dieses Systems von Kollektivsymbolen, das insgesamt die politische Landschaft der Bundesrepublik bildhaft symbolisiert, wird ein Subjekt gezeichnet, nämlich »Wir Deutsche«

bzw. »Deutschland«, das absolut bedroht ist, das sich in einer Notwehr-Situation befindet, die geradezu nach Handlungsbedarf schreit.

Nun könnte man meinen, die Medien seien nach den verschiedenen Wellen rassistisch motivierter Brandanschläge in Deutschland aufgewacht. Doch dies ist bei dem größten Teil leider nicht der Fall. Zwar nicht mehr ganz so häufig wie bis 1993, aber doch weiterhin wurde von »Asylanten-Strömen« gesprochen, weiterhin sahen viele JournalistInnen »die Dämme brechen« und Deutschland »in einem Meer von Flüchtlingen versinken«. Doch es ist noch etwas anderes hinzugekommen. Die Medien vollbrachten das Kunststück, sich zugleich über die rassistisch motivierten Überfälle zu empören und rassistische Einstellungen weiter zu verfestigen.

Unsere Presseanalysen zur Berichterstattung über die Ereignisse in Rostock zeigten, dass nahezu unisono die hinter dem Aufschrei verborgene Botschaft fast der gesamten Presse und nahezu aller AutorInnen darauf hinauslief, das Problem dadurch zu lösen, dass man die Grenzen dicht machen müsse, dass die »unberechtigten« Flüchtlinge abzuschieben seien etc. (vgl. DISS 1993). Der Grundtenor dieser Berichterstattung muss deshalb als rassistisch bezeichnet werden. Sie hat ihr Spiegelbild auch in einer Form des institutionellen Rassismus gefunden.

Nach den Morden von Mölln und Solingen befleißigte sich vor allem – aber nicht nur – das Massenblatt *BILD* weiterhin dieser Doppelstrategie. *BILD* beschwört einerseits die Schande für Deutschland und bejubelt die Fahndungserfolge gegen die rassistischen Straftäter – zugleich schürt das Blatt weiter Rassismus und redet von »Asylanten«.

Das folgende Beispiel zeigt plastisch, wie diese Doppelstrategie funktioniert: Der mutmaßliche Täter von Mölln wird auf der Titelseite der Bildzeitung vom 27. 11. 1992 großformatig als Nazi an den Pranger gestellt. Im Artikel direkt darunter wird jedoch bereits wieder gegen Einwanderer gehetzt. Mit solcher Berichterstattung sind die nächsten rassistischen Eskalationen vorprogrammiert. Und sie passierten ja auch, wie die Kette von Anschlägen, die bis heute nicht wirklich abgerissen ist, unter Beweis stellt.

Doch es ist in den Medien nach 1993 eine gewisse Themenverschiebung zu beobachten. Nachdem der Art. 16 GG im Mai 1993, zeitgleich mit den Morden von Solingen, zur Unkenntlichkeit verstümmelt wurde, verlagerte sich die Hetze gegen Ausländer von der Kostenseite auf die Seite der Kriminalität. Damit wurde die alsbald folgende Welle von Abschiebungen weiter zu legitimieren versucht.

Ein Beispiel aus dem *Focus* vom 7. 2. 1994 ist geeignet, diese Taktik exemplarisch zu verdeutlichen: In der Titelstory selbst werden zunächst Zahlen hin- und hergewälzt, die zeigen, dass es mit einer besonderen »Ausländer«-Kriminalität nicht sehr weit her ist. Dann folgt eine Passage, mit der auf die eigentlichen Ursachen der Ängste der Deutschen vor den Fremden hingewiesen wird. Nach *Focus* sind daran die organisierten ausländischen Banden schuld. Nach Darstellung einer Fülle solcher »Banden« und ihrer Taten endet der Artikel mit einem Zitat des Philosophen Thomas Hobbes: »Die Verpflichtung des Bürgers gegen den Souverän [...] kann nur solange dauern, als dieser imstande ist, sie zu schützen.« Darauf schlussfolgert *Focus* mit Hobbes weiter: »Ist der Staat dazu nicht mehr in der Lage, gilt das natürliche Recht der Menschen, sich selbst zu schützen.« Diese Schlussfolgerung kommt einem Aufruf an die Bevölkerung gleich, zur Not mit Gewalt gegen »Ausländer« vorzugehen.

Solche Texte und Bilder sind nicht nur in der Boulevard- und Sensationspresse zu finden, sondern in nahezu allen Zeitungen, selbst in seriösen Blättern wie *Die Zeit* oder in der *Süddeutschen Zeitung*, selbstverständlich je nach politisch-ideologischer Diskursposition in unterschiedlicher Weise und mehr oder minder subtil. So wurden im Frühjahr 1997 die Demonstrationen von Kurden zum Newroz-Fest in allen deutschen Zeitungen zum Anlass genommen, die Kurden als Bedrohung für Deutschland darzustellen, mit der Folge, dass sich Überfälle auf Ausländer wieder häuften.

Was heißt dies nun für den Anteil der Medien an Produktion und Reproduktion von Rassismus, dem zentralen Ideologem des völkischen Nationalismus, zumal es als Einfallstor für weitere rechtsextreme Ideologeme prädestiniert ist? Sicherlich tragen die Medien nicht die alleinige Schuld am Zustand der deutschen Republik; bescheinigt werden muss ihnen nach den Analysen jedoch eine erhebliche Mitverantwortung für die gewalttätigen ausländerfeindlichen Ereignisse. Sie haben dazu beigetragen, dass die Flüchtlinge, die nach Deutschland kommen, oder solche Leute, die dort seit langem leben, aber von sog. deutscher Normalität abweichen, zu einer solch gravierenden Bedrohung hochstilisiert werden, dass der daraus resultierende Handlungsbedarf geradezu als zwingend erscheint, und sie tragen weiterhin dazu bei, dass auch rechtsextreme Parteien und Organisationen wie NPD, DVU und andere die Ernte in ihre Scheuer fahren können, die Medien und Politiker der Mitte gesät haben.

Um dies weiter zu untermauern, ist mir der Nachweis wichtig, dass die zentralen Inhalte der Medien und die in den Medien damit einhergehende Kollektivsymbolik auch im Alltagsbewusstsein bzw. im Alltagsdiskurs erscheint.

2.4 Rassismus im Alltagsdiskurs

Wir haben die Untersuchung zum Alltagsdiskurs von 1991/92, die unter dem Titel »BrandSätze« (vgl. Jäger 1996) erschienen ist, 1993 und 1995 durch zwei weitere Erhebungen von Interviews und durch weitere Analysen bis heute fortgesetzt, wobei wir die wesentlichen Ergebnisse unserer vorangegangenen Untersuchungen bestätigt fanden. Das Gesamtkorpus unserer etwa jeweils ein- bis 1½-stündigen nicht-standardisierten Interviews enthält inzwischen 50 Interviewtexte von jeweils über 20 Seiten Umfang, die einer qualitativen und quantitativen Analyse unterzogen wurden.

Die wichtigsten Ergebnisse unserer Untersuchungen zum Alltagsdiskurs lassen sich wie folgt zusammenfassen:

– Alle von uns Interviewten sind mehr oder minder stark in den rassistischen Diskurs verstrickt, egal, ob alt oder jung, männlich oder weiblich, egal, welche Partei sie wählen und welchen Beruf sie ausüben. Mit diesem Hinweis auf die Verstrickungen der jeweils Einzelnen in einen rassistischen Diskurs ist gleichzeitig gesagt, wie umfassend der Rassismus zur Denkweise unserer Gesellschaft gehört.

– Er ist also keineswegs als ein Problem der deutschen Jugend zu verharmlosen, wie die neue Shell-Studie und andere Untersuchungen suggerieren könnten. Die Jugendlichen sind zwar auch in den rassistischen Diskurs verstrickt, und es sind vor allem Jugendliche, die zu offener Gewalt greifen. Sie verstehen sich aber dabei nur als diejenigen, die den Willen der Älteren ausführen und schon allein aus physischen Gründen in dieser Hinsicht stärker hervortreten.

– Rassismus wird oft verdeckt geäußert. Typisch sind Verleugnungsstrategien der Art: »Ich habe nichts gegen Ausländer, aber es sind doch zu viele hier. Unser Boot ist voll!« Wobei Boot dann des Öfteren durch Land oder Raum ersetzt wird. Oder es heißt, zunächst abschwächend: »Ich bin nicht unbedingt dieser Ansicht.

Aber mein Vater, und auf den ist Verlaß, meint, daß Ausländer für uns Deutsche eine Gefahr darstellen.« Oder, um ein etwas schwierigeres Beispiel zu zitieren: »Ausländer sind doch auch Menschen!« Hier drückt sich dadurch eine rassistische Verstricktheit aus, dass eine Unterstellung mitgedacht wird, eben dass man überhaupt davon ausgehen könnte, dass dies nicht der Fall wäre.

- Insgesamt taucht ein Katalog von etwa 30 stereotypen negativen Bewertungen von Einwanderern und Flüchtlingen auf, der von den meisten Deutschen strikt geteilt wird. Insofern lässt sich sagen: Es handelt sich nicht um ein individuelles Problem, sondern um ein soziales. Die Negativ-Urteile sind sozial fest verankert. Häufig handelt es sich um unzulässige Verallgemeinerungen von Einzelfällen wie etwa: »Die Ausländer sind kriminell.«
- Dieser Katalog von Negativ-Urteilen findet sich auch in den Medien, so dass davon auszugehen ist, dass die Medien zur Verfestigung, wenn nicht sogar zur Erzeugung rassistischer Einstellungen erheblich beitragen. Ein Indiz dafür sind auch die so genannten »journalistischen Schlüsselwörter«, die im Alltagsdiskurs auftreten. Damit sind Wörter gemeint, die nicht zur »normalen« Alltags-Sprache gehören wie etwa »Aggression«, »Ambition«, »Asylant«, »Identität« – um nur einige zu nennen.
- Abgrenzungen und Ausgrenzungen werden mit Hilfe von sprachlichen Bildern markiert, wobei die Kollektivsymbolik eine sehr wichtige Rolle spielt. Beispiele: »Fluten bedrohen uns«, »Dämme müssen errichtet werden«, »Viren dringen bei uns ein«, »eine Giftsuppe kocht hoch« usw. Das Auftreten solcher Symbole im Alltagsdiskurs lässt stark vermuten, dass sich hier der Einfluss der Medien geltend macht.
- In der Bevölkerung herrscht noch ein erheblicher Antisemitismus. Dieser richtet sich aber oft auch gegen Türken, denen damit gedroht wird, dass es ihnen eines Tages gehen könnte wie den Juden. Auch werden demokratische Argumente verwendet, um rassistische Einstellungen abzusichern: »Die Türken behandeln ihre Frauen schlecht, und deshalb lehnen wir sie ab, deshalb haben sie hier nichts zu suchen.«
- Die Ausgrenzungen der Einwanderer und Flüchtlinge gehen einher mit latenten Handlungsbereitschaften. Damit ist nicht nur die Inkaufnahme und Einforderung von struktureller staatlicher Gewalt gemeint, wie dies bei der Abschiebung der Fall ist. Man will

unter Umständen selbst Hand anlegen, um die Ausländer los zu werden. Insofern kamen die Beifallsbekundungen der Bürgerinnen und Bürger in Hoyerswerda, Rostock und andernorts für uns auch nicht überraschend.

In den neueren Interviews ist eine Tendenz zur Aufnahme weiterer völkischer Ideologeme zu beobachten, etwa die Forderung, dass Deutschland seine Interessen »draußen« militärisch verteidigen möge.

3. Fazit

Damit habe ich einige wichtige diskursive Ebenen des rassistisch unterfütterten Diskursstrangs über Einwanderung, Flucht und Asyl in der BRD der Gegenwart knapp skizziert. Daneben sind auch der Erziehungsdiskurs und wissenschaftliche Spezial-Diskurse zu beachten. In ihrer komplexen Verflechtung, ihrer gegenseitigen Beeinflussung und Stützung, bergen sie die Gefahr, ein undemokratisches, gewalttätiges und rassistisches Klima in der BRD aufrechtzuerhalten oder neu zu erzeugen und Menschen immer wieder dazu anzustiften, Gewalttaten zu begehen oder zu dulden. Der Diskurs der Gegenwart ist demnach keineswegs frei von rechtsextremen bis faschistischen Ideologiebestandteilen. Klemperers Beobachtungen zur Sprache im Faschismus können den Blick dafür schärfen, was sich heute tut. Wer seine Mitverantwortung für eine solche Entwicklung sieht oder doch begreifen möchte, tut gut daran, das, was sich in seiner unmittelbaren Umgebung diskursiv abspielt, genau zu beobachten. Dazu bedarf es einer gewissen Distanz, denn solche Entwicklungen spielen sich zumeist schleichend ab. Was gestern noch als faschistisch oder rechtsextrem galt, gehört heute bereits vielfach wieder zur »Normalität«. Wir sollten uns ihr nicht unbedacht und unbewusst aussetzen.

Anmerkungen

1   Zitiert wird aus der LTI-Ausgabe des Röderberg-Verlages, Köln 1987, die hinsichtlich des Wortlautes und der Seitenzahl identisch ist mit älteren Reclam-Ausgaben.
2   Zitiert wird aus der zweibändigen Ausgabe der Tagebücher 1933–1945 (Berlin: Aufbau 1995).

3 Zum Konzept der auf den Überlegungen des französischen Philosophen Michel Foucault basierenden Kritischen Diskursanalyse vgl. im einzelnen Jäger (1999).

4 Wie dies das *Wörterbuch des Unmenschen* von Sternberger, Storz und Süskind (1986, zuerst 1945/46) tut. Klemperer sah in diesem Wörterbuch durchaus eine Konkurrenz. So schreibt er am 31. 10. 1946: »[…] in einer westlichen Zeitschrift erscheinen regelmäßig Artikel über die ›Sprache des Unmenschen‹. Z. B. über ›betreuen‹. Das hetzt mich (bei der Arbeit an der LTI – S. J.). Ich weiß, daß meine LTI ein Ding für sich wird; aber ich fürchte, daß sie an Aktualität einbüßt u. womöglich nicht mehr veröffentlicht wird. Zu langsames Vorwärtskommen.« (ZS 1, 318)

5 Hannes Heer stellte in seinem Artikel zur Vox Populi im NS-Faschismus eine überraschende »Koinzidenz der Berichterstattung eines Herrschaftsapparates, des SS-Amtes II mit ca. 30 000 Mitarbeitern, und eines einzelnen Beobachters« fest. (Heer, Hg., 1997, 134)

7 Hier zeigt sich ebenfalls die erstaunliche Verwandtschaft von Klemperers Denken mit Ansätzen einer von Foucault inspirierten Diskurstheorie. Eine solche Verwandtschaft wird auch sichtbar, wenn man fragt, welche individuellen Freiheitsspielräume dem Subjekt, das in die Diskurse verstrickt ist, überhaupt bleiben.

8 In ihrem Buch *Vokabular des Nationalsozialismus* führt Cornelia Schmitz-Berning (1998, 45) unter dem Stichwort »Arbeitseinsatz« an: »a) Lenkung und Kontrolle der deutschen Arbeitskräfte; b) Beschäftigung teils angeworbener, später überwiegend deportierter ausländischer Arbeitskräfte in der deutschen Kriegswirtschaft; c) in der Sondersprache der SS: Zwangsarbeit der noch arbeitsfähigen KZ-Häftlinge in Rüstungsfirmen.« Klemperer, als »privilegierter« Jude, weil er mit einer nichtjüdischen Frau verheiratet war, wurde selbst zu verschiedenen Arbeitseinsätzen wie Schneeschippen, Fabrikarbeit etc. herangezogen.

9 So liest der Münchener Sprachwissenschaftler Konrad Ehlich (1997, 12) Klemperer genau in der Weise, als wolle dieser sagen, die Menschen unterm Faschismus seien als Opfer sprachlicher Manipulation zu betrachten. Die Antwort auf die Frage, wieso die »Sprachgemeinschaft« den Faschisten folgte, so konstatiert er, sei auch nach Klemperer eine zwar »zentrale, aber ungelöste Aufgabe« (ebd.).

10 Vgl. dazu Jäger (1996).

11 Kellershohn hat in mehreren Untersuchungen die Kernideologeme des Völkischen Nationalismus beschrieben, vgl. z. B. Kellershohn (1995).

12 Einen Überblick enthält Jäger/Jäger (1999).

13 Der Projektbericht ist zur Zeit der Abfassung dieses Artikels erst im Erscheinen.

Literatur

Boberach, Heinz u. a. (Hg.) (1965): Meldungen aus dem Reich. Auswahl aus den geheimen Lageberichten des Sicherheitsdienstes der SS 1939–1944. Berlin: Luchterhand.

Bourdieu, Pierre (1982): Die feinen Unterschiede. Kritik der gesellschaftlichen Urteilskraft. Frankfurt a. M.: Suhrkamp.

DISS (1993): SchlagZeilen. Rostock: Rassismus in den Medien. 2. Aufl. Duisburg: Duisburger Institut für Sprach- und Sozialforschung.

Foucault, Michel (1978): Dispositive der Macht: über Sexualität, Wissenschaft und Wahrheit. Berlin: Merve-Verlag.

Foucault, Michel (1989): Überwachen und Strafen. Die Geburt des Gefängnisses. 8. Aufl. Frankfurt a. M.: Suhrkamp.

Foucault, Michel. (1988): Archäologie des Wissens, 3. Aufl. Frankfurt a. M: Suhrkamp.

Gerhard, Ute (1992): Wenn Flüchtlinge und Einwanderer zu Asylantenfluten werden. In: Osnabrücker Beiträge zur Sprachtheorie 46(1992), 163–178.

Heer, Hannes (Hg.) (1997): Im Herzen der Finsternis. Victor Klemperer als Chronist der NS-Zeit. Berlin: Aufbau.

Jäger, Margret; Jäger, Siegfried (1999): Gefährliche Erbschaften. Die schleichende Restauration rechten Denkens. Berlin: Aufbau.

Jäger, Margret; Jäger, Siegfried (Hg.) (1995): Studien zu rechtsextremen und (neo-) konservativen Diskursen. Duisburg: Duisburger Institut für Sprach- und Sozialforschung.

Jäger, Siegfried (1996): BrandSätze. Rassismus im Alltag, 4. Aufl. Duisburg: Duisburger Institut für Sprach- und Sozialforschung.

Jäger, Siegfried (1999): Kritische Diskursanalyse. Eine Einführung, 2., überarb. u. erw. Aufl. Duisburg: Duisburger Institut für Sprach- und Sozialforschung.

Jäger, Siegfried (1997): Zur Konstituierung rassistisch verstrickter Subjekte. In: Mecheril (Hg.) (1997), 132–152.

Jäger, Siegfried; Kretschmer, Dirk; Cleve, Gabriele u. a. (1998): Der Spuk ist nicht vorbei. Völkischer Nationalismus im öffentlichen Diskurs der Gegenwart. Duisburg: Duisburger Institut für Sprach- und Sozialforschung.

Kellershohn, Helmut (1995): Was heißt völkischer Nationalismus? In: Jäger/Jäger (Hg.) (1995), 92–100.

Kellershohn, Helmut (1998): Völkischer Nationalismus und seine Kernidelogeme. In: Jäger/Kretschmer/Cleve u. a. (1998), 26–30.

Link, Jürgen (1982): Kollektivsymbolik und Mediendiskurse. In: kultuRRevolution 1(1982), 6–21.

Mecheril, Paul; Teo, Thomas (Hg.) (1997): Psychologie und Rassismus. Hamburg: Rowohlt.

Schmitz-Berning, Cornelia (1998): Vokabular des Nationalsozialismus. Berlin; New York: de Gruyter.

Schulte-Holtey, Ernst (Hg.) (1995): Grenzmarkierungen. Normalisierung und diskursive Ausgrenzung. Duisburg: Duisburger Institut für Sprach- und Sozialforschung.

Sternberger, Dolf; Storz, Gerhard; Süskind, W. E. (1986): Aus dem Wörterbuch des Unmenschen. Neue erweiterte Ausgabe mit Zeugnissen des Streites über die Sprachkritik, Frankfurt a. M.: Berlin: Claassen (zuerst 1945/46).

Wichert, Frank (1995): Die konjunkturelle Entwicklung des Themas Asyl im Deutschen Bundestag. In: Schulte-Holtey (Hg.) (1995), 99–118.

Walther Dieckmann

Sprachkritische Wortverbote?
Zur Sprachkritik Klemperers

1. Was wollen Sprachkritiker mit ihrer Kritik erreichen?

Wer etwas kritisiert, unterstellt normalerweise, dass das Kritisierte veränderbar ist, und deshalb auch dem, der für das Entstehen oder Fortbestehen des kritikwürdigen Zustands verantwortlich ist, vorwerfbar. Einen verregneten Sommer hingegen kann man nur beklagen, ihn zu kritisieren könnte höchstens dem einfallen, der einen Gott oder Petrus dafür verantwortlich machen will. Im Falle der Sprachkritik ist das Kritikwürdige *die Sprache*. Weniger vieldeutig sind es – nicht immer, aber doch bei vielen Sprachkritikern – bestimmte sprachliche Ausdrucksweisen, von denen angenommen wird, dass es für sie bessere Alternativen gibt. So liegt es nahe, Sprachkritik als Aufforderung zu begreifen, die jeweils kritisierten Ausdrucksweisen zu vermeiden, gleichgültig, ob der Kritiker ein Verbot, eine Empfehlung, einen Rat ausdrücklich formuliert oder ob er sich damit begnügt, bestimmte Ausdrücke negativ zu bewerten. Eine solche Reaktion auf sprachkritische Veröffentlichungen ist umso verständlicher, wenn der Sprachkritiker das Kritisierte als ›Unwort des Jahres‹, als Bestandteil des *Wörterbuchs des Unmenschen* oder der ›Nazi-Sprache‹ präsentiert oder wenn er als Sinn seiner Tätigkeit ausdrücklich angibt, den Nicht-Gebrauch der kritisierten Ausdrucksmittel zu bewirken. Entsprechende Zeugnisse findet man auch bei Klemperer, an prominenter Stelle z. B. in der allgemeinen Begründung für die Veröffentlichung der sprachkritisch relevanten Passagen seiner während der Nazi-Herrschaft geschriebenen Tagebücher unter dem Titel *LTI* im Jahre 1946: »Das Gift der LTI deutlich zu machen und vor ihm zu warnen – ich glaube, das ist mehr als bloße Schulmeisterei. Wenn den rechtgläubigen Juden ein Eßgerät kultisch unrein geworden ist, dann reinigen sie es, indem sie es in der Erde vergraben. Man sollte viele Worte des nazistischen Sprachgebrauchs für lange Zeit, und einige für immer, ins Massengrab legen.« (LTI, 27)[1] Angesichts der nach dem Ende des Faschismus am 4. Juli 1945 notierten Beobachtung, dass sogar »in einem wild antifaschistischen Vortrag […] buchstäblich das dritte Wort *Einsatz, Einsatzwilligkeit, einsatzbereit«* (ZS 1, 38) war, und angesichts auch sonst allenthalben erkennbarer Analogien zwischen der »nazistischen und bolschewistischen Sprache« (ebd.) glaubt er sogar, es nicht bei der Warnung belassen zu dürfen, und schlägt (ob ganz ernsthaft, sei dahingestellt) die Einsetzung eines »antifaschistischen Sprachamtes« (ebd.) vor. So plausibel die Deutung der sprachkritischen Tätigkeit als Aufforderung, die inkriminierten Sprachformen zu vermeiden, also ist, eine Deutung, die zugleich die Weiterverwendung vorwerfbar macht, so leuchtet sie doch in vielen Fällen nicht ein, wenn man die Dinge genauer betrachtet. Zur Illustration ziehe ich ›Unwörter des Jahres‹ aus den ersten Jahren dieser Aktion (1991–1994) heran: *ausländerfrei, ethnische Säuberung, Peanuts.*

Der Ausdruck *ausländerfrei* verdankte seine Wahl der ausländerfeindlichen Einstellung, die mit dem Wort zweifellos ausgedrückt wird. Zwar kann man sich – wie immer – Sprechsituationen ausdenken, in denen der Sprecher, der das Wort gebraucht, keine ausländerfeindliche Einstellung ausdrückt (z. B. wenn es wie im gegenwärtigen Zusammenhang als Beispiel verwendet wird), jedoch sind das immer Fälle, in denen der Kontext ausnahmsweise eine Bedeutungskomponente neutralisiert, die diese Wortbildung konventionell enthält, weil sie einem bestimmten Muster folgt und von den Sprechern und Sprecherinnen entsprechend diesem Muster interpretiert wird. Da zweifelhaft ist, wie weit das historische Bewusstsein der heutigen Sprecher reicht, soll die parallele Bildung *judenfrei* aus dem Dritten Reich gar nicht besonders betont werden. Die Produktivität des Musters lässt sich auch an neueren Bildungen wie *atomwaffenfreie Zone, cholesterinfreie Ernährung, phosphatfreies Waschmittel* illustrieren. Solche Bildungen haben in der Rolle des Bestimmungswortes immer die Bezeichnung von etwas, was – in diesen Bildungen mit *frei* – als gefährlich, unangenehm, lästig gilt, dessen Beseitigung daher als erstrebenswertes Ziel anzusehen ist. Und genau in diese Position rückt im ›Unwort‹ *ausländerfrei* das Wort *Ausländer.* – Was aber ist nun das Kritisierbare, und worin könnte die sprachkritisch intendierte Veränderung bestehen? Ist das eigentlich Kritikwürdige nicht die am sprachlichen Ausdruck nur erkannte ausländerfeindliche Einstellung? Und würde sich an der etwas ändern, wenn man das Wort tabuisiert? Besteht nicht sogar die Gefahr, dass durch eine Veränderung auf der sprachlichen Ebene die faktisch bestehende Ausländerfeindlichkeit sich nur hinter anderen Ausdrücken versteckt?

Wer könnte daran ein Interesse haben? Das Beispiel zeigt, dass es keineswegs immer offensichtlich ist, was genau Ziel der Sprachkritik ist, und dass insbesondere die Auffassung, der kritisierte Zustand sei durch Veränderungen auf der Ebene des sprachlichen Ausdrucks zu verbessern, nicht unbesehen gelten kann.

Beim zweiten Beispiel, *ethnische Säuberung*, scheint diese Auffassung eher gerechtfertigt. Zwar ist auch hier die bezeichnete Sache, ein Komplex von Maßnahmen zur Unterdrückung von Volksgruppen im ehemaligen Jugoslawien bis hin zur Ermordung, im hohen Grade verdammenswert, doch verdankt die Formulierung ihre Wahl zum ›Unwort‹ nicht dem Schlimmen der Sache, sondern dem Umstand, dass das Schlimme in der Bezeichnung nicht angemessen zum Ausdruck kommt. Das Kritisierbare ist in diesem Fall die Diskrepanz zwischen dem wahren Charakter des Bezeichneten und dem, was die Bezeichnung über das Bezeichnete suggeriert. Solche Diskrepanzen können in der Tat durch Änderungen auf der sprachlichen Ebene, nämlich durch Ersetzung des euphemistischen Ausdrucks *ethnische Säuberung* durch einen passenderen, beseitigt werden. Man könnte angesichts der schon längeren Geschichte dieses Gebrauchs des Wortes *Säuberungen* samt der Kritik an diesem Gebrauch, nicht zuletzt in Bezug auf die *stalinistischen Säuberungen*, allenfalls fragen, ob der ursprünglich euphemistische Ausdruck *Säuberungen* in solchen Zusammenhängen nicht schon längst seine verschleiernde Kraft verloren hat und einer sprachkritischen Aufklärung gar nicht mehr bedarf.

Beim dritten Beispiel, *Peanuts*, schließlich zielte die Kritik eigentlich auf eine individuelle Äußerung. Ein Vertreter der Deutschen Bank hatte im Zusammenhang mit Krediten seiner Bank an einen Bauunternehmer von *Peanuts* gesprochen. Dazu kann man kritisch anmerken, dass es sich um Summen handelte, die zumindest für den Normalverdiener alles andere als Peanuts, sprich: Kleinigkeiten, waren. Die begriffliche Bedeutung des Wortes wurde also dem realen Sachverhalt nicht gerecht. Unabhängig davon kann man die Wortwahl aus stilistischen Gründen kritisieren. Man mag daher die Äußerung zur Unwortäußerung des Jahres erklären, es ist jedoch kaum einsehbar, warum der Fehlgriff des Vertreters der Bank irgendjemanden davon abhalten sollte, das Wort *Peanuts* in seiner konkreten oder in seiner abgeleiteten Bedeutung weiterhin zu verwenden.

Was die drei Beispiele zeigen, ist, dass es dem ersten Anschein zuwider verfehlt wäre, die Vermeidung der in der Sprachkritik monierten

Ausdrucksweisen generell für die Lösung des Problems zu halten. Ein Grund für die Notwendigkeit einer differenzierenden Betrachtungsweise liegt darin, dass unter dem Etikett *Sprachkritik* manchmal in der Tat bestimmte sprachliche Ausdrucksweisen kritisiert werden, manchmal aber auch die jeweils bezeichnete Sache oder eine an der sprachlichen Äußerung erkennbare Einstellung zu der Sache. Da Sprachkritiker die Ebene, auf der das von ihnen Kritisierte liegt, oft nicht deutlich kennzeichnen oder sogar die Meinung vertreten, die Ebenen ließen sich gar nicht trennen, muss der Leser sprachkritischer Veröffentlichungen selbst herauszufinden versuchen, was jeweils genau das Kritisierbare und damit das zu Verändernde ist, und entscheiden, welche Konsequenzen für das eigene Verhalten er für sinnvoll hält.

2. Kritik an der Sprache – Kritik am Sprecher?

Neben dem Problem der verschiedenen Ebenen, auf denen das Kritisierte liegen kann, ist in den 60er Jahren in der alten Bundesrepublik im so genannten »Streit über die Sprachkritik« zwischen einigen Sprachkritikern, vor allem Dolf Sternberger, und einigen Sprachwissenschaftlern, unter ihnen vor allem Peter von Polenz, ein anderer Aspekt heftig diskutiert worden, der aus sprachwissenschaftlicher Sicht die eingängige kritische Formel »Nicht die Sprache, der Sprecher lügt« fand, die vom Sprachkritiker verlangt, das Kritikwürdige im einzelnen Kommunikationsereignis und in den Intentionen des jeweiligen Sprechers nachzuweisen. Sternberger paraphrasierte seinerzeit die sprachwissenschaftliche Kritik am *Wörterbuch des Unmenschen* mit den Worten: »Ein guter Teil jener Einwände versteht sich aus dem Bestreben, die Unschuld der Wörter zu verteidigen. Es gebe, so die Meinung, keine böse Sprache, sondern nur böse Sprecher, und was wir als ›Sprachkritik‹ betrieben, sei in Wahrheit moralische Gesellschaftskritik.« (Sternberger u. a. 1970, 9) Das Gleiche variiert an anderer Stelle: »Das heißt mit anderen Worten: Sucht nicht das Böse in der Grammatik, in der Sprache überhaupt, sondern sucht es allenfalls beim Sprachgebrauch, beim Sprecher, sucht es in der Absicht, aber nicht in der Form!« (Ebd., 198) Dagegen hält Sternberger die Überzeugung: »Wörter sind nicht unschuldig, können es nicht sein, sondern die Schuld der Sprecher wächst der Sprache selber zu, fleischt sich ihr gleichsam ein.« (Ebd., 10) Dass dieser Vorgang sich an den Wörtern unbemerkt von den Sprechern vollziehen kann, drückt die viel zitierte Stelle aus der Vorbemerkung zur ersten Buchausgabe 1957 aus: »Aus dem verstreuten Samen des einen Ungeheuers sind [in der Nachkriegszeit – W. D.] viele kleine Ungeheuerchen entsprossen, der eine totale Unmensch lebt in tausend partikularen Unmenschlein fort, und keiner von ihnen weiß, was er tut – was er tut, indem er redet.« (Ebd., 8)

Die Sprachkritik Klemperers hat in dieser Diskussion der 60er Jahre kaum eine Rolle gespielt, doch ist sie später verschiedentlich mit ähnlicher Zielrichtung kritisch betrachtet worden (siehe u. a. Maas 1984, Techtmeier 1987). Hinsichtlich der Frage, welche Konsequenzen aus der Kritik Klemperers an bestimmten Wörtern für deren zukünftigen Gebrauch zu ziehen sei, meint Schlosser (1996, 100): »Werden mit dem Gebrauch bestimmter Wörter überholte oder gar verwerfliche Deutungen weitergetragen oder kann mit ihnen ›in aller Unschuld‹ Neues oder ›Unbelastetes‹ zum Ausdruck gebracht werden? Klemperer entscheidet diese Frage eindeutig: Einmal belastet, immer belastet! Die subjektive ›Unschuld‹ des Sprachbenutzers zählt nicht.« Jung (1996, 22) gibt als abschreckend gemeintes Beispiel dafür, dass »auf häufig vorschnelle Weise versucht [wird], das Fortbestehen nationalsozialistischer Gesinnungen an der Verwendung bestimmter Sprachformen festzumachen«, den Schriftsteller Jürgen Fuchs an. Für diesen, der sich ausdrücklich auf Klemperer bezieht, verspritze »die ›berüchtigte Vorsilbe‹ *ent*- der Nazis (*entbittern, entdunkeln, entjuden* …) Ende der siebziger Jahre immer noch ihr ›Gift‹ in Wörtern wie *Entspannung* (!)« (Ebd. 24) Abgesehen davon, dass zu überprüfen bliebe, ob Fuchs sich zu Recht auf Klemperer beruft, erscheint eine solche Verallgemeinerung der Kritik an dem Wortbildungsmorphem *ent*- sicher problematisch. Auf der anderen Seite gibt es aber Fälle, wo eine verallgemeinert auf die Wortform gerichtete Kritik berechtigt oder doch diskutabel erscheint, z. B. wenn das Kritisierbare wie in dem jüngst zum Unwort des Jahrhunderts gewählten Kompositum *Menschenmaterial* in der Wortbildung selbst zu stecken scheint.

3. Überprüfung der Position Klemperers

3.1 Theoretische Äußerungen

Im Folgenden möchte ich diese Frage noch einmal mit Bezug auf Klemperers Sprachkritik in *LTI* und in den Tagebüchern nach 1945 aufnehmen, um anhand seiner eigenen Äußerungen zu überprüfen, welche Position seiner Sprachkritik zugrunde liegt, wie sie begründet wird und welche Probleme sie gegebenenfalls in sich birgt. Um Klemperers Auffassungen in diesem Punkt zu klären, stehen unterschiedliche Typen von Äußerungen zur Verfügung: (a) Verstreute ›theoretische‹ Äußerungen, in denen Klemperer die Grundlagen seiner Sprachkritik mehr oder weniger explizit selbst reflektiert; (b) Äußerungen, in denen er bestimmte sprachliche Ausdrucksweisen analysiert und an denen sich zeigen lässt, wie er mit den Wörtern und Wendungen sprachkritisch konkret umgeht; (c) Äußerungen, in denen Klemperer Wörter, die er an anderen Stellen als nazistische identifiziert, selbst verwendet.

Unter den quasi-theoretischen Äußerungen gibt es eine ganze Reihe, die die Auffassung nahe legen, dass viele Wörter im Gebrauch (oder Missbrauch) während des Dritten Reiches vergiftet wurden, sich sozusagen mit Gift vollsogen, so dass sie rückwirkend das Denken derer vergiften konnten, die sich ihrer bedienten. Diesen Mechanismus sieht Klemperer schon während des Dritten Reiches wirksam, wenn er beobachtet, dass auch Nicht-Nazis und sogar die jüdischen Opfer die gleiche Sprache sprachen. Beispiele dafür gibt er im Kapitel *Die Sprache des Siegers* (LTI, 243–256), an dessen Ende er zusammenfassend notiert: »Sprache des Siegers […] man spricht sie nicht ungestraft, man atmet sie ein und lebt ihr nach«. (256) Man erkennt, welch große Bedeutung in der Bekämpfung des Nazismus gerade die Sprachkritik erhält; und es zeigt sich, dass der Sprachkritiker seine Kritik tatsächlich an das Auftreten der (als vergiftet erkannten) Wort*form* knüpfen kann, ohne die nazistische oder sonst kritisierbare Gesinnung des jeweiligen Sprechers nachweisen zu müssen. Die gefährlichen Wirkungen stellen sich ja wie bei Sternberger ein, ohne dass die jeweiligen Sprecher davon wüssten: »Aber Sprache dichtet und denkt nicht nur für mich, sie lenkt auch mein Gefühl, sie steuert mein ganzes seelisches Wesen, je selbstverständlicher, je unbewusster ich mich ihr überlasse. Und wenn nun die gebildete Sprache aus giftigen Elementen gebildet oder zur Trägerin von Giftstoffen gemacht worden ist? Worte können sein wie winzige Arsendosen: sie werden unbemerkt verschluckt, sie scheinen keine Wirkung zu tun, und nach einiger Zeit ist die Giftwirkung doch da.« (LTI, 26 f.)

Auf der anderen Seite gibt es widersprechende Zeugnisse, die unmissverständlich ausdrücken, dass man über die Inhalte von Sprachformen kontextfrei kaum befinden kann. Dazu gehört der Beginn des Kapitels *Wenn zwei dasselbe tun …* in *LTI*, wo klar die methodische Einsicht ausgedrückt ist, dass das, was ein Wort potenziell erschließt, nur erkannt werden kann, wenn man den Kontext beachtet, in dem die einzelne Form auftritt:»Ich weiß genau den Augenblick und das Wort, die mein philologisches Interesse vom Literarischen zum spezifisch Sprachlichen – sag' ich: erweiterten oder verengten? Der literarische Zusammenhang eines Textes wird plötzlich unwichtig, geht verloren, man ist auf ein Einzelwort, eine Einzelform fixiert. Denn unter dem Einzelwort erschließt sich dem Blick das Denken einer Epoche, das Allgemeindenken, worein der Gedanke des Individuums eingebettet, wovon er beeinflußt, vielleicht geleitet ist. Freilich, das Einzelwort, die Einzelwendung können je nach dem Zusammenhang, in dem sie auftreten, höchst verschiedene, bis ins Gegenteil divergierende Bedeutung haben, und so komme ich doch wieder auf das Literarische, auf das Ganze des vorliegenden Textes zurück. Wechselseitige Erhellung tut not, Gegenprobe von Einzelwort und Dokumentganzem …« (LTI, 191) *Kontext* erscheint im Zitat vordringlich als ›Text‹, ›Dokumentganzes‹. Dass Klemperer aber auch an die weiteren sozialen Zusammenhänge denkt, zeigt das Beispiel am Schluss dieses Kapitels, in dem er Formen der Entpersönlichung des Menschen behandelt und resümierend zu einer unterschiedlichen Bewertung des ›Gleichen‹ kommt: »Wenn zwei sich derselben Ausdrucksform bedienen, müssen sie durchaus nicht von gleicher Absicht ausgehen. […] Gleichschalten und Ingenieur der Seele – technische Wendung beidemal, und die deutsche Metapher weist in die Sklaverei, und die russische weist in die Freiheit.« (LTI, 203) (Dass ihm diese 1946 formulierte Gewissheit mehr und mehr abhanden kam, tangiert die im ersten Satz ausgedrückte Einsicht nicht und auch nicht die methodischen Konsequenzen, die sich für den Sprachkritiker aus dieser Einsicht ergeben.)

Zusammenfassend lässt sich sagen, dass die Äußerungen Klemperers oft vage und auch widersprüchlich klingen und dass seine theoretischen Grundlagen weder in *LTI* noch in den Tagebüchern eindeutig bestimmbar sind. Ähnliches gilt auch für die in historischer Perspektive relevante

Frage, ob die ›Vergiftung‹ durch den Nazismus von da an unabänderliche Tatsache ist oder ob die Wörter ihre Unschuld wieder zurückgewinnen können und wie das gegebenenfalls geschieht. Das folgende Zitat unterstützt die oben zitierte Deutung Schlossers (»einmal belastet, immer belastet«): »Es ist wohl mit allen besonders charakteristischen Worten und Wendungen der LTI so: [...] alles ist übernommen, und doch ist alles neu und gehört der LTI für immer an, denn es ist aus den abgeschiedenen Winkeln des persönlichen oder fachwissenschaftlichen oder Gruppensprachgebrauchs ins Allgemeine übernommen und ganz durchgiftet worden mit nazistischer Grundtendenz.« (LTI, 221 f.) – Auf der anderen Seite sollen die LTI-Wörter mit einigen Ausnahmen nicht für immer ins Massengrab (vgl. LTI, 27), und bei den Sprach-Clichés spricht er ausdrücklich von der Möglichkeit der Ent-Clichierung: »Beachte: ein Wort *wird* zum Cliché, versinkt als abgebrauchtes, weggeworfenes Cliché, wird entclichiert u. ›ehrlich gemacht‹.« (ZS 2, 139 f., 20. 12. 1951) Dass die sprachtheoretischen Grundlagen der Klemperer'schen Sprachkritik so undeutlich bleiben und auch widersprüchlich scheinen, hat zum Teil seinen Grund darin, dass weder Tagebuch noch *LTI* als systematische Abhandlungen intendiert sind. Hinsichtlich der Widersprüchlichkeiten wäre auch der Spur von H. Kämper (1999) nachzugehen, die im Vergleich zwischen den Tagebüchern von 1933 bis 1945 und ihrer Verarbeitung in *LTI* in der Nachkriegszeit auf die unterschiedlichen Bedingungen hinweist, unter denen Klemperer lebte und die auch seine Sprachkritik beeinflussten.

3.2 Praktische Sprachkritik und eigener Sprachgebrauch Klemperers

Verlässt man die – nicht systematisch angelegte – Ebene der theoretischen Reflexion und wendet sich den konkreten Fällen der Kritik an sprachlichen Verhaltensweisen, vor allem aber seinem eigenen Gebrauch von Naziwörtern zu, so verliert die Deutung, Klemperer verfolge die Sprachformen als solche, viel von ihrer Plausibilität. Das versuche ich exemplarisch am Lexem *fanat-* nachzuweisen.

Dieses Lexem kommt in Gestalt der Ausdrücke *Fanatiker, fanatisch, Fanatismus*, gelegentlich auch *Fanatisierung, Fanatisierter*, in den Schriften Klemperers recht häufig vor, und zwar ungefähr gleich häufig (a) in metasprachlicher Verwendung in sprachkritischer Absicht und (b) in objektsprachlicher Verwendung, wenn Klemperer in irgendwelchen Zusammenhängen über Geisteshaltungen und Verhaltensweisen spricht, die man traditionell *fanatisch* genannt hat und die Klemperer auch weiterhin so nennt. Im ersten Fall zitiert, referiert und kommentiert er Äußerungen anderer, die Ausdrücke *fanatisch, Fanatismus* usw. sind dann – nicht ganz systematisch – in Anführungszeichen und/oder im Druck kursiv gesetzt: »Ich dankte für meine Ehrung u. wandte mich dann gegen Laux. [...] Er habe ›fanatische‹ Hingabe verlangt, er möge in meiner eben erscheinenden LTI das Kapitel ›Fanatisch‹ nachlesen.« (ZS 2, 657, 6. 11. 1957) Im zweiten Fall ist *fanat-* Bestandteil seiner eigenen Sprache, mit der er über bestimmte Sachverhalte Aussagen macht: »Es kommt hinzu, daß ich die furchtbaren Nachteile auf geistigem Gebiet mit gräulicher Bitterkeit ständig vor Augen habe; wir [das ist: die SED – W. D.] sind auf intellektuellem Gebiet genau so barbarisch u. fanatisch wie die Nazis.« (ZS 2, 127, 27. 1. 1951)

Die metasprachliche Verwendung findet man konzentriert im Kapitel *Fanatisch* in *LTI* (77–83); darüber hinaus sind metasprachliche Bezüge auf das Lexem als LTI-Wort über den gesamten Text der *LTI* bzw. der Tagebücher nach 1945 verstreut. In diesen sprachkritischen Belegen klingt es auch manchmal so, als sei jedes Auftreten der Wortform *fanat-* Zeugnis für ein Weiterwirken nazistischen Denkens. Diese Interpretation wird z. B. durch die beiden folgenden Textstellen nahegelegt: »Wie oft ich ›Ausrichtung‹, ›Einsatz‹, ›kämpferisch‹ zu hören bekomme, ist gar nicht zu sagen. Jetzt fehlt nur noch ›fanatisch‹.« (ZS 1, 108, 18. 9. 1945) – »LTI ist nicht ausgerottet. ›Schreiberlinge‹, ›unter Beweis stellen‹ (Grotewohl!), ein Arbeiter sogar ›fanatisch‹.« (ZS 2, 66, 24. 7. 1950) Wir können aber schon hier festhalten, dass es mindestens eine Verwendungsweise des Lexems *fanat-* gibt, die von dem sprachkritischen Verdikt auszunehmen ist, nämlich die metasprachliche, ohne die Klemperer über den nationalsozialistischen Sprachgebrauch und die Gefährlichkeit seiner Tradierung ja gar nicht aufklären könnte. – Wie aber soll man verstehen, dass er ein Wort, das er so erbittert bekämpft, weiterhin auch in objektsprachlicher Funktion nicht selten selbst verwendet? Ich möchte zu zeigen versuchen, dass Klemperers Kritik, dem oberflächlichen Anschein zuwider, eben doch nicht das Wort *fanatisch* als solches betrifft, sondern nur eine bestimmte Gebrauchsweise, die er während des Dritten Reiches als die herrschende identifiziert und die leider nach 1945 weiterwirkt. Sein eigener Gebrauch des Wortes widerspricht dieser Kritik nicht, weil er es in anderem Sinne verwendet.

Die entscheidende Differenz ist, ob der Sprecher das, was er mit dem Wort *fanatisch* (ich benutze das Adjektiv als Platzhalter für das Lexem) bezeichnet, negativ oder positiv bewertet. Die metasprachlichen Erwähnungen, die Klemperer mit einer Kritik verbindet, betreffen, soweit der Kontext darüber eindeutige Aussagen zulässt, immer Äußerungen, in denen Fanatismus positiv bewertet wird; z. B.: »Im Rundfunk: ›fanatischer Einsatz‹ unserer Arbeiter beim Wiederaufbau.« (ZS 1, 164, 19. 1. 1945) Demgegenüber steht der eigene Gebrauch in Äußerungen, in denen Fanatismus, ersichtlich aus dem Satzinhalt und/oder den Kontextbegriffen, inhaltlich negativ bewertet wird; z. B.: »Der Fanatismus und die Tyrannei im Punkte der Schule, der Literatur etc. steigern sich von Tag zu Tag. Material für LQI ist überreichlich vorhanden.« (ZS 2, 689, 5. 7. 1958) Angesichts dieses Musters ist es m. E. gerechtfertigt anzunehmen, dass sich die Kritik in den oben zitierten Tagebuchnotizen vom 18. 9. 1945 (»Jetzt fehlt nur noch ›fanatisch‹«) bzw. vom 24. 7. 1950 (»ein Arbeiter sogar ›fanatisch‹«) auf einen positiv konnotierten Gebrauch von *fanatisch* bezieht, dass Klemperer es nur beim Schreiben des Tagebuches nicht nötig fand, dies ausdrücklich zu sagen oder durch Kontextinformationen kenntlich zu machen. Es sei nicht verschwiegen, dass es nicht in *LTI*, wohl aber in den von Klemperer nicht selbst veröffentlichten Tagebüchern eine Reihe von Fällen gibt, wo der Leser zu wenig Informationen bekommt, um entscheiden zu können, ob sie sich dem behaupteten Muster fügen oder nicht. Trotz der Zweifelsfälle scheint mir aber gerechtfertigt zu sagen, dass für Klemperer die Vergiftung in der positiven Bewertung des Fanatischen bestand, die in einem positiven Wertungspotenzial des Lexems resultierte. Das hält ihn aber nicht davon ab und braucht auch andere nicht davon abzuhalten, die Wortform weiter zu verwenden, wenn nur klar erkennbar wird, was spätestens seit der europäischen Aufklärung klar schien: Dass Fanatismus, wo immer er auftritt, ein Übel ist.

Zum gleichen Ergebnis kommt man bei der genaueren Analyse des Umgangs Klemperers mit anderen belasteten Ausdrücken. So bekämpft er z. B. schon im allerersten Kapitel der *LTI* (*Heroismus. Statt eines Vorwortes*, 9–18) in der »Sippe der Heldentumsworte« (*Heroismus, heroisch, Heldentum, heldisch, heldenhaft*) einen nicht vom Hitlerismus erfundenen, aber in ihm verbreiteten »veräußerlichten, einen verzerrten und vergifteten Heroismus« (ebd., 17), bedient sich aber wieder der gleichen Ausdrücke, um der falschen Auffassung ein »anständiges, echtes Heldentum« (ebd., 14) entgegenzusetzen. Auch in diesem Fall kommen also nicht die Wortformen ins Massengrab, sondern bestimmte Gebrauchsweisen, mit denen nach Klemperers Meinung falsche Auffassungen vom Heldentum verbreitet werden. – Und ein letztes Beispiel: Klemperer kritisiert verschiedentlich die Verwendung von Verben mit »mechanistischem Sinn« (LTI, 65 u. ö.), d. h. die metaphorische Übertragung von Ausdrücken, die von Hause aus technische Verfahren oder Vorgänge bezeichnen, auf Sachverhalte, in denen Menschen involviert sind, so etwa, wenn von einer *groß aufgezogenen Organisation* oder *Veranstaltung* die Rede ist. Wieder aber findet man den metaphorischen Gebrauch solcher Verben auch bei Klemperer selbst: »Und damit [mit den immer noch ›reaktionär‹ denkenden Menschen – W. D.] soll ein Sowjetdeutschland aufgezogen – jawohl, hier paßt es: aufgezogen! – werden.« (ZS 1, 490, 10. 1. 1948) – »1949 brachte den Goetherummel, politisch aufgezogen.« (ZS 1, 712, 31. 12. 1949) – »Heute in Berlin, Seelenbinderhalle, der ›Nationalcongreß‹! Eine größtaufgezogene Demonstration.« (ZS 2, 76, 25. 8. 1950) Des Rätsels Lösung ist, ganz ähnlich wie im Falle von *fanatisch*, dass Klemperer mit dem Ausdruck *aufgezogen* die Art und Weise, wie ein Sowjetdeutschland aufgebaut werden soll, wie der Geburtstag Goethes gefeiert und wie der Nationalkongress organisiert wurde, kritisiert. In seinem Sprachgebrauch hat *aufgezogen* eine »metaphorische Tadelsbedeutung« (LTI, 65), macht also auf den unangemessenen Umgang mit Menschen, den er sprachkritisch an der positiv konnotierten Verwendung der ›mechanistischen Ausdrücke‹ verurteilt, gerade aufmerksam.

3. Nicht Sprache, nicht Sprecher – Kritik an Gebrauchsweisen

In der oben zitierten Vorbemerkung zum *Wörterbuch des Unmenschen* (Sternberger u. a. 1970, 9 f.) gilt als strittig die Frage, ob es eine ›böse Sprache‹ geben könne oder immer nur ›böse Sprecher‹, ob man also das Böse ›in der Sprache‹, gebunden an ihre Formen, zu suchen habe oder immer nur im konkreten Sprachgebrauch der Sprecher und ihren schlechten Absichten. Nach den bisherigen Zitaten und Überlegungen hoffe ich auf Zustimmung für die Feststellung, dass Klemperer, wiewohl es Äußerungen gibt, die eine solche Auffassung nahe legen, mit seiner Kritik an bestimmten Wörtern und Wendungen als Nazi-Sprache nicht die Intention verbindet, die fraglichen Sprachformen gänzlich aus der Sprache zu verbannen. Die Formen scheinen nicht als solche vergiftet, erweisen sie sich doch weiterhin, auch in seinem eigenen Sprachgebrauch, als nützlich. Auf der anderen Seite trifft die im Zitat von Sternberger formulierte Alternative, der böse Sprecher, aber auch nicht das, was Klemperer sprachkritisch tut, jedenfalls dann nicht, wenn man beim ›bösen Sprecher‹ an die konkrete Äußerung eines individuellen Sprechers denkt. An dessen Absichten kann sich für Klemperer die sprachkritische Bewertung ja schon deshalb nicht orientieren, weil das nationalsozialistische Gift den Sprechern häufig unbewusst ist und auch gegen deren Absichten wirksam werden kann. Die Kritik Klemperers bewegt sich meistens auf einer Ebene zwischen der Sprache allgemein und dem individuellen Sprechereignis, auf der Zwischenebene kollektiver Gebrauchs*weisen*. Die Kritik an einer Gebrauchsweise, z. B. an der positiv konnotierten Verwendung von *fanatisch*, ist überindividuell, wird vorgebracht, wo immer die positive Wertung im Text feststellbar ist, und trifft einen Sprecher, der zum *fanatischen Einsatz* aufruft, auch dann, wenn er Ziele anstrebt, die Klemperer selbst unterstützen würde. Die Kritik an dieser Gebrauchsweise lässt aber Raum für andere Gebrauchsweisen der gleichen Sprachform.

Worin liegt aber nun die durch Sprachkritik zu bannende Gefahr einer bestimmten Gebrauchsweise? Die Frage führt zum rationalen Kern dessen, was Klemperer mit der nicht unproblematischen Metapher von der *Vergiftung* der Sprache durch den Sprachgebrauch anspricht und worauf Sternberger aufmerksam macht, wenn er, die eigene Sprachkritik verteidigend, schreibt: »[...] die Schuld der Sprecher wächst der Sprache selber zu, fleischt sich ihr gleichsam ein.« (Sternberger u. a. 1970, 10) – Wir bleiben beim Illustrationsobjekt *fanatisch*. Das Wort war zwischen 1933 und 1945 sehr verbreitet und fand sich vorherrschend in Äußerungen, in denen das mit dem Wort Bezeichnete – entgegen der Tradition – eine positive Wertung erhielt. Diese Wertung verknüpfte sich – als die gewohnte und erwartbare – allmählich mehr oder weniger fest mit der Wortform selbst, so dass sie von dem Wort auch ausgelöst werden konnte, wenn der konkrete Äußerungskontext keine Hinweise in diese Richtung enthielt. Die Bewertung »fleischte sich ein«, wurde also usuell, so wie wir z. B. auch sagen können, dass im gegenwärtigen Deutsch *Demagogie* usuell etwas Negatives, *Aufklärung* hingegen (nicht mehr ganz eindeutig!) etwas Positives bezeichnet – beides als Ergebnis des vorherrschenden Gebrauchs der jeweiligen Wörter. Die mit dem Wort *fanatisch* assoziierte positive Wertung (und damit zugleich ein Stück nationalsozialistischer Vernunftfeindschaft) kann nun, unabhängig von den besten Absichten des individuellen Sprechers, der vielleicht gerade das Weiterwirken des faschistischen Denkens *fanatisch* bekämpfen will, nach 1945 das Denken weiter »vergiften«. Diese Gefahr kann nur dann gebannt werden, wenn der Äußerungskontext klare Hinweise darauf enthält, dass das Bezeichnete – wider die eingespielte Erwartung – vom Sprecher negativ bewertet wird. Genau diese Bedingung ist im Gebrauch des Wortes *fanatisch* bei Klemperer erfüllt, und deshalb gerät seine eigene Verwendung des Wortes nicht in Widerspruch zu seiner sprachkritischen Verurteilung.

4. Wortverbote sind selten sinnvoll

Mit den Bemerkungen zur Weiterverwendung des Wortes *fanatisch* ist verallgemeinerbar der Weg bezeichnet, durch den *belastete* Wörter wieder *unschuldig* werden können. Bedeutung und Geltung eines sprachlichen Ausdrucks werden bestimmt vom herrschenden Gebrauch, und so wie ein ›schlechter‹ Gebrauch das Wort in einer Kommunikationsgemeinschaft zu einer bestimmten Zeit zu einem belasteten machen kann, so kann auch ein veränderter Gebrauch, und nur dieser, das Wort wieder entlasten. Der veränderte neue Gebrauch kann sich gegen den schlechten alten aber, wenn er überhaupt Nachfolge findet, nur dann durchsetzen, wenn im Prozess der ›Reinigung‹ die beteiligten Sprecher die Veränderung im Gebrauch besonders sorgsam kontextuell oder sogar metakommunikativ-reflektierend markieren, damit die im schlechten Gebrauch usuell gewordenen Inhalte und Bewertungen bei den Rezipienten nicht unbemerkt reproduziert werden. Hilfreich ist Sprachkritik vor allem dann, wenn sie auf Wörter, die geeignet sind, problematische Interpretationen und/oder Bewertungen der Wirklichkeit zu unterstützen, aufmerksam macht und damit anregt, solche Wörter nicht gedankenlos, sondern reflektiert zu gebrauchen. Die nicht selten von den Sprachkritikern selbst nahe gelegte Konsequenz, die fraglichen Wörter stattdessen lieber ganz zu vermeiden, erweist sich hingegen meist als unnötig, wenn nicht sogar als gänzlich verfehlt – und dies aus mehreren Gründen:

(1) Die als Kritik am Wort formulierte Kritik zielt häufig eigentlich auf die bezeichnete Sache oder auf eine bestimmte Deutung dieser Sache. Um das Kritikwürdige zu beseitigen, müsste deshalb die Sache bzw. die Einstellung zu der Sache verändert werden.

(2) Die als Kritik am Wort allgemein formulierte Kritik zielt häufig eigentlich auf eine bestimmte Gebrauchsweise, oft zugleich beschränkt auf einen bestimmten Kommunikationsbereich bzw. eine Varietät der Sprache. Um das Kritikwürdige zu beseitigen, würde es also genügen, diese Gebrauchsweise zu vermeiden.

(3) Die als Kritik am Wort formulierte Kritik ist häufig ungerechtfertigt, weil das Wort inhaltlich nicht das ausdrückt, was behauptet wird. Der Grund dafür liegt in einer fehlerhaften Bedeutungsanalyse. Der verbreitetste Fall ist der, dass der Kritiker eine Diskrepanz zwischen dem Charakter des bezeichneten Sachverhalts und dem, was das Wort ausdrückt, feststellen zu können glaubt (Wirklichkeit verzerrend, verschleiernd, euphemistisch o. ä.) und zum Beweis auf die wörtliche Bedeutung ursprünglich motivierter Wortbildungen verweist. Bei dieser Methode wird übersehen, dass die – kommunikativ relevante – Bedeutung eines Wortes oft nicht übereinstimmt mit dem, was an der Ausdrucksseite des Wortes wörtlich ablesbar ist. So wäre es ziemlich absurd anzunehmen, das Wort *Konzentrationslager* hätte für die gegenwärtigen Sprecher des Deutschen die Bedeutung ›Lager, in dem etwas/jemand konzentriert/gesammelt ist‹.

Mit alldem soll nicht geleugnet werden, dass es Fälle gibt, bei denen die generelle Meidung des Wortes ratsam ist; doch sind sie seltener, als man denkt. Sogar das oben erwähnte Beispiel *Menschenmaterial* (auch *Schülermaterial* und andere Varianten) ist nicht so eindeutig, wie es scheint. Zweifellos ist das Problematische eng mit der Form, nämlich mit der Art der Wortbildung verknüpft; und es ist schwer, sich Kontexte auszudenken, die gegen das, was das Kompositum wörtlich ausdrückt – Menschen, betrachtet als Material wie Sachen – ankämen. Und die wörtliche Bedeutung ist, im Unterschied zu *Konzentrationslager*, wohl auch die, die wir faktisch mit dem Ausdruck verbinden. Doch ist das eigentlich Kritikwürdige wiederum nicht das Wort, sondern die Denkweise, Menschen als beliebig verfügbare Gegenstände anzusehen. Die Sprachkritik macht am Wort auf dieses Denken aufmerksam und kann dazu beitragen, dass das Wort nicht gedankenlos gebraucht wird. Diejenigen aber, die wirklich glauben, Menschen wie Material betrachten und behandeln zu können, sollen das Wort ruhig weiter verwenden. Es drückt genau das aus, was sie meinen (Was sonst sollte ein Wort oder ein Satz leisten?), und wir wissen wenigstens, woran wir sind!

Anmerkung

1 Zitiert wird aus der 17. Auflage (Leipzig: Reclam 1998).

Literatur

Jung, Matthias (1996): Von der politischen Sprachkritik zur Political Correctness – deutsche Besonderheiten und internationale Perspektiven. In: Sprache und Literatur in Wissenschaft und Unterricht 27(1996)78, 18 – 37.

Kämper, Heidrun (1999) [fälschlich: Utz Maas]: Sprachgeschichte – Zeitgeschichte. Die Tagebücher Victor Klemperers. In: Sprache und Literatur in Wissenschaft und Unterricht 30(1999)83, 97 – 112.

Maas, Utz (1984): »Als der Geist der Gemeinschaft eine Sprache fand. Sprache im Nationalsozialismus. Versuch einer historischen Argumentationsanalyse. Opladen: Westdeutscher Verlag.

Schlosser, Horst Dieter (1996): Sprachkritik als Problemgeschichte der Gegenwart. In: Böke, Karin; Jung, Matthias; Wengeler, Martin (Hg.) (1996): Öffentlicher Sprachgebrauch. Praktische, theoretische und historische Perspektiven. Opladen: Westdeutscher Verlag, 99 – 109.

Sternberger, Dolf; Storz, Gerhard; Süskind, Wilhelm Emanuel (1970): Aus dem Wörterbuch des Unmenschen. Neue erweiterte Ausgabe mit Zeugnissen des Streits über die Sprachkritik. München: dtv.

Techtmeier, Bärbel (1987): Bedeutung zwischen Wort und Text – Die Sprache des Faschismus im Spiegel von Victor Klemperers LTI. In: Neumann, Werner; Techtmeier, Bärbel (Hg.) (1987): Bedeutungen und Ideen in Sprachen und Texten. Werner Bahner gewidmet. Berlin: Akademie-Verlag, 315 – 324.

Christina Gansel

»Fluch« des Superlativs in der Sprache der Politik – das Modell der apokalyptischen Rhetorik

Vorbemerkungen

Klemperers Sprachkritik am Superlativismus der »Sprache des Dritten Reiches« (= LTI) enthält Ansätze für die Ableitung von Mustern und Ritualen, von denen auch der Sprachgebrauch in der Gegenwart nicht frei ist. Reflexionen über Sprache und Sprachgebrauch, über adäquate Benennungen und ihre Beziehung zur Wirklichkeit, zur richtigen oder falschen Perspektive der benennenden Subjekte auf die sie umgebenden Erscheinungen sind mehr als 2000 Jahre alt. Kognitive und sprachliche Perspektiven der Menschen auf die Welt und Konstruktionen von der Welt können sich verfestigen, wandeln oder auch neu belebt werden, je nachdem, wie sich der Wissensstand einer Gesellschaft, ihre politische Ausrichtung, kulturelle und soziale Verhältnisse sowie die Mentalität der Menschen gestalten. Victor Klemperer lebte unter extremen politischen und sozialen Bedingungen, die durch die nationalsozialistische Herrschaft Zuspitzungen erfuhren und sich gleichfalls in der Sprache niederschlugen. Klemperer beobachtete die LTI genau und hinterfragte ihre Herkunft, womit natürlich insbesondere der Zeitraum zwischen 1933 und 1945 in den Blick gerät. Gleichwohl steht auch heute die Frage, wie Schule und Universität in der Gegenwart eine Kompetenz zur Sprachkritik herausbilden. Produktion und Rezeption von Texten sind nicht gerade eine leichte Übung, Intertextualitäten erweisen sich nicht ohne weiteres als erschließbar, das Gesagte ist nicht immer das Gemeinte und wer versteht schon Begriffe so, wie sie Politiker verstehen oder die Medien sie besetzen? Was bedeutet beispielsweise der Begriff der »Politik der Neuen Mitte«? In der Regierungserklärung von Bundeskanzler Gerhard Schröder vom 10. November 1998 spielt dieser Begriff eine zentrale Rolle. Im ersten Teil seiner Rede bestimmt Gerhard Schröder den Begriff, jedoch wenig klar und griffig: »Wir wollen die Gesellschaft zusammenführen, die tiefe soziale, geographische, aber auch gedanklich-kulturelle Spaltung überwinden, in die unser Land geraten ist. Wir werden Deutschland entschlossen modernisieren und die innere Einheit vorantreiben.« (Regierungserklärung 1998, 7) Schröder ruft weiterhin dazu auf, »einen neuen Pakt zu schließen, gründlich aufzuräumen mit Stagnation und Sprachlosigkeit, in die die vorherige Regierung unser Land geführt hat. An ihre Stelle setzen wir eine Politik, die die Eigenverantwortlichkeit der Menschen fördert und sie stärkt. Das verstehen wir unter der Politik der Neuen Mitte.« (Ebd., 8) Die Sorge um die deutsche Einheit, Eigenverantwortlichkeit der Menschen sowie Zivilcourage scheinen zentrale Aspekte der »Politik der Neuen Mitte« zu sein. Die unverkennbare Vagheit des Begriffs aber eröffnet ein breites Interpretations- und Assoziationsfeld, das in den Medien von der Gleichsetzung der »Politik der Neuen Mitte« mit einer modischen Attitüde bis zu einer geschichtlichen Betrachtung und einem Vergleich mit den 60er Jahren reicht. Empirische Befunde[1] zum inhaltlichen Verständnis des Begriffs bei Studierenden zeigen folgendes Bild: Es gehe um die politische Mitte einer Partei, die Entwicklung des Mittelstandes stehe im Zentrum der Politik. Gezieltere Nachfragen brachten das Ergebnis: Der Begriff ist bekannt und wird eindeutig mit Gerhard Schröder, aber auch mit Angela Merkel verbunden. Er wird der SPD zugeordnet, jedoch auch der CDU, in einzelnen Fällen der FDP und der PDS. Zur inhaltlichen Bestimmung des Begriffs gab ein Fragebogen einige der Presse entnommene Erklärungen zur »Politik der Neuen Mitte« vor. Den Kern sahen die Befragten in dem Satz »Die Gesellschaft muss modernisiert und reformiert werden.«, dann folgten »Die Verantwortung der Menschen für das eigene Leben muss gestärkt werden«, »In der Bevölkerung muss die Bereitschaft entwickelt werden, etwas für die Reform der Gesellschaft zu leisten« sowie »Die soziale Spaltung der Gesellschaft muss überwunden werden«. Eine Person bestimmte den Begriff der »Politik der Neuen Mitte« als den Versuch, »größte Teile der Bevölkerung zu repräsentieren«. Nach der Verständlichkeit der Äußerungen von Politikern befragt, gelangten Studierende zu der Bewertung: »Die Sprache von Politikern ist verhüllend und manipulativ.«

Allein diese Befunde machen deutlich, dass es erforderlich ist, Kenntnisse über Mechanismen des »Besetzens« von Begriffen zu vermitteln, Kompetenzen herauszubilden, sprachliche Gebilde der Politik und der Massenmedien verstehen und interpretieren zu lernen. Dazu gehört es ebenfalls, die wirklichen Funktionen der Äußerungen offenlegen zu können und zu erkennen, welche Einstellungen mit ihrer Hilfe letztlich erreicht werden sollen. Die Fähigkeit, in der Sprache der Politik wieder-kehrende Muster zu entdecken, deren Struktur und Funktion(en) ein-zuordnen, erweist sich dabei von besonderer Relevanz.

1. Zum Begriff Superlativismus bei V. Klemperer

Das, was Victor Klemperer in seinen Tagebüchern und in der *LTI* unter dem Etikett »Fluch des Superlativs« zusammenträgt, folgt einem Mus-ter in der sprachlichen Organisation politischer Kommunikation. Su-perlativ und Superlativismus gebraucht Klemperer im Sinne eines Ober-begriffs, der nicht mit der grammatischen Kategorie des Superlativs als Komparationsstufe des Adjektivs gleichzusetzen, sondern generell im Sinne maßloser Übertreibung zu verstehen ist. Übertreibungen – ob in der politischen Propaganda oder in der Sprache der Werbung – unter-liegen einem bestimmten Grundprinzip: Klemperer nennt es den »Fluch des Superlativs: Er muß von Mal zu Mal überbieten.« (ZA 1, 624, 23. 6.–1. 7. 1941)

Dass Klemperer diesen Superlativismus in der Zeit des Nationalso-zialismus auch als Fluch, dem man sich kaum entziehen kann, wahr-nimmt, hat seine Ursache in der hohen Frequenz superlativischer Aus-drücke in der politischen Propaganda, im alltäglichen und medialen Sprachgebrauch, die mit einer immer offensichtlicher werdenden In-haltsleere und mit Lügen, Druck und Drohung einhergehen. Klempe-rer erkennt die Verwendung superlativischer Ausdrücke als Wiederho-lung von Elementen der Kriegsberichterstattung in der Zeit des Ersten Weltkrieges. Die Präferenz für den Superlativismus scheint sich also in der politischen Kommunikation etabliert zu haben. Als Synonym verweist Klemperer auf den Namen »Barnum«: »Fluch des Superla-tivs, Barnum – cf. den Stil der Heeresberichte 1914« (ZA 1, 651, 18. 7. 1941) oder: »Gestern, in höchsten Barnumtönen mit alter Aufmachung der Sondermeldungen, der Überblick des bisher im Osten Erreichten: 895 000 Gefangene.« (ZA 1, 658, 10. 8. 1941) Mit der Metonymie »Bar-num-Töne« unterstellt Klemperer den amerikanischen Ursprung des nationalsozialistischen Superlativismus. Ein Konversationslexikon (Dennert 1910, 344) weist Phineas Taylor Barnum (1810–1891) als einen berühmten amerikanischen Schwindler aus. Von Haus aus Schä-fer, reiste er mit einer alten Negerin herum, die er als die 160-jährige Amme Washingtons ausgab. Durch seine Schwindeleien und das unterstützende Engagement der berühmten Sängerin Jenny Lind wurde er Millionär. »Unmittelbar amerikanischen Ursprungs [...] ist [für Klemperer ebenfalls – C. G.] der Ausdruck hundertprozentig.« (LTI, 231)[2] Er stamme aus einem ins Deutsche übersetzten amerikanischen Roman Uption Sinclairs und war 12 Jahre lang in Deutschland in aller Munde, wie Klemperer in seiner *LTI* beschreibt. In den maßlos übertreibenden Zahlenspielen sieht Klemperer »die amerikanische Art des Rekordschlagens«. (LTI, 231) »[...] ›Siege von einmaliger Größe‹, wieder der amerikanische Superlativ: ›Das Jahr 1941 wird die Vollendung des größten Sieges unserer Geschichte bringen.‹« (ZA 1, 568, 31. 12. 1940)

Der Superlativismus oder das Barnum-Prinzip entfaltet sich nach Klemperer in der grammatischen Kategorie des Superlativs, in Zahlenspielen oder in eigentlichen Hyperbeln. Technisierung, Metaphorisierung und Deifizierung (Vergötterung) werden gleichfalls als Möglichkeiten zur maßlosen Übertreibung eingeordnet.

Klemperer nennt in seinen Tagebüchern zahlreiche Beispiele für den grammatischen Superlativ und für Zahlenprotzereien, die jeder Logik entbehren, weil Endlichkeiten oder bereits einen superlativischen Grad kennzeichnende Wörter gesteigert werden, Zahlen nicht mehr nachvollziehbar erscheinen, jedoch »skrupellos auf Betrug und Betäubung« (LTI, 230) orientiert sind. »Der Alte, Frontsoldat, ist ganz überzeugt, daß Deutschland im Ernstfall gegen alle Welt siegreich geblieben wäre (das *größte* Heer der Welt, die *beste* Flugabwehr der Welt, die *besten* Befestigungen etc. etc.), daß Hitler der *größte* Staatsmann und daß er der *Retter* vor Rußland ist. Und dies ist bestimmt die Meinung von 79½ Millionen Deutscher«, heißt es am 9. Oktober 1938. (ZA 1, 430)[3] Am 21. Oktober 1940 spricht Klemperer in seinem Tagebuch von der »Abnutzung des Superlativs: London wird alle Tage zerstört, alle Tage sitzen die Londoner länger im Keller. Aber mehr als vierundzwanzig Stunden hat der Tag nicht, mehr als zerstört sein, kann eine Stadt nicht. Vor drei Tagen war es ›das größte Bombardement der Weltgeschichte‹, vor zwei ›Bartholomäusnacht für London‹.« (ZA 1, 558) Am 23. April 1942 durchdenkt Klemperer überdimensionierte Zahlen: »Zahlen. Aus Berlin, offenbar an alle Zeitungen, groß ›aufgemacht‹. Unsere U-Boote haben bisher zwei Millionen Tonnen amerikanischen Schiffsraum versenkt. Der gesamte Schiffsraum von USA beträgt acht bis neun Millionen Tonnen, ergo ist ein Viertel versenkt – ergo ist eine amerikanische Offensive in Europa unmöglich. – Hierzu: 1) Wie sind die zwei Millionen errechnet? 2) Im Knaur stehen für 1925 bereits 14½ Millionen USA-Tonnage. Rechnet man hierzu a) das Wachstum in 17 normalen Jahren, b) das außerordentliche Wachstum, da USA seit 1939 mindestens am Wirtschaftskrieg beteiligt, c) alles was die südamerikanischen Staaten USA zur Verfügung stellen, d) die enormen Aufwendungen Amerikas seit dem Kriegseintritt – kann man dann nicht das Vier- bis Fünffache der ›acht bis neun Millionen‹ annehmen?« (ZA 2, 70)

Metaphorisierungen, bei Klemperer auch als Technifizierungen ausgewiesen, als Übertragungen aus dem Bereich der Biologie, des Sports, des Militärs in den Sprachgebrauch der Propaganda und in den allgemeinen Sprachgebrauch, erweisen sich gleichfalls als hyperbolische Ausdrucksmittel, indem sie Assoziationsfelder eröffnen und damit in ihrer Bedeutung bewusst vage gehalten sind. Klemperer macht z. B. in seiner *LTI* deutlich, welche Wertschätzung dem Sport zuteil wird, wenn sogar Zigaretten und Zigarillos mit den Benennungen »›Sportstudent‹, ›Wehrsport‹, ›Sportbanner‹ und ›Sportnixe‹« (LTI, 244) versehen werden. Metaphorisierungen verbindet Klemperer mit dem Begriff des Verankerns: »Verankern und Unruhe, das sind die beiden Ausgangspunkte meiner Sprache des 3. Reichs, das ist der Doppelkeim, aus dem sich alles andere entwickelt, der sich Nahrung sucht, Stoff aufsaugt und assimiliert. Aus dem Bedürfnis des Verankerns erwächst die Sprache der Disziplin, die Führersprache, der Übergriff des Militärischen auf buchstäblich alle Lebensgebiete. [...] Politik, Literatur [...], Wirtschaftsleben, Alltag, alltäglichster und intimster.« (ZA 1, 622, 23. 6.–1. 7. 1941) »Verankern als Traditionswille wird nächster Abschnitt. Besinnung auf Volkstum, Grundschlagwort Blut und Boden, engstes Verhältnis zur deutschen Romantik.« (ZA 1, 623, 23. 6.–1. 7. 1941)

Es sei angemerkt, dass auch die moderne Nationalismusforschung zu dem Ergebnis kommt, dass sich der Nationalismus auf alte Metaphern stützt, indem er sie nationalisiert, also für die Zusammengehörigkeit eines Volkes symbolisiert. Echternkamp (vgl. 1998, 431 ff.) analysiert u. a. die Metaphern Wald, Körper, Boden oder Mensch. Eben weil Metaphern offen sind für Assoziationen, bilden sie »Integrationsklammern« (ebd., 443) mit appellativem Charakter, die den sozialen Zusammenhalt derer befördert, die die Metaphern benutzen.

Eine Ergänzung des Superlativismus sieht Klemperer in Deifizierungen Hitlers als *dem Führer, dem Retter, dem Heiland*, dem gehuldigt werden muss. Dazu führt Klemperer zahlreiche Beispiele an. (Vgl. etwa ZA 1, 426, 2. 10. 1938; 430, 9. 10. 1938 und ZA 2, 635, 1. 1. 1945)

2. Superlativismus als Merkmal apokalyptischer Rhetorik

Klemperers sprachkritische Beobachtungen zum Superlativismus der LTI können auf der Grundlage des in den Tagebüchern zusammengetragenen Sprachmaterials und deren Einordnung in kommunikative Situationen sicher auch ohne weitere Kommentare stehen. Will man jedoch Klemperers Sprachkritik auf die Gegenwart beziehen und für aktuelle Sprachkritik nutzbar machen, kann man sich damit nicht begnügen. Eine Vertiefung der Problematik ist dahin gehend erforderlich, generelle Zusammenhänge von nationalistischer Entwicklung und deren Reflex im Sprachgebrauch politischer Kräfte zu thematisieren. Als Ausgangspunkt eignen sich dazu drei Grundgedanken, zu denen Klemperer immer wieder in seinen Tagebüchern gelangt. Sie beziehen sich auf Klemperers Einstellung zum Nationalismus und die Herkunft des superlativischen Sprachgebrauchs:

– Klemperer betont, dass der deutsche Superlativismus fremden Ursprungs sei.
– Der »deutsche Körper« sei vom Superlativismus noch nicht befallen, er werde erst anerzogen und herausgebildet.
– Klemperer findet angesichts aktueller Entwicklungen im Dritten Reich »seinen« Nationalismus nicht mehr.

Während seines Gefängnisaufenthaltes in der »Zelle 89« schreibt Klemperer in der Zeit vom 23. Juni bis zum 1. Juli zum Einfluss des Fremden auf die Entwicklung des Superlativismus: »Romantik ist nicht nur das Ausschalten des Fremden national. Sie greift auch nach dem Fremden, um das Eigene zu bereichern. Die fremden Vorbilder der LTI. Eingestandenermaßen wohl nur der italienische Fascismus. […] Italien, Sowjetrußland, Vereinigte Staaten prägen überall die LTI, sind stärker als das ursprüngliche Deutsche.« (ZA 1, 623) Und weiter heißt es: »Im Italienischen, wahrscheinlich auch im Russischen, bestimmt in der amerikanischen Reklamesprache ist der Superlativ längst gebräuchlich, er entspricht dem Volkscharakter, und so wirkt er nicht übermäßig schädlich, die Sprache ist gegen ihn immunisiert. Im Deutschen trifft er auf einen von dieser Krankheit nie zuvor befallenen Körper. […] Ganz wenige Autoren formen sie [die LTI – C. G.] schreibend und redend, die Masse wird zur genauen Nachahmung erzogen …« (ZA 1, 624) Zu seiner eigenen Einstellung zum Nationalismus stellt Klemperer am 9. Oktober 1938 fest: »Wie es auch politisch kommen mag, ich bin innerlich endgiltig verändert. Mein Deutschtum wird mir niemand nehmen, aber mein Nationalismus und Patriotismus ist hin für immer. Mein Denken ist jetzt ganz und gar das voltairisch kosmopolitische.« (ZA 1, 430)

Die ersten beiden Gedankenkomplexe, die die Tagebücher durchziehen und in der *LTI* im Kapitel über den Superlativismus wiederkehren, sprechen für Klemperers Überzeugung, dass die permanenten Übertreibungen zum Zwecke der Manipulation *fremden Ursprungs* und dem deutschen Volk nicht geläufig seien. Ganz sicher ist sich Klemperer des fremden Ursprungs allerdings nicht. Dies hat Ursachen: Klemperers besonderes Interesse galt als Romanist dem 18. Jahrhundert. Die Frage danach, ob vielleicht politische Reden des 19. Jahrhunderts eine Rhetorik pflegten, deren Elemente er in seiner *LTI* und insbesondere mit seinen Darlegungen zum Superlativismus herausgearbeitet hatte, stellt er nicht. Dass er eine solche Frage nicht in Erwägung zog, mag mit seinem »persönlichen« Nationalismusbegriff in Zusammenhang stehen. Was genau meint Klemperer also mit »seinem« Nationalismus?

Der Nationalismusbegriff, den Klemperer für sich in Anspruch nimmt, scheint ihn als Vertreter des Bürgertums des 19. Jahrhunderts auszuweisen. Jacobs beschreibt Klemperer in seiner Biografie als Schöngeist, Liberalisten, aufgeklärten deutschen Bildungsbürger, der es als seine patriotische Pflicht ansieht, sich als Kriegsfreiwilliger zu melden, auch wenn es seiner natürlichen Regung zuwiderlief (vgl. Jacobs 2000, 73). Klemperer ist kein Einzelfall. Seit dem Ende des 18. Jahrhunderts sind bürgerliche Intellektuelle bestrebt, den Gedanken von einer deutschen Nation im Zusammenhang mit einer Veränderung des Staatswesens zu manifestieren. Dies zeigt sich im kulturellen Bereich im Streben nach einem deutschen Nationaltheater oder der Verbreitung humanistischen Gedankengutes durch die deutschen Klassiker, die Ideale der Französischen Revolution werden euphorisch aufgenommen. Dazu zählt auch der Patriotismus für das Vaterland. In diesem Sinne könnte auch Klemperers Nationalismus – geprägt durch das ausgehende 18. Jahrhundert – als die Sehnsucht nach einem humanistischen einheitlichen deutschen Staat mit gemeinsamer Sprache und Kultur, mit gemeinsamen Traditionen und einem gemeinsamen Staatswesen verstanden werden. Was jedoch im Gegensatz zu diesen Vorstellungen von Nationalismus mit den Befreiungskriegen beginnt, ist die Entwicklung eines politisierten Nationalismusbegriffs, der sich gegen einen Feind – Napoleon – wendet und zu diesem Zweck die eigene Nationalität, das Deutschtum überhöht. Klemperers positiv besetztes Nationalismus-Konzept kann

mit dem Nationalismus in der Prägung durch den deutschen Nationalsozialismus nicht mehr konform gehen. Die Frage nach der Herkunft
des von Klemperer herausgestellten Superlativismus führt somit immer wieder hin zu Anstößen von außen.

Die Suche nach völkerverachtenden nationalistischen Traditionen
in der Geschichte und den Traditionen des deutschen Volkes selbst
konnte von Klemperer nicht geleistet und auch nicht erwartet werden,
zumal wenn man bedenkt, dass die Nationalismusforschung sich erst
seit den 70er Jahren des 20. Jahrhunderts ausgeweitet hat. Eine Suche
nach solchen »langlebigen Dispositionen« fordert Echternkamp (1998,
20), Dispositionen, »an die der Nationalismus erfolgreich anknüpfen
konnte und ohne die der Erfolg nationalistischer Ideologeme bei seinen
Rezipienten unverständlich bleibt« (ebd.). Echternkamp knüpft diese
Suche an den Begriff der Mentalität, den er mit einer emotionalen und
einer rationalen Komponente füllt. Mentalität schließt einerseits mit
moralischen Wertvorstellungen verbundene Gefühle und andererseits
komplexe Weltbilder ein, an denen sich das Handeln der Menschen
orientiert. Einmal für selbstverständlich genommene Wahrnehmungs-
und Deutungsmuster werden in Krisenzeiten und Umbruchsituationen
in Frage gestellt. Dann rufen – Echternkamp folgend – »Wahrnehmungs-
änderungen [...] die Nachfrage nach neuen Sinnangeboten hervor und
wecken die Aufnahmebereitschaft für Ideologien, die Orientierungs-
hilfe bieten«. (Ebd., 21) Die Zeit der Befreiungskriege gegen Napoleon bilden eine solche Krisensituation, wie auch das 19. Jahrhundert
insgesamt von zahlreichen Umbruch- und Krisensituationen geprägt
ist (Revolution von 1848, Armut, Hunger, Arbeitslosigkeit, kriegeri-
sche Auseinandersetzungen 1866, 1870/71, Gründung des Deutschen
Reichs ›von oben‹ 1871, Wirtschaftskrise 1873), in denen die Menschen
nach Deutungsmustern und Orientierungshilfen verlangen.

Das Zusammengehörigkeitsgefühl und Einheitsbewusstsein aller
Deutschen gegen Ende des 18. Jahrhunderts zeigt sich zunächst eher
unpolitisch, wenn es sich primär auf gemeinsame Sprache, Dichtung und
Kultur gründet. Durch die Herrschaft Napoleons wurde dieses Gefühl
politisiert, indem es sich der wahrgenommenen Welt versperrte, richtete es sich nun gegen den Feind verbunden mit neuen Deutungsmustern.

Die apokalyptische Interpretation der Wirklichkeit entwickelte sich
zu einem solchen Deutungsmuster zu Beginn des 19. Jahrhunderts.
Mystifizierungen und Irrationalismen im Geist der Apokalypse bilden
den geistesgeschichtlichen Hintergrund dafür, die Art des Sprachge-

brauchs der politischen und gesellschaftlichen Öffentlichkeit zu verstehen, mit der dann die deutschen Faschisten Macht errungen und Gewalt ausgeübt haben. Die interessante Auffassung, dass die Geburt des Nationalismus in Deutschland im Kontext apokalyptischer Deutungsmuster zu Beginn des 19. Jahrhunderts gesehen werden muss, vertritt Vondung (1988, 153): »Der politische Nationalismus in Deutschland«, so Vondung, »ist von seiner Geburtsstunde an von apokalyptischen Vorstellungen durchsetzt und geprägt.« Die politische Situation unter Napoleons Herrschaft erfährt apokalyptische Deutungen in einer Reihe von literarischen und politischen Texten von E.-M. Arndt, H. Kleist, T. Körner, Arnim oder F. Schlegel. Traditionelle Methode ist es dabei, apokalyptische Stellen der Bibel – vor allem die Offenbarung des Johannes – fundamentalistisch auf die aktuelle Situation zu beziehen. Apokalyptische Phantasien entzünden sich an Napoleon wegen seiner als übermächtig wahrgenommenen Rolle in der Geschichte. Er ist *Ungeheuer, Schlange, Drache, Teufel*, seine Heere sind *Heuschrecken*, Paris steht als *Hure Babylon*.

Vondung sieht nun weiterhin eine Kette apokalyptischer Deutungen seit dem 19. Jahrhundert, die mit ständigem Krisenbewusstsein verbunden werden kann. Dazu gehören: Untergangsvisionen des Fin de siècle, expressionistische Träume von der »Menschheitsdämmerung« und der Geburt des »neuen Menschen«, apokalyptische Deutungen des Ersten Weltkrieges, utopische Apokalypsen der 20er Jahre, die aktivistische Apokalypse des Nationalsozialismus, Warnungen vor der Apokalypse eines Atomkrieges bis hin zu Prophezeiungen der Vernichtung der Erde durch Umweltzerstörungen (vgl. ebd., 339). Mit der Hervorhebung der religiösen Züge des Nationalismus (vgl. ebd., 154) betont Vondung, dass es sich keinesfalls nur um ein deutsches Phänomen handelt, sondern es sei auch in anderen Nationen zu finden, so im amerikanischen Nationalismus.

Die spezifisch deutsche Variante der Apokalypse wäre jedoch nicht gleichzusetzen mit der gesteigerten Angst vor dem Weltuntergang, sondern sie entfalte sich in angstvermittelnden, ganz speziellen Bildern und Symbolen der Apokalypse. Diese neigen dann dazu, wie Vondung (ebd., 331) betont, »die Bedeutung der eigenen historischen Situation zu überschätzen und die Gegensätze zu übertreiben«. Und in der Tat heißt es in E.-M. Arndts *Lied der Rache* (1812): »Auf zur Rache! Auf zur Rache!/Erwache, edles Volk! Erwache!/Erhebe lautes Siegsgeschrei!/[…] Denn der *Satan* ist gekommen,/Er hat sich Fleisch und

Bein genommen/[…].« Die Proklamation des 50er-Ausschusses in Frankfurt am 12. 5. 1848 setzt Dänemark und Deutschland antithetisch in Beziehung; »[…] Das *kleine Dänemark* verhöhnt *das große, im Lichte seiner Freiheit, im Bewußtsein seiner hohen Weltsendung doppelt mächtige Deutschland* […]«. (Zit. nach: Polenz 1978, 165) Ein Plakat der Christlich-sozialen Partei zur Reichstagswahl München vom 16. 6. 1903 beschimpft die Feinde: »[…] Katholiken und Protestanten! Vereinigt euch in brüderlicher Liebe gegen den *Todfeind* des Deutschtums, den *Judenkapitalismus* und die *asiatische Geldmoral*!« (Ebd., 165 f.) Hitler spricht am 24. Februar 1945 in einer Rede von »bürgerlichen Schwachköpfen«, der »Flut aus dem Osten«, von der »jüdischen Pest« oder den »amerikanischen Zuhältern«. (Zit. nach: Hippe 1981, 69 f.)

Vondung – und dies ist für den hier diskutierten Zusammenhang entscheidend – stellt vor dem Hintergrund solcher Beispiele die Übertreibung als Wesenszug apokalyptischer Deutungen und ihrer sprachlichen Gestaltung heraus: »Übertreibungen sind denn auch typisch für die Apokalypse; die Hyperbel, die Figur pathetischer Steigerung, Übertreibung und ›wirklichkeitsübersteigernder Vorstellungen‹, bringt einen Charakterzug zum Vorschein, der die Rhetorik der Apokalypse insgesamt kennzeichnet.« (1988, 331) Aber welche Funktion hat diese apokalyptische Rhetorik der Übertreibung? Sie dient ja nicht nur der Beschreibung der Krisensituation, sondern indem der Feind in starkem Maße herabgesetzt wird, erhält die Aufforderung zur Handlung gegen ihn eine besondere Rechtfertigung. Die Nähe zur Handlungsaufforderung rückt die apokalyptische Rhetorik in die Nähe der politischen Rede, wie Vondung (ebd., 334) mit Recht herausstellt. Auch Klemperer verweist immer wieder auf die Notwendigkeit, die Reden Hitlers und Goebbels genauer zu untersuchen. Eine Handlungsaufforderung, die sich aus dem mystifizierten »heiligste(n) Recht der Selbsterhaltung« rechtfertigt, enthält auch noch die Rede Hitlers vom 24. Februar 1945: »[…] Dieser *jüdisch-bolschewistischen Völkervernichtung* und ihren westeuropäischen und amerikanischen *Zuhältern* gegenüber gibt es deshalb nur ein Gebot: Mit *äußerstem Fanatismus* und *verbissener Standhaftigkeit* auch *die letzte Kraft* einzusetzen, die ein gnädiger Gott den Menschen in schweren Zeiten zur Verteidigung seines Lebens finden läßt. Was dabei schwach wird, fällt, muß und wird vergehen.« (Zit. nach Hippe 1981, 69 f.)

Die von Klemperer mit dem Begriff des Superlativismus zusammengefassten Stilfiguren sind sämtlichst Bestandteil apokalyptischer Rhetorik: pathetische Metaphern, Hyperbeln, intensivierende Wiederholungen (Anaphern, syntaktischer Parallelismus), Superlative und Zahlenspiele, Deifizierungen als Überhöhung einer Person, hinzu kommen Antithesen oder pathetische Exklamationen.

Damit ist davon auszugehen, dass die nationalsozialistische apokalyptische Rhetorik das in der politischen Kommunikation gepflegte Erbe des apokalyptischen Nationalismus des 19. Jahrhunderts übernimmt, es zugleich aber auch verändert. So wird beispielsweise unter Hitler das Symbol *Geist* durch *Blut* ersetzt. E.-M. Arndt (1908, 222 ff.) thematisiert in seiner Rede *Letztes Wort an die Deutschen* den *Geist* als ideelle Vorbereitung und Einstellung auf den Kampf gegen Napoleon: »[…] Aber verzagt nicht, vergesset nicht, was ihr euch selbst, was ihr der Zeit, was ihr euern Enkeln schuldig seid. In eure Hand ist es gegeben, zu erhalten, wodurch Freiheit und Herrlichkeit wieder in die Welt kommen.« Vom Geist, der sich als Utopie vom Sieg versteht, ist auch in Pressetexten über den Ersten Weltkrieg die Rede. In der nationalsozialistischen Apokalypse dagegen wird *Geist* durch *Blut* ersetzt. Sie definiert das Volk als *reinblütige Rassegemeinschaft*, woraus sich dann der Gegensatz zur *Macht des Bösen*, zum *Judentum*, herleitet.

Neben stark emotional gefärbten, irrationalen Deutungsmustern, die sich vor allem in politischer Rhetorik, Proklamationen oder der Dichtung widerspiegeln, stützt das 19. Jahrhundert die Ausprägung auch rationaler Weltbilder, die die Menschen für militaristisches und nationalistisches Ideengut geneigt machten. In Betracht zu ziehen sind daher gerade auch die Rolle der Turnvereine, die Burschenschaften oder Sprachgesellschaften, mit denen Echternkamp (1998) sich für den Zeitraum 1770 bis 1840 befasst. Offermann (1999, XII) verweist beispielsweise im Zusammenhang mit Untersuchungen zu Schulbüchern und Fibeltexten darauf, »daß schon im 19. Jahrhundert Versuche einsetzen, in der schulischen Erziehung Prozesse zu initiieren, in denen die eigene Gruppe ›[…] extrem positiv ausgestattet (ist – J. O.) und eine Identifikation mit ihr erstrebenswert erscheint, während Außen- und Fremdgruppen […] negativ gesehen und auf sie abzulehnende Eigenschaften projiziert werden‹«. Die sich entwickelnden Turnvereine vermitteln eine enge Beziehung zwischen sportlicher Ertüchtigung und militärischer Ausbildung. Ein guter Turner ist auch ein guter Soldat. »[…] im Dritten Reich ist die Idee des Sports total zugunsten vormilitärischer Ausbildung pervertiert worden.« (Ebd., XIII) Damit liegt es nahe, dass Krieg als etwas Notwendiges oder Hinzunehmendes angesehen wurde. »Der

Krieg gehört einfach zum Bewußtsein der national gebundenen Gruppe, er steigert das Gefühl allgemeiner Schicksalsverbundenheit.« (Ebd.)

Auch aus der Sicht der Sprachgeschichte kann diese Auffassung unterstützt werden. P. v. Polenz verweist im dritten Band seiner Sprachgeschichte (1999, 523 ff.) darauf, dass Zusammensetzungen mit *Art* seit der 2. Hälfte des 19. Jahrhunderts im politischen Diskurs rechtsgerichteter Gruppen als positiv bewertende Schlüsselwörter galten: *Artbewusstsein, artecht, arteigen, artfremd, artvergessen, Aufartung* oder *entarten.* Er betont zudem, wie in wilhelminischer Zeit ein radikalnationalistischer Sprachgebrauch durch Unterrichtslektüre befördert wurde: Zahlreiche Lehrer waren Mitglied in nationalistischen Vereinen und vermittelten von daher entsprechendes Gedankengut an ihre Schüler. Durch das persönliche Eingreifen Wilhelm II. auf einer Schulkonferenz 1890 wurde die Methodik des Deutschunterrichts immer stärker auf irrationale, nationalistische Ziele hin orientiert.

Erst der Blick also auf den geistesgeschichtlichen Hintergrund des 19. Jahrhunderts und auf bevorzugte Deutungsmuster in der Sprache der Politik hilft, den Superlativismus in der politischen Kommunikation im Dritten Reich, den Klemperer in seiner Sprachkritik herausstellt, hinsichtlich seiner Herkunft einzuordnen. Klemperer irrte, wenn er die Quellen des Superlativismus in fremder Wirkung sah und die durch Sprache und Institutionen geformte Mentalität des deutschen Volkes verkannte. So gesund, wie er vermutete, war der »Körper« offensichtlich nicht mehr.

3. Erster Weltkrieg und Kosovo-Krieg – Ähnlichkeiten in der Rhetorik ausgeschlossen?

Auch Pressedarstellungen zum Ausbruch des Ersten Weltkrieges folgen der apokalyptischen Rhetorik. Den Kern dieser Rhetorik bildet der Aufbau eines Opferstatus durch Antithesen und Hyperbeln, der es rechtfertigt, unweigerlich durch den Feind gezwungen zum Täter zu werden. Das Attentat auf den österreichisch-ungarischen Thronfolger und seine Gemahlin am 28. Juni 1914 machte den Weg zum »Kampf um die Neuordnung« der Welt frei. Österreich-Ungarn konnte das Attentat eines nationalistisch gesinnten serbischen Studenten nutzen, um das auf dem Balkan aufbegehrende und unbequeme Serbien in die Schranken zu weisen. Man unterstellte Serbiens Führung die bewusste Tolerierung der Attentatspläne. Die Beteiligung von Teilen der serbischen Armeeführung und des serbischen Geheimdienstes an der Planung des Attentates gilt heute als wahrscheinlich. Deutschland bestätigte am 5./6. Juli 1914 seine Vertragspflichten gegenüber Österreich-Ungarn. Wien erklärte am 28. Juli 1914 Belgrad den Krieg, obwohl Serbien die in einem österreichischen Ultimatum gestellten Forderungen weitgehend akzeptierte, was jedoch als nicht ausreichend bezeichnet wurde. Deutschland erklärte Russland als Präventivschlag am 1. August 1914, daraufhin das mit Russland verbündete Frankreich am 3. August 1914 Deutschland den Krieg. Alle Hauptkriegsmächte waren in die Kriegshandlungen involviert, als England als Reaktion auf den deutschen Einmarsch in Belgien am 4. August 1914 den Kriegszustand mit Deutschland verkündete. Kriegserklärungen der Mächte gegeneinander folgten in den nächsten Tagen. Die *Stettiner Abendpost* kommentierte am 4. August 1914 den Kriegsbeginn mit einem »Meisterstück« apokalyptischer Rhetorik:

»Die Brandfackel ist mit frevelnder Hand vom Zaren und seinen Beratern unter die Völker Europas geschleudert worden und Mars, des Krieges furchtbar-finsterer Gott, hat das Schwert klirrend von der Scheide befreit. Mit gigantischem Schritt durcheilt ein ehernes Schicksal unseren Erdteil. ›Krieg! Krieg!‹ so heißt die Losung von den Gestaden der Nordsee und des Baltenmeeres bis hinab zum Mittelmeer und zur Adria hallt eine Welt wider vom Klirren der Waffen. […] Wer vermag auch heute schon zu sagen, was in den Falten des nachtschwarzen Mantels des Verhängnisses verborgen ruht!

Der Stein ist im Rollen. Seit Sonntag morgen befinden sich Deutschland und Oesterreich mit Russen, Franzosen und Serben im Kriegszustand. […] Möge der Himmel ihn (den Sieg – C. G.) unserem wackeren Heer und unserer deutschen Flotte schenken! Möge der Herr der Heerscharen in diesem blutigen Streit, der uns von unseren Feinden aufgezwungen wurde, bei den deutschen Bataillonen sein. […] Denn eines ist sonnenklar: Deutschland und sein Kaiser, die vierundvierzig Jahre lang trotz aller Fährnisse den Frieden Europas bewahrt, sie haben diesen mörderischen Krieg nicht gewollt, sie haben gelitten und gekämpft um den Frieden und bis in zwölfter Stunde versucht, versöhnlich und versöhnend zu wirken. […] Von der Maas bis an die Memel wird heute wohl keine Menschenseele mehr daran zweifeln, daß das Recht in diesem Kriege auf Deutschlands Seite ist, daß wir den Kampf führen, der uns aufgezwungen wurde von Russen und Franzosen, die sich nicht gescheut haben, die Partei eines Volkes von Mördern zu ergreifen. [...] Allein wir dürfen dem hohen Geist, der unsere Streiter beseelt, wir dürfen unserer ehernen, hochernsten Friedensarbeit und unseren Heerführern vertrauen, die aus der Schule eines Moltke hervorgegangen sind. Der heldenhafte Sinn der Ahnen von 1813, 66 und 70/71 lebt weiter in den Spätgeborenen; die Geschichte unserer großen Kriege lehrt uns, daß immer wieder, wenn des bedrohten Vaterlandes Ruf an seine Söhne erging, neue Heldengeschlechter erstanden, die sich der Väter würdig erwiesen.«

Antithetische Polarisierungen (Zar und seine Berater – die Völker Europas, Deutschland – Russen und Franzosen), Hyperbeln (gigantischer Schritt, gelitten und gekämpft ... bis in zwölfter Stunde, kaum eine Menschenseele, Volk von Mördern, hoher Geist, der unsere Streiter beseelt, hochernste Friedensarbeit, Geschichte unserer großen Kriege), pathetische Metaphern (Mantel des Verhängnisses, Stein ist im Rollen) und unverkennbares Pathos durch das Anrufen der Unterstützung Gottes erweisen sich als wertende Gestaltungsmittel in diesem Kommentar.

Den Opferstatus Deutschlands hebt denn auch Kaiser Wilhelm II. in einem Aufruf an das deutsche Volk, veröffentlicht im *Deutschen Reichsanzeiger und Königlich Preußischen Staatsanzeiger*, hervor: »Ich bin gezwungen, zur Abwehr eines durch nichts gerechtfertigten Angriffs das Schwert zu ziehen und mit aller Deutschland zu Gebote stehenden Macht um den Bestand des Reiches und unsere nationale Ehre zu führen.« Der Ausdruck, von einer anderen Gewalt zum Rückschlag *gezwungen* zu sein, erweist sich offensichtlich durch die Geschichte dieses Jahrhunderts hindurch – und nicht nur bezogen auf die Weltkriege – als Symbol des Opfergefühls, das zur Rechtfertigung eigenen Handelns von Politikern wie der Presse herangezogen wird.

Angesichts gegenwärtiger Diskussionen um die Bewertung des Kosovo-Krieges und der Ergebnisse einer Untersuchungskommission von amnesty international, die zu dem Schluss gelangt, während der Einsätze der NATO im Kosovo-Krieg seien zivile Einrichtungen unter Beschuss genommen und Zivilisten getötet und damit die Menschenrechte verletzt worden, erscheint es aufschlussreich, Begründungsversuche deutscher Politiker zu den Einsätzen der USA und europäischer Staaten im Kosovo unter Aspekten apokalyptischer Rhetorik zu betrachten. Die apokalyptische Rhetorik polarisiert die Kräfte und verfolgt damit das Ziel, die Bevölkerung für die Handlungen der einen und gegen die der anderen Partei einzunehmen. Ein Muster ist dabei offensichtlich: Politiker verstehen und präsentieren sich als Opfer, dem Handlungen von der anderen Seite oktroyiert werden. Genau diese Opfer-Täter-Thematik ist von Patrick Horst in seinen kritischen Darlegungen in einem *Freitag*-Artikel vom 24. Juni 1999 problematisiert worden. So zitiert er die Politiker Schröder, Fischer und Scharping mit den folgenden Worten: Schröder meint, »Wir hatten keine andere Wahl«, Scharping hat »keinen Zweifel« daran, Krieg als »die letzte verbleibende Möglichkeit« zu sehen, um zu »den zivilen, wirtschaftlichen und kulturellen Möglichkeiten von Politik zurückzufinden«, und Fischer betont »Die Verantwortung liegt allein bei Milosevic«. NATO, USA und westliche Welt mit ihrem Vernichtungspotenzial verstanden sich als Opfer eines »Balkanpotentaten«, der gerade über 10 Millionen Menschen herrscht. Patrick Horst vergleicht die hier vermittelte Logik mit der Logik Hitlers, der sich als Opfer einer jüdisch-bolschewistischen Weltverschwörung sah. Doch man muss keineswegs das Beispiel Hitler als Tertium comparationis heranziehen. Auch Kommentare im Kontext des Ersten Weltkrieges zeigen offensichtlich das Procedere.

Gleichwohl gilt: Auch 1999 bedienen Kommentare die Opfermentalität: »Dieser Krieg wurde der zaudernden Nato von Milosevic geradezu aufgedrängt«, heißt es in einem Kommentar von Kohler in der *FAZ* vom 26. März 1999. Horst (1999) vermutet, welche Konsequenzen sich für das Handeln aus der Opfermentalität ergeben: »Im Opfergefühl« – so Horst – »wird die blinde Wut zum Antrieb des Handelns. [...] Opfer werden zu Tätern. Es gibt keine stärkere Legitimation zum Losschlagen als einen behaupteten Opferstatus.« Seine Überlegungen sind nicht von der Hand zu weisen, denn auch Joschka Fischer zieht in einem *Spiegel*-Interview (19. 4. 1999) die Mentalität des Opfers heran, indem er die Kriegsparteien antithetisch polarisiert und die Ausweitung des Kosovo-Krieges durch Milosevic auf europäische und andere Regionen hyperbolisch ausmalt. »Gerade der Konflikt im südlichen Balkan zeigt, daß dort nicht eine ausgreifende geographische Interessenpolitik betrieben wird. Dort steht vielmehr die zukünftige Gestalt Europas auf dem Spiel.« An anderer Stelle heißt es: »Wenn Milosevic mit der Beute seiner barbarischen Kriegsführung davonkäme, hätte dies weitreichende Folgen in Europa und anderswo. Das darf nicht geschehen. [...] Der Mann droht mit seiner Politik, alles in einem Meer von Blut zu ertränken.« Den Höhepunkt der hyperbolischen Darstellung von Milosevic bildet sicher die Gleichsetzung von Milosevic mit Hitler und dem Völkermord der deutschen Nationalsozialisten in Auschwitz. Im Gegensatz dazu schwächt Fischer die kriegerischen Handlungen der NATO ab: »Die NATO auf der anderen Seite kämpft mit Selbstbeschränkung: Sie beschränkt sich auf Luftschläge, sie setzt keine Bodentruppen ein. Der Verteidigungsminister hat letzte Woche gesagt, daß 50 % der Einsätze aus Furcht vor Schäden für die unbeteiligte Zivilbevölkerung abgebrochen werden. […] Wir führen keinen Krieg, wir leisten Widerstand, verteidigen Menschenrechte, Freiheit und Demokratie.« Fischers Sprache ist keineswegs ein Einzelfall. In der ersten Phase des Kosovo-Krieges finden sich auch in der Presse Substantive, die als Sprachregelung verhüllend für Krieg eingesetzt wurden: *Engagement, Initiative, Eingreifen der NATO, militärische Präsenz, militärisches Engagement.*

4. Apokalyptische Rhetorik und Umweltkatastrophenberichterstattung

Elemente apokalyptischer Rhetorik sind nun allerdings nicht beschränkt auf die Darstellung von Kriegsereignissen, sondern sie gehen – indem sie die Kriegs-Metapher bemühen –, ebenfalls in die Berichterstattung der Medien beispielsweise über Umweltkatastrophen ein. Insofern befördern sie apokalyptische Deutungsmuster der Prophezeiung des Weltuntergangs durch Umweltschädigungen und dadurch ausgelöste Naturkatastrophen.

Ganz in diesem Sinne ordnet sich die Berichterstattung über das Oder-Hochwasser im Sommer 1997 ein. Apokalyptische Übertreibungen, die die Sintflut thematisieren und die Kampf-Metapher als Konzept durch ganze Texte hindurch entfalten, erweisen sich als zentrale Merkmale der Berichterstattung. Eine Auswahl von Schlagzeilen aus der *Märkischen Oderzeitung* soll dies verdeutlichen: Während der Ausdruck »immense Wassermassen« (9. 7. 1997) noch sehr neutral und angemessen erscheint, folgen in den nächsten Tagen: »Pegel erreicht mit 10,21 m den höchsten jemals gemessenen Wert« (11. 7.), »Hochwasserkatastrophe« (13. 7.), »größte Oderflut aller Zeiten« (14. 7.), »schlimmstes Szenario« (19./20. 7.), »sintflutartiger Regen« (21. 7.), »neue Höchststände« (28. 7.), »Urgewalt« (29. 7.), »Hochwasserkatastrophe […], schlimmste Überschwemmungskatastrophe […], Jahrhundertflut«

(31. 7.). Die Kampf-Metapher zeigt sich dominant in den Schlagzeilen: »Tausende Helfer *kämpfen* an der Oder gegen das Hochwasser« (19./ 20. 7.), »Dammbruch – Weiter *Kampf* um die Deiche. Nach tagelangem, verbissenem *Kampf* um die Sicherheit der Deiche ist gestern das erste *Bollwerk* geborsten.« (24. 7.), »Bundeswehr an der Hochwasser*front*/ Im Oderbruch Vorbereitungen für eine zweite *Verteidigungslinie*« (25. 7.), »Verzweifelter *Kampf* um den Deich bei Hohenwutzen; *Kampf* um die Oderdeiche wird immer dramatischer« (26./27. 7.), »Deich*verteidiger* im *Kampf* gegen die Naturgewalten« (28. 7.), »Tausende von unermüdlichen Helfern *kämpfen unverdrossen* um jeden Zentimeter Oderdeich; der größte Deichrutsch mußte am Mittwoch in Hohenwutzen *bekämpft* werden« (1. 8.), »*Materialschlacht* gegen die Flut« (4. 8.), »*Kampflinie* Oderdamm« (8. 8.).

Aus sprachkritischer Sicht ist zu bezweifeln, ob einzig und durchgängig die Entfaltung der militärischen Kampf-Metapher einer objektiven Berichterstattung über Naturereignisse und deren Folgen für das Leben der Menschen gerecht wird. Die Ereignisse an der Oder bildeten keinen Kriegsschauplatz, dennoch greifen Redakteure zur Kriegs-Metapher. Dies verwundert angesichts der Tatsache, dass das Deutsche synonyme Variationen zum Ausdruck der Anstrengungen gegen das Hochwasser bereithält. Insofern erweist sich der militärische Sprachgebrauch im Zusammenhang mit dem Oder-Hochwasser in der Konsequenz als Angebot des apokalyptischen Deutungsmusters, das durchaus mit der Hoffnung auf erhöhten Absatz der Zeitung in Verbindung gebracht werden darf.

Abschließend sei hervorgehoben: Beispiele der politischen wie der Massenkommunikation illustrieren über zwei Jahrhunderte das Muster apokalyptischer Rhetorik. Klemperers Verdienst ist es, Elemente dieses Musters in der Form des Superlativismus oder des Barnum-Prinzips aufgedeckt zu haben. Dies geschah freilich synchron für den Zeitraum 1933 bis 1945. Der geistesgeschichtliche Hintergrund des 19. Jahrhunderts spielte in Klemperers sprachkritischen Reflexionen keine Rolle. Für aktuelle Sprachkritik und die Herausbildung sprachkritischer Kompetenz erweist sich Folgendes als relevant: Das Muster apokalyptischer Rhetorik ist keineswegs ein historisches, sondern auch in gegenwärtiger politischer und Massenkommunikation präsent. Nun ist nicht jeder superlativische Sprachgebrauch mit der apokalyptischen Rhetorik in Verbindung zu bringen, aber im Diskurs um Nationalismus, Krieg und Umweltzerstörung kann sie vermutet werden.

Anmerkungen

1 Die Befunde sind Resultat von verschiedenen empirischen Verfahren der Inhaltsanalyse, die Studierende am Institut für Deutsche Philologie der Ernst-Moritz-
   Arndt-Universität in einem Seminar zur Inhalts- und Bedeutungsanalyse durchgeführt haben.
2 Zitiert wird aus der 6. Auflage (Leipzig: Reclam 1978).
3 Zitiert wird aus der zweibändigen Ausgabe (Berlin: Aufbau 1995).

Literatur

Arndt, Ernst Moritz (1908): Geist der Zeit. Bd. 2. In: Ernst Moritz Arndt's Sämtliche
   Werke. Bearbeitet von E. Schirmer. Bd. 9. Magdeburg o. J., 222–224.
Dennert, E. (1910): Konversations-Lexikon. Bremen: Verlag der Bremer Zeitungsge-
   sellschaft.
Echternkamp, Jörg (1998): Der Aufstieg des deutschen Nationalismus (1770–1840).
   Frankfurt a. M.: Campus.
Gansel, Christina (1992): Politische Rede und rhetorische Muster. In: Deutschunterricht
   44(1992)7/8, 356–360.
Horst, Patrick (1999): Die Opfer-Täter. In: Freitag Nr. 23 v. 24. 6. 1999.
Hippe, Robert (1981): Politische Reden. Hollfeld/Ofr.: C. Bange Verlag.
Jacobs, Peter (2000): Victor Klemperer. Im Kern ein deutsches Gewächs. Berlin: Auf-
   bau Taschenbuchverlag.
Offermann, Josef (Hg.) (1999): Fibeln aus dem 19. und 20. Jahrhundert. Köln; Weimar;
   Wien: Böhlau.
Polenz, Peter, von (1978): Geschichte der deutschen Sprache. Berlin; New York: de
   Gruyter.
Polenz, Peter von (1999): Deutsche Sprachgeschichte vom Spätmittelalter bis zur
   Gegenwart. Band III. 19. und 20. Jahrhundert. Berlin; New York: de Gruyter.
Vondung, Klaus (1988): Die Apokalypse in Deutschland. München: dtv.

Quellen

Die Regierungserklärung von Bundeskanzler Gerhard Schröder. Bonn, den 10. November
   1998.
Deutscher Reichsanzeiger und Königlich Preußischer Staatsanzeiger, Sonderausgabe
   vom 3. 8. 1914, 1.
Kohler, Berthold: Festbleiben. Kommentar in der *FAZ* vom 26. 3. 1999.
Märkische Oderzeitung vom 9. 7. 1999 bis zum 28. 8. 1999.
Spiegel-Interview mit Joschka Fischer. In: *Der Spiegel* Nr. 16 vom 19. 4. 1999, 34 ff.
Stettiner Abendpost Nr. 180 vom 4. 8. 1914, 1.

Ute Seidel

Klemperer und Brecht – sprachkritische Zeitzeugen Zu ihrer Kritik an ausgewählten Fahnen- und Stigmawörtern der LTI

1. Zur Sprachkritik von Victor Klemperer

Wer heute über öffentliche Sprache nachdenkt, folgt – bewusst oder unbewusst – den Spuren Klemperers, der in *LTI*[1] auf der Basis seiner Tagebücher (1933–1945) *Ich will Zeugnis ablegen bis zum letzten*[2] eine äußerst lebendige und aspektreiche, auf genauer Beobachtung fußende kritische Darstellung des Sprachgebrauchs im Faschismus gibt. Dabei ist seine komplexe Sicht auf Sprache herauszuheben, die das Nonverbales einschließt (vgl. u. a. LTI, 20) und nicht nur einzelne lexikalische Auffälligkeiten, sondern auch komplexere sprachlich-kommunikative Veränderungen (vgl. Seidel/Siehr 1998, 37 f.) konstatiert, zueinander in Beziehung setzt, sensibel bewertet und generell den konkreten Zeitbezug nie aus dem Auge verliert. Das deutet sich oft schon in den Kapitelüberschriften an (vgl. XXVIII *Die Sprache des Siegers*; XXX *Der Fluch des Superlativs*; III *Grundeigenschaft: Armut*). Im Kapitel III nennt er die »Armseligkeit der uniformierten Sklaverei […] ein Hauptcharakteristikum der LTI« und stellt die Einschränkung der Funktionen von Sprache im Faschismus fest: »Die LTI dient einzig der Beschwörung«, sie sei »Sprache des Massenfanatismus«, der verbindliche Stil sei der des »marktschreierischen Agitators« (LTI, 31 ff.). Seidel/Seidel-Slotty (1961, 1) heben ebenfalls das Beschwörende nazistischer Rede hervor: »[…] der Redner will den Hörer an einen ganz bestimmten Punkt bringen, aber ohne daß dieser rational überzeugt wird, geistig mitgeht; der Hörer soll zum Glauben gebracht werden. Die Rede nimmt beschwörende Formen an […]«. Es geht darum, »dem Volke ›einzuhämmern‹, was es glauben soll […]« (ebd.). Dass dieses Beschwören und Einhämmern bestimmter Parolen im Sinne des Faschismus durch vielfältige Zeichen – auch nichtverbale – versucht wurde, zeigt Klemperer in den Tagebüchern und in *LTI*. Bei aller Vielfalt und Wirksamkeit der nichtverbalen Mittel spielten verbale Mittel, vor allem bestimmte Schlagwörter und Parolen, eine besondere Rolle im Dienste der Massensuggestion. Eine wichtige Methode Klemperers beim Erfassen nazistischen Sprachgebrauchs ist das genaue Registrieren von Schlagwörtern in ihren spezifischen Kontexten: »Mit den Schlagwörtern und ›Ausrichtungen‹ Hitlers und Goebbels' arbeiten alle. Wer eine andere Sprache reden will, wird meistens mundtot gemacht. Derselbe Jargon auf allen Gebieten.« (ZA 2, 482, 6. 2. 1944) »[…] die Enge, mit der sich alles an Vokabular, Stil, Darstellung der Vorbilder hält. Die allzu leicht übersehbare, die armselige LTI!« (ZA 2, 550, 22. 7. 1944) Außer der Bezeichnung »Schlagwort« (u. a. LTI, 209) verwendet Klemperer Bezeichnungen wie »beliebte Wörter des 3. Reiches« (ZA 1, 184, 21. 2. 1935), »gestempelte Worte« (ZA 1, 649, 14. 7. 1941), »Grundschlagwort« (ZA 1, 623, Zelle 89, 23. 6.–1. 7. 1941), »Schlüsselwort des Nazismus« (LTI, 82), »Pfeilerwort« (LTI, 209).

In der aktuellen linguistischen Fachliteratur über den besonderen Stellenwert bedeutsamer Lexeme der öffentlichen Kommunikation finden sich u. a. Benennungen wie ›Schlagwort‹, ›brisantes Wort‹, ›schweres Wort‹, ›Schlüsselwort‹, ›politische Leitvokabel‹. Sowohl Böke (1996, 32 ff.) als auch Herberg (1998, 334 ff.) weisen darauf hin, dass der Gebrauch dieser Begriffe nicht einheitlich ist. Ich verzichte hier auf die Diskussion unterschiedlicher Standpunkte und verwende das Begriffspaar ›Fahnenwort‹ und ›Stigmawort‹.

Unter Fahnenwörtern verstehe ich Lexeme, die von einer politischen Partei/Gruppierung verwendet werden, um die eigenen Standpunkte in positiver Weise zu kennzeichnen, während die Stigmawörter – Böke spricht auch von Diffamierungswörtern als »das negative Pendant zum Fahnenwort« – dazu dienen, »den politischen Gegner oder eine gegnerische Position bzw. einen Sachverhalt o. ä. in negativem Lichte erscheinen« (Böke 1996, 39) zu lassen. Bezogen auf die LTI gehören sie zum »Vokabular des Nationalsozialismus« (vgl. Berning 1964; Schmitz-Berning 1998).

2. Zur Sprachkritik von Bertolt Brecht

In meinem Aufsatz geht es mir darum, die Bedeutsamkeit des Zeitzeugen Klemperer dadurch besonders herauszuheben, dass ich einzelne sprachkritische Äußerungen aus den Tagebüchern und *LTI* in Beziehung setze zu sprachkritischen Texten eines Zeitgenossen. Meine Entscheidung, zum Vergleich Texte von Brecht auszuwählen, ist begründet darin, dass sich Brecht wie kein anderer deutscher Schriftsteller »theoretisch, politisch, literarisch so intensiv mit dem Faschismus auseinandergesetzt« hat (Wagner 1989, 12; vgl. auch 17). Spätestens seit 1930 wurde der deutsche Faschismus für Brecht zentraler Gegenstand seiner literarischen Arbeit (vgl. Wagner 1989, 221).[3] Während des Exils sind die politischen Entwicklungen in Deutschland und Europa für ihn eine starke Motivation zum Schreiben.[4] Hinzu kommt, dass ein sprachkritischer Impetus bei ihm schon sehr früh erkennbar ist, er z. B. nachdenkt über die Ächtung von Phrasen: »Die Phrasen, die hassenswert sind, sind Legion [...]. Man müßte eine Enzyklopädie, ein Schwarzbuch der Phrase herausgeben [...].« (GBA 21, 136) Schließlich sei darauf aufmerksam gemacht, dass Brechts sprachkritische Äußerungen von der Linguistik durchaus beachtet worden sind (vgl. u. a. v. Polenz 1999, u. a. 312 ff.). Allerdings steht eine umfassende Untersuchung und Bewertung des Sprachkritikers Brecht noch aus. Hier sei nur darauf verwiesen, dass er in sehr unterschiedlichen Texten sprachkritisch in Erscheinung tritt, indem er direkt oder indirekt sein Unbehagen über auffallende Stiltendenzen und Sprachhandlungen sowie über ausgewählte nazistische Fahnen- und Stigmawörter zum Ausdruck bringt. Seine Kritik an einzelnen sprachlichen Erscheinungen ist zumeist der grundsätzlichen Kritik an affirmativen Texten und ihren Autoren untergeordnet (vgl. u. a. Seidel 1998, 249 f.). Generell gilt, dass die sprachkritischen Texte Brechts, die sich in Beziehung setzen lassen zu Klemperers Sprachkritik, intentional Texte im Dienste der Auseinandersetzung mit dem Faschismus sind. Indem Brecht in ihnen nazistische Fahnen- und Stigmawörter bzw. Parolen, die damit im Zusammenhang stehen, aufgreift, sie verarbeitet im Sinne seiner Idee vom »eingreifenden Denken« (vgl. u. a. GBA 21, 524 f.) und sie als Lüge entlarvt oder auch in polemisch-satirischer Weise umwertet, bekommen sie eine sprachkritische Akzentuierung.

Wie wichtig Brecht die Kritik am Faschismus und seiner Sprache war, zeigt sich u. a. daran, dass er im Zusammenhang mit der Vorbereitung des Pariser Schriftstellerkongresses die Herausgabe einer Enzyklopädie über Sprache im Faschismus anregt als »eine Art Nachschlagewerk der Ansichten der Antifaschisten«. Ende Dezember 1934 schlägt er Johannes R. Becher brieflich vor, dass »über bestimmte Themen, Schlagwörter, politische Parolen, Sätze wie ›Gemeinnutz geht vor Eigennutz‹ [...] immer 4–5 Schriftsteller zugleich ihre Meinung« schreiben sollten (GBA 28, 470 f.; vgl. auch 503 f.). Zwar kam diese Enzyklopädie nicht zustande, aber es gibt Texte von Brecht, die man als Vorarbeiten dafür ansehen kann (vgl. GBA 22/1, 58 ff.). Hinzu kommen Schriften, in denen sich Brecht sehr differenziert mit Sprache im Faschismus auseinander setzt und Vorschläge für einen kritischen Umgang damit macht. Hier seien genannt »Fünf Schwierigkeiten beim Schreiben der Wahrheit« (GBA 22/1, 74–89) und »Über die Wiederherstellung der Wahrheit« (GBA 22/1, 89–97). Außerdem gibt es viele Texte, auch Gedichte, in denen er Fahnen- und Stigmawörter direkt oder indirekt einer kritischen Wertung unterzieht. Diese Texte sind heute als Zeugnisse des historischen Prozesses zu lesen[5] (was die Möglichkeit, Bezüge zu aktuellen gesellschaftlichen Entwicklungen herzustellen, freilich nicht ausschließt). Ich folge Brechts Gedanken, dass alle großen Gedichte den Wert von Dokumenten haben (vgl. GBA 21, 191). Insofern sind sie geeignet, in Beziehung gesetzt zu werden zu Klemperers Tagebuchaufzeichnungen, die ebenfalls Dokumente sind.

3. Kritik Klemperers und Brechts an der Überbewertung des Gefühls und der Feindschaft gegenüber dem Intellekt

3.1. Volksgemeinschaft, Volksgenosse, Volk

Dass sich die Sprachkritik von Klemperer und Brecht aufeinander beziehen lässt, sei im Folgenden an einigen Beispielen gezeigt. Bei allen Unterschieden in Herkunft, Alter, Profession, philosophischer und politischer Orientierung, Lebensbedingungen, Motivation des Antifaschismus und Präsentation der Sprachkritik lassen sich durchaus Gemeinsamkeiten feststellen. Der Skeptiker Klemperer, als Philologe genauer Beobachtung und Analyse sowie vorsichtiger Wertung verpflichtet, also auch beim Umgang mit Sprache, und der Zweifler und marxistische Dialektiker Brecht, nicht nur ein genauer Beobachter historischer Prozesse, sondern auch der damit im Zusammenhang stehenden Sprachveränderungen – beide misstrauen der einseitigen Bevorzugung des Gefühls, des Glaubens gegenüber dem Intellekt und äußern das u. a. im Kontext der Kritik an nazistischen Fahnenwörtern wie *Volksgemeinschaft* und *Volksgenosse* und an Stigmawörtern wie *Intellektueller, Intelligenz* – bzw. *Intellektbestie* und *Asphaltliteratur.*

Als Klemperer während seiner Gefängnishaft im Sommer 1941 grundlegende Leitlinien seiner *LTI* überlegt, notiert er u. a. einen wichtigen Untersuchungsansatz: »Feindschaft gegen die Vernunft, Betonung und

Überbetonung des Wollens, des Handelns – Feindschaft gegen die Wissenschaft [...]. Die neue Theologie, der deutsche Glaube.« (ZA 1, 623; 23. 6.–1. 7. 1941; vgl. auch LTI, XVIII: Ich glaube an ihn, 134 ff.; vgl. Brackmann 1988, 88; vgl. Berning 1964, 94 ff. und Schmitz-Berning 1998, 274 ff.)[6] In *LTI* geht Klemperer wiederholt auf die starke Orientierung der Propaganda auf das Gefühl ein:»Der Jargon des Dritten Reiches sentimentalisiert; das ist immer verdächtig.« (LTI, 50; vgl. auch 54, 137 f., 303) Im Zusammenhang mit dieser Tendenz weist Klemperer auf den inflationären Gebrauch von *Volk* hin:»[...] an alles gibt man eine Prise Volk: Volksfest, Volksgenosse, Volksgemeinschaft, volksnah, volksfremd, volksentstammt [...].« (LTI, 45) Als ein»zentrales Schlagwort des Nationalsozialismus« (Schmitz-Berning 1998, 654) ist *Volksgemeinschaft* bedeutsam. Schmitz-Berning weist nach, dass es wie die meisten LTI-Lexeme keine nazistische Neuprägung ist, und zeigt die verschiedenen Akzentuierungen dieses Propagandawortes: die rassische bzw. völkische (»Volksgemeinschaft als ›Blutsgemeinschaft‹«), die soziale (»Volksgemeinschaft als ›Sozialgemeinschaft‹«) und die juristische (»Volksgemeinschaft als ›Rechtsgemeinschaft‹«) (vgl. a. a. O., 654 ff.). Als Fahnenwort kommt es schon in Hitlers *Mein Kampf* vor (vgl. Berning 1964, 197).

Bei der Bücherverbrennung am 10. Mai 1933 in Berlin wird es an zentraler Stelle der »Feuerbeschwörungsformeln« gebraucht. In dieser geistfeindlichen Inszenierung der Nazis gegen den »undeutschen Geist« übergaben neun Rufer nacheinander »in der Art einer Beschwörung« (Richard 1988, 100) äußerst pathetisch »zersetzende Bücher« (LTI!) dem Feuer, klagten ihre Verfasser an und setzten faschistische »Werte« dagegen. Der besondere Rang des Fahnenwortes *Volksgemeinschaft* wird m. E. dadurch deutlich, dass der Begriff schon vom ersten Rufer genannt wird: »1. Rufer: Gegen Klassenkampf und Materialismus, für Volksgemeinschaft und idealistische Lebenshaltung. Ich übergebe der Flamme die Schriften von Marx und Kautsky.« (Richard 1988, 192) Dem Fahnenwort *Volksgemeinschaft* widmet Klemperer in *LTI* kein eigenes Kapitel, aber an verschiedenen Stellen erscheint es, ebenso in den Tagebüchern, und zwar in unterschiedlicher Akzentuierung.

In sozialer Akzentuierung: »Mir ist vom Gehalt eine ›Freiwillige Winterhilfe‹ abgezogen worden [...]. Hilfe statt Steuer: das gehört zur Volksgemeinschaft.« (LTI, 50) Im Kapitel *Gefolgschaft* (LTI, 302 ff.) äußert er sich im Zusammenhang mit dem Eintopf indirekt über die

Wirksamkeit der Nazipropaganda im Zusammenhang mit dem Ziel einer ›Sozialgemeinschaft‹ ohne Klassengegensätze: »Wie geschickt und beziehungsreich ist die neue Essensvorschrift betitelt! Das gleiche Gericht für alle, Volksgemeinschaft im Alltäglichsten und Notwendigsten, gleiche Simplizität für reich und arm zugunsten des Vaterlandes, und das Bedeutendste im schlichtesten Wort eingekapselt! Eintopf – [...] wir essen alle aus ein und demselben Topf...« (LTI, 310 f.)

In seiner rassischen Akzentuierung: Klemperer geht ein auf die »Überführung« »deutscher Siedler« »aus Südrußland in den Warthegau« und zitiert die nazistische Presse, sie seien »erfüllt von fanatischem Eifer für die neue deutsche Heimat und die neue Volksgemeinschaft«; indem diese Menschen als »deutsche Menschen besten deutschen Blutes« bezeichnet werden, wird hier die Orientierung auf Volksgemeinschaft als ›Blutsgemeinschaft‹ besonders deutlich (vgl. LTI, 307). Der Vorzug der Sprachnotate in den Tagebüchern Klemperers besteht darin, dass sie sich nicht im Registrieren einzelner Wörter oder Sätze erschöpfen, sondern oft etwas aussagen über die spezifische kommunikative Situation, vor allem über die Sprecher und die Wirksamkeit der Lexeme. Da er den Voces populi auf der Spur ist (vgl. LTI, u. a. 285 f.), ist es ihm wichtig zu wissen, wie mit diesen Wörtern umgegangen wird und welche Wirkung sie haben. So wird ihm der Rang des Begriffs Volksgemeinschaft besonders bewusst, wenn er erfährt, dass in den neu »eingeführten Schülercharakteristiken« etwas über »die Eignung zur Volksgemeinschaft« ausgesagt wird (ZA 1, 224, 19. 10. 1935); und die Wirksamkeit des Begriffs vermittelt sich ihm im Gespräch mit einem Bekannten, der – für Klemperer kein typischer Nazi – »von der Notwendigkeit der Volksgemeinschaft« (ZA 1, 366, 13. 7. 1937) spricht. Zu *Volksgemeinschaft* lässt sich *Verkehrsgemeinschaft* stellen. Nach den Novemberpogromen notiert Klemperer im Dezember 1938: »Entziehung der Autofahrerlaubnis bei allen Juden.« Ihr Fahren beleidige »die deutsche Verkehrsgemeinschaft, zumal sie anmaßlicherweise sogar die von deutschen Arbeiterfäusten gebauten Reichsautostraßen benutzt hätten.« (ZA 1, 442, 6. 12.) (Vgl. auch LTI, 310) Das persönliche Betroffensein spart Klemperer hier nicht aus: »Dies Verbot trifft uns überaus hart.« (ZA 1, 442, 6. 12. 1938) Gleiches gilt für die Phrase von der *verschworenen Gemeinschaft*. Dieses Lexem kann man im Kontext der LTI als eine superlativische Form von *Volksgemeinschaft* sehen. Das lässt sich m. E. aus folgender Formulierung Hitlers zu Beginn des 2. Weltkrieges folgern: »in wenigen Wochen und Tagen muß die nationalsozialistische Volksgemeinschaft sich in eine auf Leben und Tod verschworene Einheit verwandeln«. (Berning 1964, 197) Klemperer äußert sich im September 1944 über die Wirksamkeit nazistischer Schlagwörter: »Es ist schamlos und verbrecherisch und bewundernswert im gleichen Maße, wie man immer wieder [...] den Leuten dieselben Phrasen einhämmert. Wie man immer wieder die gleichen Vokabeln gebraucht: [...] unsere ›Kriegsmoral‹ ist die höhere, wir bilden eine ›verschworene Gemeinschaft.‹« (ZA 2, 585, 15. 9. 1944) Dabei ist bemerkenswert, dass der Notiz vom 15. 9. 1944, in der Klemperer einen Leitartikel von Goebbels über die aussichtslose Kriegslage berücksichtigt, ein eigenes Erlebnis mit dieser Phrase vorausgeht. Mit bitterer Ironie schildert Klemperer eine Luftschutzübung, an der die Bewohner des Judenhauses teilnehmen: »Es ist tragikomisch und schlägt unmittelbar in die LTI, wie der Mann (Gruppenführer, der die Luftschutzübung leitet – U. S.) mit Güte und Drohung uns in den allgemeinen ›Einsatz‹ einzufügen sucht, wie er mit Notwendigkeit in den eingelernten, wie ein Hohn auf uns passenden Phrasenschatz verfällt: Ein vierteldutzendmal bekamen wir gestern zu hören, daß wir zum eigenen und allgemeinen Schutz mitwirken müßten, einsatzbereit als eine ›verschworene Gemeinschaft‹. Hübsch zu hören, wenn man den Stern trägt und ›Staatsfeind‹ ist.« (ZA 2, 568, 25. 8. 1944) Ohne dieses Lexem explizit als Lüge zu bewerten, wird seine Verlogenheit deutlich – vor allem auch auf dem Hintergrund der Schilderungen Klemperers über die Lage der deutschen Juden während der Nazizeit (vgl. ZA 2, 107 f., 2. 6. 1942). Die starke Wirkung dieser verlogenen Phrase auf Klemperer geht u. a. hervor aus folgender Notiz anlässlich der Rektorwahl in Halle im Februar 1951: »Im Armeeton. Er (Bezug auf einen Professor der Universität Halle – U. S.) sei zur See gefahren. Wenn der Kapitän wechsle, gelobe die Mannschaft [...] dem neuen Kapitän Treue. Man sei ja doch eine verschworene Gemeinschaft – wahrhaftig, das sagte er.« (ZS 2, 134, 8. 2. 1951)[7]

Bei der Auseinandersetzung mit dem Faschismus geht es dem Marxisten Brecht in erster Linie darum, Klassengegensätze aufzudecken und dort, wo sie verschleiert werden, darauf hinzuweisen. Dabei bedient er sich – verständlicherweise – nicht nur der marxistischen Terminologie, sondern stellt Gegensätze oft in allgemeinsprachlichen antithetischen Wortpaaren dar: *Obere – Untere*; *Hochgestellte – Niedrige*; *die im Licht – die im Dunkeln*; Verfahren, die bei der kritischen Darstellung sozialer Unterschiede auch heute noch nachweisbar sind. So ist auch sein poetischer Kommentar zum nazistischen Fahnenwort *Volks-gemeinschaft* aus der *Kriegsfibel* stark auf die Darstellung sozialer Gegensätze orientiert: »DIE OBEREN SAGEN, IM HEER/Herrscht Volksgemeinschaft./Ob es wahr ist, erfahrt ihr/In der Küche/In den Herzen soll der gleiche Mut sein. Aber/In den Schüsseln ist/Zweierlei Essen.« (GBA 12, 13) Gerade weil das Fahnenwort *Volksgemeinschaft* glauben machen soll, dass es im Nazistaat keine Klassengegensätze gibt, setzt Brecht sie hier so deutlich ins Bild, indem er den Unterschied zwischen den »Oberen« und den als »ihr« bezeichneten »Unteren«, den Adressaten Brechts, metonymisch/metaphorisch in den »zweierlei Essen« festmacht. Einfacher lässt sich die Lüge von der Volksgemeinschaft wohl kaum ins Bild setzen.[8] Indem er die Wirklichkeit mit ihren starken Gegensätzen äußerst lakonisch darstellt, zeigt er, dass das Fahnenwort *Volksgemeinschaft* den realen Sachverhalt nicht trifft. Auf diese Weise geht von dem Text ein Impuls aus, über die sozialen Beziehungen nachzudenken.[9] Es ließen sich weitere Texte anführen, die auf den Mythos von der Volksgemeinschaft aufmerksam machen, in denen das Wort zwar nicht erscheint, aber der Gedanke gemeinschaftlicher Interessen des deutschen Volkes aufgegriffen wird, z. B. im Umgang mit dem alten Satz »Gemeinnutz geht vor Eigennutz«. (GBA 22/1, 58 ff.; GBA 18, 266 f.) Brecht ist die Auseinandersetzung mit diesem von den Nazis vereinnahmten Satz äußerst wichtig; das zeigt sich u. a. darin, dass er sich in den Exiljahren wiederholt mit ihm befasst und auf seine Demagogie hinweist.[10]

Volksgenosse – wie *Volksgemeinschaft* keine Neuprägung der Nazis (vgl. Schmitz-Berning 1998, 660 f.) – steht in enger Beziehung zu *Volksgemeinschaft*. (Brackmann 1988, 195: »Deutscher, der sich als Mitglied der Volksgemeinschaft fühlte«.) War das Wort bis 1933 noch »parteiübergreifend in den verschiedensten Lagern verwendet worden«, wurde es 1933 zum »Kennwort des Dritten Reiches mit der wohl höchsten Gebrauchsfrequenz zur gleichschaltenden Anrede [...]«. (Schmitz-Berning 1998, 663) »Im nationalsozialistischen Sprachgebrauch verschmelzen die nationalpathetische, die soziale und die rassische Akzentuierung des Ausdrucks Volksgenosse, jedoch im Sinne einer Hierarchie. Im Vordergrund steht der rassische Aspekt, aus dem das nationale Pathos und die soziale Gebundenheit ›im Dienste des Ganzen‹ abgeleitet werden.« (Schmitz-Berning 1998, 662) Klemperer führt *Volksgenosse* in *LTI* in Aufzählungen von Komposita mit dem Bestimmungswort *Volk* an; einmal, um die quantitative Zunahme dieser Wortbildung festzuhalten, und zum anderen, um auf deren Wirkung (»auf eine ständige Gefühlsbetonung«, LTI, 308) hinzuweisen.

Brecht akzentuiert in dem von mir ausgewählten Text – wie bei *Volksgemeinschaft* – die soziale Seite sehr stark: »O Mann du aus der Gosse/ Dein Krupp baut auf dich fest./Er ist dein Volksgenosse/Den du nicht hungern läßt./So nimm denn deine Hände/Und schaff für ihn/Bis an dein saures Ende/Auch künftighin.« (GBA 11, 221) Brecht greift hier wiederum die nazistische Propaganda von der Aufhebung der Klassengegensätze auf und führt sie satirisch-ironisch ad absurdum, indem er den Großindustriellen (= Krupp) und den Arbeiter (= Mann du aus der Gosse) als *Volksgenossen* – Angehörige des gleichen Volkes – bezeichnet, die aufeinander angewiesen sind (vgl. auch Wagner 1989, 247 f.). Auf die Wirklichkeitserfahrung des Adressaten bauend, setzt er die Gegensätze knapp ins Bild (»schaff für ihn [...]«) und macht so aufmerksam auf den euphemistischen Charakter des Wortes *Volksgenosse*. Indem er den Widerspruch zwischen Bezeichnung und Realität im Blick hat und ins literarische Bild setzt, geht er in der Schärfe seiner Kritik über Klemperers Anmerkungen hinaus. Dass *Volksgemeinschaft* und *Volksgenosse* zu nazistischen Fahnenwörtern wurden, steht in engem Zusammenhang mit dem besonderen Stellenwert des Wortes *Volk* in der LTI, worauf u. a. Klemperer (LTI, 45, 307 f., 340 f.), Seidel/Seidel-Slotty (1961, 172), Brackmann (1988, 193 f.) und Schmitz-Berning (1998, 642 ff.) hinweisen. In seinem Essay *Fünf Schwierigkeiten beim Schreiben der Wahrheit* (GBA 22/1, 74–89) macht Brecht auf den Missbrauch des Wortes *Volk* aufmerksam. Unter der Überschrift »Die List, die Wahrheit unter vielen zu verbreiten« schlägt er im Abschnitt 5 vor, durch präzise Wortwahl der Wahrheit zu nützen: »Wer in unserer Zeit statt *Volk Bevölkerung* [...] sagt, unterstützt schon viele Lügen nicht. Er nimmt den Wörtern ihre faule Mystik. Das Wort Volk besagt eine gewisse Einheitlichkeit und deutet auf gemeinsame Interessen hin, sollte aber nur benutzt werden, wenn von mehreren Völkern die Rede ist, da höchstens dann eine Gemeinsamkeit der Interessen vorstellbar ist. Die Bevölkerung eines Landstriches hat verschiedene, auch einander entgegengesetzte Interessen, und dies ist eine Wahrheit, die unterdrückt wird.« (GBA 22/1, 81 f.) In den »Flüchtlingsgesprächen« (GBA 18, 280) lässt Brecht den Arbeiter Kalle, Emigrant in Finnland, über das Wort *Volk* nachdenken. Wiederum wird der soziale Aspekt bei der Unterscheidung der Bedeutungsvarianten des Wortes besonders betont.

3.2. Intellektueller, Intelligenz-/Intellektbestie; Asphaltliteratur

In engem Zusammenhang mit der einseitigen Betonung des Gefühls durch den hochfrequenten Gebrauch von gefühlshaltigen Fahnenwörtern steht die Tendenz der LTI zur Stigmatisierung politischer Gegner. Für sein sprachkritisches Buch notiert Klemperer während der Gefängnishaft: »Ein besonderes Kapitel über die Beschimpfungen [...]«. (ZA 1, 624; Zelle 89, 23. 6.– 1. 7. 1941) Grundlage dafür liefern ihm Beobachtungen über Beschimpfungen des politischen Gegners (vgl. u. a. ZA 1, 399 f.; 30. 3. 1938; vgl. auch LTI, 322).

Häufig geht die Stigmatisierung aus von dem Hass der Nazis gegen den Intellekt.[11] Auch hier können sie sich auf die Sprachentwicklung stützen, so etwa bei dem Gebrauch von *Intellektueller*, das schon vor 1933 als »vages Diffamierungswort« (vgl. v. Polenz 1999, 539) nachzuweisen ist. Im Faschismus wird es eindeutig zu einem Stigmawort, und zwar zumeist in enger Beziehung zum Judenhass der Nazis: »Nie kann ein Mann von deutschem Wesen ein Intellektueller sein.« (Zit. nach Seidel/Seidel-Slotty 1961, 125) Schmitz-Berning (1998, 317) verweist auf die deutlich sprachregelnde Bedeutungsbeschreibung für *Intellektueller* in Wörterbüchern der Nazizeit: »Abwertend: einseitig verstandesmäßig geprägter, überkritischer, *wurzelloser* unschöpferischer Mensch«. Klemperer führt in *LTI* und in den Tagebüchern Kollokationen an, aus denen die negative Wertung von *Intellekt, Intellektueller, Intellektualität* hervorgeht: »krummnasiger Intellektualismus« (ZA 1, 476, 14. 7. 1939; LTI, 229); »fader Intellektualismus« (ZA 1, 190, 23. 3. 1935); »zerfasernder Intellekt« (LTI, 338); »morsche Intellektualität« (LTI, 342); »diabolischer Intellekt« (LTI, 305). Im Tagebuch notiert er bitter: »Dabei [...] wird aller Intellektualismus als jüdisch und flach abgelehnt. Der Deutsche fühlt und hat Tiefe.« (ZA 2, 210, 17. 8 1942)

Originell ist, wie Brecht mit bestimmten Stigmawörtern umgeht. Geht es ihm bei den Fahnenwörtern der Nazis vor allem darum, sie als Lüge zu entlarven, indem er sie an der Realität misst, oder aber sie der Lächerlichkeit preiszugeben (vgl. beispielsweise Brechts Umgang mit dem Wort *Führer*; vgl. auch Wagner 1989, 145 f.), nutzt er bei ausgewählten Stigmawörtern der Nazis die Technik der Umwertung, z. B. bei *Intelligenzbestie/Intellektbestie*. In seiner antinazistischen Polemik gegen das Stigmawort *Intelligenzbestie* appelliert er an seine Zeitgenossen, vor allem an Intellektuelle: »Ja, die Intelligenz ist es, die sie nicht haben wollen [...], die Intelligenz ist es, die man gegen sie mobilisieren muß.«

(GBA 22/1, 340 f.) Inspiriert von der Metapher *Bestie* stellt er die Frage: »Wie können wir zu Intelligenzbestien werden, zu Bestien in dem Sinn, wie die Faschisten sie für ihre Herrschaft fürchten. [...] Ich sage nicht, daß wir hingehen sollen und Hitler töten [...]. Aber etwas Tödliches muß angewendet werden [...].« Daraus ergibt sich für ihn die Frage: »Wie können wir Schriftsteller tödlich schreiben?« Sein Vorschlag besteht darin, nicht nur die Propaganda der Nazis als Lüge zu entlarven, sondern vor allem die Geschäfte hinter der »Gasmauer der Vernebelungstechnik«, das sei tödlich. Er fordert, nach der »verwundbaren Stelle des Feindes«, »nach der Gurgel« zu suchen und formuliert: »Seine Gurgel ist, wo er schluckt. Wo er die Beute schluckt, den Profit.« (GBA 21, 341) In diesem Zusammenhang ist interessant, dass Brecht dieses Stigmawort der Nazis nicht nur für sich selbst reklamiert, sondern für antikapitalistische/antifaschistische Intellektuelle schlechthin (»Wie können wir zu Intelligenzbestien werden [...]?«), und dass er diese ehrende Selbstbezeichnung auch einer literarischen Figur aus den *Flüchtlingsgesprächen*, dem antifaschistischen Emigranten, dem Physiker Ziffel, in den Mund legt: »[...] ich bin, was der Doktor Goebbels eine Intellektbestie nennt.« (GBA 18, 285) Diesen »Umwertungs-Topos« erklärt Wengeler folgendermaßen: »Weil ein Wort eine abwertende Funktion hat, soll es gerade stolz als Selbstbezeichnung bzw. in positiven Kontexten benutzt werden, um eine Umwertung des Wortes und damit auch des Bezeichneten zu erreichen.« (Wengeler 1996, 427) Auf diese Spannung zwischen stigmatisierender Fremd- und ehrender Selbstbezeichnung geht auch Klemperer ein (vgl. ZA 2, 441 f., 7. 10. 1943; vgl. auch LTI, 248 f.). Wie wichtig Brecht der Gedanke ist, mit Hilfe von Intelligenz, von intelligentem Nachdenken in gesellschaftliche Prozesse einzugreifen, indem man sie durchschaubar macht, zeigt u. a. eine Notiz zur Barlach-Ausstellung vom Januar 1952. Über Barlachs Bronze von 1936 *Buchleser* vermerkt er: »Ein sitzender Mann, vorgebeugt, in schweren Händen ein Buch haltend. Er liest neugierig, zuversichtlich, kritisch. Er sucht deutlich Lösungen dringender Probleme im Buch. Goebbels hätte ihn wohl eine ›Intelligenzbestie‹ genannt.« (GBA 23, 200) Dieser Bezug auf Goebbels einige Jahre nach Kriegsende zeigt einerseits, wie nachhaltig das Stigmawort der LTI gewirkt hat, den Widerspruch kritischer Zeitgenossen herausgefordert hat; andererseits vermute ich, dass der listige Brecht in dem damaligen komplizierten kulturpolitischen Disput über den angeblichen Formalismus in der Kunst von Barlach durch deutliche antifaschistische Argumentation dogmatischen Kulturpolitikern und ihrer Kritik an Barlachs Kunst den Wind aus den Segeln nehmen will. Er funktionalisiert also das Nazi-Stigmawort: In faschistischer Zeit stellt er es in den Dienst des antifaschistischen Diskurses; in der DDR-Zeit nutzt er es im ästhetischen Diskurs, um seine antifaschistische Position und die Position des kritisierten Künstlers Barlach implizit zum Ausdruck zu bringen und so den Formalismusvorwurf zu entkräften.

In enger Beziehung zu dem Stigmawort *Intelligenzbestie* stehen in der *LTI* Stigmawörter mit dem immer wiederkehrenden »Wort der Abneigung« *Asphalt* (vgl. LTI, 308), das in deutlicher Entgegensetzung zu dem Fahnenwort *Blut und Boden* die angebliche Wurzellosigkeit der Städtebewohner charakterisieren soll (vgl. auch Berning 1964, 27 f., Schmitz-Berning 1998, 71 ff.). Brecht geht mit dem Wort *Asphaltliteratur* ähnlich um wie mit *Intelligenzbestie* (vgl. GBA 14, 213; GBA 22/1, 36). Er schlägt dem Freund Lion Feuchtwanger in einem Brief vor, es zum Ehrentitel für alle große Literatur zu erheben, und begründet seinen Vorschlag, indem er fragt: »Was spricht gegen den Asphalt, außer diesen Unheilbaren, denen kein ›Heil!‹ helfen kann? Nur der Sumpf erhebt Anklage gegen seinen großen, schwarzen Bruder, den Asphalt, den geduldigen, sauberen und nützlichen.« (GBA 22/1, 36) Wiederum dient ihm der Umwertungs-Topos dazu, ein Nazi-Stigmawort umzufunktionieren, es zur ehrenden Selbstbezeichnung zu machen.

Resümee: Dass die Sprachkritik Klemperers durch den Blick auf ausgewählte Texte von Zeitgenossen mit sprachkritischer Akzentuierung sinnvoll ergänzt werden kann, sollte hier gezeigt werden. Die Beobachtungen und Bewertungen des Chronisten Klemperer, der sich beim Aufspüren der LTI vor allem dadurch auszeichnet, dass er die jeweiligen kommunikativen Bedingungen genau beschreibt und uns seine persönliche Betroffenheit nacherleben lässt, werden bereichert durch die Sicht Brechts auf die Sprache im Faschismus. Die Intention Brechts in den von mir ausgewählten Texten besteht primär in der Auseinandersetzung mit dem Faschismus. Allerdings geht seine Kritik von bestimmten sprachlichen Gegebenheiten aus, z. B. von der Diskrepanz zwischen begrifflicher Bedeutung und dem zu benennenden Sachverhalt (z. B. bei *Volksgemeinschaft* und *Volksgenosse*). Die starke Betonung sozialer Aspekte hängt mit Brechts Selbstverständnis als Marxist zusammen, die oft sehr zugespitzte originelle Darlegung der Sprachkritik (z. B. bei *Intelligenzbestie* und *Asphaltliteratur*) mit seiner Kompetenz als Schriftsteller. Gemeinsam ist beiden Autoren die Absicht, mit ihrer Sprachkritik aufklärerisch zu wirken. Für beide ist ihr gutes Sprachgedächtnis charakteristisch: Sowohl Klemperer als auch Brecht reflektieren in der Zeit nach dem 2. Weltkrieg wiederholt über Wörter, die durch den Faschismus »belastet« sind, wobei Brecht sie nicht puristisch meidet, sondern sie gelegentlich umfunktioniert, indem er sie für seine aktuelle Argumentation nutzt. Über puristische Züge bei Klemperer wäre weiter nachzudenken (vgl. u. a. ZA 1, 123, 14. 7. 34; LTI, 27).

4. Zur Aktualität der Sprachkritik von Klemperer und Brecht

Abschließend sei gefragt, inwiefern die Kenntnis der Sprachkritik Klemperers und Brechts sensibel machen kann für aktuelle Sprachkonflikte.

Wenn es richtig ist, dass das Auftreten historisch belasteter Lexeme Symptom sein kann für gefährliche gesellschaftliche Entwicklungen, muss die Sprachkritik solche Mittel aufspüren, nach ihrer gesellschaftlichen Relevanz fragen und auf der Basis dieser Analyse vor den entsprechenden Gefahren warnen.

Bemerkenswert ist, dass einige der hier erläuterten Fahnenwörter, die nach dem 2. Weltkrieg im Allgemeinen gemieden wurden, im Zusammenhang mit der Zunahme völkischen und rassistischen Denkens (vgl. Jäger/Jäger 1999, 11 f., 103 ff.) wieder in der Öffentlichkeit gebraucht werden. Rechtsextremes völkisches Denken mit der »Forderung nach einem homogenen deutschen Volk« (ebd., 69) äußert sich zum Beispiel in einer Losung wie »Volksgemeinschaft statt Multi-Kulti!! Impressum: ›Nationalistische Widerstandsgruppe‹ Fürstenwalde Spree« (Verfassungsschutzbericht 1997, Land Brandenburg, 40) und zeigt an, dass hier von Neonazis »gefährliche Erbschaften« (Jäger/Jäger 1999) aus der Nazizeit angetreten werden. War das Wort *Volksgemeinschaft* nach dem 2. Weltkrieg als ein zentrales Fahnenwort der Nazis tabuisiert (vgl. u. a. Berning 1964, 197), so erscheint es heute in der Programmatik neonazistischer Gruppierungen unverhüllt, in der meist eine rassisch definierte Volksgemeinschaft (vgl. Verfassungsschutzbericht 1998, Land Brandenburg, 130) angestrebt und zu einem hohen Wert verklärt wird (vgl. ebd., 128). Hinzu kommt, dass der Gedanke vom homogenen Volk auch von Vertretern der so genannten Mitte propagiert wird (vgl. Jäger/Jäger 1999, 71, 174). Das Misstrauen gegenüber harmonisierenden, den extremen Gegensätzen in der Realität widersprechenden Darstellungen wird nicht nur gestützt durch den Blick auf den Missbrauch des Euphemismus *Volksgemeinschaft* in der Nazizeit, sondern auch durch Erfahrungen aus der DDR-Geschichte: Der Versuch, Ende der sechziger Jahre mit dem Fahnenwort *sozialistische Menschengemeinschaft* die DDR »als eine sozial und ideologisch undifferenzierte Gemeinschaft« (Reiher 1993, 148) zu proklamieren und die vorhandenen innergesellschaftlichen Konflikte auszublenden, scheiterte und wurde 1971 auch offiziell zurückgenommen (vgl. ebd., 157).[12] Zu ergänzen wäre hier, dass auch aktuelle Fahnenwörter wie *westliche Wertegemeinschaft, Staatengemeinschaft, Solidargemeinschaft* an der Realität gemessen werden müssen.

Einen deutlichen Bezug zu Brechts Sprachkritik hat die öffentliche Debatte der letzten Monate über die geplante Reichstagsinstallation des Konzeptkünstlers Hans Haacke, der den Vorschlag Brechts, zwischen *Volk* und *Bevölkerung* zu unterscheiden, aufgreift. Die starke Abwehr – vor allem aus konservativen Kreisen – gegenüber der Installation mit der Leuchtschrift *Der Bevölkerung*, die von Haacke als Entgegensetzung zu der Reichstagsinschrift aus dem Jahre 1916, *Dem deutschen Volke*, gedacht ist, zeigt m. E., dass Brechts Unterscheidung heute noch aktuell ist. Haacke betont mit der Widmung, dass alle Einwohner Deutschlands, nicht nur solche mit deutschem Pass, angesprochen werden sollen (vgl. u. a. Spiegel 12/2000, 192). Damit will er vor allem gegen einen Missbrauch des Lexems *deutsches Volk* polemisieren, das sich nach Meinung des Künstlers gegen eine völkische Interpretation nicht sperre. Er sieht die Gefahr, dass sich rechte Schläger »auf ein mythisches deutsches Volk« berufen, »das sie als exklusive Blutsgemeinschaft verstehen«. (Kunstzeitung 44, April 2000, 20)

Jüngstes Beispiel für die Vereinnahmung einer Losung demokratischer Kräfte durch Rechte ist die Parole der NPD auf einer Demonstration zum 62. Jahrestag der Annexion Österreichs durch Nazideutschland: »Wir sind ein Volk – Solidarität mit Österreich«. (Neues Deutschland, 13. 3. 2000, 1) Die nach dem Mauerfall im Herbst 1989 sich rasch verbreitende Losung »Wir sind ein Volk!« bezog sich auf Gesamtdeutschland und korrespondierte mit der Losung »Deutschland einig Vaterland!«. Am 12. 3. 2000 erhält dieser Satz, vor allem im Hinblick auf den historischen Kontext, eine andere Bedeutung. Er weist auf eine gefährliche »großdeutsche« Programmatik nach nazistischem Vorbild hin.

Auch der Bezug auf die in der LTI auffallende Tendenz zur Stigmatisierung politischer Gegner durch verunglimpfende Bezeichnungen lässt sich nachweisen: Ein als »Satansmörder« bekannter Student und heute der rechten Szene Zugehöriger äußerte sich über den Mord an einem Mitschüler: »Ich weiß nicht, ob man in der Nazizeit bestraft worden wäre, wenn man einen Volksschädling unschädlich macht.« (Märkische Allgemeine Zeitung, 20./21. 11. 1999, 5) Auffallend ist hier nicht nur der Gebrauch des LTI-Stigmawortes *Volksschädling* (vgl. u. a. Berning 1964, 202 ff.; Brackmann 1988, 197; Schmitz-Berning 1998, 671 ff.), sondern auch der euphemistische Gebrauch des Lexems *unschädlich machen* für *ermorden*. Die Ungeheuerlichkeit dieses sich in LTI offenbarenden Denkens und Handelns wird besonders deutlich, wenn man weiß, dass die »Schuld« des Opfers darin bestand, sich über eine satanistische Gruppe lustig gemacht zu haben. Die negative Botschaft der hier erläuterten Beispiele sollte – auch im Sinne Klemperers und Brechts – nicht überhört werden.

Anmerkungen

1   Ich verwende die 18. Auflage (Leipzig: Reclam 1999).
2   Ich verwende die 2. Aufl. der zweibändigen Ausgabe (Berlin: Aufbau 1995).
3   Hier sei erwähnt, dass der Brecht-Biograf Mittenzwei diese Wertung teilt (vgl. u. a. Mittenzwei 1988, 1, 43 ff.), während Fuegi dazu eine andere Position einnimmt (vgl. Fuegi 1997, u. a. 693). Der Wertung Fuegis, Brechts antifaschistische Haltung betreffend, kann ich nicht folgen, stehen doch seinem Urteil viele Texte und Aktionen Brechts entgegen.
4   In einem Brief an G. Grosz vom 2. 9. 1934 aus dem dänischen Exil äußert sich Brecht über die antifaschistische Motivation seines Schreibens, er plane »fortwährend Schläge gegen die Verbrecher, die im Süden hausen […]«. Über seine Informationsquellen schreibt er: »Ich höre jeden ihrer Vorträge im Radio, lese ihre Gesetzentwürfe und sammle ihre Fotografien.« (GBA 28, 436) (Vgl. auch GBA 12, 109: »Auf den kleinen Radioapparat«.) Parallelen zu Klemperers Quellensuche liegen auf der Hand. Zwar hatten Klemperers kein Radio (»Schade, daß wir kein Radio haben.« ZA 1, 13, 21. 3. 1933); aber er nutzt jede Gelegenheit, Reden von Hitler und Goebbels zu hören (vgl. z. B. LTI, 54 f.).
5   So äußert auch der Verleger P. Suhrkamp: »Daß Brecht als Dichter, im Gedicht und im Drama, die Historie unseres Volkes seit 1918 schreibt, wird noch viel zuwenig gesehen, es wird aber dem, der diese Zeit intensiv miterlebt hat, bei einer zusammenhängenden Lektüre seiner Gedichte sowie seiner Dramen vehement deutlich.« (Zit. nach Lermen/Loewen 1987, 76.)
6   Auf diesen »deutschen Glauben« macht Brecht in seinem 1941 entstandenen Stück *Arturo Ui* aufmerksam, indem er Arturo Ui sagen lässt: »Warum konnte ich das al-

les/Schaffen [...]? Weil ich den Glauben hatte!/Weil ich fanatisch glaubte an die Sache. [...] Und so müßt ihr/Auch an mich glauben! Glauben müßt ihr, glauben!« (GBA 7, 77 f.) Indem der Autor *Glauben/glauben* durch Häufigkeit des Gebrauchs und starke Emphase heraushebt, macht er – im literarischen Bild – aufmerksam auf den quasireligiösen Gebrauch dieser Lexeme im Faschismus.

7   Ich verwende die 1. Auflage 1999.

8   Mit dieser Einfachheit hat der Dichter Brecht allerdings Probleme: »Die Sprachwaschung, die ich mit den finnischen ›Epigrammen‹ vornehme, läßt mich natürlich an die Entwicklung der Lyrik denken. Welch ein Abstieg.« (22. 8. 1940) (GBA 26, 416)

9   An den ökonomischen und ideologischen Hintergründen der »Volksgemeinschaft« ist Brecht allerdings interessiert. Das zeigt ein Eintrag in den Arbeitsjournalen der Nachkriegszeit, in dem er die Bezeichnung *Volksgemeinschaft* zwar nicht verwendet, sich aber inhaltlich darauf bezieht: »Im deutschen Fall wäre es lohnend, einmal ernsthaft die sozialistischen Elemente aufzuspüren, die der National›sozialismus‹ pervertiert zum Operieren brachte. Nicht anders ist sein Erfolg bei den Massen zu erklären.« (26. 3. 1947) (GBA 27, 243)

In diesem Zusammenhang ist bemerkenswert, dass Brecht in der so genannten Formalismusdebatte der Nachkriegszeit auf die Parole von der *Volksgemeinschaft* zurückkommt, eine antifaschistische Argumentation nutzt, um seine Position umso sicherer durchzusetzen: »Der ärgste Formalismus war der Sozialismus der Nazis, dieser Sozialismus schreit geradezu nach Anführungszeichen; er hat viele angeführt. Da war die ›Volksgemeinschaft‹ zwischen den Unternehmern und den Unternommenen [...], da war der ›wirtschaftliche Aufschwung‹, das ›Wirtschaftswunder‹ durch die Rüstung. Und auf dem Papier hatte das Volk einen Volkswagen, in der rauhen Wirklichkeit wurde es ein Tank.« (GBA 23, 144)

10   Vgl. Wagner 1989, u. a. 329. Hier macht Wagner darauf aufmerksam, dass dieser Satz nicht nur in dem Traktat (GBA 22/1, 58 ff.), sondern auch in *Me-ti* und in den *Flüchtlingsgesprächen* thematisiert wird. Beim Umgang mit Brechts Kritik an dem Fahnenwort *Volksgemeinschaft* sollte seine Auseinandersetzung mit dem o. g. Satz unbedingt berücksichtigt werden.

11   Im Zusammenhang mit der Kritik Klemperers und Brechts an der Geistfeindlichkeit der Nazis, die sich u. a. in den o. g. Stigmawörtern und den damit im Zusammenhang stehenden Kollokationen äußert, sei hier darauf verwiesen, dass beide Autoren die ambivalente Rolle von Teilen der Intelligenz sehen und einer scharfen Kritik unterziehen. So stellt Klemperer in seinem Tagebuch Intellektuelle dar, die durch affirmative Texte und angepasstes Verhalten den Faschismus unterstützen, und er formuliert seinen Hass: »Aber die Intellektuellen ließe ich alle aufhängen [...].« (ZA 1, 296, 16. 8. 1936) In *LTI* fragt er: »Wie war es möglich, daß die Gebildeten einen solchen Verrat an aller Bildung, aller Kultur, aller Menschlichkeit verübten?« (342) Er belegt diesen Verrat einerseits mit Auszügen aus Texten verschiedener Wissenschaftler und Schriftsteller (LTI, 332 ff.), andererseits ist er den Voces populi auf der Spur, indem er Äußerungen verschiedener sächsischer Intellektueller als Symptom für ihren »Glauben« an den Faschismus selbst noch im März 1945 deutet (vgl. LTI, 344 ff.).

Brechts kritische Stellung gegenüber angepassten Intellektuellen wäre eine eigene Untersuchung wert. Hier sei u. a. verwiesen auf Texte wie *Lied der Lyriker* (GBA 11,

250 ff.), *Ballade von der Billigung der Welt* (GBA 11, 239 ff.), *Der anachronistische Zug* (GBA 15, 183 ff.), auf seine Neubildung *Kopflanger* als Bezeichnung für Intellektuelle, deren Meinungen käuflich sind (vgl. GBA 22/2, 891), und auf seinen Fragment gebliebenen *Tui-Roman* (GBA 17, 9 ff.), der konzipiert war als eine Satire auf das Verhalten angepasster Intellektueller, »die ihren Intellekt an die Besitzer der Waren und Märkte vermieten«. (GBA 28, 764 f.)

12 Es liegt mir fern, mit dieser Argumentation eine Gleichsetzung von Faschismus und Sozialismus vorzunehmen. Während das Ziel einer »sozialistischen Menschengemeinschaft« eindeutig sozial bestimmt war, aufgrund der in der Gesellschaft der DDR bestehenden Widersprüche aber nach der Deklarierung relativ schnell aufgegeben wurde, war die »Volksgemeinschaft« im Faschismus – gelegentlich auch als »Blutsgemeinschaft« bezeichnet – stark rassisch bestimmt (vgl. Schmitz-Berning 1998, 662). Das bedeutet allerdings nicht, dass soziale Ziele nicht auch deklariert wurden (vgl. u. a. Anmerkung 9).

Literatur

Berning, Cornelia (1964): Vom ›Abstammungsnachweis‹ zum ›Zuchtwart‹. Vokabular des Nationalsozialismus. Berlin: de Gruyter.

Böke, Karin; Liedtke, Frank; Wengeler, Martin (Hg.) (1996): Politische Leitvokabeln in der Adenauer-Ära. Berlin; New York: de Gruyter.

Brackmann, Karl-Heinz; Birkenhauer, Renate (1988): NS-Deutsch. »Selbstverständliche Begriffe und Schlagwörter aus der Zeit des Nationalsozialismus«. Straelen: Straelener Manuskripte Verlag.

Fuegi, John (1997): Brecht & Co. Biographie. Hamburg: Europäische Verlagsanstalt.

Herberg, Dieter; Steffens, Doris; Tellenbach, Elke (Hg.) (1997): Schlüsselwörter der Wendezeit. Wörter-Buch zum öffentlichen Sprachgebrauch 1989/90. Berlin; New York: de Gruyter.

Jäger, Margret; Jäger, Siegfried (1999): Gefährliche Erbschaften. Die schleichende Restauration rechten Denkens. Berlin: Aufbau Taschenbuch Verlag.

Lermen, Birgit; Loewen, Matthias (1987): Lyrik aus der DDR. Exemplarische Analysen. Paderborn; München; Wien; Zürich: Schöningh.

Mittenzwei, Werner (1988): Das Leben des Bertolt Brecht oder Der Umgang mit den Welträtseln. Berlin; Weimar: Aufbau-Verlag.

Polenz, Peter von (1999): Deutsche Sprachgeschichte vom Spätmittelalter bis zur Gegenwart. Bd. III. 19. und 20. Jahrhundert. Berlin; New York: de Gruyter.

Reiher, Ruth (1993): Das »Zu-sich-selber-Kommen des Menschen«. Zum Umgang mit Konflikten in der Kommunikation der DDR. In: Reiher/Läzer (Hgg.) (1993), 147 bis 160.

Reiher, Ruth; Läzer, Rüdiger (Hgg.) (1993): Wer spricht das wahre Deutsch? Erkundungen zur Sprache im vereinigten Deutschland. Berlin: Aufbau Taschenbuch Verlag.

Richard, Lionel (1982): Deutscher Faschismus und Kultur. Aus der Sicht eines Franzosen. München: Damnitz.

Schmitz-Berning, Cornelia (1998): Vokabular des Nationalsozialismus. Berlin; New York: de Gruyter.

Seidel, Eugen; Seidel-Slotty, Ingeborg (1961): Sprachwandel im Dritten Reich. Eine kritische Untersuchung faschistischer Einflüsse. Halle (Saale): Sprache und Literatur.

Seidel, Ute (1999): »Wir haben die Wörter studiert und gemischt wie Drogen ...« Brechts Nachdenken über Sprache in seiner politischen Lyrik. In: Döring, Brigitte; Feine, Angelika; Schellenberg, Wilhelm (Hgg.) (1999): Über Sprachhandeln im Spannungsfeld von Reflektieren und Benennen. Frankfurt a. M.: Peter Lang, 247–261.

Seidel, Ute; Siehr, Karl-Heinz (1997/98): Victor Klemperer. Ein Thema für den Deutschunterricht? In: Deutschunterricht 50(1997)12, 562–571 (Teil 1); 51(1998)1, 37–44 (Teil 2).

Wagner, Frank Dietrich (1989): Bertolt Brecht. Kritik des Faschismus. Opladen: Westdeutscher Verlag.

Wengeler, Martin (1996): Sprachthematisierungen in argumentativer Funktion. Eine Typologie. In: Böke, Karin; Jung, Matthias; Wengeler, Martin (Hg.) (1996): Öffentlicher Sprachgebrauch. Opladen: Westdeutscher Verlag, 413–430.

Quellen

GBA = Bertolt Brecht. Werke. Große kommentierte Berliner und Frankfurter Ausgabe (1988 ff.). Hg. von Hecht, Werner; Knopf, Jan; Mittenzwei, Werner; Müller, Klaus-Detlef. Berlin und Weimar: Aufbau; Frankfurt a. M.: Suhrkamp.

Margrid Bircken

Victor Klemperers autobiografisches Schreiben
Zwischen Selbstdeutung und Chronistenzwang

1. »Introductio de profundis« (Victor Klemperer)

Mit einer nicht bodenlosen, aber vielleicht doch auch augenzwinkernden Eröffnung über die Papiersoldaten seiner Kindheit beginnt Victor Klemperer den Versuch, seine Autobiografie *Curriculum vitae* zu schreiben. Aus ihr erfahren wir, dass er regelmäßig seit seinem 16. Lebensjahr Tagebuch schrieb. Ursprünglich war es eine Sammlung von kleinen Geschichten, Beobachtungen, die er hoffte, in größeren literarischen Arbeiten, vielleicht sogar Romanen, verwenden zu können. Als er die Hoffnung auf eine schriftstellerische Karriere aufgab, war ihm das Tagebuchschreiben schon zur Gewohnheit geworden. »Ich mußte mir über alles schriftliche Rechenschaft ablegen, sonst fehlte mir das Gefühl der Klarheit und sozusagen das Fertigsein mit meinen Erlebnissen.« (CV 1, 6 f.) Mit dieser Beschreibung trifft Klemperer den Charakter des Genres »Tagebuch« ziemlich genau, und hier könnte auch für die Arbeit im Unterricht ein Ansatz gefunden werden: in der am Anfang wenig spektakulären Aufschreibtätigkeit eines Jugendlichen, aus der dann eine Jahrhundertdokumentation geworden ist.

Ein Tagebuch bietet die Möglichkeit für seinen Schreiber, seine Erlebnisse aufzuzeichnen. Entscheidend ist, dass die Eintragungen mit einer gewissen Regelmäßigkeit vorgenommen werden. Es sind »chronologisch aneinandergereihte Skizzen, in der der Autor Erfahrungen mit sich und seiner Umwelt unmittelbar festhält« (Literatur Brockhaus 1988, 484). Die einzelnen Eintragungen können einen sehr unterschiedlichen Umfang haben, hierfür gibt es »keinerlei Maß und Regel«, wie aus Peter Boerners (1969, 11) kleiner Einführung in das Genre Tagebuch zu erfahren ist. Somit ist das Tagebuch, da aus subjektiver Sicht berichtet wird, das ganz persönliche Geschichtsbuch des Einzelnen und gleichzeitig »zeitgeschichtliches Dokument«. (Jurgensen 1979, 11) In der Regel wird ein Tagebuch von einer einzelnen Person geschrieben, doch liegt es durchaus im Bereich des Möglichen, dass ein Diarium von zwei oder noch mehr Menschen verfasst wird. Tagebuchähnliche Formen wie Chroniken, astronomische Jahrbücher oder Annalen (griech.: annales libri) lassen sich seit der Antike finden. Das Tagebuch in seiner uns heute bekannten Form (auch: Diarium) erfreute sich besonders seit der Mitte des 17. Jh. vornehmlich in bürgerlichen Schichten größerer Beliebtheit. Seit der Mitte des 18. Jh. wird es als wichtiger Bestandteil des kulturellen Lebens angesehen, so u. a. die Selbstanalysen und Selbstbeobachtungen von Jean-Jacques Rousseau, dessen Schriften Klemperer als Romanist kennt und sich zur Mahnung vorhält: »›Denke an Jean-Jacques' Koketterie!‹« (CV 1, 9), damit auch auf die Gefahren des Tagebuchschreibens hinweisend; oder auch die Schriften Montaignes, die gleichfalls für Klemperer keine Terra incognita waren. Sein Lieblingszitat »Que sais-je?« (Was weiß ich?) hat Klemperer nicht als Bildungszitat benutzt, sondern auch in der Intention geteilt.

Als Sonderformen gelten Tagebücher, die schon in der Absicht einer späteren Veröffentlichung geschrieben und damit als weniger authentisch angesehen werden, wie z. B. Reisetagebücher, Kriegstagebücher oder fingierte Tagebücher, die die Form des Tagebuchs benutzen, um den Eindruck des Authentischen hervorzurufen. Die gesellschaftliche Konvention in Sachen »Tagebuch« funktioniert normalerweise so, dass Tagebücher für authentischer gehalten werden als andere Formen der Selbstmitteilung. Ihnen wird ein hoher Wahrheitswert zuerkannt. Aber darüber lohnt sich ein Streitgespräch durchaus. Denn schon Montaigne hat gewusst: »Nicht das, was *wirklich* ist, sondern das, was sich die Menschen einreden lassen, bedeutet heutzutage die *Wahrheit*.« (Montaigne 1911, 260 – Hervorhebungen im Text)

Heute werden die Tagebücher vieler Schriftsteller häufig mit mehr Interesse gelesen als ihre Werke, wie es vor kurzem mit den Tagebüchern Brigitte Reimanns geschah, oder sie stehen doch gleichberechtigt neben ihren anderen Werken, so bei Max Frisch, Franz Kafka oder Robert Musil. Auch für Victor Klemperers Tagebücher gilt, dass das Interesse an ihnen bei weitem die Aufmerksamkeit übersteigt, die Klemperers Autobiografie *Curriculum vitae. Erinnerungen 1881–1918* (Erstveröffentlichung 1989) gefunden hat. Selbst *LTI*, Klemperers Hauptwerk über die Sprache des »Dritten Reiches«, und noch weniger seine wissenschaftlichen Arbeiten in der Romanistik können auf solch große Resonanz verweisen wie seine Tagebücher, die er – trotz mancher Liebäugeleien – wohl nie für eine Veröffentlichung hergegeben hätte. Dagegen hat seine Auffassung gestanden, dass erst durch die bewusste Ver-

knüpfung des Unverbunden-Zufälligen der Schreiber seinen Tagebuchnotizen Sinn geben und damit der Wahrheit genügen kann. Wenn Klemperers Tagebücher im Unterricht Gegenstand der Arbeit werden, sollte
m. E. nicht nur das zeithistorische Dokument diskutiert werden, sondern zum Problem der Authentizität des Tagebuchs eine kritische Haltung entwickelt werden.

2. Das bedeutende Individuum Diltheys

»Das bedeutende Individuum ist nicht nur der Grundkörper der Geschichte, sondern in gewissem Verstande die größte Realität derselben.
Ja während alle Natur nur Erscheinung und Gewand eines Unerfaßbaren
ist, erfahren wir hier allein Wirklichkeit in vollem Sinn, von innen gesehen: nicht gesehen, sondern erlebt.« (Dilthey 1924, 10 f.)

Mit diesen Worten belegt der deutsche Philosoph Wilhelm Dilthey
am Beginn des 20. Jh., weshalb im Modell der erlebenden Subjekti-
vität nicht nur ein Individuum seine Sprache findet, sondern in diesem
Modell das Grundmuster für das Verstehen der geschichtlichen Welt
zu sehen ist. Einerseits sucht Dilthey vom eigenen Bewusstsein auszugehen, das von sich selbst Gewissheit hat – in der Tradition des »cogito
ergo sum«, also die Berufung auf die Innensicht –, andererseits soll es
möglich sein, das Fremde anderer Kulturen und Menschen als Objek-
tivation fremden Bewusstseinslebens zu verstehen. Dazu bedarf es
eines eigenen Wahrheits- und Wirklichkeitswerts. Dilthey spricht vom
»bedeutenden Individuum« und erläutert die Kategorie der »Bedeutung« in seiner Schrift *Der Aufbau der geschichtlichen Welt in den
Geisteswissenschaften* im Zusammenhang mit der Erinnerungshand-
lung: »Den eigentümlichen Zusammenhang meines Lebens habe ich
nach der Natur der Zeit nur, indem ich mich zurückerinnere an seinen
Verlauf. […] Schon im Gedächtnis vollzieht sich eine Auswahl, und
das Prinzip dieser Auswahl liegt in der Bedeutung, welche die einzelnen Erlebnisse für das Verständnis des Zusammenhangs meines Le-
bensverlaufs damals, als sie vergangen waren, hatten […].« (Dilthey
1927, 24) Autobiografische Texte – nicht Tagebücher! – sind in diesem
Verständnis Diltheys die authentischste Form, in der die wirkliche Bedeutung einer Epoche dem Selbst wie den Zeitgenossen bewusst wird.

»Die Selbstbiographie ist die höchste und am meisten instruktive
Form, in welcher uns das Verstehen des Lebens entgegentritt. Hier ist

ein Lebenslauf das Äußere, sinnlich Erscheinende, von welchem aus das Verstehen zu dem vorandringt, was diesen Lebenslauf innerhalb eines bestimmten Milieus hervorgebracht hat. Und zwar ist der, welcher diesen Lebenslauf versteht, identisch mit dem, der ihn hervorgebracht hat.« (Ebd., 29) In diesem Sinne fasste auch Diltheys Schüler Georg Misch autobiografische Literatur in seiner *Geschichte der Autobiographie* als Selbstausdeutungen von Individuen, in denen die geschichtliche Wandlung des Menschseins anschaulich wird. »[…] aber im Grunde ist doch nichts wahrer und objektiver als innere Form, wenn sie ganz eigen ist; denn alle Form kommt nicht einseitig aus dem Individuum, sondern zugleich aus dem Stoff: die Relation von Ich und Weltwirklichkeit ist die Grundtatsache des Lebens und alles Verständnisses des Lebens aus ihm selber. In der Autobiografie ist diese primäre Verbindung von Form und Sachgehalt intensiver als in irgend einer Gattung der Kunst. (…) ihr Wesen ist, daß die Form aus der konkreten erlebten Wirklichkeit einzigartig herauswächst, so daß Individualität und Formgehalt eins werden.« (Misch 1949, 13)

Die einleitenden Überlegungen zur Grundbestimmung des autobiografischen Schreibens Klemperers mit dem Hinweis auf Dilthey (1833 bis 1911) zu beginnen, legitimiert sich m. E. in mehrfacher Hinsicht: Victor Klemperer steht in der geisteswissenschaftlichen Tradition nicht nur mit seinen wissenschaftlichen Arbeiten, sondern eben auch mit seinen autobiografischen Texten, die er seit seinem 16. Lebensjahr schrieb. Die Deutung des Lebens in seiner geheimnisvollen Verbindung von Zufall, Schicksal und Charakter interessiert ihn bei seiner Habilitationsschrift über den großen französischen Staatstheoretiker und Schriftsteller Montesquieu, er will die innere Einheit des ganzen Menschen erkunden. Das ist 1914, im selben Jahr schreibt er über den nun ausgebrochenen europäischen Krieg, dieser sei das große historische Ereignis, die einzige dem Kulturmenschen noch gebliebene Katharsis. Den Drang nach dem Erleben des Außerordentlichen im Krieg teilte er mit vielen seiner Generation; auch wenn er aus dem Dreck des Stellungskrieges an der deutsch-französischen Front meinte, den Zweifel mitgebracht zu haben, den absoluten Zweifel an jeder Position, erinnert er sich in *Curriculum vitae*, also 20 Jahre später, an jene schon wieder sich festigenden Positionen im Vorfeld der Wahlen 1919: Er sei bürgerlich, individualistisch und ein Streber gewesen. Er habe bewusst auf die bürgerliche Richtung gesetzt, weil sie ihm sympathisch sei und weil ihr doch die Zukunft gehöre.

Nach 1920, nach der Etablierung in Dresden als beamteter Professor, mit Aussicht auf gesicherte Pension und mit der Aussicht auf Witwenrente für die Frau Eva, wird das autobiografische Schreiben für Klemperer nicht überflüssig. Man könnte sagen, dass er sich nun erst eigentlich der »Bedeutung« seines Zusammenhangs mit der großen Welt gewiss ist. Mit einer für ihn typischen Mischung von Narzissmus und Selbstzweifel gilt auch für ihn der Dilthey-Satz: »Wohin wir blicken, arbeitet unser Bewußtsein, mit dem Leben fertig zu werden. Wir leiden an unseren Schicksalen wie an unserem Wesen, und so zwingen sie uns, uns verstehend mit ihnen abzufinden.« (Dilthey 1927, 24)

In besonderer Weise gilt dieses Abarbeiten an seinem Schicksal für die deutsch-jüdische Identität. Im *Curriculum* hört man ihn nach dem Besuch einer Talmudschule in Wilna, angesichts des »abstoßenden Fanatismus«, der »religiösen Ekstase« tief durchatmen und feststellen: »Nein, ich gehörte nicht zu diesen Menschen, und wenn man mir hundertmal Blutsverwandtschaft mit ihnen nachwies. Ich gehöre nicht zu ihnen und wenn noch mein eigener Vater hier gelernt hätte. Ich gehöre nach Europa, nach Deutschland, ich war nichts als ein Deutscher, und ich dankte meinem Schöpfer, Deutscher zu sein.« (CV 2, 687)

3. Tagebuch, *LTI* und Autobiografie

Für die Untersuchung der autobiografischen Schriften Klemperers ist der Umstand zu berücksichtigen, dass die in den 90er Jahren des 20. Jahrhunderts veröffentlichten Tagebücher nicht durch Klemperer autorisiert sind. Was er für den Druck nach 1945 zusammenstellte, beschränkte sich sehr bald auf die Teile des Tagebuchs, die dem Band *LTI* gewidmet waren. Am 1. August 1945 – sein Hauptelend konstatierend, »dass sich beruflich niemand um mich kümmert« – meint er Klarheit darüber zu haben, dass er »Tgb. und LTI nicht ineinanderwursteln *kann*«. (ZS 1, 62) Es kommt schließlich 1947 nach unendlichen Mühen zur Herausgabe des Bandes *LTI – Notizbuch eines Philologen*. Dabei bleibt es. Seine Tagebücher wie das autobiografische Konvolut *Curriculum vitae* werden zu Lebzeiten Klemperers nicht veröffentlicht. Seine Skrupel aus der Einleitung zu *Curriculum vitae* haben die Oberhand gewonnen: »Ich bin Literaturhistoriker, und kein Metier kann ungeeigneter sein für das autobiographische Unternehmen. Denn wer sein Leben schreibt, muß mit sich selber allein sein, er darf in keinem Augenblick daran zweifeln, sich selber auszusagen. Mir aber sehen immer die Gestalten derer über die Schulter, mit denen ich mich von Berufs wegen so viel beschäftigt habe, und immer fürchte ich, sie könnten mir die Feder aus der Hand nehmen.« (CV 1, 8 f.)

Klemperers Manuskripte lagen bis zur Herausgabe von wenigen beachtet in der Sächsischen Landesbibliothek Dresden. Der Erste, der die Herausgabe der Tagebücher verhinderte, war Klemperer selbst, und zwar nicht zuletzt deshalb, weil er diese Aufzeichnungen als rein private Notizen nicht für den Druck und die literarische Öffentlichkeit geschrieben hatte, weil es seinem Verständnis von Bedeutung des Geschriebenen in dieser Rohform nicht genügen konnte. »[…] der Weg vom Erleben zum Formen, vom privaten Tagebuch zum vorzuweisenden Curriculum vitae ist weit […], warnte die Hemmung immer wieder.« (CV 1, 9) Bei den Aufzeichnungen aus den Jahren 1940 bis 1945 kam hinzu, dass seine jüdischen Mitbewohner aus den beiden »Judenhäusern« möglicherweise nicht in rechtem Licht erschienen. Im Gegensatz zu zahlreichen Tagebuchschreibern, die in der Nachkriegszeit Tagebücher aus der NS-Zeit veröffentlichen mit dem Zweck, sich von Schuld freizusprechen, hatte Klemperer das nicht nötig. In Klemperers Tagebuch vom 15. Mai 1933 heißt es zu seiner Intention: »Von den Schand- und Wahnsinnstaten der Nationalsozialisten notiere ich bloß, was mich irgendwie persönlich tangiert. Alles andere ist ja in den Zeitungen nachzulesen. Die Stimmung dieser Zeit, das Warten, das Sichbesuchen, das Tagezählen, die Gehemmtheit in Telefonieren und Korrespondieren, das zwischen den Zeilen der unterdrückten Zeitungen Lesen – alles das wäre einmal in Memoiren festzuhalten. Aber mein Leben geht zu Ende, und diese Memoiren werden nie geschrieben werden.« (ZA 1, 28)[1]

Nach 1945 sah Klemperer seine Mitbürger nicht aufnahmebereit für diese Art der Erinnerung. Die politische Orientierung in den Medien ging auf die Zukunft zu, die tagtägliche Aufgabe der meisten Deutschen galt aber der Beschaffung von Nahrung, Heizung, Wohnraum, war also auf eine provisorische Gegenwart eingestellt. Er selbst war nicht davon überzeugt, dass diese Art Tagebuch etwas zu sagen hat; er klagte wiederholt in seinem Nachkriegstagebuch, wie leer ihn die Lektüre der Aufzeichnungen aus dem vergangenen Jahrzehnt zurücklasse.

Für Klemperer war das Tagebuch zeitlebens weder eine spezifische literarische Ausdrucksform noch ein politisches Ersatzforum. Sein Tagebuch führte er primär für sich selbst, hatte es lange vor Beginn der Naziherrschaft begonnen und hielt diese Gewohnheit auch nach Ende des Nationalsozialismus bis Oktober 1959, d. h. bis kurz vor seinem Tod am 11. Februar 1960, bei. Auch wenn Klemperer nicht daran dachte, seine Tagebücher zu veröffentlichen, hatte er doch schon relativ früh – Ende der 20er Jahre – eine Autobiografie ins Auge gefasst, für die das Tagebuch als biografisches Material dienen sollte, neben seinen literarischen und wissenschaftlichen Stoffsammlungen.

Aber wie die literarischen Versuche und die Essayistik der ersten Dekade des Jahrhunderts, so rückten auch die Autobiografie-Vorhaben der 20er Jahre wieder in den Hintergrund. Klemperers Produktivität in den Dresdner Jahren seiner Professur ist stattdessen in einer Vielzahl literaturwissenschaftlicher Arbeiten nachzulesen, von der *Einführung in das Mittelfranzösische* bis zur *Geschichte der französischen Literatur in 5 Bänden* und der *Idealistischen Literaturgeschichte*.

Klemperers Leben als Literaturhistoriker erfährt durch den Anbruch des Faschismus eine immer schneller sich vollziehende Richtungsänderung. Für den selbstgewissen Satz »Ich bin Literaturhistoriker« wird ihm immer mehr die Grundlage, seine Bücher, die Bücher in der Bibliothek, entzogen. Er wird wider Willen zur Autobiografie gezwungen, zu einer lebensrettenden Sinnzuordnung, auch zu einer Rechtfertigung für sein Bleiben in Deutschland. Der Zusammenhang von Arbeitsverbot als Literaturhistoriker und autobiografischen Schreibversuchen findet sich deshalb immer wieder in den Tagebüchern, z. B. in der Eintragung vom 16. Mai 1936 oder vom 6. Dezember 1938: »Mit dem Bibliotheksverbot bin ich nun buchstäblich arbeitslos geworden. Ich habe mir vorgenommen, nun wirklich einen Vita-Versuch zu wagen.« (ZA 1, 443) Zu diesem frühen Zeitpunkt der »Vita-Versuche« sollen diese vor allem die fehlende literaturhistorische Arbeit ersetzen, aber im Silvesterresümee 1938 heißt es auch schon: »Vergeht der Januar, ohne die Sicherheit der Emigration zu bringen, dann konzentriere ich mich auf die *Vita* […].« (ZA, 1, 451) Aus den Tagebuchaufzeichnungen von Februar 1939 bis Februar 1942 können wir Klemperers teilweise qualvolle, aber zugleich lebensrettende Arbeit an *Curriculum vitae* nachvollziehen. In der Phase heraufziehender Kriegsgefahr und zunehmender Isolierung wird Schreiben über das eigene Leben zur Überlebensstrategie, der unerträglichen Gegenwart verschafft er durch die Erinnerung an die eigene Geschichte einen Resonanzboden. *Curriculum vitae* wird zu einer Anti-Welt seiner Gegenwart.

Was ihm bleibt, ist die geschulte Beobachtungsgabe, sein Sprachempfinden, seinen Ausdruckswillen nicht verkümmern zu lassen durch das

Arbeitsverbot. Vielleicht wird durch *Curriculum vitae* auch erst die Chronistenpflicht des Tagebuchs möglich. Denn der Wille, zum Chronisten einer Zeit zu werden, in der man vielleicht das letzte Lebenszeichen von Mitmenschen, Nachbarn, ferneren oder näheren Bekannten dokumentiert, dazu gehört Kraft und eigener Überlebenswille. Um die Forderung seiner Leidensgenossen »Das müssen Sie aufschreiben!« zu erfüllen, genügt nicht die vielfache Wiederholung, sondern er muss sich selbst ein Instrument gegen die drohende Abstumpfung geschaffen haben. Als Klemperer am 10. Februar 1942 seiner Frau weitere Teile des Manuskripts gibt, damit sie es wegen der drohenden Hausdurchsuchung zu einer Freundin nach Pirna bringen kann, schreibt er deprimiert: »Manuskript Curriculum fort. – Wahrscheinlich völlige Unterbrechung.« (ZA, 2, 21) Aber er arbeitet weiter. Am 17. März 1942 schreibt er: »Ich lese mich langsam ein in Arthur Rosenberg, ›Die Entstehung der deutschen Republik‹. All das soll einmal dem letzten Buch meines Curriculums dienen. Es bleibt mir gar nichts anderes übrig, als so zu arbeiten, als wäre ich des Morgen und Übermorgen vollkommen sicher. Und dabei rechne ich von Tag zu Tag mit irgendwelcher Katastrophe – Verhaftung, Verschwinden im KZ usw. – Weiterzuschreiben ist mir verunmöglicht, das Manuskript ist aus dem Haus [...]. Also will ich studieren [...]. Zwei Dinge interessieren: dies Werden des Nationalsozialismus und die Geschichte des Zionismus. (LTI nenne ich erst gar nicht. Das ist immer da.)« (ZA 2, 49)

Das Tagebuch erhält also während der Zeit des Faschismus eine andere Bedeutung als vorher und nachher. Das spiegelt sich auch in der Anfang der 40er Jahre erwogenen Absicht, das Tagebuch möglicherweise zu veröffentlichen: »danach«!

Die Gründe, die Klemperer zu dieser Überlegung veranlassen, sind aufschlussreich für das Selbstverständnis des Schreibenden und den ihm eigenen Blick auf die Welt. Am 21. November 1942 überlegt der Chronist, wenn er nicht Zeit haben werde, *LTI* als Sonderwerk auszuarbeiten, »dann veröffentliche ich die (natürlich gefeilte und geordnete) Gesamtheit meiner Tagebücher seit 33. Eben den antizipierten 4. Band meines »Curriculum (I ist ganz fertig, II in wenigen Wochen fertigzustellen, III, Dresdner Professur 1920–1933, müßte warten. Dieser Gedanke ist mir schon wiederholt gekommen; *neu* war heute daran, daß ich diesem vierten Band den Titel des Curriculum den Titel ›Die Sprache des 3. Reiches‹ summo jure geben könnte. Denn 1) würde er all mein philologisches LTI-Material bringen und 2) würden ja doch alle mitgeteilten Fakten die Sprache des 3. Reiches sprechen […] – und 3) spräche aus der ganzen Umkehr oder Skepsis oder Brüchigkeit meiner Grundideen seit 1933 die Erschütterung durch das 3. Reich.« (ZA 2, 279 f.)

Was sind das für Grundideen, die da erschüttert wurden? Beharrlich hatte der entlassene Romanist in den Jahren nach 1935 allen Widrigkeiten zum Trotz an seinen wissenschaftlichen Studien gearbeitet. Wenn man ihn nicht lehren lassen wollte, hatte er das zu akzeptieren. Die Literaturgeschichte bot viele Beispiele für das Lehrverbot. Er glaubte, dass allen äußeren Eingriffen des politischen Systems zum Trotz sich der Wissenschaftler seine Forschungssphäre, bei ihm also vor allem die französische Literaturgeschichte, erhalten könnte. Dass man ihm schrittweise den Umgang mit den Büchern verbieten könnte, hat er sich nicht vorstellen können. Psychologisch aufschlussreich ist, wie er nicht über seinen eigenen Schock bei der Mitteilung des Bibliotheksverbots berichtet, sondern den weinenden Bibliothekar beschreibt, der ihm das Verbot mitzuteilen hat. (Vgl. ZA 1, 3. 12. 1938, 438 f.)

Nach 1938 ist Klemperer ganz auf sich selbst gestellt, auf seine immer begrenzteren Möglichkeiten. Seine Beobachtungen zur Lingua Tertii Imperii, die er in den Tagebuchblättern aufschrieb, wurden immer mehr zu seinem eigentlichen Werk, abgerungen dem täglich bedrohlicher werdenden Alltag, den Krankheiten und Schwächeanfällen. Das Tagebuch ist in weiten Teilen zum Arbeitsjournal für die Sprach- und Kulturanalysen Klemperers geworden. Der geschulte Blick des Philologen erfasst den NS-Alltag als Zeichensystem, dessen Bezüge es mit penibler Genauigkeit zu untersuchen gilt. Dabei schenkt Klemperer Phänomenen der Alltagskultur, dem »Eintopf-Sonntag«, der Aufmachung von Geburts- und Sterbeannoncen oder der Sprache medizinischer Zettel, die gleiche präzise Aufmerksamkeit, mit der er Goebbels' Reden, Wehrmachtsberichte oder Rosenbergs Schriften analysiert. Es entsteht die Basis für eine Kulturgeschichte, die anders als die personalisierte Geistesgeschichte Anspruch auf Repräsentanz hätte. Aber er bleibt während der Zeit der Verfolgung skeptisch, was die Verwertbarkeit dieser Studien betrifft. »Ich also frage mich oft, was ich nach Hitlers Sturz unternehmen werde. Womit anfangen? […] Das 18ième ist mir zurückgeglitten […]. An die Ergänzung der Modernen Prosa gehen? Das Curriculum fortsetzen – Den […] Band Drittes Reich vorwegnehmen? – Die LTI? – Oder ist sie zu eng? Mache ich daraus Studien zur Geistesgeschichte des 3. Reichs? Oder wage ich mich an die Geistesgeschichte des 3. Reichs?« (ZA 2, 24. 10. 1942, 262)

In ruhigen Momenten während der »Judenhaus-Zeit« machte Klemperer Pläne für die Zeit »danach«. Dabei ist er sich durchaus bewusst, dass die Jahre der Ausgrenzung nicht spurlos vorbeigehen werden, und es geschehen kann, dass er dann, wenn es wirklich vorbei sein wird, »zwischen allen (Möglichkeiten) schwanken und den Rest des Lebens verrinnen lassen« (ZA 2, 24. 10. 1942, 262) wird. Am Ende dieser Eintragung steht dann resigniert: »Aber öfter freilich glaube ich, ich werde ihn nicht erleben.«

Die weitere gesellschaftliche Entwicklung in Deutschland hat sich nicht nach klassischen bürgerlichen Ideen gerichtet, sondern wurde ein Zeitalter der Zerstörung menschlicher Vernunft. Victor Klemperer musste seine literaturwissenschaftliche Profession, die Beschäftigung mit vergangener Literaturgeschichte, durch den Druck der faschistischen Herrschaft aufgeben. An ihre Stelle trat eine andere Aufgabe: Die eigene Erniedrigung und Ausgrenzung und die Deportation seiner jüdischen Dresdner Mitbürger zu dokumentieren. Schreiben über seine Jetzt-Zeit wird ihm Auftrag werden, auch dieses eingedenk der klassischen Aufklärungstradition. Dabei wird er weder eine unbeteiligte noch eine überschauende, gleichsam philosophisch objektivierte Haltung einnehmen, sondern eine lebenspraktische, die sich an dem »entdogmatisierten Christentum Lessings« (ZA 2, 7. 2. 1943, 327) orientiert. Auch wenn er 1943 gesteht, schwankend in seinen Überzeugungen geworden zu sein. 1935, in der Eintragung vom 5. Oktober, hatte Klemperer noch ganz zitatenfest mit seinem Lessing über eine »Laue« geurteilt: »Sie wisse nicht, wie Entsetzliches geschehe. Ich ergänzte das Lessingsche: Wer über manchen Dingen nicht den Verstand verliere, habe keinen Verstand, durch: Wer heute die Herzensruhe bewahre, habe kein Herz.« (ZA 1, 221) Die Tatbestände für Klemperer und viele andere ausgegrenzte Deutsche, den Verstand bzw. die Herzensruhe zu verlieren, hatten sich seit 1935 drastisch vermehrt, ihre Bildung sollte auf den Müll und sie selbst dazu. Dagegen anzuschreiben, seine Existenz durch Betroffenheit spüren zu können, war lebenserhaltend und notwendig nicht nur für das Individuum. Als ein Nachbar im Judenhaus gegen Klemperers Bekenntnis zur Zeugenschaft einwendet, das, was er im Tagebuch festhalte, sei alles bekannt und die großen Sachen Kiew, Minsk etc. kenne er nicht, entgegnete Klemperer, es käme nicht auf die großen Sachen an, sondern auf den Alltag der Tyrannei, der sonst vergessen werde. Später setzt er hinzu, er verließe sich auf seine Ohren, was die aus dem Alltag mitbrächten, das Gewöhnliche und das Durchschnittliche, das glanzlose Unheroische, das dem Einzelnen geschehe, sei das Mitteilenswerte. Vielleicht kann man sagen, für Klemperer war nach dem erzwungenen Abbruch der Autobiografie das Tagebuch der Mittler zur Welt, die ihn nicht wollte, aber in der er sich – wenn auch ungehört – zu Wort meldete.

Trotz der immer wieder erneuerten Lebenskraft drohte auch Victor Klemperer schließlich die »Endlösung«. Im Februar 1945 sollte die so genannte »Mischehe«, die ihm bisher das Leben gerettet hatte, gewaltsam aufgelöst werden. Die Bombardierung Dresdens am 13. Februar, bei der die Stadt unter englischen Bomben in Schutt und Asche sank, brachte für Victor Klemperer und seine Frau die Rettung. Es gehört zu den eindrucksvollsten Passagen des Tagebuchs, wie Klemperer als genauer Beobachter und existenziell Betroffener ein Bild des Infernos und der Rettung aus dem Chaos schildern kann. Er rettet die menschliche Stimme in einer Situation, die unterschiedslos Freund und Feind vernichten wollte. Dass für seine Darstellung der Zerstörung Dresdens, das einen an die biblische Zerstörung Ninives denken lässt, die Ohren seiner Mitmenschen nach dem Krieg nicht geöffnet gewesen wären, damit hatte Klemperer sicher Recht gehabt. Wie sollte er ihnen verständlich machen, dass die Bombardierung seine Rettung war? Und dennoch wäre es für die Entwicklung des Unrechtsbewusstseins der Deutschen notwendig gewesen, wenn ihnen Klemperers Tagebücher nach dem Krieg zur Lektüre »verordnet« worden wären, um ihnen zu der Frage zu »verhelfen«: Warum gab es so wenige Gerechte?

4. Nach der Abschaffung des Menschen: woher Hoffnung?

Am 21. Juli 1945 notierte Klemperer in sein Tagebuch: »In meiner eigenen Menschenverachtung und *Nicht*eitelkeit werde ich immer mehr bestärkt. Man hat mich mehr mißachtet als einen Hund, man bewirbt sich jetzt mit allen Mitteln um mich – was wird morgen sein? Und Mißachtung und Schätzung gelten ja gar nicht mir als Persönlichkeit, sondern nur mir als einem Atom oder Partikelchen oder einer Billardkugel – diese Dinge haben keinen Wert oder Unwert an sich, sondern ihre Virtus hängt von ihrer jeweiligen Situation ab.« (ZS 1, 53 – Hervorhebung dort) Auch wenn diese Diagnose in ihrer Absolutheit ungerechtfertigt ist – und von Klemperer selbst gemildert wird durch die Beschreibung von uneigennütziger Hilfe und wahren Freundschaftsdiensten –, bleibt das Bewusstsein großer Verlassenheit nach dem Ende des 2. Weltkrieges. Die existenzielle Überanspannung, die Aufgabe, überleben zu wollen, hat nachgelassen. Es bleibt eine immer wieder notierte Müdigkeit. Während aber Freunde, Bekannte und bald auch seine Studenten Klemperers Vorderseite, den gespannten, wissenschaftlich souverän agierenden Mann erleben, steht in seinem Tagebuch die Innenbzw. die Nachtseite seines Charakters. Aus dem so erlebten Zwiespalt einer historischen Situation wird aber von Klemperer ein anderes Resümee gezogen als nach dem 1. Weltkrieg. Während er nach 1918 meinte, sich wieder in seiner individuellen Klause einrichten zu können, geht er nach 1945 den anderen Weg, er schließt sich der Kommunistischen Partei an, weil er der Meinung ist, dass diese am konsequentesten die alten nazistischen Strukturen zerstören und die alten Amts- und Würdenträger »aufscheuchen« werde. Die Kommunisten haben während der NS-Zeit den Widerstand am entschiedensten geführt und auch die meisten Opfer gebracht. Er bestätigt diese theoretische Einsicht durch Begegnungen mit Kommunisten, die seine Freunde werden, wie z. B. Ernst Seidemann. Außerdem sieht er, dass es bei den Kommunisten wenige Intellektuelle gibt, und er will sich nicht selbst vorwerfen müssen, dass es auch an ihm liege, wenn sich die Fehler der Regierenden wiederholen. Dennoch bleibt er auch in dieser Phase ein bürgerlicher Intellektueller, der sich abgetrennt, nicht dazugehörig fühlt. Er unterscheidet zwischen »ihrer« und »unserer« Schicksalsfrage, d. h., er ist sich bewusst, dass die soziale Frage der Kommunisten und die Freiheit des Intellektuellen in einem Spannungsverhältnis stehen. Dennoch entscheidet sich auch der Bildungsbürger für die KPD, weil er glaubt, die gültigen Botschaften der abendländischen Weisheit wieder bzw. erstmals auch an die Arbeiter vermitteln zu können.

Am 14. Dezember 1945 schrieb er in sein Tagebuch: »In einem […] Lehrbuch der Pädagogik las ich zum erstenmal etwas über Pestalozzi. […] werde als Eröffnungsthema der VH (Volkshochschule – M. B.) an die Wurzel der Pestalozzisache, an die Aufklärung gehen, genauer an Encyclopaedie u. Rousseau.« Und etwas weiter: »Ich will der KPD begreiflich machen, daß ich in *ihrem* Interesse Humanismus und *Nichtpolitik* ins Centrum stellen möchte. Ich will Antigone an den Arbeiter heranbringen, ich *will* im Centrum *unpraktisch* sein.« (ZS 1, 162 – Hervorhebung dort)

Hier haben wir die Innenseite einer Haltung, wie sie für viele Intellektuelle nach 1945 charakteristisch war: Sie sehen ihre Aufgabe darin, humanistische Bildung – ihr bisher genossenes Privileg – zu nutzen für die Humanisierung eines verführten Volkes, das aber in seiner Mitte auch Menschen hat, für die es sich lohnen könnte, klassische Stücke wie *Antigone* in ihrer Schönheit zu erklären.

Was macht die heutige Leserschaft mit Klemperers Tagebüchern? Was interessiert die Lesenden heute an Klemperers Tagebuch?

Ist es das, was Uwe Johnson hoffte, als er sich die Tagebücher von Brecht veröffentlicht wünschte? »Da würde mich eben sehr interessieren die Innenansicht der Erkenntnisse, die in den Werken zum Ausdruck gekommen sind. Mich würde es auch interessieren, ob es da Unterschiede gibt in der sprachlichen Disziplin, auch in der politischen Haltung.« (Höllerer 1997, 774) Wenn solche Überlegungen bei heutigen Tagebuchlesern eine Rolle spielen würden, müssten sie das wissenschaftliche Werk Klemperers gleichfalls zur Kenntnis genommen haben. Sind Johnsons Überlegungen nur die Gedanken eines Schriftstellers, der bei seinem Kollegen nachschauen will, wie bei jenem Haltungen zu Texten werden und ob es da Unterschiede gibt zwischen der künstlerisch verantworteten und der persönlichen, nicht für den öffentlichen Diskurs bestimmten Sprache?

Aber mit Johnson sollte sich auch der Nicht-Schriftsteller vergewissern wollen, dass jede Art von Schreiben die Konstruktion einer Rolle ist. Auch Klemperer hat das gewusst, wenn er über den wichtigsten Impuls des autobiografischen Schreibens, den der Lebensverlängerung, der Hoffnung auf das »Hierbleiben«, schreibt: »Hierbleiben wollen aber heißt: eine Rolle spielen wollen […].« (CV 1, 8)

In dem Gespräch über die Zeitgemäßheit des Tagebuchs, in dem wir schon Johnson zitierten, äußerte Lars Gustafsson: »Alltäglich glauben ja alle Menschen, daß sie sich selbst beschreiben können. […] Das eigene Ich als ein Gebiet, wo endlich alle Menschen Experten sind. […] Aber wenn man anfängt, findet man weiße Flecken« (Höllerer 1997, 777).

Woher könnte das große Interesse gerade an Klemperers Tagebüchern über die NS-Zeit rühren? Ist es ein allgemeines »Ich-Interesse« in Verbindung mit dem Interesse an historischen Ereignissen, die uns kaum noch von Zeitzeugen direkt erzählt werden können und die mittels Tagebuch authentische Information versprechen, mindestens aber persönlich legitimierte? Oder ist es doch auch ein spezielles Interesse an diesem Persönlichkeitsprofil, das »in gewisser Weise typische Züge trägt: die des deutschen Intellektuellen, der in größter wissenschaftlicher

Objektivität in einem separaten Reich privater Geistigkeit lebt, der als integrer Beobachter stets die Distanz zu allen politischen Überzeugungen wahrt [...]. Die Exemplarität dieser Persönlichkeit liegt darin, dass sie weder den Verführungen der Macht erliegen kann [...], noch jemals – sei es durch Auswanderung und Exil, sei es durch Widerstand – eine selbstbestimmte Lebensentscheidung trifft.« (George 2000, 300) Dass dieser »Spiegel« auch und vielleicht besonders bei Lehrerinnen und Lehrern im Osten Deutschlands attraktiv ist, die den Wegfall und das Versagen der Ideologien und Ismen kompensieren müssen, sollte selbstkritisch von ihnen reflektiert werden. Denn neben der zeitgeschichtlichen Dokumentation bieten die Tagebücher Einblick in Klemperers *tragische* Existenz eines Intellektuellen, der sehenden Auges gleichzeitig zu lange handlungsarm war und damit – im schalltoten Raum – bei Strafe des eigenen Untergangs die Lessing'sche Tradition verfehlte.

Vielleicht ist es im speziellen Fall der Klemperer-Tagebücher aber auch das Lesebedürfnis, als Zuhörer in den geschichtlichen Raum zu treten, in dem Klemperer damals keinen oder nur sehr wenige Gesprächspartner gefunden hat. Menschliche Wiedergutmachung, wenn es das geben würde! Klemperer kommt in seiner sprachlichen Diktion dem Bedürfnis der Nachgeborenen entgegen, die nicht im Ton der Anklage angesprochen werden, sondern die Verfolgungen des »Dritten Reiches« werden erfahrbar und erträglich durch das Wissen um das Überleben wenigstens dieses Zeugen. »Klemperers Realität ist in Reichweite unserer Ängste«, schreibt J. Ph. Reemtsma (1997, 177). Klemperer bietet auch Entlastung von Schuldgefühlen, wenn er beschreibt, wie es eben doch auch die vielen kleinen menschlichen Gesten von »deutschen« Mitmenschen gegenüber dem »Juden« Klemperer gegeben hat. (ZA 1, 17. 3. 1940; 22. 9. 1941; 4. 10. 1941) Vielleicht ist es aber auch die Möglichkeit, Victor Klemperers Beschreibungen als literarische Fiktionen zu lesen, Geschichten eben. Das legt Martin Walser (1996, 51) nahe, wenn er in seiner Laudatio feststellt: »Ich kenne keine Mitteilungsart, die uns die Wirklichkeit der NS-Diktatur faßbarer machen kann, als es die Prosa Klemperers tut.« Ich denke, die deutsche Literatur hat auch noch andere große Erzählungen über jene Zeit, z. B. Anna Seghers' *Siebtes Kreuz*. Die großen Symbolbildungen werden damit nicht überflüssig, wenn man feststellt, dass in Zukunft keine kulturgeschichtliche Untersuchung an Klemperers autobiografischen Schriften, *Curriculum* wie Tagebüchern, vorbeikommt.

Anmerkung

1 Zitiert wird aus der zweibändigen Ausgabe (Berlin: Aufbau 1995).

Literatur

Boerner, Peter (1969): Tagebuch. Stuttgart: Metzler Verlag.

Dilthey, Wilhelm (1924): Gesammelte Schriften. Bd. 5. Leipzig; Berlin: B. G. Teubner.

Dilthey, Wilhelm (1927): Der Aufbau der geschichtlichen Welt in den Geisteswissenschaften. Zit.: nach: Niggl, Günter (1998): Die Autobiographie. Zu Form und Geschichte einer literarischen Gattung. Darmstadt: Wissenschaftliche Buchgesellschaft, 21–32.

George, Marion (2000): Rezension zu: Victor Klemperer: Ich will Zeugnis ablegen bis zum letzten. In: Argonautenschiff 9. Jahrbuch der Anna-Seghers-Gesellschaft. Berlin und Mainz. Berlin: Aufbau-Verlag, 298–300.

Heer, Hannes (Hg.) (1997): Im Herzen der Finsternis. Victor Klemperer als Chronist der NS-Zeit. Berlin: Aufbau-Verlag.

Höllerer, Walter (1997): Sind Tagebücher zeitgemäß? Walter Höllerer im Gespräch mit Elias Canetti, Max Frisch u. a. In: Sinn und Form 49(1997)6, 773–790.

Jurgensen, Manfred (1979): Das fiktionale Ich. Untersuchungen zum Tagebuch. Bern: Francke Verlag.

Literatur Brockhaus (1988): Der Literatur-Brockhaus. Bd. 3. Hg. und bearb. von Werner Habicht; Wolf-Dieter Lange und der Brockhaus-Redaktion. Mannheim: Brockhaus.

Montaigne, Michel de (1911): Ausgewählte Essais. Berlin: Erich Reiss Verlag.

Misch, Georg (1949): Geschichte der Autobiographie. Einleitung: Begriff und Ursprung der Autobiographie. Bd. I, 1. Frankfurt a. M.: G. Schulte-Bulmke.

Reemtsma, Jan Philipp (1997): »Buchenwald wird von andern geschildert werden; ich will mich an meine Erlebnisse halten«. Stenogramme aus der Vorhölle. In: Heer, Hannes (Hg.) (1997), 170–193.

Walser, Martin (1996): Das Prinzip Genauigkeit. Laudatio auf Victor Klemperer. Frankfurt a. M.: Buchhdl.-Verein.

Dagmar Klose

Die Tagebücher Klemperers als historische Quelle Anregungen für ihre Einbeziehung in den Geschichtsunterricht

1. Subjektive Orientierung in der Geschichte – Lernen aus der Geschichte?

Geschichtliches wird sinnhaft erst am Horizont der eigenen Erfahrung. Diese Bedingung historischen Lernens stellt sich bei jeder Generation anders dar. So müssen wir eingangs die Frage stellen: Wie können angesichts der Lebenserfahrungen heute lebender junger Menschen die Tagebücher Victor Klemperers auf eine Weise wahrgenommen werden, dass sie in Akte des Verstehens münden? Treffen wir im Gegenteil nicht selten Tendenzen an, sich der Auseinandersetzung mit Geschichte zu verweigern? Dies ist vor allem dann der Fall, wenn die Art der Begegnung der mitfühlenden Erinnerung jeglichen Zugang verwehrt, sondern Geschichtliches als ein Konstrukt erscheint, in dem Menschen kaum vorkommen oder kein Gesicht haben. Im Falle der NS-Zeit behindern häufig Abwehrreaktionen angesichts der Gräuel den Zugang zu Auseinandersetzungen. Dadurch bleiben Möglichkeiten, aus der Geschichte zu lernen, verschlossen, ist doch die erfahrungsbezogene Brücke, die vorsichtige Analogien auf heutige Konfliktfelder zulässt, kaum gegeben.

Das damit verbundene Problem von subjektivem Zugang und Historisierung, von Verstehen und Erklären, ist ein zentrales Anliegen im Geschichtsunterricht. Wie wir wissen, stellt es alle Beteiligten immer neu vor große Herausforderungen. Einerseits muss Nacherleben gewollt, erwünscht sein, andererseits muss es wiederum gebannt werden, damit die Vergangenheit nicht als schweres Gepäck gegenwärtige Lebensbewältigung belastet. Johannes Dirschauer hat das Problem und auch die Problemlösung in der Metapher des Märchens von Hans Christian Andersen *Der Reisekamerad* originell veranschaulicht: »Andersen beschreibt, wie zunächst mit Hilfe des Reisekameraden der Macht der Vergangenheit nachgegangen, genauer: nachgeflogen werden muß, um sie dann sinnbildlich zu enthaupten. Die klammheimliche Liaison mit der Vergangenheit muß in der realistischen Psychologie des Märchens gewaltsam gelöst werden. Erst dann spukt sie nicht mehr in den Köpfen herum. Die Pointe am Ende des Märchens ist überraschend: Der Reisekamerad ist ein Toter, der noch nicht ganz zur Ruhe gekommen ist.« (Dirschauer 1997, 210) Vertiefen wir uns in die Tagebücher, so begeben wir uns mit Hilfe des »Reisekameraden« Klemperer zunächst tief in die Vergangenheit hinein, um sie alsdann, nachdem wir uns denkend und fühlend mit ihr auseinander gesetzt haben, der Geschichte zu überlassen. Doch hier verlässt der Historiker den gemeinsamen Weg mit der schönen Literatur, indem er nicht auf der Verstehensebene verharrt, sondern nach Erklärungen sucht, die wissenschaftlichen Prüfverfahren standhalten sollten. Gelingt dieses Wechselspiel von Verstehen und Erklären, vermögen wir das Kontinuum zwischen Vergangenheit und Gegenwart aufzusprengen, ist – in Umkehrung des Märchenschlusses – die Geschichte zwar vergangen, ist kein belastendes Gepäck mehr, aber sie ist nicht tot. Sie kann dann zum Beispiel für mögliche Analogien im Umgang mit Andersdenkenden und Minderheiten sensibilisieren, wie sie in einer Welt voller Feindbilder und Stereotype noch immer anzutreffen sind. Sie kann zum Nachdenken über die eigene soziale und intellektuelle Eingebundenheit anregen, die Möglichkeiten, aber auch Grenzen des Einzelnen in seiner Zeit beleuchten, individuelle Wandlungsprozesse und deren Bedingungen thematisieren u. v. a. m.

Selbstverständlich widerspiegeln die Tagebücher Klemperers wie andere schriftliche Quellen auch eine bestimmte Perspektive auf Ausschnitte dessen, was in der Zusammenschau vielfältiger Rekonstruktionen eine Annäherung an historische Wirklichkeit(en) ausmacht.

Wenn über ihren Wert als historische Quelle Aussagen getroffen werden, dann muss auch die Spezifik der Quellengattung ausgeleuchtet werden. Sind die Tagebücher Klemperers einmal Selbstzeugnisse, welche die Individualgeschichte eines Menschen dokumentieren, so fungieren sie zunächst als Ventil zur Entlastung des Gedächtnisses und auch als Katalysator angesichts der bedrängenden und beängstigenden Vielfalt alltäglicher Ereignisse. Sie sind damit Spiegel des eigenen Ichs, zumindest an der Oberfläche der dem Schreiber möglichen Selbstwahrnehmung. Andererseits interessieren sie gleichwohl als Zeitdokument. Gerade das Spannungsverhältnis von Selbstwahrnehmung und Wahrnehmung des Zeitgeschehens, folglich von Zeitgeschichte und Individualgeschichte, eröffnet ein unverwechselbares, aussagekräftiges historisches Quellenmaterial. Anders als Editionen, die aus der zeit-

lichen Distanz heraus Erinnerungen beinhalten, die stets um identitäts-
bewahrende Kontinuität bemüht sind, infolgedessen kaum noch auf das
ursprüngliche Erleben zurückgeführt werden können und häufig von
Rechtfertigungs- oder Verdrängungsstrategien verformt sind, heben
die beinahe täglichen Eintragungen Klemperers diese Distanz auf; sie
sind in der Regel die Reaktion auf unmittelbar Erlebtes oder aber Gehör-
tes (Vermitteltes). Darum sind sie von einer einmaligen Ehrlichkeit,
einer subjektiven Wahrhaftigkeit, die unter dem Blick der Nachgeborenen leicht der Schonungslosigkeit ausgesetzt werden kann. Das macht
zugleich den Reiz ihrer Authentizität aus (vgl. Jurgensen 1979).

Es ist folglich gerade das Aufeinanderbezogensein von Geschichtsschreibung, die um Objektivierung bemüht ist, und von individuell erlebter Geschichte, die in ihrer teilweisen Kongruenz, aber auch Differenz die Möglichkeiten geschichtlicher Rekonstruktion zu bereichern
vermag. Der Wert der Tagebücher als historische Quelle liegt also zunächst in dem bewusst subjektiven Zugang zur Rekonstruktion der
Vergangenheit, einer Potenz, die zweifellos eine neue Farbe gerade in
Bezug auf Innensichten jüdischer Lebenswelten in der deutschen Gesellschaft eröffnet. Es ist nahe liegend, diese Potenz sowohl für die Ge-
schichtsdarstellung als auch für den Geschichtsunterricht in der Sekundarstufe I und II fruchtbar zu machen. Eine Reihe von Beiträgen
zur Einbeziehung der Tagebücher Klemperers in den Geschichtsunterricht beziehen sich vor allem auf diesen Aspekt; sie betonen die Perspektive des Opfers in der Zeit des Nationalsozialismus und setzen diese
zur Geschichtsschreibung in Relation.[1] Zweifellos bietet das Schicksal Klemperers, der der Agonie entrinnt, auch eher Möglichkeiten für
Empathie jugendlicher Schülerinnen und Schüler, als dies bei anderen
ausweglosen Extremfällen der Fall ist.[2]

Die Biografie des Diaristen eröffnet darüber hinaus, gerade weil sie
stereotypen Mustern nicht unterzuordnen ist, interessante Untersu-
chungsperspektiven. Gewinnt, wie oben angemerkt, die Geschichte dank
des subjektiven Zugangs zum historischen Ereignis an Farbnuancen,
so wird zugleich die Eigenart des historischen Subjekts Klemperer
selbst zum Prisma geschichtlicher Lebenswelt. Deshalb provoziert der
zeitliche Spannungsbogen der Tagebücher Klemperers, der sie gegenüber
anderen Editionen dieser Gattung auszeichnet, geradezu eine historis-
tische Fragestellung.

2. Problemstellung und Hypothesen

Was vermag der Einzelne in seiner Zeit? Welchen Bedingungen, ja Zwängen ist er unterworfen? Ist er gar kein Individuum, sondern ein einzelnes Allgemeines, wie Sartre es behauptet? Zweifellos bildet die kulturelle und soziale Eingebundenheit des Diaristen Victor Klemperer den Rahmen für seinen Entwicklungsweg, aber das Individuum Klemperer zeichnet sich ebenso durch Eigensinn aus. Deshalb können seine Tagebücher als historische Quelle gerade Interessen der Jugendlichen berühren, wie sie im Jugendalter bei der eigenen Identitätssuche eine Rolle spielen. Das Erleben mit Brüchen in der eigenen Lebenszeit ist wohl eher gering, aber in der sie umgebenden Lebenswelt sind sie sehr wohl damit konfrontiert, nicht selten müssen sie sich mit »gebrochenen« Verhaltensweisen auseinander setzen, mit schwer nachzuvollziehenden Wandlungen von Menschen, mit unterschiedlichen Perspektiven inmitten der Gesellschaft, mit Problemen und Fragen also, die sie nun in der geschichtlichen Dimension wiederfinden können. Dabei geht es nicht primär darum, sich mit dem jüdischen Schicksal distanzlos zu identifizieren, sondern über den Weg der Empathie Einsichten in die historische Bedingtheit menschlichen Lebens sowohl im jeweiligen geschichtlichen Rahmen als auch in ihren alternativen Möglichkeiten zu sehen, denn gerade Victor Klemperer hat sich niemals seinem Schicksal ergeben ausgeliefert.

Dies alles sind hohe Anforderungen an die biografische Rekonstruktion. Es erscheint lohnenswert, vor allem die Faktoren zeitgeschichtlicher Wirkungen zu untersuchen, die in Klemperers Bewusstsein nachweisbar eingreifen. Welche historischen Einflüsse nimmt er überhaupt wahr? In welchem Zusammenhang stehen diese mit den Motiven seiner Wandlungen? Stehen sie überhaupt in einem Zusammenhang? Immerhin hat Victor Klemperer nicht lediglich einige Modifikationen seiner Grundorientierung vorgenommen; er hat nach dem Ende des 2. Weltkrieges de facto den Rubikon zwischen Bürgerlichkeit und Antibürgerlichkeit überschritten. Wie immer die Begründungen dafür ausfallen mögen, so war doch letztlich eine starke Antriebskraft dafür erforderlich. In einem Leistungskurs wäre es angemessen, dieses Problem zu untersuchen. Denkbar sind drei Hypothesen (die durchaus ergänzt werden können):

Hypothese 1 orientiert sich am Faktologischen und würde auf der Grundlage erwiesener Entscheidungen einen grundlegenden politischen

Wandlungsprozess Klemperers für denkbar und nachvollziehbar erachten.

Hypothese 2 vermutet die Gründe vornehmlich im emotionalen, erfahrungsbezogenen Bereich. Gespeist aus dem Erfahrungsborn eines bis in seinen Wesenskern gedemütigten menschlichen Wesens, werden pragmatische Lehren aus der Geschichte gezogen. Klemperer bringt die Kraft auf, nach einer langen Zeit des beinahe vollzogenen Auslöschens aufzustehen und nach Verbündeten zu suchen. Um einer Lebenssicherung willen wäre es einsichtig, dass er dabei einen für sich selbst schwer zu akzeptierenden politischen Kompromiss eingeht. Die zweite Hypothese betont also die Sicherung der vitalen Interessen und die Schutzfunktion.

Hypothese 3 sucht nach einem Leitmotiv des Handelns der Persönlichkeit, das gewissermaßen das Subjektzentrum ausmacht. Es wird in Klemperers Unverzichtbarkeit auf intellektuelle Anspannung und intellektuellen Genuss vermutet, was wiederum eine entsprechende soziale Absicherung verlangt. Ein solches geistiges Band, gerade zwischen einzelnen Personen, wäre auch in der Lage, politische Gräben zu überwinden. Das Einigende wären dann nicht politische, weltanschauliche oder schlechthin ideologische Übereinkünfte, sondern intellektuelle Bande.

Die anschließende Quelleninterpretation orientiert sich in ihrer Auswahl an diesen Hypothesen, ohne dass Vollständigkeit angestrebt werden kann. Eine weitergehende Quellenrecherche in Gruppenarbeit wäre sinnvoll.

3. Zur Untersuchungsmethodik – Hermeneutik als Verfahren zur Erschließung von Schriftquellen

Angesichts der historistischen Fragestellung wächst auch der Anspruch an die methodische Adäquatheit der Erschließung dieser Quellengattung, wie sie neben dem Tagebuch ebenso von der Autobiografie, dem Brief, dem Zeitzeugenbericht o. ä. verkörpert werden. Gerade den methodischen Möglichkeiten der Texterschließung muss daher Beachtung geschenkt werden. Wollen wir die Texte durch kontrolliertes Fremdverstehen erschließen, das den Eigensinn des Subjekts für den Rezipienten erst erstehen lässt, ist ein aus dem Vorwissen strukturiertes Frageraster, mit dem der Text »traktiert« und das dann diesem Muster eingefügt werden soll, nicht sinnvoll. Die Interpretationen müssen im Gegenteil aus dem Text heraus entwickelt werden.

Für den anspruchsvollen Charakter eines Leistungskurses in der Sekundarstufe II ist es durchaus angemessen, in wissenschaftspropädeutischem Sinne hermeneutische Verfahren der Texterschließung einzuführen, die von der »Oberfläche« des Textes zu den darunter liegenden Motiven und Sinnzusammenhängen vorzudringen vermögen, wodurch es möglich wird, aus Erfahrung Sinn bilden zu lassen. (Eine Erörterung von Theorien und Methoden der qualitativen Textanalyse würde den Rahmen dieses Beitrags sprengen; deshalb können lediglich pragmatische Schritte der hermeneutischen Quellenanalyse vorgestellt werden, die praktisch erfolgreich erprobt wurden.)

Der Text als Ganzes wird der Gruppe zunächst vorenthalten. Es wird lediglich eine kleine Sinneinheit zugänglich gemacht. Die Gruppenmitglieder äußern sich zu den möglichen Deutungen der Sinnträger. Wichtig sind sprachliche Auffälligkeiten, grammatische Verknüpfungen und Varianten von Wortbedeutungen. Die einzelnen Meinungen werden notiert und Hypothesen in zweierlei Richtungen aufgestellt: a) Welche sind am wahrscheinlichsten? b) Wie geht der Text weiter?

Bearbeitung der nächsten Sinneinheit nach den gleichen Schritten. Dabei ist zu überprüfen, welche Hypothesen stabilisiert und welche labilisiert werden oder bereits ausscheiden.

Zusammenfassende Interpretation. (Vgl. Lamnek 1993, 51; Mayring 1993, 27 ff.)

Der Vorzug dieser Methode liegt neben einer tiefgründigeren, nicht von vornherein durch eine vorgefasste Brille verzerrten Textinterpretation vor allem in der aktiven Einbeziehung aller Gruppenmitglieder. Unterschiedliche Wahrnehmungsweisen und Vorannahmen werden den Jugendlichen im Verlauf der Arbeit zunehmend bewusst. Man erfährt nicht nur etwas über Klemperer, sondern auch über das Motivgefüge der Jugendlichen.

4. Untersuchungsaspekt: Victor Klemperer – der Zeitgenosse

Klemperer verkörpert gewiss nicht den Durchschnittsbürger, sondern den hochreflexiven, geistig wachen Bildungsbürger. Wenn wir ihn auf seinem geistigen Weg begleiten, so müssen wir zunächst bei dem zäsurenbildenden historischen Ereignis Erster Weltkrieg verweilen. Klemperer teilt einerseits die mentalen Auswirkungen dieser Katastrophe mit seiner Generation: Es brechen all diejenigen Werte und Ideale zusammen, die mit der Französischen Revolution einen Auf- und Durchbruch erfahren hatten; eine diffuse Angst und Orientierungslosigkeit etc. breiten sich aus. Andererseits teilt er Tendenzen der Polarisierung und Radikalisierung der Ansichten nicht. »Millionen sind aus dem Weltkrieg als Ungläubige, als Revolutionäre, als Pazifisten und Weltbürger zurückgekehrt, andere (nicht ganz so viele) Millionen als Gottgläubige, als erbitterte Nationalisten; alle haben irgendeinen Standpunkt, irgendein Dogma bewahrt oder gewonnen. Ich für meinen Teil habe nur den Zweifel heimgebracht, den absoluten Zweifel an jeder Position.« (CV 2, 333)

Wir bemerken schon früh ein wesentliches Unterscheidungsmerkmal, welches das *Individuum* Klemperer von anderen Menschen abhebt; seine ausgeprägte geistig-seelische Selbstreflexion. Das Kriegserlebnis hat nicht zu einer Läuterung einer seiner hervorstechenden Eigenschaften und Verhaltensweisen geführt, dem Schwanken oder auch Zaudern, sondern im Gegenteil sein generelles Zweifeln verstärkt. Allerdings wäre es nicht angemessen, diese Haltungen abwertend zu beurteilen. Zwar schwankt Victor Klemperer zwischen verschiedenen Alternativen wie Anpassung oder Freiheit in der Familie, in Schule, Lehre und Studium, im Bekenntnis zur »rechten« Religion, auch in der Politik; aber für ihn bedeutet dieses Schwanken auch ein Ausbalancieren zwischen verschiedenen Möglichkeiten, bedeutet ein geistiges Hypothesenspiel. Wie anders wäre sonst seine distanzierende Bemerkung über einen Menschen zu verstehen, dass dieser »ohne geistigen Genuß am bewußten Schwanken« (CV 1, 560) sei.

Die spätere Entscheidung für die Kommunisten scheint angesichts seiner Bewertung der Novemberereignisse 1918 in Deutschland gänzlich unmöglich zu sein. »Die Spartakusgruppe tagte gestern in einem ziemlich jämmerlichen Lokal am Brühl, im Hinterhaus (Coburger Hallen). [...] Alle sagten sie, jeder auf seine Art, genau das Gleiche, im Grunde mit einer kindlich naiven Schamlosigkeit: Gegen Nationalversammlung u. gegen Pressefreiheit. [...] Es kommt eben gar nicht auf allgemeine Freiheit an, sondern auf *ihre* Befreiung, vielmehr *ihre* Herrschaft.« (LS 1, 6 f., 22. 11. 1918)

Es ist eine konservative, vaterländische und geistig anspruchsvolle Perspektivität, die die Tagebucheintragungen fokussiert. Insbesondere richtet sich die Kritik auf die radikalen Elemente und ihre stereotypen Parolen, deren geistige Armut er registriert. In den empfundenen Mangel an revolutionärem Ethos und Pathos mischt sich die Sorge um einen chaotischen Fortgang dieser Revolution; dies mündet in die Hoffnung auf einen »starken Mann«. »Ich habe nach allem was ich sehe u. höre die Meinung, daß ganz Deutschland zum Teufel geht, wenn dieser Soldaten- und Arbeiter-*Unrat*, diese Dictatur der Sinnlosigkeit u. Ignoranz, nicht bald herausgefegt wird.« (LS 1, 8 f., 24. 11. 1918)

In den Wirren der Weimarer Republik verschwimmen offensichtlich die gesellschaftlich-politischen Konturen im Gesichtsfeld Klemperers, und so spiegeln seine Gedanken, die er 1931 niederschreibt, die allgemeine Ratlosigkeit und Polarisierung im Ausgang der »Demokratie ohne Demokraten« wider: »Aber von Tag zu Tag wird die deutsche Gesamtlage verzweifelter u. undurchsichtiger. Ich verstehe nicht, was vorgeht, niemand versteht es, die Zeitungen schwätzen oder lügen. […] Vollkommen blind und hilflos lebt man jetzt hin, und hat keine Ahnung, was man durchlebt, *was* für Geschichte sich vollzieht, u. *wer* Geschichte macht.« (LS 2, 721, 16. 7. 1931)

Dieses hilflose Schwimmen im Strom einer als blind empfundenen Geschichte korrespondiert mit der Tatsache, dass die Tagebucheintragungen zu historisch-politischen Themen in der Weimarer Republik im Vergleich zur Zeit der nationalsozialistischen Diktatur spärlich ausfallen. Die wesentlichste Begründung für die viel stärker ausgeprägte historisch-politische Reflexion in den Tagebüchern von 1933 bis 1945 dürfte in der hohen Relevanz zu sehen sein, die auf Grund der antisemitischen Programmatik Hitlers jede politische Verfügung, jedes innen- und außenpolitische Ereignis für die Sicherheit und das Leben des *Juden* Klemperer heraufbeschwören konnte. Es sind also letztlich ganz vitale Interessen, die historischen Ereignissen eine bestimmte persönliche Relevanz verleihen.

»30. Januar: Hitler Kanzler. Was ich bis zum Wahlsonntag, 5. 3., Terror nannte, war mildes Prelude. Jetzt wiederholt sich haargenau, nur mit anderem Vorzeichen, mit Hakenkreuz, die Sache von 1918. Wieder ist es erstaunlich, wie wehrlos alles zusammenbricht. […] Und alle Gegenkräfte wie vom Erdboden verschwunden. Dieser völlige Zusammenbruch einer eben noch vorhandenen Macht, nein, ihr gänzliches Fortsein (genau wie 1918) ist mir so erschütternd. Que sais-je?« (ZA 1, 8 f., 10. 3. 1933)[3]

Die (gekürzte) Quelle eignet sich besonders für die Analyse im Unterricht, weil sie eine Reihe von wertenden Aussagen enthält, die ein Schlaglicht auf Geschichtsbewusstsein und Gegenwartswahrnehmung Klemperers werfen. Die »haargenaue« Wiederholung der »Sache« von

1918, nunmehr im Symbol des Hakenkreuzes, hebt die Gleichwertigkeit seiner Verurteilung (trotz des unterschiedlichen Vorzeichens) hervor und drückt zugleich die persönliche Bedeutungslosigkeit dieser »Sache« für ihn aus. Bekanntlich haben die Nationalsozialisten auch ihre braune Revolution der roten in unversöhnlicher Feindschaft gegenübergestellt, und in gleicher Weise begegneten ihnen die Kommunisten. Die historiographische Bewertung von kommunistischen und faschistischen Bewegungen als aufeinander bezogene alternative Konzepte und Strömungen wird somit subjektiv gespiegelt. Es fallen in der Charakteristik der plumpen terroristischen und ideologischen Akte in den ersten Wochen und Monaten der Diktatur die expressiven Attribute auf, vermutlich Ausdruck der äußerst angespannten, ja übersteigerten und überaus emotionalen psychischen Verfassung Klemperers. Das Wahlbekenntnis der Klemperers verwundert nicht, ordnet es sich doch ein in das konservative Spektrum. Aber nachzufragen wäre, ob »alle Gegenkräfte« tatsächlich wie »vom Erdboden verschwunden« waren oder ob sie sich nicht eher außerhalb des Wahrnehmungsfeldes Klemperers befanden. Zwar haben die Nationalsozialisten schon in der ersten Zeit ihrer Herrschaft für »saubere« Straßen »gesorgt«; dennoch ist Klemperers Wahrnehmung ein Indiz für seine soziale und geistige Verortung. Offensichtlich grenzt er sich von aktiven Hitlergegnern entschieden ab. Seine Wahrnehmungen richten sich vielmehr auf Fakten, die den erlebten Widerspruch zwischen bekundeter Loyalitätsakzeptanz der Nazis einerseits und ersten Beschränkungen andererseits fokussieren. Aus dieser subjektiven Verortung heraus kann man auch seine Eintragung zum »Tag von Potsdam« verstehen, die vornehmlich auf das karikierte Gebaren einiger Nazi-Größen abhebt und im Übrigen immer noch an der letztendlichen Nonkonformität der »Rechten« mit den Nationalsozialisten festhält.

Zum ersten Mal in seinem Leben hegt er »einen politischen Haß gegen das Kollektivum einer Gruppe (im Kriege nicht), einen tödlichen«. (ZA 1, 19, 7. 4. 1933)

Die sich in den folgenden Monaten und Jahren immer stärker um das Ehepaar Klemperer schließenden Ringe, geschmiedet aus den Maßnahmen der Nationalsozialisten zur sozialen und individuellen Entrechtung der Juden, führen unter dem Eindruck der sog. »Reichskristallnacht« zunächst zu einem längeren Schweigen des Diaristen; zu erschütternd war das Erlebte, als dass es unmittelbar darauf verarbeitet ausgesprochen werden konnte. Nun mündet es in die alternative Frage: »Seitdem peinigt uns beide unablässig die Frage: Gehen oder bleiben? Zu früh gehen, zu lange bleiben? Ins Nichts gehen, im Verderben bleiben?«(ZA 3, 112, 27. 11. 1938)

Bei Kriegsausbruch am 1. September 1939 erreicht die Eskalation zeit- und individualgeschichtlicher Bedrohung eine neue Stufe. Klemperer sucht angesichts des allgemeinen Siegestaumels nach Erklärungen: »Es herrscht hier überall absolute Zuversicht und Siegestaumel. Es scheint gar kein Krieg mehr zu sein. Im Osten geschieht nichts. […] Aber wer spielt dieses Spiel, und wer überspielt den anderen? Hitler? Stalin?« (ZA 3, 169, 29. 9. 1939) Eine solche subjektive Analyse der zeitgeschichtlichen Situation unterbleibt bei Klemperers Eintragung am 22. Juni 1941, vielleicht entzieht er sich ihr, indem er die »vox populi« sprechen lässt: »Die Rede lag schon im Extrablatt gedruckt vor, eine gebückte, halbblinde alte Dame reichte sie uns und sagte: ›Unser Führer! Das alles hat er allein tragen müssen, um sein Volk nicht zu beunruhigen!‹ Unser sehr guter, tüchtiger Kellner sagte. ›Ich war im Weltkrieg Gefangener in Sibirien.‹ – ›Was meinen Sie nun?‹ – Zuversichtlich: ›Der Krieg wird nun rascher zu Ende gehen.‹« (ZA 4, 96)

Klemperer hat sich durchaus reflexiv mit erkenntnistheoretischen Fragen auseinander gesetzt. Doch während er 1929 noch formuliert: »Immer diese drei Fragen, den ganzen Weg über: 1) Was sehe ich wirklich? 2) Was kann ich davon beschreiben? 3) Was bleibt mir als wirklich in Erinnerung?« (LS 2, 554, 20. 8.) und somit, wenn auch in relativierender Weise, der eigenen geschichtlichen Erfahrung vertraut, fällt er 1943 ein nihilistisches Urteil über den Nutzen von Geschichte: »Niemand kann aus der Geschichte lernen, weil sich nichts wirklich und ganz und ohne Variante wiederholt. Vielleicht ist Geschichtskenntnis geradezu schädlich: sie macht befangen. Vielleicht ist es mit dem Geschichtswissen wie mit der Askese: beide machen unfrei.« (ZA 6, 99, 22. 6.) Stehen die spärlichen Beobachtungen des Chronisten zum äußeren Kriegsgeschehen, die Nichterwähnung der entscheidenden Feldzüge und Schlachten, zumindest bis zum Jahre 1944, dazu in einem Bezug? Finden diese allein deshalb keine Erwähnung, weil sie sich außerhalb des Erlebens des Diaristen ereignen? Eher ist anzunehmen, dass die Kampfhandlungen im Osten für ihn weniger bedeutsam sind, schätzt er den möglichen Sieg der Russen doch genauso katastrophal ein wie den der Hitler-Armee. Es blitzen keine positiven Assoziationen auf, wenn »die Russen« Erwähnung finden. Neben diese Erklärungsmöglichkeit tritt noch eine andere, wie wir sie aus einem Gespräch

Klemperers mit Stühler entnehmen können, der ihn kritisiert: »›Was Sie schreiben, ist alles bekannt, und die großen Sachen, Kiew, Minsk etc., kennen Sie nicht.‹ – ›Es kommt nicht auf die großen Sachen an, sondern auf den Alltag der Tyrannei, der vergessen wird. Tausend Mückenstiche sind schlimmer als ein Schlag auf den Kopf. Ich beobachte, notiere die Mückenstiche.‹« (ZA 7, 41, 8. 4. 1944)

Seit der Landung der Alliierten in der Normandie widmet er dem Frontverlauf wieder mehr Aufmerksamkeit; dies spricht für die obige These, denn nun treten geistige Wahlverwandtschaften aktiv in die Szene ein. Von Bedeutung im Hinblick auf seine spätere Entscheidung ist die Eintragung vom 5. Mai 1945: »Als Neuestes hatte der junge Asam beim Abendbrot ein ›Nachrichten‹ überschriebenes Zeitungsblatt vom 28. 4. […] mitgebracht, das eine amerikanische Armee in deutscher Sprache für ihren besetzten Gebietsstreifen herausgibt […]. Das Blatt berichtet von dem ›historischen Zusammentreffen‹ der amerikanischen und russischen Truppen in Torgau – nun sei das Reich in zwei Teile zerrissen – von dem Händeschütteln zwischen amerikanischen und russischen Kommandanten. Diese Shakehands standen in schroffem Kontrast zu den Kriegshoffnungen Goebbelsschen Erbes, sie erinnerten freilich auch an das Händeschütteln deutscher und russischer Offiziere 1939 in Polen.« (ZA 8, 137 f.)

Wie wertet Klemperer die »Zeichen der neuen Zeit« nach dem Ende des Krieges? »Es ist ein sehr geschickter allgemeiner Aufruf der allgemeinen KPD in der Berliner Volkszeitung erschienen […], er spricht von einem demokratischen Block der antifaschistischen Parteien und stützt sich auf den ›Befehl 2‹ des russischen Oberkommandos, das Wahlen freigibt – aber wieweit wird diese Freiheit reichen und was wird der etwa gewählte Körper zu entscheiden haben??« (ZS 1, 7, 17. 6. 1945) »Ich werde ständig an die Räterepublik München 1919 erinnert. Nur daß damals von den Sekunden- und Quadratcentimeter-Machthabern immerhin selbständig regiert wurde, während jetzt hinter allen der Russe steht, und *der* Russe wiederum spaltet sich seinerseits wieder ineinander widersprechende Sekunde- und Quadratcentimeter-Machthaber auf.« (ZS 1, 6 f., 17. 6. 1945) Eine Veränderung seiner politischen Verortung ist daraus keineswegs ableitbar, auch keine neue Perspektive auf linke Kräfte. Warum tritt der Verächter von Pöbel und Radikalismus schließlich der KPD bei, obwohl weder deren politisches Programm noch der soziökonomische Kern ihrer Gesellschaftspolitik seinen Beifall findet? »Seidemann, vorgestern Abend eine Weile bei uns, warb mich dringend für die KPD. Meine Lage ist insofern grundlegend verändert, als ich einer der vier Parteien beitreten muß, wenn ich als Opfer des Faschismus als Rasseverfolgter aufgenommen werden soll. Diese neue Bestimmung hatte mir tags zuvor Schwarz mitgeteilt. [...] Die Antragsformulare zur Aufnahme in die KPD liegen auf dem Schreibtisch. Bin ich feige, wenn ich nicht eintrete? – (Seidemann behauptet es.); bin ich feige, wenn ich eintrete? Habe ich zum Eintritt ausschließlich egoistische Gründe? Nein! Wenn ich schon in eine Partei muß, dann ist diese das kleinste Übel! Gegenwärtig zum mindesten. Sie allein drängt wirklich auf radikale Ausschaltung der Nazis. Aber sie setzt neue Unfreiheit an die Stelle der alten! Aber das ist im Augenblick nicht zu vermeiden. – Aber vielleicht setze ich persönlich auf das falsche Pferd? Ganz unbegreiflich ist mir nicht, was so viele Pg.'s sagen: ›bloß in keine Partei mehr! Einmal hereingefallen zu sein, genügt ...‹ Aber ich muß nun wohl Farbe bekennen. – Eva tendiert zum Eintritt, und ich bin eigentlich dafür entschieden. Aber es kommt mir wie eine Komoedie vor: Genosse Kl.! Wessen Genosse?« (ZS 1, 146, 20. 11 1945)

Die Quelle ist beredtes Zeugnis einer Erörterung in Form des inneren Monologs. Mit dem Eintritt in die KPD, einer radikalen antibürgerlichen Partei, vollzieht Victor Klemperer einen Bruch mit seiner Tradition, die er selbst in der Zeit der größten Bedrohung nicht aufgegeben hat. Der zeitgeschichtliche Hintergrund hätte ihm auch andere Orientierungen erlaubt, wie er selbst hypothetisch durchspielt. Bei der Erörterung dieser Entscheidung werden in der Literatur viele Faktoren ins Feld geführt: die Aufbruchsstimmung nach dem Ende des Krieges, das Bekenntnis auch anderer humanistischer Schriftsteller zu einem Neuansatz aufklärerischer Kultur in der sowjetischen Besatzungszone, die für das linke, zumeist aus dem Exil zurückkehrende Bürgertum »in ihren ersten Jahren zur Heimat« wurde; die Berührung mit hochgebildeten sowjetischen Kulturoffizieren, die die deutsche Kultur höher achteten als die eben ad absurdum geführten Kulturbarbaren, eine erneute Idealisierung der Möglichkeiten des Wissenschaftlers in der Konstellation von Geist und Macht: »Ich will der KPD begreiflich machen, daß ich in *ihrem* Interesse Humanismus und *Nichtpolitik* ins Centrum stellen möchte. Ich will Antigone an den Arbeiter heranbringen, ich *will* im Centrum *unpraktisch* sein.« (ZS 1, 162, 14. 12. 1945) Andererseits ist Klemperer Realist genug, um zu wissen, dass er sich nun in der Politik nicht völlig passiv verhalten kann. Mit Sicherheit sind es auch ganz pragmatische Erwägungen im Hinblick auf eine für ihn akzeptable Lebensqualität, die ihn sich an die Seite der konsequentesten antinazistischen und zugleich machtpolitisch am sichersten erscheinenden Partei stellen lassen. Auch haben ihn die persönlichen Kontakte zu Kommunisten, die in den Jahrzehnten vorher völlig außerhalb seines Kontaktfeldes geblieben waren, durchaus beeinflusst und damit auch bei ihm vorhandene stereotype Vorstellungen dahingehend durchbrechen helfen, dass er zwischen einzelnen Personen differenziert, wobei das Entscheidende für Sympathie oder Antipathie das geistige Profil des Betreffenden bleibt. Nun ist dieses hier nur angedeutete Motivbündel daraufhin zu untersuchen, inwieweit es wahrscheinlich ist, dass emotionale Tiefenprägungen aus der Zeit des Nationalsozialismus letztlich den Ausschlag dafür gegeben haben, den Rubikon zwischen Antibürgerlichkeit und Bürgerlichkeit zu überschreiten. Dazu müssen wir psychische Abwehrmechanismen in der Zeit der Bedrohung analysieren.

5. Untersuchungsaspekt: Selbstrettungsversuche in auswegloser Situation

Bis 1940 waren über 278 000 Juden, das heißt etwa die Hälfte aller in Deutschland lebenden Juden, emigriert; für die Zurückgebliebenen, und zu denen gehörten die Klemperers, verschärfte sich der Terror in der Stufung: Erfassen, Kenntlichmachen, Aussondern, Ausgliedern, Stigmatisieren, Diskriminieren, sozial Ausschließen, Deportieren, physisch Eliminieren. 75 % aller europäischen Juden teilten bis 1945 das Schicksal, erschlagen, erschossen, erhängt, vergast oder verbrannt worden zu sein. (Vgl. Janka 1997, 315)

Während sich die Todeszonen an der Peripherie des Reiches konzentrierten, blieben Eva und Victor Klemperer in einem der kulturellen Zentren Deutschlands, in Dresden. Anfänglich versuchten sie, die eskalierenden Maßnahmen der Nationalsozialisten mit dem Aufbau eines geschützten Raumes für sich einzudämmen. »Unser ›Acker‹ soll jetzt seinen Zaun erhalten, wir haben sieben Kirschbäume bestellt und zehn Stachelbeersträucher. Ich zwinge mich so leidenschaftlich zu tun, als ob ich an den Hausbau glaube, daß ich mir auf Couesche Art ein bißchen Glaube einzwinge und derart Evas Stimmung zu stützen vermag.« (ZA 1, 20, 10. 4. 1933)

Bedrohung, Ekel, Einschränkung und Verlust können am Anfang

der Diktatur zunächst wenigstens teilweise kompensiert werden. Das wichtigste Elixier der Überlebensstrategie Victor Klemperers ist seine Arbeit; man kann dies auch interpretieren in dem Sinne, dass die Würde des Menschen mit seiner Aktivität verbunden ist, einem starken stabilisierenden Faktor, in dem ihm Eva noch überlegen scheint, zumindest im pragmatisch-praktischen Bereich. Tagebuchschreiben ist also Arbeit und Rettung zugleich. Es rettet über die Pogromnacht November 1938 hinweg und über vielerlei Schikanen in all den Jahren. Am 17. August 1938 verlieren die Juden mit dem Gesetz über die jüdischen Vornamen de jure ihre Individualität; sie sind als die anderen, die Außenseiter der deutschen Gemeinschaft, als Gruppe, nicht als Individuum, registriert und gekennzeichnet. »Wie schön wäre Deutschland, wenn man sich noch als Deutscher fühlen und mit Stolz als Deutscher fühlen könnte. (Vor fünf Minuten habe ich das eben veröffentlichte Gesetz über die deutschen Juden gelesen. Es wäre zum Lachen, wenn man nicht den Verstand darüber verlieren könnte. Die neuen Namen sind zum überwiegenden Teil nicht alttestamentarische, sondern komisch klingende jiddische oder Ghettonamen – Richtung Franzos, Kompert. Ich selber habe also den Standesämtern Landsberg und Berlin sowie der Gemeinde Dölzschen zu melden, daß ich Victor-Israel heiße, und habe Geschäftsbriefe derart zu unterzeichnen. Ob für Eva Eva-Sara in Frage kommt, muß ich noch feststellen.)« (ZA 3, 95, 24. 8. 1938) Der sarkastische Ton ist ein Indiz dafür, dass Klemperer 1938 noch von einer Position der Überlegenheit aus, und zwar der kulturell-geistigen, psychisch den Angriff auf seine Individualität abzuwehren imstande ist. Mit Kriegsbeginn September 1939 erreicht die Eskalation der Angst eine neue Stufe, denn nun wächst die Wahrscheinlichkeit der Drohung Hitlers vom 30. Januar 1939, ein Krieg werde nicht die »Bolschewisierung der Erde«, sondern die »Vernichtung der jüdischen Rasse in Europa« zum Ergebnis haben. Die räumliche Ausgrenzung erreicht eine neue Qualität, als die Klemperers 1940 ihr Haus aufgeben und in ein Judenhaus ziehen müssen. Die kleine Hoffnung, der Krieg werde bis dahin gegen Hitler entschieden sein, ist eine Illusion, wie sie eigentlich nicht zum Realitätssinn Klemperers zu passen scheint. Aber vielleicht war diese Illusion psychisch notwendig, um den Gang ins Judenhaus zu verkraften. »Judenhaus: Fürchterlicher Zusammenstoß mit Kreidl sen., der uns zu großen Wasserverbrauchs bezichtigt und Sonderzahlung verlangt. Lappalie von 1,50 M, aber charakteristische Heftigkeit, ich muß schon sagen, beiderseits. Die Nerven gehen in dieser gräßlichen Situation jedem durch. […] Heute Frau Voß in tiefster Depression. Das Telefon […] ist allen Juden gekündigt und verboten worden. Wir sitzen immer enger gefangen.« (ZA 4, 41, 11. 8. 1940)

Nun, ab 19. September 1941, tritt neben die Ghettoisierung die Brandmarkung: »Die Judenbinde, als Davidsstern wahr geworden, tritt am 19. 9. in Kraft. Dazu das Verbot, das Weichbild der Stadt zu verlassen. […] Die Zeitung begründet: Nachdem das Heer die Grausamkeit etc. *des* Juden am Bolschewismus kennenlernt, müsse den Juden hier jegliche Tarnmöglichkeit entzogen werden, um den Volksgenossen jede Berührung mit ihnen zu ersparen. – Der wahre Grund: Angst vor jüdischer Kritik, weil es im Osten schlecht steht oder mindestens stockt.« (ZA 4, 159, 15. 9. 1941) »Gestern, als Eva den Judenstern annähte, tobsüchtiger Verzweiflungsanfall bei mir. Auch Evas Nerven zu Ende.« (ZA 4, 167, 20. 9. 1941) Jeglicher Sarkasmus ist nun vorbei; das Schamhafte der Maßnahme und auch die zusätzliche Gefährdung sprechen aus der Eintragung. Tatsächlich bildet der Zwang, den Stern zu tragen, erst den Auftakt für ein Paket weiter einschränkender und diffamierender Maßnahmen: die polizeiliche Erlaubnis für das Verlassen des Wohnortes, Einschränkungen bei der Benutzung öffentlicher Verkehrsmittel, 1942 deren Beschränkung auf bestimmte Tageszeiten bzw. für größere Entfernungen. Die Begegnung mit der Macht in der Straßenbahn vermittelt ihm in »ihrer märchenhaften Tyrannei, Brutalität, höhnischen Demütigung« ein solches Angstgefühl, dass er »nicht mehr den Todesgedanken« loswird. (ZA 5, 6 ff., 12. 1. 1942) Insgesamt entsteht aus den Eintragungen ein bedrückendes, detailliertes Bild vom »sozialen Tod« der Juden 1941.

1942 beginnen die Massendeportationen. Am 20. Januar wird ein Transport von etwa 240 Personen in das Ghetto nach Riga verschickt. Victor Klemperer vermerkt dazu am 19. Januar: »Die Machtprobe: Gestapo hat von den Reklamierten des Goethe-Werkes zwanzig gestrichen, sie hat Arbeitseinstellungen von anderen Firmen zu Zeiss-Ikon hinüber sistieren lassen: Im ganzen gehen am Mittwoch doch 250 Leute von hier fort. […] Auch aus Berlin ging gestern ein Transport ab. Namenloses Elend, durch den anhaltenden sehr schweren Frost (zwischen 15 und 20 Grad) gesteigert. Unendliche Willkür und Unsicherheit. Kätchen Sara glaubte einen Augenblick unter den zwanzig zu sein und kippte fast um. Auch für meine Person fühle ich mich nicht mehr sicher.« (ZA 5, 3) Am Jahresende resümiert er: »Bitterste Stimmung. Alle, mit denen wir voriges Silvester zusammen waren, sind ausgelöscht durch

Mord, Selbstmord und Evakuierung. Dieses Jahr 42 war von den zehn NS-Jahren bisher das schlimmste: Wir haben neue Demütigung, Verfolgung, Mißhandlung, Schändung erlitten, Mord hat uns ständig umspritzt, und jeden Tag fühlten wir uns in Todesgefahr. Und dabei kann ich nur sagen: Bisher das schlimmste Jahr, denn es besteht alle Aussicht, daß der Terror noch weiter steigt, und das Ende des Krieges und dieses Regimes ist nicht abzusehen. – Irgend etwas zu produzieren vermochte ich das ganze Jahr nicht – alles ist mir aus der Hand geschlagen.« (ZA 5, 301, 31.12.1942) Und am 27.4. 1943 heißt es: »Das Grauen saß (und sitzt) wie eine dumpfe, ekelhafte Selbstverständlichkeit in mir, alles Denken und Tun geht nur eben darüber hin.« (ZA 6, 65) Das Zermürbende des täglichen Grauens, das sich in Angst, Ekel und Dumpfheit manifestiert, hat die einstige – wenn auch verzweifelte – Aktivität zum Erliegen gebracht. Es ist nicht mehr eine von außen angreifende Kraft, die abgewehrt werden kann; sie ist zum Bestandteil der Persönlichkeit geworden. Ein solches im Kern angegriffenes Selbstwertgefühl wird bereits bei geringfügigen Anlässen tief erschüttert. 16. August 1944: »Gestern zwei Demütigungen, die mir das Fürchterliche meiner Lage wieder mal unter die Nase rieben. – In der immer vollen Amalienapotheke bedient ein glotzäugiges Geschöpf hinter dikker Brille, das ich längst im Verdacht der Judenfeindschaft hatte. Sie ließ mich schon oft warten, bediente später Gekommene zuerst oder plauderte endlos mit einem Kunden vor mir. Ich traute mir selber nicht, hielt mich für überempfindlich. Gestern weist ein älterer Mann freundlich auf mich: ›War vor mir da.‹ – ›Ja, und Sie wünschen?‹, bedient ihn zuerst. Es ist lächerlich, wie sehr solche Winzigkeit erbittert. – Abends dann, gegen zehn, Cohns und Stühlers, auch Eva, lagen schon, die übliche Polizeikontrolle und, wie ebenfalls ziemlich üblich, im ersten Stockwerk. Unüblich war bloß, daß Waldmann, statt einmal und normal zu klingeln, wiederholt Sturm und Alarm klingelte. Ich dachte: Gestapo! Und hatte einen kleinen Herzschock. Zwischen diesen beiden Demütigungen aber drängte sich eine neue Hoffnung: anglo-amerikanische Landung in Südfrankreich. Es herrscht in mir eine psychologische Umkehrung: Der Verstand hofft, aber das Herz vermag nicht mehr zu glauben.« (ZA 7, 99) »Das Herz vermag nicht mehr zu glauben« – diese Metapher bedeutet nichts anderes, als dass die emotionale Kraft, die aus dem Inneren des Menschen kommt, nunmehr bei Victor Klemperer zerstört ist, »ertötet«. Dieses Erloschensein hindert zwar nicht daran, auf rationale Weise die alltäglichen Überlebensstrategien zu üben, aber es fehlt die Kraft, einen neuen Lebenssinn aus sich selbst heraus aufzubauen. Die spätere Orientierung an einem – den Verursachern seines Leids – in konsequentester Feindschaft gegenüberstehenden Pol, den Kommunisten, erscheint in einem solchen Zusammenhang plausibel, trotz der eigentlichen Ablehnung ihrer Programmatik und des erlebten geistigen Profils. In der Zeit der Finsternis blitzen diese in den Eintragungen lediglich schlaglichtartig auf. 28. Dezember 1942: »Arbeitskräfte fehlen uns auch nicht, die gefangenen Russen arbeiten sehr gut, die Franzosen auch. Nein, von innen kommt nichts. (Obwohl es noch KPD-Leute gibt – aber die lachen und sagen: ›Es geht euch noch viel zu gut, wartet noch eine Weile!‹).« (ZA 5, 298) Als die Wende sicher ist, gewinnt diese Kraft an Gesicht. Mai 1945: »Die Frau aus Berlin wurde mir wichtiger als durch die weitergegebenen Gerüchte durch dieses: Sie erzählte, ihr Bruder habe zehn Jahre im KZ gesessen und sie selber acht Wochen, sie erzählte das *stolz*.« (ZA 8, 137 f., 5. 5) Ebenfalls im Mai 1945 notiert er: »Unter den Leuten, die ich am Morgen sprach, war auch die neulich erwähnte Berlinerin mit der eingedrückten Nase und dem intelligenten Wesen. (Intelligent heißt nicht ›gebildet‹: Sie spricht blühendes Berlinisch und sagt wahrhaftig ›Gorillakrieg‹ – herrliche Volksetymologie.) Sie hat ›wejen Ausdrücken‹ mit fünfzehn andern in der Zelle gesessen, es kommt allmählich mit wachsendem Vertrauen zu mir immer deutlicher und mit immer mehr Details heraus, wie sehr ihre ganze Familie, Vater, Bruder, Mann, der KPD verbunden war und für die KPD gelitten hat. Alles das in schön Berlinischer Tonart, Ruppigkeit und Gefühl wohlgemischt.« (ZA 8, 147, 16. 5) So wird auf der personalen Schiene der Brückenschlag für seine spätere Entscheidung angebahnt. Das erste verbindende Element ist die Situation von Opfern. Es imponiert Klemperer die aktive, in keinerlei Weise wehleidige Haltung der kommunistischen Familie.

Am 31. Dezember 1945, Silvester, das er als das »wohl märchenhafteste« seines Lebens charakterisiert, spricht Klemperer seine Befindlichkeit aus: »Ich sagte heute zur Frl. Bernd, *heute* hätte ich eine gewisse Macht, aber ob ich sie morgen noch hätte, sei zweifelhaft, ich empfände den Boden als allzu schwankend unter mir. Und das ist schließlich mein Sylvester-Grundgefühl.« (ZS 1, 170 f.) Das Arrangement mit der Macht ist vollzogen; die Illusion vom Sieg des Geistes über die Macht mag wohl gegeben sein. Wie sich dieses Verhältnis gestaltet, offenbart uns die Schonungslosigkeit der Tagebücher bis 1959. Diese Recherche aber kann nicht im Rahmen dieses Beitrages erfolgen.

6. Fazit: Das Untersuchungsergebnis

Kehren wir zur erkenntnisleitenden Fragestellung zurück: Was kann das Beispiel Victor Klemperers heute lebende junge Menschen lehren? Die hermeneutische Quellenanalyse führt zu einem überraschenden Ergebnis: Der äußere Bruch, ein Traditionsbruch sogar, ist bei gründlicher Untersuchung und quellengerechter Analysemethodik keineswegs identisch mit dem Bruch von Überzeugungen. Er ist eher ein Anpassungsvorgang aus Motiven, denen wir anhand der Hypothesen nachgegangen sind. Es sind nun lebensweltliche und strukturgeschichtliche Bezüge und Erörterungen entlang dieses Erkenntniszusammenhangs unschwer auszumachen; und nicht zuletzt kann für psychische Mechanismen sensibilisiert werden, wie Menschen in bedrohlichen Situationen ihre Identität zu schützen imstande sind.

Anmerkungen

1　Eine solche Konzeption enthält der didaktische Vorschlag im Anhang der Schulausgabe der Tagebücher 1933–1945 (vgl. ZA (S), 225–236). Eine Auswahl von Fragestellungen und entsprechenden Quellen, erarbeitet von Gabriele Möhring (1994) und Monika Rox-Helmer (1999), erleichtern die Planung des Geschichtsunterrichts. Hier finden sich auch biografische Daten und Erörterungen zur Frage der Identität Klemperers, vgl. dazu auch I. Diekmann in diesem Band.

2　Brigitte Dehne und Peter Schulz-Hageleit (1996, 348 ff.) empfehlen das Konzept der »Filterfiguren«, »die nicht in dem Machtgefüge aufgehen und außerhalb der Täter-Opfer-Alternative als einer ausschließlichen Identifikationsmöglichkeit stehen«.

3　Verwendet wird die achtbändige Ausgabe der Tagebücher 1933–1945 (Berlin: Aufbau Taschenbuch Verlag 1999).

Literatur

Dehne, Brigitte; Schulz-Hageleit, Peter (1996): Der Nationalsozialismus im Schulunterricht. Dimensionen emotionalen Involviertseins bei Schülerinnen und Schülern, Lehrerinnen und Lehrern. In: Mütter, Bernd; Uffelmann, Uwe (Hg.): Emotionen und historisches Lernen. Forschung – Vermittlung – Rezeption. 3. Aufl. Hannover: Hahnsche Buchhandlung, 337–352.
Dirschauer, Johannes (1997): Tagebuch gegen den Untergang. Zur Faszination Victor Klemperers. Gießen: Psychosozial.

Droysen, Johann Gustav (1974): Historik. Vorlesungen über Enzyklopädie und Methodologie der Geschichte. Darmstadt: Frommann-Holzboog.

Fütterer, Günther (1985): Historische Phantasie und praktische Vernunft. Eine kritische Auseinandersetzung mit Diltheys Theorie historischer Rationalität. Würzburg: Königshausen und Neumann.

Habermas, Jürgen (1994): »Aus der Geschichte lernen?« In: Sinn und Form 46(1994)2, 184–189.

Jacobs, Peter (2000): Victor Klemperer. Im Kern ein deutsches Gewächs. Eine Biographie. Berlin: Aufbau, Taschenbuch.

Janka, Franz (1997): Die braune Gesellschaft. Ein Volk wird formatiert. Stuttgart: Quell.

Heer, Hannes (Hg.) (1997): Im Herzen der Finsternis. Victor Klemperer als Chronist der NS-Zeit. Berlin: Aufbau.

Jurgensen, Manfred (1979): Das fiktionale Ich. Untersuchungen zum Tagebuch. Bern; München: Francke.

Lamnek, Siegfried (1993): Qualitative Sozialforschung. 2 Bde. Weinheim: Beltz; Psychologie-Verlag Union.

Mayring, Philipp (1993): Qualitative Inhaltsanalyse. Grundlagen und Techniken. 4., erw. Aufl. Weinheim: Deutscher Studien-Verlag.

Möhring, Gabriele (1994): Ich war nichts als Deutscher, und ich dankte meinem Schöpfer, Deutscher zu sein. Rückblicke eines jüdischen Bildungsbürgers. In: Praxis Geschichte 5(1994), 22–26.

Rox-Helmer, Monika (1999): Die Tagebücher Victor Klemperers. In: Geschichte lernen 69(1999), 23–29.

White, Hayden (1986): Auch Klio dichtet oder die Fiktion des Faktischen. Studien zur Typologie des historischen Diskurses, Stuttgart: Klett-Cotta.

Schuppe, Christian-Georg (1998): Der andere Droysen. Neue Aspekte seiner Theorie der Geschichtswissenschaft. Stuttgart: Franz Steiner.

Irene Diekmann

»Gibt es *den* Deutschen, gibt es *den* Juden?« Die Widerspiegelung der Identitätsproblematik in den Tagebüchern Victor Klemperers

1. Zielstellung

Im Jahre 1995 wurde von der brandenburgischen Landeszentrale für politische Bildung eine Studie über die *Einstellung Jugendlicher in Brandenburg zu Juden und zum Staat Israel* herausgegeben. Dort heißt es: »Traditionelle Wahrnehmungsmuster des ›Juden‹ leben weiter […], werden aber mehrheitlich nicht in ein antijüdisches Weltbild integriert oder unter dem Nationalismuslabel geäußert. […] Für die Pädagogik stellt sich deshalb nicht die Aufgabe, aggressive Vorurteile oder Verleugnung, sondern überwiegend Desinteresse, persönliche Irrelevanzerklärungen (›Geschichte interessiert mich nicht‹) oder Ignoranz kommunikativ zu bearbeiten. Bei den Schülern besteht ein ›Wahrnehmungsloch‹ und die erste Aufgabe ist es, Interesse zu wecken. […] Die Erfahrungen aus den Gruppeninterviews lassen sich auf den Nenner bringen: nicht die Auflösung von Vorurteilen ist die Hauptaufgabe der Schule, sondern Empathie wecken durch die Vermittlung der Geschichte der Juden als Teil der deutschen Geschichte, die das vielfältige jüdische Leben zum Thema macht und die jüdische Geschichte nicht auf eine Verfolgungsgeschichte reduziert.« (Erb 1995, 74)

Vor der Gesellschaft steht die Aufgabe, zeitgemäße Zugänge zum Verständnis der in der Vergangenheit abgelaufenen Entwicklungen zu schaffen. Zum einen gehört dazu unabdingbar die Vermittlung von Wissen über die Vergangenheit. Doch der Geschichtsprozess und die damit im Zusammenhang stehenden Fragestellungen erschließen sich nicht allein rational. Deshalb sollte zum anderen ein emotionaler Zugang zur Geschichte erfolgen, mit dem es gelingen kann, in die Erfahrungs- und Empfindungswelt zurückliegender Zeiten einzutauchen. Und, um mit Martin Walser zu sprechen: »Bei Victor Klemperer kann man lernen, mit dem eigenen Gewissen umzugehen, statt auf das der anderen aufzupassen.« (Walser 1997, 803)

Insofern ist die Rezeption der Tagebücher von Victor Klemperer für das Erfassen des Zeitgeistes und der ihm zugrunde liegenden Entwicklungen besonders geeignet.[1]

Die Wirkung, die von der Authentizität der Tagebuchaufzeichnungen – d. h. von einem konkreten Einzelschicksal – ausgeht, kann für die Erschließung von Fragestellungen in Bezug auf die deutsch-jüdische Geschichte genutzt werden, die bisher nicht im Mittelpunkt standen, weil sie für Schüler rein rational schwer nachvollziehbar waren.

Eines der seit langem kontrovers diskutierten Themen ist jenes, das sich mit dem Selbstverständnis der deutschen Juden, das sich während ihres Emanzipationsprozesses herausgebildet hat, auseinander setzt und das Gelingen respektive Nichtgelingen dieses Prozesses analysiert. Ausdruck findet diese Diskussion u. a. in der Frage, ob es eine deutsch-jüdische Symbiose gab oder ob die Emanzipation missglückt ist (vgl. Abschnitt 4).

Im Band 1 seines 1939 begonnenen *Curriculum vitae* schrieb Victor Klemperer: »In der Oberprima bekam ich es zum erstenmal mit der Judenfrage, deren Vorhandensein ich vorher nur wenig gespürt hatte, ernsthaft zu tun. Von da an hat sie mich nie mehr losgelassen. (Ich prüfe mich, ob ich dies nicht bloß unter dem Druck der Gegenwart schreibe, ob ich nicht in Wahrheit auf sehr langen Wegstrecken meines Lebens von dem Judenproblem gänzlich unberührt geblieben bin. Nein. Die Wahrheit ist, daß ich von ihm nicht berührt sein wollte, daß ich mir vorschrieb: ›Es existiert nicht für dich.‹ Aber dennoch war es auch für mich immer da.)« (CV 1, 246)

Seitdem spielen die Reflexionen über die eigene Identität eine zentrale Rolle im Leben Victor Klemperers und ziehen sich wie ein roter Faden durch seine Tagebücher. Die Identitätsthematik ist nicht nur einer der wichtigen Aspekte der deutsch-jüdischen Beziehungsgeschichte, sie besitzt zugleich eine Schlüsselfunktion für das Verständnis der deutsch-jüdischen Geschichte im 20. Jahrhundert.

Die Bedeutung und den Stellenwert der Eigenwahrnehmung der Juden in Deutschland *vor* 1945 unterstreicht auch die 1995 gemachte Aussage eines Zeitzeugen, der die Shoah überlebt hat. Im Rahmen des Projektes *Archiv der Erinnerung* bemerkte er während eines Interviews: »[…] es widerstrebt mir, nach allem, was passiert ist […] deutsches Judentum zu sagen – und ich bezeichne mich heute als Juden in Deutschland, aber nicht mehr als deutschen Juden, weil das hat man mir ausgeredet, man hat gesagt: ›Du bist ein Saujude, bist ein Dreckjude, bist kein Deutscher.‹« (Diekmann u. a. 1998, 117)

Die Behandlung dieses komplexen und vielschichtigen Problems könnte sowohl im Geschichtsunterricht als auch im Rahmen der politischen Bildung bzw. des Faches Lebensgestaltung, Ethik, Religionskunde erfolgen. Denkbar wäre die Erörterung entweder in einer Unterrichtseinheit oder in einem Projekt, wobei beide Varianten einzelfachorientiert oder fachübergreifend konzipiert werden können. Die fachübergreifende Variante wäre grundsätzlich zweifellos von Vorteil.

Der folgende Beitrag versteht sich als Anregung, am Beispiel von Victor Klemperer bzw. seiner Familie und anhand seiner dokumentarischen Äußerungen[2] die zentrale Frage nach dem Selbstverständnis der Juden in Deutschland und den damit im Zusammenhang stehenden Prozessen zu erörtern.

2. Zum Begriff der jüdischen Identität

In seiner Landsberger Schulzeit (1900–1902) war Klemperer mit der Frage der eigenen Identität in sehr deutlicher Weise konfrontiert worden. Als Klassenprimus sollte er »[…] bei den Kneipen präsidieren, das hieß, mit dem Hieber auf den Tisch hauen, den Salamander kommandieren, die Lieder angeben und kräftig mittrinken.« (Walser 1997, 786)[3] Dabei stellte er folgende Überlegungen an: »Ich sagte mir: ›Wenn du ablehnst, so heißt es womöglich, du habest als Jude, aus Opposition gegen ein deutsches Herkommen abgelehnt.‹ […] Was würden sie sagen, wenn ich bei diesen Gelegenheiten die obligate patriotische Rede, die obligate Weihnachtsansprache hielt? Mußte ich nicht gerade als Jude auf den Posten verzichten? Aber so wollte ich um keinen Preis denken. Ich wollte von mir aus keinerlei Absonderung, lieber nahm ich jede Schwierigkeit auf mich. Ich fühlte mich nicht als Jude, nicht einmal als deutscher Jude, sondern als Deutscher schlechthin, ich würde auch in heiklen Situationen den rechten Ton finden.« (CV 1, 248) Diese Vermutung bestätigte sich umgehend. Im Streit um die Frage, ob zu Kaisers Geburtstag ein Telegramm an seine Majestät abgesandt werden sollte oder nicht, wollte der ›Präside‹ Klemperer den Streit schlichten. Der Wortführer der ›Telegrammbefürworter‹ schleuderte ihm an den Kopf: »»Du hast gar kein Recht, in solchem Fall zu präsidieren, du bist gar kein richtiger Deutscher. Und wer zu dir hält, ist undeutsch.‹« (CV 1, 252)

20 Jahre später notierte Klemperer am 14. 9. 1943: »Gibt es *den* Deut-

schen, gibt es *den* Juden?« (ZA 6, 128) Fünf Monate vor der Zerschlagung der nationalsozialistischen Diktatur resümierte er am 11. 12. 1944: »Vielleicht wollten wir Juden immer etwas anderes sein – die einen Zionisten, die anderen Deutsche. Aber was sind wir wirklich? Ich weiß es nicht. Und auch das ist eine Frage, auf die ich nie Antwort bekommen werde. Und das ist meine größte, meine berufliche Furcht vor dem Tode: daß er mir aller Wahrscheinlichkeit alle Antworten schuldig bleiben wird.« (ZA 7, 164)[4]

Hatte Klemperer mit dieser Einschätzung resigniert? War es den Nationalsozialisten mit ihrer Hetze gegen die Juden gelungen, dass Klemperer nicht nur über seine Identität nachdachte, sondern sie verloren hatte? Als was sah sich Klemperer selbst, und wie wurde er von den anderen wahrgenommen? War er Jude, war er Deutscher? Wenn er Jude war oder Deutscher, was waren die unverkennbaren Merkmale? Warum quälte ihn gerade diese Frage? Warum war sie so zentral für viele Juden in Deutschland?

Identität vom Wortsinn her bedeutet, laut Duden-Wörterbuch, zum einen »vollkommene Gleichheit od. Übereinstimmung (in bezug auf Dinge od. Personen); Wesensgleichheit; das Existieren von jmdm., etw. als ein Bestimmtes, Individuelles, Unverwechselbares«, zum anderen im psychologischen Sinne »die als ›Selbst‹ erlebte innere Einheit der Person«. (Duden 1990, 331) Doch so einfach sich diese Definition auf den ersten Blick liest, so schwer ist sie in unserem Zusammenhang als Erklärung anzuwenden.

Denn laut Martin Buber[5] unterzögen sich die Juden seit jeher keiner Klassifikation. »Für die Nichtjuden seien sie ein beunruhigendes Phänomen und sich selbst ein Rätsel.« (Meyer 1992, 10) Selbst für Sigmund Freud[6] war es schwer zu bestimmen, was jüdische Identität ist. »Freud fand wie Buber, daß jüdische Identität sich im Dunkeln des individuellen Bewußtseins, jenseits jeder Definition, offenbart.« (Meyer 1992, 11) »In den letzten Jahrzehnten waren es nicht nur Juden, die sich mit der quälenden Frage nach ihrer Identität auseinandersetzten. […] Dieses Interesse wurde weitgehend durch das Werk Erik H. Eriksons angeregt, der Identität als die Kategorie einführte, die das seelische Wachstum des Individuums mit den Normen der Gesellschaft verbindet, in die es als Jugendlicher hineinwächst. Seine Schriften regten Psychoanalytiker an, das breitere Geflecht der Geschichte wahrzunehmen, während Historiker gezwungen wurden, sich mit Psychodynamik individueller Entwicklung zu beschäftigen.« (Meyer 1992, 11)

Erikson selbst bezeichnet Identität als einen »Ausdruck für etwas, das ebenso unergründlich als allgegenwärtig ist«. (Meyer 1992, 12)

Der Historiker Michael A. Meyer sieht vor allem drei wichtige Einflüsse, die »die jüdische Identität mehr als alle anderen geformt haben: die Aufklärung als fortlaufender Prozeß, der Antisemitismus und das Gefühl der jüdischen Volkszugehörigkeit, das der Zionismus verkörpert«. (Meyer 1992, 15 f.)

Im Folgenden soll zum einen gezeigt werden, wie und wodurch Victor Klemperers Identitätsbildung beeinflusst wurde. Zum anderen soll verdeutlicht werden, wie es in dem Moment, wo die Nichtübereinstimmung des eigenen Ichs mit den Normen der Gesellschaft deutlich wird, zu Konflikten kommt und wie diese vom Einzelnen aufgelöst werden. Die Einflüsse, die auf die Entwicklung Victor Klemperers über die Familie und das soziale Umfeld sowie die gesellschaftlichen Normen und kulturellen Codes einwirkten, sind zugleich eng verknüpft mit dem Emanzipationsprozess der Juden in Deutschland insgesamt. Insofern steht Klemperer für eine ganz bestimmte Gruppe deutscher Juden: Es sind diejenigen, die sich akkulturiert hatten, die sich als Teil der deutschen Nation begriffen und für die die deutsche Kultur und Bildung zu einem Definitionsmerkmal geworden war.

3. Identität und Identitätsbildung bei Victor Klemperer

3.1. Einflüsse in der Kindheit

Rückblickend auf seine Kindheit schrieb Victor Klemperer: »Ich war kaum religiös erzogen [...].« (CV 1, 34) Dennoch fuhr ihm angesichts des Schreibens am Shabbat der Schreck in die Glieder.[7] (Vgl. CV 1, 33) Auch des Gebets entsann er sich, ohne das er zwar nicht einschlafen konnte, das er aber »blitzschnell und gedankenlos« (CV 1, 34) herunter raspelte. Es war kein jüdisches Gebet, sondern ein von der als Protestantin geborenen und zum Katholizismus übergetretenen Dichterin Luise Hensel[8] im 19. Jh. verfasstes Gedicht mit dem Titel *Nachtgebet*. Es beginnt mit der Zeile »Müde bin ich, geh zur Ruh«. Die zweite Strophe lautete für den aus einer *jüdischen* Familie stammenden Victor: »Hab ich Unrecht heut getan,/Sieh's, o lieber Gott, nicht an;/Bleib mir weiter hold und gut/Schirme mich mit treuer Hut.« Für seine *christliche* Frau endete das auch ihr bekannte Kindergebet: »Deine Gnad und Christi Blut/Macht ja allen Schaden gut.« Klemperer kommentierte:

»So war also, um mich einen üblichen deutschen Spruch zu lehren, die christliche Bitte entkernt und durch Mutters Reimkunst gemodelt worden.« (CV 1, 34)

Vieles war anders im Hause des Rabbiners Wilhelm Klemperer, als es die »pauschale Identifikation der Juden als orthodox« (Erb 1995, 94) heute sieht. Dies unterstreicht ebenso die folgende Episode. Als die Mutter das Telegramm mit der positiven Nachricht erhielt, dass der Vater als zweiter Prediger bei der Berliner Reformgemeinde angenommen worden war, beschrieb Klemperer die folgende Begebenheit. »Wir gingen, wenn ich Mutter bei ihren Einkäufen begleitete, regelmäßig auch zum Fleischer mit den hebräischen Buchstaben am Schaufenster. [...] Am Spätnachmittag des Telegrammtages nun – es war schon ganz dunkel – gingen wir nicht wie sonst zu Bukofzer, sondern in eine fremde Straße, in einen fremden Schlächterladen ohne hebräische Buchstaben. Mutter sah sich vorsichtig um, ehe sie eintrat, sie verlangte mit etwas gezwungener Haltung, etwas erregter, deutlich beherrschter Stimme ›gemischten Aufschnitt, von jeder Sorte ein bißchen‹, sie ging stolz und eilig hinaus. [...] Es schmeckte kaum anders, weder besser noch schlechter als die gewohnte Wurst. Aber Mutter nahm den Bissen mit einer gewissen Verklärtheit in den Mund. ›Das essen die andern‹, sagte sie, ›und das dürfen wir nun auch essen.‹ Es war wohl viel bloße Neugier im Spiel, auch Freude am bisher Verbotenen, Trotz und Eitelkeit; aber darunter war es gewiß auch etwas Größeres, was sie damals empfand.« (CV 1, 43 f.)

Warum also war Victor, obwohl sein Vater Rabbiner war, nicht im orthodoxen Sinne religiös erzogen? Welche Haltung verbarg sich dahinter, dass die Mutter ihn einen deutschen Spruch lehren wollte und diesen deshalb »gemodelt« hatte? Aus welchen Motiven heraus übertrat sie die jüdischen Speisegesetze? Gleichzeitig aber tat sie sich schwer, den »allzu christlichen Name[n] der Schwiegertochter« (der Frau des ältesten Sohnes Georg) auszusprechen, »und sie versuchte es lange mit ›Marie‹ und ›Mariechen‹, ehe sie sich an ›Maria‹ gewöhnte«. (CV 1, 106)

Bis zum 18. Jh. standen die Juden noch weitgehend außerhalb der Gesellschaft. Man akzeptierte sie, solange man sich Nutzen von ihnen versprach. Erst mit der Aufklärung änderte sich dies. »Daß es eine ›Judenfrage‹ gab, war nichts Selbstverständliches. [...] Die Juden waren von den Ständen als eine ›Landplage‹ oder von den Fürsten als eine Finanzquelle betrachtet worden, aber sie stellten für ihre Umwelt offensichtlich kein Problem dar, das irgendeine prinzipielle Lösung erfordert hätte. Sie lebten außerhalb der ständischen Ordnung, waren aber gleichwohl im Weltbild dieser älteren Zeiten fest verortet: als eine soziale Gruppe mit festen, scheinbar unveränderlichen Merkmalen und als ein unbezweifelbarer Bestandteil der göttlichen Ordnung dieser Welt.« (Rürup 1997, 121)

1781 erschien in Berlin die von Christian Wilhelm Dohm, einem höher gestellten Beamten im preußischen Staatsdienst, verfasste Schrift *Über die bürgerliche Verbesserung der Juden.* In ihr heißt es: »Der Jude ist noch mehr Mensch als Jude.« (Dohm 1973, 28) Es entbrannte daraufhin eine heftige Diskussion über das Für und Wider der bürgerlichen Gleichberechtigung der Juden. Als Weg zu dieser Emanzipation, also für die Erlangung gleicher Rechte, wie sie alle anderen Untertanen hatten, stellte Dohm sich einen Erziehungsprozess der Juden vor. Nicht auf einmal sollten die Juden gleiche Rechte bekommen, wie dies in Frankreich nach der Revolution 1789 passierte, sondern in Etappen, durch die Vorschaltung eben einer »Erziehungsperiode« (Toury 1998, 228) und die Erfüllung bestimmter Bedingungen. So stellte dann auch das am 11. 3. 1812 in Preußen erlassene Emanzipationsedikt an die Juden, die nun zu »Einländern und preußischen Staatsbürgern« erklärt wurden, die Bedingung, dass sie »bestimmte Familiennamen führen« und sich bei Unterschriften und dem Führen der Geschäftsbücher »keiner anderen, als deutscher oder lateinischer Schriftzüge […] bedienen sollen«. Doch Beschränkungen blieben in ganz wesentlichen Punkten. Im § 9 behielt sich der König ausdrücklich das Recht vor, Juden zum Staatsdienst oder »zu andern öffentlichen Bedienungen«, Stellen als Vorgesetzte im Heer mit einbeschlossen, zuzulassen bzw. eben nicht zuzulassen. (Juden in Berlin 1988, 81 ff.) Trotz dieser Einschränkungen wurde das Edikt von den Ältesten der Berliner Judenschaft enthusiastisch begrüsst. In einem Schreiben an den König Friedrich Wilhelm III., das Ausdruck über das Selbstverständnis der Juden gibt, hieß es: »Unsere Voreltern haben von jeher, mit unerschütterlicher, nie wankender Treue die Pflichten des *Unterthanen* erfüllt. […] Um wieviel stärker und unauflöslicher wird das Band den *Bürger* an […] das Vaterland fesseln, da nun zur Ehrfurcht und Liebe sich die höchste Dankbarkeit gesellt.« (Ebd., 84)

»Die ›Judenfrage‹, darin waren sich alle fortschrittlich gesinnten Theoretiker und Praktiker einig, war nur auf dem Wege der Emanzipation, der Befreiung von den traditionellen Rechtsbeschränkungen zu lösen.« (Rürup 1997, 125) Das Edikt von 1812 war ein Schritt auf diesem

Wege. Aber es sollte noch bis zur Gründung des Deutschen Kaiserreiches 1871 dauern, bis für ganz Deutschland eine einheitliche Gesetzgebung für die Juden erreicht war. Bis dahin galten in den Territorien unterschiedliche rechtliche Regelungen, wurden erteilte Rechte immer wieder eingeschränkt oder zurückgenommen, und der Emanzipationsprozess verlief in einem ständigen Auf und Nieder.

Innerhalb der jüdischen Gemeinschaft entstand zur allgemeinen Aufklärung eine »Parallelbewegung: ›Haskala‹ – zu deutsch: ›Mit Hilfe des Verstandes aufklären‹ – ein Begriff, der die Gemeinsamkeit der beiden Strömungen verdeutlicht«. (Graetz 1996, 251) Ihr wichtigster Vertreter war Moses Mendelssohn[9], und Berlin wurde Ausgangspunkt dieser Entwicklung. Seine lebenslange Freundschaft mit Gotthold Ephraim Lessing »begleitete die Entwicklung der Haskala fortan und verlieh ihr neben der geistigen eine gesellschaftliche Dimension«. (Graetz 1996, 158) Der Prozess der Erneuerung des Judentums ging weiter, und der Eintritt der Juden in die bürgerliche Gesellschaft war nicht mehr aufzuhalten, wenngleich er sich keineswegs geradlinig vollzog. 1819 wurde der »Verein für Cultur und Wissenschaft der Juden« gebildet. »So assoziierten die Mitglieder des ›Vereins‹ im Unterschied zu Mendelssohn, mit dem Judentum nicht die Bekräftigung einer natürlichen Religion. Statt dessen suchten sie es als eine fortwirkende Kraft in der Geschichte zu deuten, als ein Stück Weltgeist.« (Meyer 1996a, 139) Doch nicht nur das Verhältnis der Juden zu ihrer Geschichte wurde im 19. Jh. neu hinterfragt, ebenso wurde über das Verständnis der jüdischen Religion diskutiert.

Innerhalb des Judentums bildeten sich verschiedene Strömungen heraus. Grundlage dafür war eben jener Prozess der Integration der Juden, die Michael A. Meyer mit einer zweifachen Verbürgerlichung umschreibt: zum einen die ökonomische und zum anderen die kulturelle Assimilation. »Wer als gebildet gelten wollte, mußte nicht nur persönliche Sittlichkeit und geistige Fähigkeit beweisen, sondern auch Literatur, Kunst und Musik zu schätzen wissen […]. In erster Linie mußte er vollkommen zu Hause sein in der deutschen Sprache. […] Für jene Juden, die in der jüdischen Religion persönlich keinen Sinn mehr fanden, wurde die Akkulturation eine geistige Sache. Für sie wie für manche Christen erfüllte Bildung die Funktion einer weltlichen Religion, die ihre Bedeutung in sich selbst trug. Aber auch fromme Juden erblickten in der Akkulturation nicht länger eine Gefahr für das Judentum.« (Meyer 1996b, 209)

Diese vier neuen Strömungen innerhalb des Judentums waren die Neo-Orthodoxie, die konservative Richtung, die liberale Richtung und schließlich die Reformbewegung. »Ungeachtet der Unterschiede zwischen den von ihnen vertretenen Ideologien, hatten diese vier Männer (Samson Raphael Hirsch, Zacharias Frankel, Abraham Geiger, Samuel Holdheim als Vertreter dieser neuen Richtungen – I. D.) vieles gemeinsam, was sie von der Alt-Orthodoxie abhob. Jeder von ihnen hatte an einer Universität studiert, jeder war ein Rabbiner des neuen Typs, der seine Gemeinde ganz in der Art eines christlichen Geistlichen erzog und betreute. Jeder kleidete sich nach der Mode der Zeit. [...] Alle sprachen deutsch und verfaßten die meisten ihrer Schriften auf deutsch. Auf der Kanzel trugen sie Talar und Beffchen, generell die Abzeichen des Klerus. [...] Die Gottesdienste in ihren Synagogen waren würdevoll, die Musik entsprach westlichen Mustern. [...] Nach äußerer Erscheinung, Gebaren und Amt hatten sie mehr miteinander gemein als mit den Rabbinern Osteuropas. Zusammen waren sie die geistigen Repräsentanten eines neuen, kohärenten und leicht unterscheidbaren Phänomens: eines spezifisch deutschen Judentums.« (Meyer 1996a, 151)

Wilhelm Klemperer war ein Anhänger dieser neuen Richtung. Er hatte in Breslau[10] sowohl das Rabbinerseminar als auch die Universität besucht (vgl. CV 1, 21). In Landsberg tauchte der Name Wilhelm Klemperer in einer Liste des Bücherlesezirkels unter der Rubrik Geistlichkeit als »Prediger Dr. Klemperer« auf. »In der kleinen Stadt gab es natürlich kein Versteckspielen; die Christen wußten, daß er Rabbiner war, und seine Gemeinde wußte, daß er sich hier Prediger nennen ließ. Offenbar sah man darin weder auf christlicher Seite eine Geheimniskrämerei noch auf jüdischer Seite einen Verrat. Es war einfach der Ausdruck seines Willens zum Deutschtum.« (CV 1, 17) Er war stolz, bereits die Staatszugehörigkeit zum 1869 gegründeten Norddeutschen Bund erhalten und somit die Reichsgründung als preußischer Bürger miterlebt zu haben. »Er empfand überhaupt keine Feindschaft gegen irgendwelche fremden Völker, aber sein eigenes Volk waren ihm eben die Deutschen, mit der deutschen Kultur vermochte sich keine andere zu messen, und der eigentliche Träger des Deutschtums war das Reich und nicht das wirre und buntscheckige Österreich. [...] Was war denn schon das Blut – auf die geistige Zugehörigkeit kam alles an, das unterschied den Menschen vom Tier.« (CV 1, 19) Die Eltern von Victor Klemperer waren also Protagonisten der neuen innerjüdischen Entwicklung. Dies kam in ihrer Lebensweise und in ihrem Selbstverständnis vom Jüdisch- und Deutsch-Sein, in der sie gar keinen Widerspruch erblickten, zum Ausdruck. Sie passten sich an und gliederten sich mit einem überaus deutlichen, vielleicht manchmal überzogen deutlichen Bekenntnis in die bürgerliche Gesellschaft ein, in der sie sich äußerlich nicht mehr unterschieden und auch nicht mehr unterscheiden wollten. In diesem neuen Selbstverständnis erzogen sie auch ihre Kinder. Für sie strebten sie Berufe an, die diesen angesehene Stellungen in der Gesellschaft bringen sollten. Der Weg dorthin wurde in der Aneignung von deutscher Kultur und Bildung gesehen. Als Victor Klemperer bei seiner ersten Auslandsreise – nach Österreich – galizische »Juden mit den langen Kaftanen und den langen Schläfenlocken« sah, kommentierte er dies so: »Die Galizier fand ich nur seltsam fremdartig […]. Hätte mir jemand gesagt, ich gehörte mehr zu ihnen als zu meinen deutschen Mitbürgern, ich hätte ihn für wahnsinnig gehalten, und noch heute halte ich jeden für wahnsinnig, der so etwas behauptet.« (CV 1, 199)

3.2. Grenzen der Akzeptanz der Juden durch die Umwelt im Kaiserreich

Waren zwar mit der Gründung des Kaiserreiches 1871 alle Juden de jure gleichgestellt, so gab es aber de facto weiterhin sichtbare und unsichtbare Grenzen für ihre Gleichbehandlung. Dies betraf beispielsweise nach wie vor den Zugang zu Funktionen im höheren Staatsdienst und im Militär. Aber auch im ganz privaten Bereich taten sich in der Akzeptanz durch die nichtjüdische Umwelt Gräben auf.

Als der Bruder Georg zum Protestantismus übergetreten war und eine Christin mit dem Vornamen Maria geheiratet hatte, wurden die Eltern von Georg zwar eingeladen, waren dann aber immer die einzigen Gäste. »Für Vater«, schrieb Klemperer, »hatte diese Abtrennung nichts Peinliches […]. Mutter aber konnte mir gegenüber Bemerkungen wie: ›Wir sind ja doch nur zweiten Ranges‹ oder: ›Wir werden verheimlicht‹ fallen lassen.« (CV 1, 107) Auch der Bruder Berthold, der die Tochter eines preußischen Generals heiratete, ließ sich ›natürlich‹ taufen.

Victor Klemperer vollzog den Übertritt zum Protestantismus zwei Mal. Einmal auf Anraten, ja wohl eher Drängen seiner Brüder im Jahre 1903. Dies stand im Zusammenhang mit dem Eintritt ins Militär und wurde von ihm so kommentiert: »Der ganze Vorgang war mir recht widerwärtig, aber tragisch nahm ich ihn durchaus nicht. Im Grunde be-

234

herrschte mich nur der eine Gedanke: Nun hast du eine ›anständige Konfession‹, nun brauchst du nicht die aus zahllosen Witzen bekannte Rolle des jüdischen Einjährigen zu spielen, nun bist du wirklich ›ins Allgemeine‹ getaucht.« (CV 1, 352)[11] Als er 1912 das zweite Mal übertrat, begründete er dies so: »Ich hatte 1906 meine Taufe rückgängig gemacht, weil ich mich im schroffen Gegensatz zum Strebertum meiner Brüder fühlte. Aber ich wußte jetzt genauer und schwankungsloser als damals, daß ich ein Zentrales dieses Strebertums ganz und gar mit ihnen teilte: den Willen zum Deutschsein. Und ich hatte seit den Wiener und Prager Erfahrungen nicht mehr die feste Überzeugung, daß sich Judentum und Deutschtum unter allen Umständen miteinander vertragen könnten. Kam aber eine Wahl im geringsten in Betracht, so bedeutete mir das Deutschtum alles und das Judentum gar nichts.« (CV 2, 16)

Warum konvertierten die Brüder und was verbarg sich hinter diesem Vorgang? Die Brüder Klemperer vollzogen mit der Taufe das, was vor ihnen andere Juden schon getan hatten, weil sie sonst von der Umwelt eben nicht akzeptiert worden wären und weil sie sich zudem im Judentum nicht mehr so stark verwurzelt fühlten.

Während Heinrich Heine die Taufe als »Entréebillett« in die bürgerliche Gesellschaft bezeichnet hatte, nannte Gabriel Riesser sie den »Eingangszoll der Lüge«. Der eine litt zeit seines Lebens unter der Konvertierung, der andere kämpfte sein Leben lang als Jude für die volle bürgerliche und politische Gleichstellung. 1860, drei Jahre vor seinem Tod, wurde Riesser zum Obergerichtsrat in Hamburg ernannt und war damit der erste nicht getaufte Jude, der eine Richterstelle innehatte.

Victor Klemperer nun beschrieb seine Motive der Taufe dem Pfarrer Egidi folgendermaßen: »Ich sagte ihm, es sei mir genauso unmöglich, an das christliche Dogma zu glauben wie an den Jahve des Alten Testaments. Doch empfände ich das Christentum als ein wesentliches Element der deutschen Kultur, in die ich hineingeboren, der ich durch meine Bildung, meine Ehe, mein gesamtes Denken und Fühlen unlöslich verbunden sei. Dies sei das Motiv meines beabsichtigten Übertritts, der ja keinen Wechsel sittlicher Prinzipien in sich schließe.« (CV 2, 16) Dieses freimütige Bekenntnis führte dann dazu, dass ihn der Pfarrer beim Taufakt nicht das Bekenntnis sprechen ließ, sondern es ihm nur vorlas. Der Übertritt war für ihn kein leichter Schritt, wie für viele andere Juden. Darin ist wohl ein Grund dafür zu sehen, dass es nicht zu massenhaften Übertritten vom Judentum zum Christentum kam.[12] (Vgl. Volkow 1994, 131)

Schrieb Klemperer im Zusammenhang mit der ersten Taufe, dass er nun wenigstens beim Militär seine Ruhe habe, so schützte die Teilnahme am Ersten Weltkrieg oder eine erhaltene Auszeichnung die Juden nach 1933 nicht mehr. Klemperer notierte am 4. 5. 1935: »Also hat man mich nicht einsparungshalber hinausgeworfen. Sondern als Juden. Obschon ich im Felde war.« (ZA 2, 28)

Der Stellenwert, den das Militär für die Juden innehatte, war bedeutend. In ihm zu dienen war für viele Juden der Ausdruck vollkommener Zugehörigkeit. »In der wilhelminischen Zeit ist der Reserveoffizier zur Symbolfigur geworden. Wem dieses Benefiz zuteil wurde, dem konnten andere Staatsämter kaum vorenthalten werden, der war gesellschaftsfähig.« (Messerschmidt 1996, 46) Im Jahre 1890 gab Kaiser Wilhelm II. eine Order über die Offiziersergänzung heraus. »Danach kamen als Reservoir für das Offizierskorps nur solche ›bürgerlichen Häuser‹ in Betracht, in denen neben Liebe zu König und Vaterland ›christliche Gesittung gepflegt und anerzogen‹ würde.« (Messerschmidt 1996, 46) In der preußischen Armee gab es 1910 keinen jüdischen Offizier! Vor diesem Hintergrund war die Freude des Bruders Berthold zu begreifen, als der Bruder Victor vor der Musterung getauft worden war: »Gut, daß wir vorgesorgt haben; nun ist dir der Weg zum Reserveoffizier frei.« (CV 1, 249) Doch dies war eine trügerische Hoffnung. Schon während des Ersten Weltkrieges kam es 1916 zur sog. Judenzählung. Als der Krieg in einer Sackgasse gelandet und ein deutscher Sieg nicht mehr in Sicht war, suchte man nach Gründen für diese Situation. Der Antisemitismus breitete sich in der Armee rapide aus. Die »Judenzählung« sollte beweisen, dass sich die Juden vor dem Einsatz an der Front drücken und sich nur am Krieg bereichern würden. Ihre Ergebnisse wurden nie veröffentlicht, bewiesen sie doch das Gegenteil (vgl. Messerschmidt 1996, 51).

Nicht anders verlief die sichtbare wie unsichtbare traditionelle Ausgrenzung von Juden im Staatsdienst. Obwohl Victor Klemperer sich hatte taufen lassen, erkannte er bald, warum er auf seine Berufung zum Hochschulprofessor ungewöhnlich lange warten musste. Erst 1920 erhielt er durch besondere Fürsprache seines Lehrers Karl Vossler die Berufung an die Technische Hochschule Dresden, und schon bald stellte er fest, dass dies kein Posten an einer »richtigen« Universität war (vgl. Gerstenberger 1997, 12 f.). Bereits während seiner Studienzeit hatte er eine solche Hintenansetzung bei seinem Lehrer Richard M. Meyer erlebt. »Weder als Gelehrter noch als Dozent war er dem ehrenüberhäuften Ordinarius unterlegen. Trotzdem blieb er zeitlebens nur Titularprofessor, konnte nicht prüfen, nicht eigene Schüler ausbilden. Er war Jude (das M hinter dem Richard stand für Moses) – da brachte man es nur in den allerseltensten Fällen, und als Germanist schon gar nicht, zu einem höheren akademischen Rang.« (CV 1, 355) Im Grunde genommen hatte Klemperer die bittere Grunderkenntnis schon vorweggenommen, als er berichtete, welche Studienfächer für seine Schulkameraden in Betracht kämen. Es war ihm nur noch nicht so bewusst, welche Konsequenzen die Berufswahl für ihn selber haben sollte. »Jus (Rechtswissenschaften – I. D.) war zu allem gut. Die Christen wurden Richter und Verwaltungsbeamte, die Juden Anwälte, und Christen und Juden konnten es als Bankleute auf gehobenen kaufmännischen Posten gebrauchen. Elektrotechnik und Chemie galten zwar als aussichtsreich, aber für nicht sehr ›fein‹.« (CV 1, 228) Der Grat der Gleichstellung, auf dem die Juden wandelten, war schmal.

Hinsichtlich des langen, widersprüchlichen und von Rückschlägen gekennzeichneten Weges des gleichberechtigten Eintritts der Juden in die deutsche bürgerliche Gesellschaft ist bis jetzt noch die Gegenbewegung gegen die Gleichberechtigung – der Antisemitismus – unberücksichtigt geblieben. Seit Mitte des 19. Jh. hatte sich der rassisch begründete Antisemitismus herausgebildet, der die Juden nicht als Menschen betrachtete, sondern sie als Rasse ausgrenzte. Die sich auf allen Ebenen – der politischen, kulturellen, ökonomischen – zeigenden Vorurteile lieferten immer wieder die Grundlage für die Infragestellung der Gleichberechtigung der Juden. »Wie bei so vielen anderen muß auch bei Klemperer die unbewußte Weigerung, Antisemitismus auf sich selbst zu beziehen, gut funktioniert haben.« (Gerstenberger 1997, 12) Denn noch am 10. 1. 1939 schrieb er: »Bis 1933 und mindestens ein volles Jahrhundert hindurch sind die deutschen Juden durchaus Deutsche gewesen und sonst gar nichts. […] Der immer vorhandene Antisemitismus ist *gar kein Gegenbeweis*. Denn die Fremdheit zwischen Juden und ›Ariern‹, die Reibung zwischen ihnen war nicht halb so groß wie etwa zwischen Protestanten und Katholiken, oder zwischen Arbeitgebern und -nehmern, oder zwischen Ostpreußen etwa und Südbayern, oder Rheinländern und Berlinern. Die deutschen Juden waren ein Teil des deutschen Volkes, wie die französischen Juden ein Teil des französischen Volkes waren etc.« (ZA 3, 132 f.) Als Reaktionen der Juden auf den im Kaiserreich zunehmenden Antisemitismus kam es 1893 zum einen zur Gründung des »Centralvereins deutscher Staatsbürger jüdischen Glaubens«; zum anderen gewannen die zionistischen Ideen mehr Einfluss. 1897 fand in Basel der erste Zionisten-Kongress statt. Gegen den Zionismus hatte der nach wie vor an seinem Deutschtum festhaltende Klemperer ja immer sehr stark polemisiert (vgl. Riecker 1997, 31 f.). Zionist zu werden stand für ihn gerade oder trotz der Verfolgung und Ausgrenzung nach 1933 nicht zur Diskussion. Denn seine Identität war im Deutschtum verankert. »[…] es war ein aus deutschem Kulturgut gewonnener Wesensbegriff.« (Gerstenberger 1997, 18)

4. Fazit

Klemperer hatte das, was er sein wollte und wie dies funktionieren sollte, im August 1914 so formuliert: »Sich alles assimilieren können und doch seine Eigenart bewahren, sie aber nie an die große Glocke hängen, sie nur zeigen, wenn es not tut, zum Beispiel jetzt also, das ist deutsch.« (CV 2, 195)

Nach dem 30. 1. 1933 erlebte Klemperer die immer brutaler werdende Infragestellung der Existenz der Juden, die schließlich in ihrer physischen Vernichtung enden sollte. Als Reflexion darauf notierte er am 27. 9. 1936: »[…] und daß der jüdische Traum vom Deutschsein doch wohl ein Traum gewesen ist. Das ist mir die bitterste Erkenntnis.« (ZA 2, 138) Zwei Jahre später vermerkte er unter dem 5. 4. 1938: »[…] wie unsäglich habe ich mich mein Leben lang betrogen, wenn ich mich zu Deutschland gehörig glaubte, und wie vollkommen heimatlos bin ich.« (ZA 3, 77)

Der Historiker Avraham Barkai gibt zu dieser Problematik folgende Einschätzung: »Diejenigen deutschen Juden, deren Zukunftsperspektive nicht nur auf Akkulturation und gesellschaftliche Integration, sondern auf volle Assimilation gerichtet war, versuchten die Zeichen in der Umwelt zu ignorien. […] in ihrem nationalen und kulturellen Selbstverständnis bekannten sich die meisten von ihnen uneingeschränkt und stolz als Deutsche. Nun brauchte es nur wenige Jahre nationalsozialistischer Herrschaft, um all dies zunichte zu machen. Im Unterschied zu den osteuropäischen Juden, die als Folge von Krieg und Besetzung Opfer der Shoah wurden, befielen Haß und Verfolgung, die Vertreibung aus der Heimat und die Ermordung der Zurückgebliebenen die deutschen Juden aus der Mitte der Gesellschaft, zu der sie sich, wie kaum anderswo eine jüdische Gemeinschaft zugehörig gefühlt hatten.« (Barkai 1997, 369 ff.)

War also alles nur ein Traum oder gar Betrug? »War also die deutsch-jüdische Symbiose, die man vielleicht besser Weggemeinschaft nennen sollte, nur eine Fiktion?« (Schoeps 1990, 27) Die im Zusammenhang mit dem Emanzipationsprozess der Juden stehenden Begriffe wie »Assimilation«, »Akkulturation«, »Symbiose« kennzeichnen – vereinfacht gesagt – den jeweiligen Standpunkt in der Diskussion um die Stellung der Juden in der deutschen Gesellschaft.

Bevor der Begriff »Assimilation« Ende des 19. Jahrhunderts auftauchte, wurde im Zusammenhang mit der Gleichstellung der Juden der Begriff »Amalgamierung« gebraucht. Er bedeutet, dass die Juden ihre kulturelle und religiöse Eigenart aufgegeben und ihr Judentum gegen das Deutschtum ausgetauscht hätten. Der Begriff wurde für diejenigen, die die Auflösungstendenzen des Judentums bekämpften, zum Reizwort. (Toury 1998, 230 f.) Um sich von dem »Verschmelzen« abzugrenzen, wurde der Terminus »Akkulturation« für den Prozess der Angleichung an die deutsche Gesellschaft in die Diskussion gebracht. Er beinhaltet die »Übernahme von objektiven Verhaltensweisen und Normen der Kultur des Landes. Die deutschen Juden übernahmen die übliche Art, sich zu kleiden und zu sprechen [...], paßten sich der zeitgenössischen bürgerlichen Haltung in bezug auf Arbeit und Leistung an und entwickelten eine tiefe Loyalität zum Vaterland. Sie sahen keinen Widerspruch zwischen ihrem Deutschtum und ihrem Judentum.« (Kaplan 1997, 25)

Die Shoah rückte die Diskussion um den Emanzipationsprozess erneut in den Mittelpunkt. Der Religionsphilosoph und -historiker Gershom Scholem sprach von der Assimilation als »Selbstbetrug«. Er schrieb: »Die Urteilslosigkeit der meisten Juden in allem, was sie selber anging, während sie doch, wenn es sich um andere Erscheinungen handelte, jene Fähigkeit zu Vernunft, Kritik und Weitblick aufbrachten, die man mit Recht bei ihnen oft bewundert oder auch kritisiert hat – diese Fähigkeit zu Selbstbetrug gehört zu den wichtigsten und trübseligsten Aspekten der deutsch-jüdischen Beziehungen.« (Scholem 1997, 30) Er entwickelte die These, dass es nie eine deutsch-jüdische Symbiose gegeben habe, sondern nur einen sehr einseitigen jüdisch-deutschen Dialog (vgl. Schoeps 1990, 15). Die Diskussion um diese Frage hält an. Martin Walser bemerkte dazu: »Das ist Auskunft NACH Auschwitz. Ich möchte mich dieser Auskunft NACH Auschwitz lieber nicht anschließen. Daß die Ungeheuerlichkeit der Entwicklung dazu geführt hat, bei allem, was vorher war, nur noch daran zu denken, daß nachher

Auschwitz stattfand, ist zwar verständlich, trotzdem wehre ich mich gegen diese Sicht.« (Walser 1997, 794)

Der Historiker Michael A. Meyer ist der Meinung: »Daß das engere, chauvinistische Deutschtum den Sieg davontrug, war keineswegs selbstverständlich, und es geschah nicht unvermittelt. Selbst nachdem Hitler an die Macht kam, konnte man zumindest eine Zeitlang glauben, daß der furchtbare Lauf aufgehalten werden konnte. Nur konnte 1933 kein Zweifel mehr bestehen, daß die Assimilation gescheitert war.« (Meyer 1992, 126)

Der eingangs bereits zitierte Zeitzeuge Egon K. resümierte dies in seinem 50 Jahre nach der Shoah gegebenen Interview folgendermaßen: »[…] Assimilation ist nur solange gut, solange man von der Umwelt anerkannt wird. Das hat man bei Hitler gesehen, im Moment, wo die Umwelt sagt: ›Du bist kein Christ, Du bist ein Jude‹, nützt die ganze Assimilation nicht.« (Diekmann u. a. 1998, 124)

Und Victor Klemperer bemerkte in dem Eintrag vom 28. 1. 1943 zu diesem Problem: »Das eigentlich unterscheidende Merkmal und buchstäblich die faculté maîtresse des modernen Juden ist seine Unsicherheit – die Gegner und die Poetisierenden sagen *Ahasver*. Die Unsicherheit treibt ihn in die Abschließung des Ghettos und des Talmud, treibt ihn in die Überbetonung des Deutschtums, Franzosentums usw., treibt ihn in Internationalismus und in politischen Zionismus […]. In dem Augenblick, wo ihm Sicherheit gegeben, wird er ein anderer sein.« (ZA 6, 23)

Es ist Walser zuzustimmen, wenn er sagt: »Wer alles als einen Weg sieht, der nur in Auschwitz enden konnte, der macht aus dem deutsch-jüdischen Verhältnis eine Schicksalskatastrophe unter gar allen Umständen. Das kommt mir absurd vor. Abgesehen davon, daß es dann kein deutsch-jüdisches Gedeihen in Gegenwart und Zukunft gäbe.« (Walser 1997, 795)

Der letzte Satz in Victor Klemperers Tagebucheintrag vom 10. 6. 1945 lautet: »Am späteren Nachmittag stiegen wir nach Dölzschen hinauf.« (ZA 8, 200) Diese scheinbar lakonische Feststellung aber symbolisiert zugleich Überleben und Weiterleben sowie einen Neuanfang.

Anmerkungen

1 In diesem Zusammenhang sei auch auf die Arbeitsvorschläge in der Schulausgabe der Tagebücher 1933–1945 hingewiesen. Der Themenkreis 4 ist überschrieben: »Ich bin deutsch, die anderen sind undeutsch«. (ZA (S), 230). Vgl. ebenso die Beiträge von Riecker (1997) und Gerstenberger (1997).

2 So notiert Klemperer am 31. 3. 1942: »Die Sprache bringt es an den Tag. Bisweilen will jemand durch Sprechen die Wahrheit verbergen. Aber die Sprache lügt nicht.« (ZA 5, 58)

3 Die Primaner, fast schon Studenten, wie Klemperer schrieb (CV 1, 211), waren in einer Verbindung (Korporation), wie sonst in Studentenkreisen üblich, organisiert. Der jeweilige Klassenprimus der Oberprima führte den Vorsitz. In diesem Fall war das Klemperer.

4 Die Zitate beziehen sich auf die achtbändige Ausgabe (Berlin: Aufbau Taschenbuch Verlag. 1999).

5 Martin Buber (1878–1965), Philosoph und Pädagoge, einer der wichtigsten jüdischen religiösen Denker des 20. Jh. (vgl. Schoeps, Hg., 1998, 145 f.).

6 Sigmund Freud (1856–1939), Begründer der Psychoanalyse. »Die Religion wird von Freud als psychisches Produkt gedeutet, das phylogenetisch mit dem Eintritt des Menschen aus dem Naturzustand in die kulturelle Ordnung entstand (Vatermord/Schuldgefühl)« (Schoeps, Hg., 1998, 271).

7 Der Shabbat ist der siebente Tag der Woche – der Ruhetag. Er gilt als Tag des Studiums, der Freude, des Friedens. An diesem Tag herrscht ein Arbeitsverbot. Dazu gehört u. a., dass nicht geschrieben und nicht geraucht wird.

8 Luise Hensel (1798–1876), in Linum/Havelland als Tochter eines protestantischen Pfarrers geboren, war später zum Katholizismus übergetreten. Fanny Mendelssohn-Bartholdy (Enkelin von Moses Mendelssohn und Schwester von Felix Mendelssohn-Bartholdy) heiratete den Bruder von Luise, Wilhelm Hensel. Damit war Luise deren Schwägerin. An der Linumer Kirche ist anlässlich ihres 200. Geburtstages eine Gedenktafel für die Dichterin angebracht worden.

9 Moses Mendelssohn (1729–1786), Philosoph, Literaturkritiker, Bibelübersetzer und Reformer. Er versuchte, die Übereinstimmung des jüdischen Glaubens mit der Vernunfterkenntnis nachzuweisen, und trat dafür ein, den Juden die deutsche Sprache und Kultur näher zu bringen (vgl. Schoeps, Hg., 1998, 561 f.).

10 In Breslau wurde 1854 das Jüdisch-Theologische Seminar gegründet. Zur Bedeutung Breslaus vgl. Schoeps (Hg., 1998, 141 f.).

11 »Der Feldwebel fragt den Einjährigen nach seiner Konfession. – Dissident. – Was ist das? Protestantisch, katholisch oder israelitisch? – Nichts, Herr Feldwebel, konfessionslos. – Es ist jetzt neun Uhr. Sie haben drei Stunden Ausgang. Um zwölf melden Sie sich mit einer anständigen Konfession.« (CV 1, 350)

12 Volkow (1994, 131) gibt für die Jahre zwischen 1890 und 1910 ca. 10 000 Übertritte zum Protestantismus an, obwohl die Daten über die Taufen insgesamt gesehen unvollständig sind. Im Vergleich dazu betrug die Gesamtzahl der im Deutschen Kaiserreich lebenden Juden 1890 567 884 (1,15 % an der Gesamtbevölkerung).

Barkai, Avraham (1997): Schluß. In: Meyer, Michael A. (Hg.) (1997), Bd. 4, 369–371.

Diekmann, Irene; Gelbin, Cathy; Kaden, Michael; Lezzi, Eva (1998): Begleitheft zur Video-Edition Archiv der Erinnerung. Interviews mit Überlebenden der Shoah. Potsdam: Medienpädagogisches Zentrum.

Dohm, Christian K. Wilhelm von (1973): Über die bürgerliche Verbesserung der Juden. Nachdruck der Ausgaben Berlin und Stettin 1781–83 und Kaiserslautern 1891. Hildesheim, New York: Georg Olms.

Duden (1990): Fremdwörterbuch. 5., neu bearbeitete und erweiterte Auflage. Mannheim, Wien, Zürich: Dudenverlag.

Erb, Rainer (1995): Indifferente Geschichtsbilder. Brandenburger Schüler über Antisemitismus und jüdische Geschichte. In: Schoeps, Julius H.; Sturzbecher, Dietmar (Hg.) (1995): Einstellung Jugendlicher in Brandenburg zu Juden und zum Staat Israel. Potsdam, 65–77. (= Veröffentlichung der Brandenburgischen Landeszentrale für politische Bildung).

Gerstenberger, Heide (1997): »Meine Prinzipien über das Deutschtum und die verschiedenen Nationalitäten sind ins Wackeln gekommen wie die Zähne eines alten Mannes.« Victor Klemperer in seinem Verhältnis zu Deutschland und zu den Deutschen. In: Heer, Hannes (Hg.) (1997), 10–20.

Graetz, Michael (1996): Jüdische Aufklärung. In: Meyer, Michael A. (Hg.) (1996), Bd. 1, 251–353.

Heer, Hannes (Hg.) (1997): Im Herzen der Finsternis. Victor Klemperer als Chronist der NS-Zeit. Berlin: Aufbau-Verlag.

Juden in Berlin (1988): 1671–1945. Ein Lesebuch. Berlin: Nicolai.

Kaplan, Marion (1997): Jüdisches Bürgertum, Frau, Familie und Identität im Kaiserreich. Hamburg: Dölling und Galitz.

Messerschmidt, Manfred (1996): Juden im preußisch-deutschen Heer. In: Deutsche jüdische Soldaten. Von der Epoche der Emanzipation bis zum Zeitalter der Weltkriege. Ausstellungskatalog (1996). Hamburg, Berlin, Bonn: E. S. Mittler & Sohn, 39–62.

Meyer, Michael A. (Hg.) (1996): Deutsch-jüdische Geschichte in der Neuzeit. Bd. 1 und 2. München: Beck.

Meyer, Michael A. (Hg.) (1997): Deutsch-jüdische Geschichte in der Neuzeit. Bd. 3 und 4. München: Beck.

Meyer, Michael A. (1992): Jüdische Identität in der Moderne. Frankfurt am Main: Jüdischer Verlag.

Meyer, Michael A. (1996a): Jüdisches Selbstverständnis. In: Meyer, Michael A. (Hg.) (1996), Bd. 2, 135–176.

Meyer, Michael A. (1996b): Deutsch werden, jüdisch bleiben. In: Meyer, Michael A. (Hg.) (1996), Bd. 2., 208–259.

Riecker, Yvonne (1997): »Sich assimilieren können und doch seine Eigenart bewahren«. Victor Klemperers Identitätskonstruktion und die deutsch-jüdische Geschichte. In: Heer, Hannes (Hg.) (1997), 21–34.

Rürup, Reinhard (1997): Judenemanzipation und bürgerliche Gesellschaft. In: Benz, Wolfgang; Bergmann, Werner (Hg.) (1997): Vorurteil und Völkermord. Entwicklungslinien des Antisemitismus. Bonn, 117–158. (= Lizenzausgabe der Bundeszentrale für politische Bildung).

Scholem, Gershom (1997): Von Berlin nach Jerusalem. Jugenderinnerungen. Erweiterte Ausgabe. Frankfurt am Main: Jüdischer Verlag im Suhrkamp Verlag. (= suhrkamp taschenbuch 2784).

Schoeps, Julius H. (1990): Leiden an Deutschland. Vom antisemitischen Wahn und der Last der Erinnerung. München, Zürich: Piper.

Schoeps, Julius H. (Hg.) (1998): Neues Lexikon des Judentums. Gütersloh, München: Bertelsmann Lexikon Verlag.

Toury, Jacob (1998): Emanzipation und Assimilation. In: Schoeps, Julius H. (Hg.) (1998), 228–232.

Volkov, Shulamit (1994): »Ich bin ein Deutscher jüdischen Stammes.« Walter Rathenau als Jude. In: Wilderotter, Hans (Hg.) (1994): Die Extreme berühren sich. Walter Rathenau 1867–1922. Berlin: Argon, 129–138.

Walser, Martin (1997): Das Prinzip Genauigkeit. In: Kiesel, Helmuth (Hg.): Martin Walser. Werke in zwölf Bänden. Bd. 12. Frankfurt a. M.: Suhrkamp, 780–805.

Hans-Joachim Petsche

Victor Klemperer – ein Missverständnis?

»Niemand kann aus der Geschichte lernen […]. Vielleicht ist Geschichtskenntnis geradezu schädlich: sie macht befangen.« (ZA 6, 99, 22. 6. 1943)

»So erlebt man Geschichte. Wir wissen vom Heute noch weniger als vom Gestern und nicht mehr als vom Morgen.« (ZA 3, 100, 11. 9. 1938)

Vorbemerkung

Wie könnte Klemperer ein Missverständnis *sein*? Kann eine Person ein Missverständnis sein?

Ist die Behauptung eines Missverständnisses nicht eine anachronistische Zumutung?

Etwas misszuverstehen beinhaltet doch, es im günstigsten Falle *verstehen* zu können. Das schließt ein, dass es Kriterien gibt, die die Wissenden vor den Unwissenden auszeichnen. Wer sollte daran nach Gödel, Wittgenstein, Popper, Kuhn und Feyerabend noch glauben? Wer von Missverständnis spricht, entlarvt sich als Dogmatiker.

Wenn aber Missverständnis gar nichts mit Verstehen, sondern mit Verständnis zu tun hat? Und Verständnis nicht mit Grund oder Begründung, sondern mit Zuwendung, Bindung und Sich-Einlassen? Und Missverständnis nicht mit Irrtum, sondern mit Verletzung? Doch angesichts wachsender Beziehungsarmut nehmen auch die Verletzungen ab.

Wer von Missverständnis spricht, entlarvt sich somit auch als Romantiker. Dogmatiker oder Romantiker – eine verlockende Alternative. Klemperer als Missverständnis also ein Missverständnis?

1. Missverständnis: Klemperer als Denkmal

Um allen Irritationen über Klemperer entgegenzuwirken: Es gibt keine Missverständnisse. Positives Denken ist angesagt.

Kurz und knapp, »amerikanisch«, sportlich, kann es auf den Punkt gebracht werden: Klemperer der Held, Klemperer das Denkmal, reißt uns vom Stuhl, macht uns durch Sprachanalyse Politik begreifbar. Er dient als Exempel, uns die Wahrheit über den Totalitarismus vor Augen zu führen. Klemperer als Geschichtsmonument (vgl. Nietzsche 1984) im Dienste der Wahrheit. Aufzuarbeiten (wie ein altes Möbel?), um eine Lehre zu werden, die unterhält und in die Zeit passt. Hinrichtung Klemperers auf das Wesentliche.

Beim Ankommen nach der Wende (welch ein Klemperer-Wort!) ist ein »Remake« Klemperers vielversprechend: Den Chronisten der Sprache untergegangener Tyrannis als Morgengabe des Ostens an den Westen! Als Vorzeige-eigentlich-niemals-Ossi. Erfolgsträchtig vorgeführt als Homunkulus von zwölf kleinen Fernsehstunden, so lehrsam inszeniert, »fast ein wenig wie Schulfernsehen«. Zwölf Millionen Zuschauer sahen ihn, acht Millionen fanden ihn gut bis sehr gut (vgl. fzs hagalil 1999). Synthetischer Antifaschismus (»Soundtrack ab sofort im Handel erhältlich«): »Wir haben ein Denkmal geschaffen, das die Leute von den Stühlen reißen soll«, so Peter Steinbach (1999), der Drehbuchautor des Films im Interview. Ein Bild, das man sich auf der Zunge zergehen lassen muss (um im Bild zu bleiben): Ein Denkmal als Reißmal.

Zwölf Millionen haben sich ein Bild von ihm gemacht, wurde ein Bild von ihm gemacht. Dagegen wird er nicht mehr ankommen können. 120 Jahre nach seiner Geburt kann die wahre Vox populi der Deutschen über ihn mitreden.

Die Schule kann dies unterstützen: Internetprojekte, Web-Seiten, Besprechungen von Besprechungen, Bilder von Bildern. Virtuelle Individualität gereift an virtueller Geschichte. Bilder ersetzen Worte und besetzen Phantasien. Bildungsprojekt Nr. 1 – Visualisierung als Entmündigung –, beschleunigte Anbindung aller Schulen ans Internet. Bereits das Fernsehen hat die Politik verändert. Fernsehdemokratie nennt es Zolo (vgl. 1997, 177). Mediale Wählermanipulation wird mit der Freiheit der Wahl vereinbar: »Die Freiheit der Wahlen kann daher vollkommen mit dem Fehlen der Autonomie bei den Individuen, die daran teilnehmen, im Einklang stehen.« (Ebd., 181) Konsumentenorientierter Hightech-Analphabetismus mit direktem Zugang zum Unterbewusstsein (kostenfrei bei Werbeeinblendung). – Noch hinkt Deutschland hinterher und schafft sich seine vier Millionen Analphabeten auf klassische Weise.

Zur Sprache kann man sich ein Bild machen, zu Bildern nicht mehr. Allenfalls kann man sich zu ihnen positionieren. Aber die Bilder sitzen. Und auf die zu ihnen passenden neudeutschen Sprüche kann man sich keinen alten Reim mehr machen. Neudeutscher Zeitgeist ist geschichtslos.

Klemperer aufgreifen hieße, der Analyse der Sprache des Dritten

Reiches eine Analyse der »umsprochenen Bilder des Fünften Reiches« (eine griffige englische Abkürzung wäre zu finden) hinzuzugesellen, nachdem die »Vierten Reiche« des Kalten Krieges der wirtschaftlichen Flexibilisierung erlagen.

Als an TV und www noch nicht zu denken war, überkamen Klemperer erste Ahnungen. »Es machte mir wieder den ungemeinsten Eindruck, wie sie den Radioapparat anstellten und von London nach Rom, von Rom nach Moskau usw. übersprangen«, notiert Klemperer in seinem Tagebuch. »Zeit- und Raumbegriff sind vernichtet. Man muß zum Mystiker werden. Für mich zerstört das Radio jede Religionsform und gibt gleichzeitig Religion. Gibt sie doppelt: a) daß solch Wunder besteht, b) daß der menschliche Geist es findet, erklärt, benutzt. Aber dieser selbe menschliche Geist läßt sich die Regierung Hitler gefallen.« (ZA 2, 58, 9. 11. 1935)[1] Und zur Bedeutung des Radios für die Sprache des Dritten Reiches vermerkt er: »Alles zielt auf Übertäubung des Individuums im Kollektivismus. – Ganz allgemein Rolle des *Radio* beachten! Nicht wie andere technische Errungenschaften: neue Stoffe, neue Philosophie. Sondern: neuer *Stil*. Gedrucktes verdrängt. *Oratorisch*, mündlich. Primitiv – auf höherer Stufe!« (ZA 1, 144, 14. 9. 1934)

Im Kontrast hierzu vermerkt Zolo, nicht ohne Ironie, dass die Erfahrungen des Zusammenbruchs der Länder des Realsozialismus zeigen, »daß in den komplexen Gesellschaften die Formen des politischen Despotismus, um sich zu erhalten, wesentlich verfeinert und komplexer werden müssen: sie müssen sich wesentlich mehr auf Überredung als auf die intellektuelle Unterdrückung und die Indoktrination stützen. [...] Die politischen Folgen der Massenkommunikation sind im wesentlichen verknüpft mit der Begünstigung des Dranges zum Konformismus, zur Apathie und zum politischen Schweigen, der nicht so sehr von dem herrührt, was gesagt wird, als von dem, was nicht gesagt wird, von dem, was die Kommunikationsfilter stillschweigend von der Tagesordnung der öffentlichen Aufmerksamkeit ausschließen.« (Zolo 1997, 207)

Woran ließe sich heute eine Entartung der Medien, sei sie technologisch, wirtschaftlich oder machtpolitisch bestimmt, erkennen und welche Analogien hätte sie noch zur LTI? Die vom radikalen Konstruktivismus zugespitzte These von der Konstruktion jeglicher Wirklichkeit in einem autopoietischen Prozess unseres Hirns, das nichts aus der Umwelt erfährt, sondern mit ihr nur strukturell gekoppelt ist, sich ihr nur synchronisiert (vgl. auch Schmidt Hg. 1987), erfährt ihre Hypertrophierung durch die Rekreation dieser Umwelt als virtuelle Realität.

246

Wenn das Hirn aus der Berührung mit der Welt sich seine Pläne zur Konstruktion der Welt generiert, letztere aber bereits fingiert und selbst eine Konstruktion ist, kann der selbstreferenzielle Zirkel die Schranken des Hirns durchbrechen und sich die artifizielle Umwelt mit einverleiben. Die Gefahr eines einzigen traumatischen Leerlaufs erscheint dann nicht mehr ausgeschlossen. Könnten Tagebücher dagegen noch anschreiben?

2. Missverständnis: Klemperer als Werk und Autor

Wer war Klemperer und was wollte er?

LTI kannte man in der DDR: Reclam 1990 in 10. Auflage. Das Buch entriet seinem Ziel, das es traf. Da man sich bald als antifaschistisch wusste, las man es zunehmend als LQI, als Kritik der Sprache des Vierten Reiches. Der Faschismus schien nicht mehr das innere Problem, der Sozialismus wohl. Gleich, wie man zu ihm stand. Klemperers Buch wurde in intellektuellen Kreisen Kult. Es wurde Kult als ein Buch, aus dem etwas anderes gelesen wurde, als in ihm stand. Das Buch, das Klemperer berühmt machte, war die Erfindung seiner Leser nach den Motiven ihrer Gegenwart.

»Auch in der DDR gehörte die Klassenkampf-Rhetorik mit ihrem militärischen Vokabular und den entsprechenden Konnotationen zu den kulturellen Prägungen des militarisierten Sozialismus. [...] Bei Studenten und jungen Akademikern war Victor Klemperers *LTI* (Lingua Tertii Imperii) besonders beliebt, und zwar wegen der vielen Parallelen zwischen der Sprache im Dritten Reich und dem ideologischen DDR-Jargon.« (Bluhm 1997, 8) – Wieso schrieb Klemperer nicht ein Buch, sein Buch, über den DDR-Jargon? Wie konnte sich der durch die LTI traumatisierte Philologe dem entziehen? Warum trotzte er seinem Alter dieses Buch, das ihm Schwierigkeiten gemacht hätte, nicht mehr ab? Wie lagen die Dinge jetzt – im Allgemeinen und für ihn?

Mit der Wende indes wendete sich auch Klemperer, der tote, vom realen Sprachkritiker des Faschismus und virtuellen Sprachkritiker des Sozialismus zum Kritiker und Chronisten der Sprache des Totalitarismus: »Der Wissenschaftler Victor Klemperer, der über die gesamte Zeit des nationalsozialistischen Regimes Tagebuch geführt hat, hat alle diese Dinge exakt festgehalten; ich empfehle die Lektüre seiner beiden Bände jedem, der sich nicht nur darüber informieren will, wie Totalitarismus endet, sondern der auch wissen will, wie er beginnt und wie er sich Stück für Stück entfaltet.« (Herzog 1996, 7126)

Während Klemperer in der *LTI* die Gleichsetzung von Bolschewismus und Nationalsozialismus ausdrücklich ausschloss: »Wenn zwei dasselbe tun ... Trivialste Weisheit. [...] Wenn zwei sich derselben Ausdrucksform bedienen, müssen sie durchaus nicht von gleicher Absicht ausgehen. Ich will es gerade heute und hier besonders dick und wiederholt unterstreichen.« (LTI, 167 f.)[2], holten ihn jetzt seine Tagebücher ein, in denen der Zweifel nagte, in denen er zunächst Nationalsozialismus, Bolschewismus und selbst Zionismus als identische Erscheinungen geißelte (vgl. ZA 1, 98, 19. 3. 1934; ZA 1, 111 f., 13. 6. 1934; ZA 2, 149, 18. 10. 1936; ZA 3, 175, 1939; ZA 4, 25, 26. 5. 1940). Aber auch in den Tagebüchern differenzieren sich die Eindrücke aus. So kommt Klemperer etwa in Bezug auf den Zionismus im Januar 1942 zu einer völlig konträren Wertung: »Zum erstenmal geht mir auf: *Zionismus ist Humanismus.*« (ZA 5, 13 f., 19. 1. 1942)

Wie die Organ-Analogie der Biologie, das Black-Box-Verfahren der Kybernetik, die Simulation in der Technik und die Modellmethode in der Mathematik ist Totalitarismus als Problemansatz produktiv, als Deutungsmuster aber positivistisch kurzschlüssig.

Und Klemperer als Autor? Wer war er?

Ein deutscher Nationalist, ein Liberaler, ein Weltbürger, ein Antizionist, ein Antibolschewist, ein Antikommunist, ein Jude, gar ein Kommunist?

Er war wohl zuallererst ein als Deutscher von Deutschen zum Juden gemachter Jude, der nie wieder zu den Verlierern gehören wollte und sich doch auf der Verliererseite fand (vgl. ZA 2, 50, 5. 10. 1935). Kann man sich mehr zur Unperson machen als Klemperer? Kein richtiger Deutscher, kein richtiger Jude, kein richtiger Liberaler, kein richtiger Kommunist. Kein repräsentatives Schicksal, kein typischer Held. Er war ängstlich und eitel, nannte sich selbstsüchtig und hartherzig, war weder volks- noch jugendnah, technisch ungebildet und geplagt von Selbstzweifeln in die eigene wissenschaftliche Befähigung. Wie gutmütig, verschmitzt und weise lächelt er von seinen Fotos, wie frohsinnig nannten ihn die, die ihn kannten. Fordert dieses leibhaftige Missverständnis der Geschichte nicht geradezu dazu heraus, auf einen Interpretationsleisten geschlagen und als der »wirkliche« Klemperer (re)konstruiert zu werden? Liegt er daneben, ist er fragwürdig, taugt er als Denkmal?

3. Missverständnis: Klemperers Fragen –
1. Versuch: Fragen und Denken

»Ich frage mich jetzt so oft nach Dingen«, schreibt Klemperer im April 1938, »[…] die mir fünfzig Jahre selbstverständlich waren. […] Wenn *ich*, Professor usw., lebenslang auf Denken geschult, mir so viele und so naheliegende Fragen durch fünfzig Jahre nicht gestellt habe, wie soll dann das Volk aufs Fragen kommen?« (ZA 3, 78, 10. 4. 1938)

Aller Arbeitsmöglichkeiten, aller Wissenschaft beraubt, verfolgt und gedemütigt, wird Klemperer vieles »frag-würdig«, was ihm bis dahin, im Zenit seiner wissenschaftlichen Kreativität, »frag-los« schien: »Ich habe den Glauben an Sinn und Wert meiner Tätigkeit verloren«, notiert er. »Frage wie oben: Was war ich, was bin ich?« (ZA 2, 111, 16. 7. 1936) Der Literaturtheoretiker der Aufklärung fragt unvermutet: »Wer ist ›das Volk‹?« (ZA 2, 58, 9. 11. 1935) und sinniert verunsichert: »Wie kommt Geschichte zustande? […] Was weiß ich von selbst er- lebter Geschichte? Ich war im Kriege, ich habe die Revolution und das dritte Reich aus allernächster Nähe erlebt – que sais-je? Und wer weiß mehr? Und wer waren die wirklichen Weltbeweger in alledem?« (ZA 3, 72, 31. 1. 1938)

Wieso stellte er sich als Professor diese Fragen vormals nie, nie in dieser Grundsätzlichkeit? War er doch nur unzureichend »auf Denken geschult«?

»Das in den Wissenschaften jeweils Unumgängliche: die Natur, der Mensch, die Geschichte, die Sprache, ist als dieses Unumgängliche für die Wissenschaften und durch sie unzugänglich«, bemerkt hierzu Hei- degger (1953, 64), Zeitgenosse Klemperers und meisterhafter Philo- soph der Sprache. »Der Grund dieses Sachverhaltes liegt darin, daß die Wissenschaft ihrerseits nicht denkt und nicht denken kann und zwar zu ihrem Glück und das heißt hier zur Sicherung ihres eigenen festgeleg- ten Ganges.« (Heidegger 1954, 4) Die Wissenschaft und die Technik (»Machenschaft« nennt sie Heidegger) haben durch ihre Gedankenlo- sigkeit und Seinsverlassenheit das Zeitalter der gänzlichen Fraglosig- keit eingeleitet, lässt uns Heidegger 1936/37 wissen (vgl. Heidegger 1989, 122 ff.).

Für Heidegger wäre Klemperers Frage nach seiner Fraglosigkeit ab- surd: Solange Klemperer Wissenschaftler ist, wird er im Denken nicht geschult. Und er denkt nicht, solange ihm nicht die wesentlichen Fra- gen kommen! »Es gibt von den Wissenschaften her zum Denken keine

Brücke, sondern nur den Sprung« (Heidegger 1952, 134), setzt Heidegger kompromisslos nach. Denn »die heutigen Wissenschaften (gehören) in den Bereich des Wesens der modernen Technik«. (Heidegger 1954, 49) Deren Wesen ist aber »nichts Menschliches« (ebd., 53). Der Intellektuelle ist, wenn er Wissenschaftler ist, blind für die grundlegenden Fragen des Seins. In dieser Hinsicht besteht völlige Übereinstimmung mit Horkheimer und Adorno (vgl. Heidegger 1989, 18). »Die historischen Geisteswissenschaften werden zur Zeitungswissenschaft. Die Naturwissenschaften werden zur Maschinenwissenschaft«, formuliert Heidegger zuspitzend. »›Zeitung‹ und ›Maschine‹ sind im wesentlichen Sinne gemeint als die vorgängigen Weisen der endgültigen (für die Neuzeit zur Vollendung treibenden) Vergegenständlichung, die in sich alle Sachhaltigkeit des Seienden aufsaugt« (ebd., 158). »Die ›Universitäten‹ als ›Stätten der wissenschaftlichen Forschung und Lehre‹ […] werden zu reinen und immer ›wirklichkeitsnäheren‹ Betriebsanstalten, in denen nichts zur Entscheidung kommt. […] Irgendein Wesen von ›universitas‹ wird sich aus ihnen nicht mehr entfalten können.« (Ebd., 155 f.) Auch Klemperer sieht, als er gezwungen ist, sich mit der LTI zu beschäftigen, an ihr genau diesen Zug zum Maschinell-Mechanischen und Rundfunkhaft-Zeitungsmäßigen. Bei der Frage nach der Frage jedoch verkennt Klemperer das eigentlich Fragwürdige seiner Existenz als Wissenschaftler und Mensch.

Wieso aber fragt sich das Volk seine grundlegendsten Fragen nicht selbst? Weil es nicht denkt, wie Klemperer unterstellt? Eher wohl, weil es Aussicht auf Arbeit und Besserung von den Faschisten erhofft und sich seine eigentlichen Fragen umbiegen lässt? Vielleicht trifft es Bloch – interpretationsfähig bis in die heutige Zeit – mit seiner Figur der unkonstruierbaren Frage: »Es ist so, ein Mann will etwas kaufen. Es fehlt ihm etwas, er weiß aber nicht, was. Er geht in ein Warenhaus. Da kommt nun eine Verkäuferin oder ein Verkäufer und bietet ihm alles mögliche an: Hosen, Schlipse, Krawattennadeln, Glühbirnen, Bücher, Fahrräder usw. usf. Am Schluß kauft er irgend etwas, was er aber gar nicht haben will. Es wurde ihm nichts anderes angeboten. Er hatte seine ursprüngliche Frage, sein ursprüngliches Staunen, das Staunen der Kinder, das die Erwachsenen in eigentümlichen Augenblicken haben, die ebenfalls einen ganz unscheinbaren Inhalt zu haben scheinen. […] die Gestalt der unkonstruierbaren Frage, die nicht zurechtgebogen wird auf eine paratliegende Antwort, sondern die noch gar keine Antwort hat, wo aber alles darauf ankommt, daß die Frage selber un-

verwechselbar mit der ausstehenden Antwort formuliert wird [...].«
(Bloch 1977, 38 f.) Während man dem »einfachen« Volk die Fragen
abgewöhnen, seine Träume verstopfen muss und ihm mit einem Über-
angebot von Versatzstücken den Blick für das Eigentliche verstellt,
kommen sie dem Professor gar nicht erst, muss man sie ihm nicht erst
abgewöhnen. Erst der Verlust von Wissenschaft führt Klemperer aufs
Philosophische, aufs Fragen nach dem Sein und damit aufs Denken.

Dass er, als Konsequenz, nach dem Ende des Faschismus den Bruch
mit seinem bisherigen Leben suchte, sich kulturpolitisch engagiert
und den Kommunisten beitritt, ein Schritt, dessen Misslingen wohl
nicht anders zu erwarten war, zeugt von ungewöhnlicher Konsequenz
und macht ihn der Welt des reinen Geistes zutiefst suspekt. Sein *kleines Philosophieren*, das dem lebensbedrohlichen Herausgerissensein
aus der geistlosen Wissenschaft entspringt, führte ihn – den eher Volks-
scheuen – zur praktischen Entschlossenheit, sich über die Wissenschaft
hinaus bei der Neugestaltung eines menschlichen Zusammenlebens
einzubringen. Seine *LTI*, die er 1947 veröffentlichte, wurde weder als
Zeitdokumentation noch als wissenschaftliche Studie konzipiert: »Weil
eine Tendenz im Spiel ist, weil ich mit dem wissenschaftlichen Zweck
zugleich einen erzieherischen verfolge.« (LTI, 20) Tendenziös zielte
sie auf die Wiedererweckung des Menschen im Deutschen.

Der *große Philosoph* Heidegger aber entwickelte seine beeindrucken-
de philosophische Analyse als Täter, begrüßte den Nationalsozialismus als Mobilmachung, die aus der Seinsvergessenheit von Wissenschaft herausführt und die Wiederherstellung der Stimmigkeit der
Wahrheit durch Rückbindung an Instinkt, Blut und Boden einleitet. Er
»reinigte« als Rektor seine Universität, als Klemperer zum Opfer von
»Bereinigungen« wurde. Irre wurde Heidegger nicht am Nationalsozialismus. Nur schweigsamer wurde er später. Es gibt keine Brücke von
seinem Leben zu seinem Denken, sondern nur einen abgrundtiefen
Riss. Der faszinierende Denker blieb als Kritiker der verirrten Wissenschaft ein verirrter Philosoph.

Wenn aber weder aus der Wissenschaft noch aus der Philosophie,
woraus dann speist sich die Kraft des Widerstandes gegen Faschismus,
Rassismus, Unterdrückung und Völkermord?

4. Missverständnis: Klemperers Fragen –
2. Versuch: Die Intellektuellen und das Volk

»Ich frage mich jetzt so oft nach Dingen«, schreibt Klemperer im April 1938, »[…] die mir fünfzig Jahre selbstverständlich waren. Hauptsache für die Tyrannis jeglicher Art ist das Unterdrücken des Fragetriebs. Und das ist so leicht zu machen. Wenn *ich*, Professor usw., lebenslang auf Denken geschult, mir so viele und so naheliegende Fragen durch fünfzig Jahre nicht gestellt habe, wie soll dann das Volk aufs Fragen kommen? Man braucht es eigentlich gar nicht zum Gegenteil erst anzuhalten.« (ZA 3, 78, 10. 4.)

Dieser Tagebuch-Eintrag Klemperers bietet weiteren Stoff zum Nachdenken. Er umfasst die Teilaussagen:

– Hauptsache für Tyrannis jeglicher Art ist Unterdrückung des Fragetriebs.
– Wenn ein auf Denken geschulter Professor sich nahe liegende Fragen nicht stellt, stellt sie sich das Volk erst recht nicht.
– Das Volk an sich fragt nicht, es muss daher auch nicht zum »Gegenteil« angehalten bzw. vom Fragen abgehalten werden.
– Die nahe liegenden Fragen, die sich der Professor Klemperer über 50 Jahre nicht gestellt hat, kommen ihm erst unter Hitlers Diktatur.

Wenn sich der Denker Klemperer *vor* Hitlers Diktatur die nahe liegendsten Fragen, die sein gesamtes Literaturkonzept ins Wanken bringen, nicht stellte – welche Tyrannis hat diesen Fragetrieb 50 Jahre unterdrückt? Wieso denkt der Denker des Fernliegenden das Naheliegende erst unter Druck! Ist die Tyrannis seines »normalen« Lebens als Intellektueller die Ursache für den blinden Fleck in seinem Auge?

Die »Millionen naiver Menschen« (ZA 1, 69, 14. 11. 1933), die »Durchschnitt und nicht Persönlichkeit« (ZA 6, 22, 28. 1. 43) sind, das einfache »Volk«, zu dem ihm »irgendwelche Beziehungen […] ganz unmöglich« (ZA 1, 141, 4. 9. 1934) sind, an dessen Lippen er hängt – vox populi, communis opinio –, und das er im Banne der *Wortmagie* nicht bei seinem Namen zu nennen wagt, das ihm obsolet ist, dieses »Hineinwusseln fremder Humanitas« (ZA 4, 24, 26. 5. 1940), dessen Arbeit ihm Vergeudung von Leben ist und dessen geistige Tätigkeit in den Bereich der Artistik weist (ZA 6, 154, 5. 12. 1943), von diesem Volk, so spürt er, hängt alles ab. Von seiner »entscheidenden Stimmung«

hängt die Entscheidung über Deutschlands Zukunft ab (vgl. ZA 7, 11, 15. 1. 1944).

Die *Selbstüberhöhung* des Intellektuellen, die bei der Begegnung mit dem Volk immer wieder verunsichert wird, führt den idealistischen Philologen – »Liberal und deutsch for ever« (ZA 3, 175, 12. 11. 1939) – zu einer unvermuteten Konsequenz: Wenn die Intellektuellen weit über dem Volke stehen, und sich gleichwohl ihren Einsichten verweigern, tragen Sie *Schuld*. Sie sind die wahrhaft *Strafmündigen*: Denn *sie* wissen, was sie tun: »Wenn es einmal anders käme und das Schicksal der Besiegten läge in meiner Hand, so ließe ich alles Volk laufen und sogar etliche von den Führern, die es vielleicht doch ehrlich gemeint haben könnten und nicht wußten, was sie taten. Aber die Intellektuellen ließe ich alle aufhängen, und die Professoren einen Meter höher als die andern; sie müßten an den Laternen hängen bleiben, solange es sich irgend mit der Hygiene vertrüge.« (ZA 2, 126, 16. 8. 1936)

Während Horkheimer und Adorno der Dialektik der Aufklärung die Schuld am Faschismus gaben, es also der Dialektik des Denkens überantworteten, dass der Faschismus sich Bahn brechen konnte, wodurch der Intellektuelle zum verführten Verführer der Vernunft wurde, zum bedauernswerten Opfer seiner intellektuellen Konsequenz, die Humanität in Buchhaltung auflöste – »Es gibt in den herrschenden Strukturen kein rationales Argument gegen Auschwitz. Wenn das nicht gefunden wird, geht diese Zivilisation unter.« (Müller 1991, 27 f.) –, spricht Klemperer den Denker nicht frei, macht ihn nicht zum Verführten, sondern zum Schuldigen, nicht zum Opfer seines Denkens, sondern zum denkenden Täter.

Wenn Kant einst »Aufklärung als Ausgang des Menschen aus selbstverschuldeter Unmündigkeit« bestimmte, so ist es nur konsequent, dem mündig gewordenen Aufklärer die volle Schuldfähigkeit zuzuerkennen.

5. Missverständnis: Klemperer und die Aufklärung

Klemperer scheint ein aufgeklärter Denker zu sein. Die »geschmähten Aufklärer, die Voltaire, Montesquieu und Diderot, waren immer meine Lieblinge gewesen.« (LTI, 17)

Inbegriff von Kultur und Fortschritt ist ihm die Vernunft: »Nur sie erfaßt, erkennt, meistert. Unbewußtheit, Gefühl, Inspiration, Naturhaftigkeit usw. usw. ohne sie ergibt in der Kunst Gestammel und Unkunst, im Leben: Willkür, Zerstörung, Guillotine. Das muß einmal ins Schluß-kapitel meines Dix-huitième.« (ZA 3, 73, 19. 2. 1938) Trotz schlimm-ster Erfahrungen kann ihm auch der Faschismus den Glauben an die Vernunft und ihre kulturschöpferische Kraft nicht nehmen: »alle Kultur besteht darin, zur geistigen Beherrschung der Materie, ›zur Vernunft‹ zu kommen« (ZA 6, 23), notiert er am 28. Januar 1943.

Er vertraut zunächst auf die Wirkungsmächtigkeit der Vernunft. Die Macht des Geistes, so glaubt er, wird den Faschismus in seine Schran-ken weisen. »Woran scheiterte die große Armada?«, so fragt er sich in seinen Tagebüchern. »An Wirtschaftlichem? Teilauskünfte! Sie kämpfte gegen den Geist, Deus afflavit. Woran scheitern die Hitlerianer? Am Wirtschaftlichen? An Außenpolitik, an den Juden, dem Zentrum …? Teilauskünfte. Am Kampf gegen den Geist! Deus afflabit. Aber wann?« (ZA 1, 147, 27. 9. 1934)

Doch die Erfahrung mit dem Verhalten der Menschen unter dem Fa-schismus zerstört ihm sein Weltbild, vernichtet sein Lebenswerk, sein Literaturkonzept: »Alles, was ich für undeutsch gehalten habe, Bruta-lität, Ungerechtigkeit, Heuchelei, Massensuggestion bis zur Besoffen-heit, alles das floriert hier.« (ZA 1, 18, 3. 4. 1933) Hieß es zunächst noch: »Ich bin für immer Deutscher, deutscher ›Nationalist‹. […] Die Nazis sind undeutsch« (ZA 2, 40, 21. 7. 1935), so klingt dies bald grundlegend anders: »Mein Deutschtum wird mir niemand nehmen, aber mein Nationalismus und Patriotismus ist hin für immer.« (ZA 3, 106, 9. 10. 1938)

»Das Skeptischwerden den großen Ideen gegenüber, wie Vaterland, nationale Ehre, Heroismus usw. mag allgemeine Alterserscheinung sein. Aber daß die Erkenntnisse, die ich für sicher hielt und auf denen sich meine Lebensarbeit im wesentlichen aufbaute, nun gänzlich zusam-menbrechen. Seit Jahren ist mein Begriff von Deutschland hin, und jetzt Frankreich! Als ob es *ein kleiner Balkanstaat* oder *die Tschechei* wäre.« (ZA 4, 35, 9. 7. 1940 – Hervorhebung H. J. P.; vgl. auch ZA 4, 126, 23. 6.–1. 7. 1941.)

Bleibt hier einerseits die Wendung zum Weltbürgertum und damit die Rückkehr zur ursprünglichen Universalität der Aufklärung festzu-halten (vgl. auch ZA 3, 106, 9. 10. 1938), so verschlägt es einem ande-rerseits doch unverhofft die Sprache, wie den Kritiker der LTI die Absage an deutschen Nationalismus nicht hindert, andere Nationen abwertend zu etikettieren. (Wie schrieb er schon 1933: »Unter französischer Negerbesatzung würden wir eher in einem Rechtsstaat leben als unter dieser Regierung.« ZA 1, 11, 17. 3. 1933) Und mit tiefer Abneigung kommentiert er die Begeisterung seines Zöglings Thieme über eine »Strafexpedition« der SA: »Rizinus und Spießrutenlaufen durch Gummiknüppel. Wenn Italiener so etwas tun – na ja, Analphabeten, südliche Kinder und Tiere … Aber Deutsche.« (ZA 1, 12, 17. 3. 1933; siehe auch ZA 2, 11, 7. 2. 1935)

Deutsche und Nicht-Deutsche. Deutsche und Un-Deutsche. Wo liegen die Übergänge, wo die Klippen und Untiefen? Wie konnte sich Klemperer das durchgehen lassen?

Zurück zur Aufklärung. War Klemperer in seinem Festhalten an den Aufklärern selbst Aufklärer? Ist der, der über die französische Aufklärung aufklärt und der gleichzeitig angesichts der deutschen Barbarei alle Zeitungen abbestellt und Augen, Mund und Ohren verschließt, ein Aufklärer? Nein! Aufklärung zielt auf Universalität.

Solange er etwas zu verlieren hatte, verdrängte er die Malträtierung seines ureigensten Gegenstandes, der Sprache. Erst der Faschismus zwang ihm die Analyse der Sprache auf. So bekennt er in der ›LTI‹: »Ganz am Anfang, solange ich noch keine oder doch nur sehr gelinde Verfolgung erfuhr, wollte ich sowenig als möglich von ihr (der Sprache des 3. Reiches – H.-J. P.) hören. […] Ich flüchtete, ich vergrub mich in meinen Beruf, ich hielt meine Vorlesungen und übersah krampfhaft das Immer-leerer-Werden der Bänke vor mir […]. Als dann die Beamtenschaft gereinigt wurde und ich mein Katheder verlor, suchte ich mich erst recht von der Gegenwart abzuschließen. […] Aber dann traf mich das Verbot der Bibliotheksbenutzung, und damit war mir die Lebensarbeit aus der Hand geschlagen. Und dann kam die Austreibung aus meinem Haus, und dann kam alles übrige, jeden Tag ein weiteres Übriges. Jetzt wurde die Balancierstange mein notwendigstes Gerät, die Sprache der Zeit mein vorzüglichstes Interesse.« (LTI, 16 f.) »Mein Tagebuch war in diesen Jahren immer wieder meine Balancierstange, ohne die ich hundertmal abgestürzt wäre.« (Ebd., 15)

Klemperer drängt sich nicht, er wird gedrängt, über die Sprache des Dritten Reiches aufzuklären, Aufklärer der LTI zu werden. Nicht durch ureigenstes Interesse an der Sprache, sondern durch Demütigung, Verbot und Vertreibung. »Habe Mut, dich deines *eigenen* Verstandes zu bedienen! Ist also der Wahlspruch der Aufklärung«, schrieb einst Kant. »Faulheit und Feigheit sind die Ursachen, warum ein so großer Teil der Menschen, nachdem sie die Natur längst von fremder Leitung freigesprochen *(naturaliter majorennes)*, dennoch gerne zeitlebens unmündig bleiben; und warum es anderen so leicht wird, sich zu deren Vormündern aufzuwerfen. Es ist so bequem, unmündig zu sein.« (Kant 1992, 9) Von Aufklärung aus Angst und Feigheit, aus Angst vor dem Tod und dem Verlust der Selbstachtung und aus Feigheit vor einem Neuanfang wusste Kant noch nichts.

Und Klemperer war kein Held, Geist und Körper lagen häufig in Fehde, wie ihm die traumatische Zeit von 8 Tagen Haft in Zelle 83 deutlich vor Augen führte: »[…] Ich will mir nichts vormachen. Distinguo. Todesangst, die Beengung, das Zurückschaudern der Kreatur werde ich niemals loswerden; mir hätten sie Hosenträger und Krawatte nicht abzunehmen brauchen. Kein Nervenzusammenbruch würde mich zum Selbstmord bringen.« (ZA 4, 125, 23. 6.–1. 7. 1941) Und als seine Eva im Krankenhaus liegt, sinniert er: »Es sitzt als Druck in mir, darüber Hunger, Langeweile, egoistisches Ausmalen meiner Deportation, wenn die arische Ehefrau stirbt, Gewißheit, zum Selbstmord zu feige zu sein, Überlegungen, was ich *dann* anfange […] Gefühl absoluter Leere, und immer unter alledem, beim Essen, Lesen, bei jeder Beschäftigung der rein körperliche Druck. Ich bin nichts ohne Eva, und ich werde doch aus purer unsinniger Todesangst ein sinnloses Leben weiterschleppen, wenn ich sie verliere.« (ZA 6, 147, 16. 10. 1943)

Während Camus angesichts der Absurdität des Lebens Argumente gegen den Selbstmord sucht und sie in einer Neuinterpretation des Mythos vom Sisyphos findet, weiß Klemperer, dass seine Angst keinen Selbstmord zulässt. Und die Zerstörung seines Gelehrtenlebens, die Entfernung aus der Universität, ist für ihn keine Herausforderung, sondern ein Trauma, gegen das er durch hartnäckige Berufspflicht anzuarbeiten sucht. Er hofft auf späten Ruhm. Aber er führt kein heldisches Leben. »Ich werde mit dem Curriculum nicht fertig, ich habe das Dix-huitième nicht vollendet, und ich mache Notizen zur ›Sprache tertii imperii‹, das ich nie schreiben werde. Ich bin Tag und Nacht (buchstäblich) von Todes- und Nichtigkeitsgedanken verfolgt und hänge an diesen Sachen so sehr, daß ich alle meine Sprachkenntnisse einrosten lasse, alle (buchstäblich). Nur der Ausgang entscheidet darüber, ob ich einmal als unverantwortlich träge oder gewissenlos oder als zäh und selbstbewußt gelte oder ob kein Hahn danach kräht, und ich selber auch nicht mehr, wie ich meine letzte Lebenszeit hingebracht habe. Dies letzte hat 99 Prozent der Wahrscheinlichkeit für sich.« (ZA 4, 53, 14. 10. 1940) »Fraglos ist diese Schreiberei, dies Manuskript im Hause eine ständige Lebensgefahr – auch für manchen darin Erwähnten. Und doch kann ich das Schreiben nicht lassen. Und trotz aller Depression und aller Symbolik der ›Papiersoldaten‹ kann ich die Hoffnung nicht aufgeben.« (ZA 6, 50, 5. 4. 1943)

Aufklärung, wie Kant sie heroisch versteht, als Überwindung der Feigheit und Faulheit, als Selbstermutigungsprozess der Vernunft, scheint eine wunderbare Illusion zu sein, die für Auserwählte gelten mag, nicht für die Normalität. Eine nicht-elitäre Aufklärung bleibt die Frage schuldig, wie Feigheit, sich selbst überwindend, zum Mut eigener Vernunft gelangen solle, da sie aus Belehrung allein nicht mutiger wird, sich der Gefährlichkeit ihres Verstandes auszusetzen. Klemperer zumindest demonstriert mit seinem Leben, um den Preis seines Lebens, wie man aus Feigheit und Angst vor dem Verlust des Selbst, wie man in dieser Feigheit zum widerständigen Gebrauch der eigenen Vernunft geführt werden kann, wie äußerer Druck, Angst und das vage Hoffen auf Ruhm und Anerkennung den eigenständigen Gebrauch widerständiger Vernunft nicht nur beschränken, sondern auch ermöglichen.

Dies scheint einer der bedeutsamsten Befunde des Wühlens in der Intimsphäre fremden Lebens, des Durchforstens von Tagebüchern zu sein. Dieser Befund würde es rechtfertigen, sie veröffentlicht zu haben. Er macht Hoffnung: Aufklärung als Behauptung der Selbstachtung durch Gebrauch der Vernunft im Durchleben von Angst und Feigheit.

Sei dir bewusst, müsste wohl Kants Aufklärungsschrift ergänzt werden, *dass deine Feigheit und deine Angst vor äußerem Druck Möglichkeiten für den Gebrauch des eigenen Verstandes eröffnen, die dir und anderen die Selbstachtung bewahren helfen.*

6. Missverständnis: Klemperer und die Schule

Was sollte in der Schule über Klemperer verhandelt werden, da er nicht zum Denkmal taugt? »Bildung ist Orientierungsvermögen [...]. Und jetzt, man muß Bescheid wissen mit dem Motor des Autos und des Flugzeugs, man muß etwas vom Radio verstehen, sonst ist man wahrhaftig ungebildet, wahrhaftig ohne Orientierungsvermögen. Ich fühle das jeden Tag [...], es ist nackte Wahrheit. Und die humanistische Bildung wird mit Achselzucken, allenfalls mit gerührtem Staunen betrachtet.« (ZA 4, 135 f., 23. 6.–1. 7. 1941)

Sollte man – angesichts irreparabler Missverständnisse – Klemperer nicht doch lieber ruhen lassen? Erzeugt er nicht mehr Desorientierung als Orientierung?

Oder sollte es besser nicht um ihn, sondern um sein Werk gehen, um das, was er uns hinterlassen hat an bestechenden Sprachanalysen des Faschismus? Dann wäre es überflüssig, auf Klemperer, den Autor, einzugehen. Wer interessiert sich schon, um in seinem eigenen Bild zu bleiben, beim Kauf eines Autos für das Schicksal Ottos.

Anders gefragt: Wenn es um *ihn* geht, was geht *er uns* an? Und wenn es um *sein* Werk geht, was geht es *uns* an? Ist sein Leben Leben für uns? Ist sein Werk unser Werk? Hat man *LTI* je als *LTI* gelesen? Handeln die Tagebücher von dem, was Klemperer erlebt hat, und ist der Klemperer der Tagebücher der wirkliche Klemperer?

Kommen wir auf den Punkt: Was hat Klemperer in der Schule zu suchen? Was hat er der Jugend zu sagen, da er doch selbst meinte, die Jugend nicht mehr zu verstehen? (vgl. ZA 4, 135 f., 23. 6.–1. 7. 1941.) Er verstand sie nicht, warum sollte sie ihn verstehen? Wozu Klemperer? Wieso er? Warum heute? Tagebücher eines Alten. Gelesen von den Jungen. Und? »Ich glaube, jeder Mensch halbiert ganz instinktiv und naiv die gesamte Menschheit in Alt und Jung und rechnet sich bis zu irgendeinem Moment zur einen, dann zur andern Hälfte. Ich glaube, daß es überhaupt keine Brücke von der einen zur andern Hälfte gibt« (ZA 3, 36 f., 20. 6. 1937), vermerkt Klemperer in seinem Tagebuch. »Wirklich verstehen kann ich meinen Vater erst jetzt, wo ich selber alt bin und ihn historisch aus dieser Zeit heraus beurteile. Die eben nicht die meine war. Denn *die* Zeit eines Menschen ist seine Entwicklungszeit. Ich verstehe natürlich auch nicht die jungen Menschen von heute.« (ZA 3, 82, 3. 5. 1938)

Was können die Alten die Jungen lehren? Der über die Selbstverständlichkeiten dieser Welt nachsinnende Herr Palomar, der in Italo Calvinos gleichnamigem Roman zu oftmals paradoxen Schlussfolgerungen kommt, findet auf diese Frage nur eine unbefriedigende Antwort: »Die Auflösung des Zusammenhangs zwischen den Generationen kommt aus der Unmöglichkeit, die Erfahrung weiterzugeben und den anderen die Fehler, die man selbst gemacht hat, zu ersparen. Den wahren Abstand zwischen zwei Generationen bestimmen die Elemente, die sie gemeinsam haben und die zur zyklischen Wiederholung immer derselben Erfahrung zwingen. [...] Die wirklichen Differenzen dagegen, die zwischen uns und ihnen bestehen, sind das Ergebnis der irreversiblen Wandlungen, die jede Epoche mit sich bringt, also abhängig von dem historischen Erbe, das wir ihnen übergeben haben, der wahren Erbschaft, für die wir verantwortlich sind, auch wenn wir es manchmal nicht wissen. Darum haben wir ihnen nichts beizubringen: Auf das, was am meisten unseren Erfahrungen ähnelt, können wir keinen Einfluß nehmen; in dem, was unseren Stempel trägt, erkennen wir uns nicht wieder.« (Calvino 1987, 119 f.)

Es funktioniert also nicht! Und Klemperer bestätigt: »Niemand kann aus der Geschichte lernen, weil sich nichts wirklich und ganz und ohne Variante wiederholt. Vielleicht ist Geschichtskenntnis geradezu schädlich: sie macht befangen. Vielleicht ist es mit dem Geschichtswissen wie mit der Askese: beide machen unfrei.« (ZA 6, 99, 22. 6.1943) Und Klemperer schrieb seine *LTI* als Erziehungsschrift! Welch ein Missverständnis! Sollte man da nicht doch verstehen wollen? Und sollte *das* nicht (die) Schule machen?

Anmerkungen

1   Zitiert wird aus der achtbändigen Ausgabe der Tagebücher 1933–1945 (Berlin: Aufbau Taschenbuch Verlag 1999).
2   Zitiert wird aus der 9. Auflage (Leipzig: Reclam 1975).

Literatur

Bloch, Ernst (1977): Die Welt bis zur Kenntlichkeit verändern. In: Tagträume vom aufrechten Gang. Sechs Interviews mit Ernst Bloch. Hg. von A. Münster. Frankfurt a. M.: Suhrkamp.
Bluhm, Harald (1997): Facetten des militarisierten Sozialismus. In: Initial o. Jg.(1997)6, 3–12.
Calvino, Italo (1987): Herr Palomar. Berlin: Volk und Welt.
fzs hagalil online, 22. 11. 1999, http://www.hagalil.com/brd/sachsen/klemperer.htm.
Heidegger, Martin (1952): Was heißt Denken? In: Heidegger, Martin (1954): Vorträge und Aufsätze. Tübingen: Günter Neske Pfullingen, 129–144.
Heidegger, Martin (1953): Wissenschaft und Besinnung. In: Heidegger, Martin (1954): Vorträge und Aufsätze, Tübingen: Günter Neske Pfullingen, 45–70.
Heidegger, Martin (1954): Was heißt Denken? Tübingen: Max Niemeyer.
Heidegger, Martin (1989): Beiträge zur Philosophie. (Vom Ereignis.) In: Martin Heidegger Gesamtausgabe. III. Abteilung: Unveröffentliche Abhandlungen und Vorträge – Gedachte. Band 65, Frankfurt a. M.: Klostermann.
Herzog, Roman (1996): Ansprache zum Gedenktag für die Opfer des Nationalsozialismus

am 19. Januar 1996 im Deutschen Bundestag. In: Deutscher Bundestag. Plenarprotokoll 13/81 vom 19. 1. 1996.

Horkheimer, Max; Adorno, Theodor W. (1989): Dialektik der Aufklärung. Leipzig: Reclam

Kant, Immanuel (1992): Beantwortung der Frage: Was ist Aufklärung? In: Kant, Immanuel (1992): Was ist Aufklärung? Stuttgart: Reclam.

Müller, Heiner (1991): Jenseits der Nation. H. Müller im Interview mit Frank M. Raddatz. Berlin: Rotbuch.

Nietzsche, Friedrich (1984): Vom Nutzen und Nachteil der Historie für das Leben. Zürich: Diogenes.

Schmidt, Siegfried J. (Hg.) (1987): Der Diskurs des Radikalen Konstruktivismus. Frankfurt a. M.: Suhrkamp.

Steinbach, Peter (1999): Interview in ARD Online. http://www.das-erste.de/klemperer/interview.asp.

Zolo, Danilo (1997): Die demokratische Fürstenherrschaft. Für eine realistische Theorie der Politik. Göttingen: Steidl.

Anhang

»Klemperer in der Schule? Ja, damit schließt sich der Kreis!«

Ein Interview mit Walter Nowojski

Karl-Heinz Siehr (= S) im Gespräch mit Walter Nowojski (= N), dem Herausgeber der Tagebücher von Victor Klemperer

S: Herr Nowojski, Victor Klemperer und Schule – das ist so etwas wie ein roter Faden, der diesen Band durchzieht. Sie beschäftigen sich mit Victor Klemperer seit 1978, haben seine Tagebücher herausgegeben, halten Lesungen ab, erhalten viele Briefe von Lesern. Ist das nach Ihrer Erfahrung eine sinnvolle Fragestellung oder entspricht es doch eher einem allgemeinen Boom in der Klemperer-Rezeption?

N: Wenn der allgemeine Zuspruch, den Klemperers Werk findet und der auch mich – das gestehe ich gern – in dieser Intensität überrascht hat, stärker als bisher die Schule erreicht, sollte man darüber nicht traurig sein. Wer wie ich bei Klemperer Student war und sich zudem so intensiv mit seinem Leben und Werk beschäftigt, wünscht sich ganz selbstverständlich, dass seine Tagebücher Unterrichtsstoff in den Schulen werden. Damit wird man Victor Klemperer gerecht, sowohl seiner Person als auch seinem Werk. Sein im Vorwort zitiertes Motto »Damit es Tag werde in den Köpfen« bringt ja zum Ausdruck, wofür Victor Klemperer nach dem Krieg angetreten war, was er als Lehrer erstrebte, und es entspricht dem, was heute leider wieder dringend nötig ist. Fast täglich erreichen uns Nachrichten, die mehr beunruhigen als beruhigen. Der sich immer offener ausbreitende Neonazismus und die damit verbundene Bereitschaft zur Gewalt beunruhigen mich ebenso wie die Art und Weise, in der teilweise darüber berichtet wird. Wenn Klemperers Werk in dieser Auseinandersetzung der Schule hilfreich ist – und davon bin ich überzeugt –, schließt sich der Kreis, wird ihm die heutige Gesellschaft gerecht.

S: Sie selbst haben ja durch Ihre vielen Lesungen vor Schülern ganz konkrete Erfahrungen machen können. Welche davon sind nach Ihrer Sicht für den alltäglichen Unterricht des Lehrers generalisierbar?

N: In der Tat werde ich oft von Schulen eingeladen, um aus den Tagebüchern zu lesen und mit den Schülern zu diskutieren – übrigens von Schulen aus den alten Bundesländern genauso wie aus den neuen. (Hier setzt die an Klemperer geschulte Sprachsensibilität sofort ein: Die »neuen« Bundesländer, Brandenburg zum Beispiel, sind natürlich um ein Vielfaches älter als die so genannten »alten« Bundesländer.) Insofern habe ich natürlich Erfahrungen zu diesem Thema, zumal ich auch Briefe von Lehrern erhalte, in denen ich um Rat gefragt werde oder in denen man mir mitteilt, welche Resonanz eine Lesung hatte und wie man darauf aufbauen kann. Denn selbstverständlich ist eine Lesung vor Schülern etwas anderes als der normale Unterricht; ich habe es da vielleicht auch ein wenig einfacher. Ich möchte einige

Erfahrungen hervorheben. Erstens: Die Tagebücher der Jahre 1933–1945 von Victor Klemperer werden von den Schülern angenommen. Es gibt offensichtlich ein Bedürfnis nach solchen Stoffen und den Problemen, die darin aufgeworfen werden. Gerade die Tagebuchform, die ja eine große Authentizität besitzt, ist ein Genre, das Jugendliche annehmen. Ich erlebe jedenfalls im Schulraum oft eine atemlose Stille, eine geistige Spannung wie sonst kaum. Zweitens: Bei den Fragen der Schüler halte ich mich stets an die Biografie des Mannes, die vieles erklärt. Einige Beispiele mögen das verdeutlichen: Woher hat dieser Mann seine großen rhetorischen Fähigkeiten, wird gefragt. Sie sind bedingt durch die Tatsache, dass Klemperers Vater ein begnadeter Prediger der jüdischen Reformgemeinde war und Victor Klemperer vor seiner Zeit als Wissenschaftler sich viele Jahre als Publizist und Schriftsteller betätigte. Warum stellte er so viele Dinge in Zweifel? Dieser Skeptizismus hat viel mit Klemperers Vorliebe für die französische Aufklärung zu tun, speziell mit dem Skeptizismus seines lebenslangen Vorbildes Voltaire. Schließlich ist auch Klemperers Verhalten nach 1945, sein Engagement in der DDR, nur zu verstehen, wenn man sein Schicksal in den Nazijahren berücksichtigt. Neben dieser biografischen Seite lege ich drittens immer Wert darauf, etwas über die historischen Umstände zu vermitteln, die Klemperers Leben wesentlich prägten: der immense Druck zur Assimilierung, der aus den gesellschaftlichen Zwängen erwachsene Drang, sein Deutschtum zu beweisen, und vieles mehr. Aus manchen Fragen der Schüler entnehme ich, dass allzu wenig Wissen über diese Zeit vermittelt wird. So etwas erschreckt mich manchmal. »Was war ein Judenhaus?«, »Was heißt ›Mischehe‹?«, »Was bedeutete ›privilegierter Jude‹?«, ja sogar »Was war die Wannsee-Konferenz?« werde ich gefragt. Dass der Deutschlehrer vermutlich eher auf Klemperers Sprachkritik eingeht, liegt in der Natur der Sache, doch auch er kommt ohne historische Bezüge nicht aus. Und schließlich lege ich viertens meine Lesungen und Diskussionen immer so an, dass viel Raum bleibt für aktuelle Erscheinungen, für ein Weiterdenken der Dinge, die Klemperer anspricht und unter denen er leidet. Die Jugendlichen wollen keinen Historismus im Umgang mit Klemperer, sie haben Fragen, die sehr unmittelbaren Verunsicherungen, Ängsten und Beobachtungen entspringen.

S: Bekanntlich werden manche Autoren nicht mehr gelesen, weil bzw. nachdem sie im Unterricht behandelt worden sind. Besteht nicht bei einer starken Orientierung auf einzelne Personen bzw. deren Werk die Gefahr der Überhöhung, des Auf-den-Sockel-Hebens, was ja gerade bei jungen Menschen Gegenreaktionen in Gestalt rigoroser Ablehnung hervorruft? Sehen Sie die Gefahr auch bei Klemperer, und wenn ja, wie kann man ihr begegnen?

N: Eine solche Gefahr sah ich bei mir, nicht aber bei den Lesern der Tagebücher. Als ich begann, mich mit Klemperers Nachlass zu befassen, glaubte ich, ein Denkmal zu bearbeiten. Denn das war er für mich. Erst im Laufe der Beschäftigung, durch die Kenntnis der Tagebücher sah ich dahinter den wirklichen Menschen, eröffnete sich mir ein exemplarisches und widersprüchliches Leben. Ich war darüber nicht traurig, denn ich habe es lieber mit Menschen als mit Denkmälern zu tun. Die Leser der Tagebücher neigen, im Gegenteil, zuweilen dazu, aus der ehrlichen Selbstbeschreibung Klemperers vorschnell Unverständnis oder gar Abneigung abzuleiten. Hier schreibt jemand rückhaltlos im Augenblick – nicht für die Veröffentlichung gedacht – seine unmittelbaren Gedanken, Ängste, Unzulänglichkeiten nieder, sowohl, um all dies festzuhalten, aber auch schon, um sich davon zu befreien. Es finden sich Gedanken in den Aufzeichnungen, die in vielen Menschen aufleuchten, aber niemals würden sie wagen, sie zu notieren. Meine Erfahrung im Umgang mit diesem einzigartigen Tagebuch könnte auch für den Unterricht Richtschnur sein: Wichtig sind genaue, aber auch anschauliche biografische und historische Kenntnisse, kein Abarbeiten von Schlagwörtern, kein vordergründiges Aktualisieren. Klemperer sollte als denkender, fühlender und in konkrete Zwänge eingebundener Mensch gezeigt werden, der kein Held war, der sich aber in schwierigsten Verhältnissen menschlich und auch mutig verhalten hat. Hätte die Gestapo seine Tagebuchaufzeichnungen gefunden, wäre das sein Todesurteil gewesen.

S: Nach meinen Erfahrungen in der Lehrerweiterbildung sind Lehrer, die bereits mit Klemperer-Texten im Unterricht gearbeitet haben, von den Potenzen des Stoffes überzeugt. Allerdings wird auch gesagt, dass der Stoff alles abverlangt, in der Vorbereitung und beim Unterrichten. Ohne hier zu sehr ins Didaktische geraten zu wollen, frage ich, wo liegen aus Ihrer Sicht Probleme und Schwierigkeiten, die der Lehrer im Vorfeld des Unterrichts erkennen sollte, damit die Begegnung mit Klemperer für die Schüler wirklich auch ein Erlebnis wird?

N: Einiges habe ich ja schon angedeutet, aber ein systematisches Unterrichtskonzept überlasse ich doch lieber den Fachleuten. Für mich ist eine Lesung in einer Schule beispielsweise dann gelungen, wenn ein Schüler aufsteht und sagt, dass er das, was Klemperer in den Tagebüchern beschreibt, so noch nicht gehört hat. Oder wenn jemand bemerkt – und das ist mir mehrfach passiert –, dass es vielleicht doch nicht so war, wie die Oma sagte, dass man von all dem Entsetzlichen, was den Juden in den Nazijahren angetan wurde, nichts wissen konnte. Oder wenn ein Schüler erklärt, in Zukunft genauer auf die Sprache der Erwachsenen, insbesondere der Politiker zu achten. Solche oder ähnliche Reaktionen zeigen emotionales Ergriffensein, das geistige Denkschübe ausgelöst hat. Darauf lässt sich aufbauen. Um das zu erreichen, muss der Lehrer freilich von Victor Klemperer einiges gelesen haben.

S: Nun kann der Lehrer ja nicht die gesamten Tagebücher behandeln, er muss auswählen und nach möglichst geeigneten Textstellen suchen. Welche Textstellen sind besonders geeignet, die Person Victor Klemperer und die Umstände, unter denen er lebte anschaulich zu charakterisieren?

N: Ich lese einerseits beispielsweise Abschnitte, in denen sich Klemperer unmittelbar in den Fängen der Gestapo befindet, um den Zynismus dieser Leute zu verdeutlichen. Ich vergesse nie Klemperers Auflistung von Verboten zu lesen, denen die Juden ausgesetzt waren. Das ist ein erschütterndes Dokument, das nach meiner Erfahrung kaum einen Jugendlichen unberührt lässt. Andererseits lese ich Stellen über den Hausbau der Klemperers, um diese zwiespältige Situation zwischen persönlichem Hoffen und allmählicher, aber stetiger Verschlechterung der Situation für die Juden zu zeigen. Ich lese aber auch Textstellen – als Gegenstück zum Zynismus der Gestapo –, in denen Menschen unter schrecklichsten Bedingungen ihre Menschlichkeit bewahrt haben. Da fällt mir vor allem die wunderbare Gestalt der

Frau Pick aus dem Judenhaus ein. Wichtig ist ferner, dass die Schüler etwas über den privaten Klemperer erfahren, wie er im hohen Alter Auto fahren erlernt oder wie er sein Verhältnis zu Eva, seiner ersten Frau, beschreibt. Ich nutze dazu auch die wunderbare Liebeserklärung an Eva aus dem Jahr 1906 *(Curriculum vitae)* oder seine Gedanken in Evas Sterbestunde 1951. Auch Klemperers Humorigkeit, sein Witz, seine feine Ironie sollte man verdeutlichen. Und natürlich gebe ich auch ständig Belege für das Funktionieren der LTI, der Sprache des Dritten Reiches. Alles, was man auswählt, sollte die Schüler neugierig machen, zunächst auf den Menschen Victor Klemperer, dann auf die Umstände und damit auf die Geschichte!

S: Ein Grund für die nachhaltige Resonanz in der Öffentlichkeit ist auch in der Tagebuchform begründet. Was ist das Besondere an Klemperers Tagebüchern?

N: Es gibt kein anderes Dokument deutscher Sprache, das so wahrhaftig, so ehrlich, so wenig sich selbst schützend die Dinge beschreibt, und zwar in dem Moment, in dem der Autor sie erlebt, empfindet und beurteilt und nicht Monate oder Jahre später, mit verklärtem oder geläutertem Blick. Der Leser spürt, dass er verlässliche Informationen erfährt, fernab jeglicher ideologischer Vereinfachungen, die manchem historischen Werk innewohnen. Und deshalb akzeptiert der Leser auch drastische Urteile und auch Bewertungen, die sich später als unzutreffend erwiesen haben. Was nun speziell die Tagebücher der Nazijahre betrifft, so besteht die besondere Bedeutung darin, dass hier ein existentiell bedrohter Mensch vom ersten bis zum letzten Tag des Nazismus minutiös notiert, was um ihn herum geschah. Schließlich muss man sehen, dass *Curriculum vitae* und die Tagebuch-Bände fast ein ganzes Jahrhundert sehr wechselvoller deutscher Geschichte beleuchten.

S: Für den Deutschunterricht ist vor allem der Sprachkritiker Victor Klemperer interessant. Obwohl es ja auch in den Tagebüchern praktisch von 1933 bis 1959 sprachkritische Anmerkungen gibt, bleibt in dieser Hinsicht der Band *LTI* für die Schule von besonderem Wert. Wie wurde der Band eigentlich unmittelbar nach seinem Erscheinen aufgenommen?

N: Ich habe das Buch, dessen unverständlicher Titel mich zunächst gereizt hatte, 1948 als siebzehnjähriger Lehrling gelesen. Es hat mir schlagartig gezeigt, wie der Nationalsozialismus auch mittels Sprache funktioniert hat, welchem geistigen Erbe auch ich, der keineswegs aus einem nazistisch gesonnenen Elternhaus stammt, unbewusst erlegen war. Als Kind während des Krieges empfand ich beispielsweise *fanatisch* und *arteigen* als positiv besetzte Vokabeln. Erst Klemperers *LTI* machte mir – und vielen meiner Generation im Osten, wie ich weiß – klar, welchen Gebrauchswandel die Wörter hinter sich hatten und wie auch die Sprache das Denken und Handeln gesteuert hat. Nach meiner Auffassung ist *LTI* bis heute ein großer Wurf zum Thema Sprache im Nazismus, ein wunderbares Werk, dem nichts Vergleichbares an die Seite zu stellen ist.

S: Wie war eigentlich die Wirkungsgeschichte des Bandes? Gab es dabei nach Ihren Kenntnissen Unterschiede zwischen Ost und West?

N: Man darf sicherlich ohne Übertreibung sagen, dass für viele Generationen im Osten *LTI* ein Kultbuch war, das übrigens nicht nur von geisteswissenschaftlich orientierten Studenten gelesen wurde. Das Buch ist bis zum Ende der DDR in vielen Auflagen erschienen und war eigentlich immer erhältlich. Probleme gab es vor allem mit der 2. Auflage von 1949, in der das Kapitel *Zion* fehlte, weil einige Persönlichkeiten wie Paul Merker und der Verleger Erich Wendt fürchteten, dieses Kapitel könnte von interessierten Kräften für neuen Antisemitismus genutzt werden. Staatliche Versuche, die Verbreitung von *LTI* einzuschränken, gab es nicht.

Im Westteil Deutschlands spielte das Buch – jedenfalls außerhalb der Wissenschaft – keine Rolle, was damit zu erklären ist, dass die Medien Klemperer wegen seines Engagements für die DDR ignorierten, wenn nicht angriffen. Aus dem Briefwechsel Klemperers wird beispielsweise ersichtlich, dass es seinem einflussreichen Lehrer Karl Vossler nicht gelungen ist, die Universitätsbibliothek in München zu bewegen, ein Exemplar zu erwerben. Erst in den 60er Jahren ist es dann zu zwei relativ kleinen Taschenbuch-Ausgaben gekommen, so dass viele Leser des Westens erst nach 1995 über die Tagebücher Bekanntschaft mit Victor Klemperer und seiner *LTI* machen.

S: Angesichts des Stellenwertes von *LTI* in der DDR ist es merkwürdig, dass der Band im Grunde nie systematisch für den Schulunterricht genutzt wurde. Hätte dieses Buch die antifaschistische Erziehung nicht besonders unterstützen können?

N: Hier muss man unterscheiden: Sie haben Recht mit Ihrer Beobachtung, was Lehrpläne und Schulbücher betrifft. Unterhalb dieser offiziellen Ebene war *LTI* durchaus ein Unterrichtsthema. Es hing doch sehr vom Lehrer ab, ob er das Buch zusätzlich einbezogen hat oder nicht. Ich kenne viele Lehrer, die *LTI* behandelt oder zumindest ihre Schüler darauf aufmerksam gemacht haben. Warum das Buch in der offiziellen Bildungspolitik nicht stärker genutzt worden ist, darüber könnte ich nur Vermutungen äußern. Vielleicht spielte in den frühen Jahren eine Rolle, dass *LTI* »nur« als Opfer-Buch und nicht als das Werk eines aktiven Kämpfers gegen den Faschismus beurteilt wurde. Diese Unterscheidung war übrigens der eigentliche Grund für den damaligen Aufbau-Verleger Walter Janka, die Rechte an *LTI* an einen anderen Verlag zu verkaufen. Für die 70er und 80er Jahre könnte ich mir auch vorstellen, dass man befürchtete, die Schüler könnten die Analysen Victor Klemperers über die Sprache der Nazis mehr unter aktuellen Gesichtspunkten lesen. Eine solche »Befürchtung« war ja nicht unbegründet.

S.   Nach meiner Erfahrung mit Studenten haben junge Menschen Schwierigkeiten, bestimmte Seiten des öffentlichen Verhaltens von Klemperer in der DDR nachzuvollziehen …

N: Zwei Anmerkungen dazu: Zum einen darf man Klemperers Verhalten nach 1945 nicht losgelöst von seinem gesamten Lebensschicksal bewerten. Klemperer sah im Osten das kleinere Übel. Dieses Urteil bezog sich vor allem auf den Umgang mit dem nazistischen Erbe, auf das notwendige »Ausmisten«, wie Klemperer es oft drastisch nannte, das er im Osten konsequenter durchgesetzt sah als im Westen. Klemperer war natürlich stigmatisiert, wie hätte er nach seinem Schicksal nicht stigmatisiert sein können? Er sah sich von Nazis umgeben; er behielt die Angst, alles könne sich wiederholen. Der Versuch auf der anderen Seite Deutschlands, wo man begann, neue

Verhältnisse ohne den Austausch von belasteten Personen aus den Eliten aller Ebenen zu schaffen, war für ihn unannehmbar. Zum anderen ist zu berücksichtigen, dass Klemperer sich in der DDR letztlich aus der Position eines wirklichen Liberalen, eines bürgerlichen Gelehrten liberalen Geistes engagierte, der bestimmten politischen Verhältnissen und Mechanismen in der sowjetischen Besatzungszone und in der späteren DDR – etwa in der Volkskammer – zumindest kritisch gegenüberstand. Die Tagebücher belegen das hinreichend. Im Rahmen der Spielräume und der Möglichkeiten, die er sah – man bedenke sein hohes Alter und seine Krankheit – war Klemperer bemüht, auf seinem Gebiet Veränderungen zu erreichen. Dies gilt etwa für seinen Einsatz um den Französisch- und Lateinunterricht an den Schulen, der reduziert wurde und wogegen Klemperer in verschiedenen Gremien und in Artikeln polemisierte und auch einige Erfolge erreichte.

S: Ich will noch einmal einhaken: Ich habe es wiederholt erlebt, dass Studenten zum Beispiel fragen, wie ein so analytisch präziser Ideologie- und Sprachkritiker nach 1945 zur Sprache in der sowjetischen Besatzungszone und in der DDR offiziell mehr oder weniger geschwiegen oder Texte verfasst hat – zum Beispiel seinen Vortrag von 1952 *Zur gegenwärtigen Sprachsituation in Deutschland*, die aus heutiger Sicht auf den ersten Blick recht unkritisch erscheinen. Was würden Sie darauf antworten?

N: Vor einiger Zeit besuchte ich Professor Hans Mayer in Tübingen. Wir sprachen über Victor Klemperer. Er erzählte mir eine Begebenheit, die ihm Klemperer selbst berichtet hatte: Während der Pause einer Volkskammersitzung ist Klemperer auf Walter Ulbricht zugegangen und hat ihn ersucht, dringend etwas gegen die unsägliche Funktionärssprache zu unternehmen, die das Volk nicht erreichen würde. Klemperer fügte hinzu: »Und auch Du, Genosse Ulbricht, Du sagst immer ›Iniative‹, das heißt aber Initiative!« Ulbricht antwortete: »Weißt Du, es ist völlig egal, ob man Initiative oder Iniative sagt, wichtig ist, dass man Iniative hat.« Damit war das Thema für Ulbricht erledigt, für Klemperer jedoch nicht. Er hat mehrfach versucht, seine Beobachtungen zur LQI, zur Sprache des vierten Reiches, in die Öffentlichkeit zu tragen. Einer dieser Versuche war der von Ihnen erwähnte Vortrag, der später vom Kulturbund publiziert wurde. In dieser Zeit waren die Interviews mit Stalin zu Fragen der Sprachwissenschaft erschienen, die durchaus einige Richtigstellungen zu sprachtheoretischen Grundfragen enthielten. Klemperer »benutzte« Stalin, um seine Beobachtungen und Gedanken zur offiziellen Sprache in der DDR zu vermitteln. Sein Text sollte ursprünglich in der SED-Zeitschrift *Einheit* erscheinen, er war dem ZK jedoch nicht genehm. Im Anhang der Tagebücher 1945–1959 habe ich das durch eine Unachtsamkeit in die Hände von Victor Klemperer gekommene entsprechende Gutachten eingefügt, das drastische Einwände der Partei gegen Klemperers Aufsatz zeigt. Man muss das wissen, wenn man Klemperers Aufsatz liest. Klemperer lobt im ersten Teil Stalin, zum Teil mit Mitteln, die er selbst als LTI-typisch ausgewiesen hatte, um sich dann im zweiten Teil mit der offiziellen Sprache in der DDR auseinander zu setzen. Man kann dieses Argumentationsmuster, diese Art von »Sklavensprache«, nur aus den damaligen Umständen begreifen. Diese Arbeit zeigt zum einen Klemperers hohe Kompromissbereitschaft, zugleich aber auch sein Begehren, gegen Erscheinungen, an denen er sich rieb, öffentlich aufzutreten.

Dass es Lesern, die diese Zeit nicht erlebt haben, nicht leicht fällt, diese Dinge zu verstehen, kann ich nachvollziehen. Hier muss der Lehrer Ergänzendes über die historischen Umstände in der Zeit des Stalinismus beitragen. Klemperer jedoch als puren Stalinisten abzuqualifizieren, wie es in einem Artikel des *SPIEGEL* geschah, trifft den Kern jedenfalls nicht.

S: Die Tagebücher haben in der Zwischenzeit verschiedene mediale Fassungen erhalten. Ich erinnere an die ARD-Serie 1999, an die Hörspielfassung, an die Lesungen im Rundfunk, an zwei Dokumentarfilme. Für den Unterricht, der ja möglichst viele Sinne ansprechen soll, ist diese Situation recht günstig. Wie ist Ihre Meinung zu diesen Fassungen?

N: Der Dokumentarfilm von Ullrich Kasten und Wolfgang Kohlhaase *Mein Leben ist so sündhaft lang* (1998) erscheint mir besonders gelungen, sowohl wegen der sehr genauen und treffenden Charakterisierung der Persönlichkeit Klemperers als auch wegen der klugen Kameraführung. Nicht empfehlen kann ich hingegen die erwähnte ARD-Verfilmung. Natürlich weiß ich, dass die Verfilmung literarischer Vorlagen und eben auch eines Tagebuchs eigenen Gesetzen folgt. Aber der Szenarist hat meines Erachtens zu sehr nach Hollywood und damit wohl auf die Quote geschaut. Dabei gibt es in beiden Teilen Deutschlands nach 1945 gute Traditionen, authentische Vorlagen für das Fernsehen zu verfilmen. Ich denke hier vor allem an Fechner, Monk, Beyer und Kohlhaase. Es würde den Rahmen dieses Gesprächs sprengen, wollte ich die Verzerrungen der Persönlichkeiten Victor und Eva Klemperers in diesem Film an Beispielen belegen und – was noch gewichtiger ist – das politisch Bedenkliche vieler Szenen auflisten. Eine große Chance wurde vertan.

S: Ich möchte an dieser Stelle noch den aktuellen Bildband im Aufbau-Verlag erwähnen, den ich persönlich für sehr gelungen halte. Sie selbst waren an diesem Band ja beteiligt …

N: Ja, das könnte eine gute Ergänzung sein. Einige der wichtigsten Personen und Orte des Tagebuchs bekommen damit ein Gesicht. Uns war wichtig, dass über das Biografische hinaus auch stets etwas vom Kultur- und Zeitgeschichtlichen deutlich wird. Also, ich hätte wahrlich nichts dagegen, wenn sich dieser Band im Unterrichtsraum wiederfindet.

S: Wenn Sie die Rezeption des Werkes von Klemperer überblicken, die durch die Veröffentlichung der Tagebücher ja eine völlig neue Qualität erhalten hat, was hat sie am meisten überrascht?

N: Natürlich habe ich mir nach jahrelanger, oft sehr schwieriger Arbeit am Manuskript gewünscht, zahlreiche Leser zu finden. Doch am Ende der Arbeit am Manuskript der Tagebücher 1933–1945, etwa um 1994, sah ich, dass die Menschen im Osten andere Sorgen hatten, als gerade jetzt wieder mit dem Thema Antifaschismus konfrontiert zu werden. Ich wusste auch, dass man Klemperer in der alten Bundesrepublik kaum kannte. Wie hätte ich da annehmen können, dass das Buch erfolgreich sein würde. Aber es kam ganz anders: der Geschwister-Scholl-Preis noch 1995, große Rezensionen in allen führenden deutschen Zeitungen, mehrere Auflagen innerhalb eines Jahres. Die Feuilletons haben die Bedeutung der Tagebücher sofort erfasst. Eine solche Resonanz hatte ich nicht erwartet, es war der schönste Irrtum meines Lebens.

S: Es ist zwar eine hypothetische Frage, aber sie sei dennoch gestellt: Was würde Klemperer heute in seinen Tagebüchern notieren?

N: Kurz gesagt, alles was er nicht zum humanen Gedankengut gezählt hätte, sowohl in Sprachäußerungen als auch in sonstigen Handlungen, alles was ernsthaft demokratische Menschen erregt. Klemperer würde seine Notizen zur LQI fortführen; einen Ausdruck wie *Sparpaket* hätte er sicherlich in der Rubrik Schleierwort festgehalten und *Buschgeld* nicht überhört; den Begriff *deutsche Leitkultur* allerdings hätte er gewiss der LTI zugeordnet. Er würde aber auch notieren, dass in diesen Tagen ein angesehenes Institut für Zeitgeschichte in München auf die Idee kommt, dem konservativsten, um nicht zu sagen reaktionärsten Historiker Ernst Nolte einen Preis zu verleihen. Klemperer würde aufhorchen, wenn er in den soeben erschienenen Erinnerungen des Publizisten und Verlegers Siedler lesen müsste, dass das berüchtigte Zinnowitz-Lied *Juden raus aus Zinnowitz, Heringsdorf ist euer Sitz …* aus den 20er Jahren »nicht eigentlich bösartig gemeint war. Es war wohl so harmlos wie jenes andere Wort, ›Im Winter ist der Pommer noch dümmer als im Sommer‹. Inzwischen ist das alles Geschichte, beide verweht, Pommern wie Juden. Was würde man geben, sie wiederzuhaben?« Dieser Jobst Siedler ahnt nicht einmal, was er anrichtet. Klemperer hätte all dies seismographisch notiert, weil er gesehen und erlebt hatte, wie aus solchem konservativen intellektuellen Tun sich das rekrutiert, was sich dann auf der Straße in potenzierter Weise äußert. Er hätte dagegen angeschrieben und damit zugleich die ihn überkommene neue Angst zu überwinden gesucht.

S: Ich möchte das Gespräch nicht beenden, ohne Sie nach Ihren Plänen zu fragen. Was ist zum Thema Klemperer in Vorbereitung?

N: Gegenwärtig arbeite ich an der Herausgabe des Briefwechsels von Victor Klemperer. Brief*wechsel* ist wörtlich zu nehmen: Es werden sowohl Klemperers Briefe als auch die Antwortbriefe nachzulesen sein. Damit wird Klemperers authentische, wahrhaftige, aber eben auch immer subjektive Sicht in den Tagebüchern an dieser oder jener Stelle ergänzt und präzisiert durch den Blick und die Urteile von Menschen, mit denen er korrespondierte. Interessant ist beispielsweise, dass man aus den Briefen genauer erfährt, wie sehr sich die Familie darum bemüht hat, Klemperer zur Ausreise aus Deutschland zu bewegen und wie sie unter Mühen das Geld aufbrachte, das in den USA hinterlegt werden musste.
Außer der Herausgabe des Briefwechsels verfolge ich seit längerem das Ziel, die bisher noch nicht veröffentlichten Tagebuchnotizen der Jahre 1933–1945 zu publizieren. Wenn in wichtigen Rezensionen zu den Tagebüchern Klemperers zu lesen war, dass von nun an kein Wissenschaftler mehr ohne die Kenntnis der Tagebücher Victor Klemperers ernsthaft über die Zeit des Nationalsozialismus forschen kann, dann liegt es auf der Hand, der Forschung auch das Gesamttagebuch dieser Jahre zugänglich zu machen. Immerhin sind von insgesamt ca. 5000 Manuskriptseiten

erst 1500 nachzulesen. Wenn man noch so gewissenhaft auswählt, so werden dem bisher nicht gedruckten Teil – wenn auch mit spektakulären Neuigkeiten nicht gerechnet werden kann – doch eine Vielzahl von interessanten Details zu entnehmen sein, die den Forschern in einer CD-Rom vorgelegt werden sollen. Leider ist die Finanzierung dieses für mich wichtigsten Unternehmens noch nicht gesichert.

S: Herr Nowojski, für diese Vorhaben alles Gute und herzlichen Dank für das Gespräch.

Victor Klemperer im Deutschunterricht – Erfahrungen aus erster Hand

Ein Interview mit Deutschlehrern

Karl-Heinz Siehr (= S) im Gespräch mit den Deutschlehrerinnen Gundula Neumann (Gesamtschule »J. G. Herder« Königs Wusterhausen; = N), Gesine Schäfer (Sportschule Potsdam; = SCH) und dem Deutschlehrer Erhard Wesnigk (Gerberstadt-Gymnasium Doberlug Kirchhain; = W)

S: Sie gehören zum Kreis jener Lehrerinnen und Lehrer, die sich im Deutschunterricht bereits an das Thema Klemperer herangewagt haben. Über Ihr Vorgehen und Ihre wichtigsten Ergebnisse haben Sie im Heft 3/2000 der Zeitschrift *Deutschunterricht* berichtet. Die Mehrheit der Leser wird vermutlich diese Erfahrungsberichte nicht kennen. Vielleicht sollten Sie daher zunächst kurz darstellen, was der Anlass war, sich mit diesem Gegenstand zu befassen.

W: V. Klemperers Buch *LTI* war mir seit längerem bekannt, es war für mich und viele in meiner Generation in den alten Bundesländern immer ein wichtiges Buch über Sprache allgemein und speziell über Sprache im Faschismus. Die Veröffentlichung der Tagebücher hat mein Interesse an der Person V. Klemperer und besonders an seiner Sprachkritik noch gesteigert. Der unmittelbare Anlass, über den Einsatz des Werkes von Klemperer im Unterricht nachzudenken, kam dann – und ich denke, das gilt für alle hier in dieser Runde – durch ein Seminar zum »Sprachkritiker Klemperer« im Rahmen eines berufsbegleitenden Studiums an der Universität Potsdam. Als gefragt wurde, wer einmal eine Unterrichtssequenz zu diesem Thema planen wolle, erschien mir das eine günstige Gelegenheit zu sein, etwas Neues auszuprobieren. Mehr intuitiv hatte ich zunächst gespürt, dass sich der Stoff für den Muttersprachunterricht eignet, speziell unter dem Gesichtspunkt der Entwicklung einer sprachkritischen Kompetenz. Der Lernbereich »Reflexion über Sprache« lässt im brandenburgischen Lehrplan Freiraum für solche Schwerpunkte. Sprachkritik wird dort erwähnt, ebenso Themen wie Manipulation mit Sprache und der Zusammenhang von Denken und Sprache. Der Band *LTI* bot sich an, solche oder ähnliche theoretisch schwierigen und praktisch brisanten Fragen zu behandeln.

N: Ich möchte noch ergänzen, dass für Deutschlehrer aus den neuen Bundesländern der Begriff Sprachkritik – jedenfalls im Kontext des Muttersprachunterrichts – neu und unscharf war. Uns lag ja traditionell das Sprachkultur-Konzept näher, das jedoch in den neuen Lehrplänen explizit keine große Rolle mehr spielte. Dafür wurde zunehmend von »Sprachkritik« und »sprachkritischer Kompetenz« gesprochen. Auch wenn m. E. beide Konzepte aus schulischer Sicht gar nicht so alternativ sind, reizte es mich, das Thema Sprachkritik aufzugreifen. Zumal ja auch die Gegenwart nach Sprachkritik förmlich ruft und die Schüler unbedingt auch zu einem kritischen Umgang mit Sprache befähigt werden müssen. Ich glaube, wir alle haben also in doppelter Hinsicht Neuland betreten: sowohl mit Sprachkritik als auch mit Klemperer.

S: Wenn wir hier von Klemperer reden, dann steht dieser Name ja metonymisch für einen Teil seines Werkes, speziell für seine sprachkritischen Texte, die offensichtlich im Muttersprachunterricht sehr produktiv zu nutzen sind, wie Ihren Erfahrungsberichten zu entnehmen ist. Welche Schwerpunkte haben Sie im Unterricht gesetzt, was war Ihr zentrales Anliegen?

Sch: Ich habe in einer 11. Klasse, in einem Basiskurs, mit Texten von Klemperer gearbeitet, und zwar immerhin 16 Stunden. Ausgehend von und immer wieder Bezug nehmend auf Klemperers *LTI,* ging es mir zum einen um das Verdeutlichen bestimmter sprachtheoretischer Zusammenhänge, speziell der Funktionen von Sprache und des Zusammenhangs von Sprache und Denken, zum anderen um das Vermitteln von Einsichten in das Funktionieren der Sprache im Faschismus. Speziell die Eingangskapitel von *LTI* habe ich hierfür genutzt. Als Aktualisierung ist erörtert worden, ob und wieweit auch in der Gegenwart Menschen mit Sprache beeinflusst oder manipuliert werden können, wo es solche »gefährdeten« Kommunikationsbereiche gibt, etwa in der Politik und in der Werbung, und was der »normale« Sprecher dagegen tun kann. Hier konnte ich mit den Schülern über die Funktionen von Sprachkritik reden, denn Klemperers Sprachkritik war ja für ihn – wenngleich unter ganz anderen persönlichen und politischen Verhältnissen – auch so etwas wie eine produktive Immunisierung gegenüber sprachlichen Machtdiskursen.

W: Ich habe es gewagt, sogar eine 9. Klasse (Gymnasium) mit dem Thema zu konfrontieren. Mir ging es u. a. um das Verhältnis von Sprache und Gesellschaft, speziell um den Zusammenhang von Sprachwandel und gesellschaftlichen Veränderungen. Der eigentliche linguistische Gegenstand war die Frage nach den denotativen und konnotativen Veränderungen von Wortbedeutungen. Die Schüler haben solche sprachlichen Prozesse ja unmittelbar im Zuge der deutschen Vereinigung erlebt, für die Vergangenheit ist es schwierig, gute, nachvollziehbare Beispiele zu finden. Klemperers authentische und vor allem gut lesbare Texte aus dem Buch *LTI* bieten sich da förmlich an. Sie beschreiben ja sehr genau die vielen unterschiedlichen außersprachlichen Kontexte, die zu den Veränderungen an der sprachlichen »Oberfläche« führen.

N: Ich habe Klemperer in einem Leistungskurs in einer 12. Klasse behandelt, bin allerdings etwas anders vorgegangen als meine Vorredner. Mein Ausgangspunkt der gesamten Sequenz waren sprachkritische Themen der Gegenwartssprache, vor allem das Problem der euphemistischen Redeweise und der Gewaltmetaphorik in der öffentlichen Kommunikation. Von hier aus kam ich dann zu einer Erörterung der Funktion und der Spezifik von Sprachkritik in der heutigen Zeit. Ich wollte meinen Schülern deutlich machen, dass ihre Position als mündige Bürger auch davon abhängt, ob sie über medien-, speziell sprachkritische Kompetenzen verfügen. Sprache angemessen zu gebrauchen, das ist die eine Seite, fremde und (eigene) Rede sachkundig analysieren und bewerten zu können die andere, mindestens ebenso wichtige Seite einer zeitgemäßen Sprachkompetenz, finde ich. Klemperers *LTI* war für mich also mehr ein historisches Beispiel für eine sprachkritische Praxis, die – bei aller Unterschiedlichkeit zur Gegenwart – Gegenstände thematisiert hat, die sehr aktuell sind. Klemperers Sprachkritik besitzt einfach eine gewisse »natürliche Autorität«, wie ich es einmal nennen möchte, die die Schüler offensichtlich akzeptieren. Auf dieser Basis kann man auch Vorzüge der Methode von Klemperer transparent machen, z. B. sein genaues, sensibles Beobachten, sein möglichst umfassendes, tastendes Analysieren, das philologisch vielseitig ist, sein insgesamt doch vorsichtiges Urteilen. Das schließt ein, dass ich manche sprachtheoretische Position von Klemperer, z. B. zum Verhältnis von Denken und Sprache, und manche Urteile auch kritisch besprochen habe.

S: Ihren Erfahrungsberichten ist zu entnehmen, dass es sich jeweils um eine Erstbegegnung der Schüler mit Sprachkritik und auch mit Klemperer gehandelt hat, das sollte man vielleicht noch einmal betonen. Welches sind Ihre bestimmenden Eindrücke und wichtigsten Ergebnisse, die Sie bei der Behandlung von Klemperer gewonnen haben?

Sch: Ich hatte teilweise lebhafte Diskussionen, wie sonst kaum in Stunden aus dem Bereich Reflexion über Sprache. Die Synthese von Biografischem, Historischem und Theoretischem hat gut funktioniert. Sprachtheoretische Fragen erschienen den Schülern auf einmal als etwas sehr Praktisches, ja Brisantes. Man kann – um nur ein Beispiel zu nehmen – über Funktionsmodelle von Sprache, z. B. über das von Karl Bühler, viel erzählen, Klemperers Beschreibung des Problems wirkt einfach überzeugender. Ich stimme da G. Neumann zu, will aber sogleich sagen, dass ich den Vorteil in der Ergänzung sehe, nicht im Ersatz von Bühler durch Klemperer, um bei diesem Beispiel zu bleiben. Ebenfalls gut gelungen ist es, den Schülern Einsichten über Mechanismen der Sprache im Faschismus zu vermitteln. Mit Hilfe von Lexika oder anderen Abhandlungen lässt sich das viel schwerer erreichen. Dass ich dabei aus dem weiten Thema »Sprache im Faschismus« nur einen kleinen Ausschnitt behandeln konnte, hat mich nicht gestört. Exemplarische Tiefe war mir wesentlicher als nur überblicksartige Breite. Insgesamt hat sich – so mein Fazit – bei vielen meiner Schülerinnen und Schüler ein sensiblerer Blick für den Umgang mit Sprache eingestellt, konnte ich das, was mit Sprachbewusstheit bezeichnet wird, sicherlich etwas stärken.

W: Ja, diesen Eindruck kann ich im Grundsatz bestätigen, wenngleich ich in meiner 9. Klasse natürlich auf einem anderen Niveau arbeiten musste und die Ergebnisse entsprechend anders ausfielen. Zu meinen Erfahrungen gehört u. a., dass ich nicht so direkt, wie ich mir das ursprünglich vorgenommen hatte, auf das Thema »Klemperer als Sprachkritiker« zusteuern konnte. Ich musste die Schüler erst über eine recht intensive Arbeit an der Biografie Klemperers für das Thema motivieren. Den Schülern fehlte ferner historisches Hintergrundwissen, das ich z. B. durch das Herstellen von Bezügen zur Geschichte der Heimatregion im Faschismus gut kompensieren konnte. Ich habe z. B. etwas über das Problem deutsch-jüdischer Ehen gesagt, was ja für Klemperers Schicksal unmittelbar wichtig ist. Gerade das gemeinsame Schicksal von Victor und Eva Klemperer hat meine Schüler beeindruckt, erst über diesen »Umweg« konnte ich in Ansätzen an sprachkritischen Äußerungen Klemperers arbeiten. Vermutlich ist dieses Vorgehen generell in dieser Altersgruppe zu empfehlen. Auf jeden Fall habe ich den Eindruck gewonnen, dass man auch in einer 9. Klasse Klemperers Sprachkritik behandeln kann. Allerdings sollte man die Klasse und die Fähigkeiten der Schüler im Bereich »Reflexion über Sprache« genau kennen.

S: Worauf sollte der Deutschlehrer bei der Planung einer Unterrichtseinheit, die sich mit Klemperer beschäftigt, besonders achten? Und ergänzend gefragt: Was würden Sie beim nächsten Mal anders machen?

N. Einmal ganz pauschal geantwortet: Man muss auf sehr vieles achten! Der Stoff ist ja außerordentlich komplex und stellt auch hohe Anforderungen an das Wissen des Lehrers und an seine Vorbereitung. Es reicht z. B. nicht aus, nur *LTI* und nicht wenigstens auszugsweise auch die Tagebücher zu kennen. Wichtig ist weiterhin, die Voraussetzungen der Klasse genau einzuschätzen: Was wissen die Schüler bereits über den Faschismus? Wie ist die aktuelle Einstellung zum Rechtsradikalismus, gibt es Tendenzen der Ausländerfeindlichkeit in der Schule? Welche Vorleistungen zur Sprachkritik gibt es, ist kritischer Umgang mit Sprache ein gängiges Unterrichtsprinzip oder nur ein Randthema? Gibt es Erfahrungen mit der Textsorte Tagebuch? – Das sind nur einige der Fragen, die mir bei der Vorbereitung durch den Kopf gingen. Wichtig erscheint mir vor allem, dass man die Vielschichtigkeit des Stoffes einerseits sieht und für den Unterricht nutzt, etwa in der Verbindung des Themas Geschichte und Sprache, dass man andererseits aber auch unbedingt Schwerpunkte setzt, lieber exemplarisch und konzentrisch vorgeht, als vieles nur anzureißen, was dann mehr oder weniger oberflächlich bleiben muss.

W: Unbedingt ist darauf zu achten, mit welcher Altersstufe man arbeitet, das kann ich nur unterstreichen. Vielleicht lässt sich diese Faustregel aufstellen: Je jünger die Schüler sind, desto differenzierter muss der Zugang zu Klemperers Sprachkritik vorbereitet und motiviert werden, desto mehr sind lebensgeschichtliche Fakten über Klemperer und über die historischen Umstände heranzuziehen, möglichst mit Bezug zur Erfahrung der Schüler in ihrer Region und mit Bezug zu bereits vorhandenen Kenntnissen aus der Literatur, aus Filmen, aus aktuellen Medien. Wenn das gelingt, dann – das kann ich sagen – leistet man fast nebenbei auch einen Beitrag zur geistigen Auseinandersetzung mit dem Nationalsozialismus und – genauso wichtig – mit den neuen Formen des Rechtsextremismus. Wenn sich diese Gelegenheit im Muttersprachunterricht anbietet, sollte man darauf nicht verzichten.

Die Gefahr, den Unterricht thematisch zu überfrachten, sehe ich auch. Ich habe zunächst zu viel gewollt und musste meine Ziele zurücknehmen. Der Stoff, gerade weil er so vielschichtig ist und sich Klemperers Sprachkritik nicht vom Biografischen und Historischen trennen lässt, verführt dazu, vieles machen zu wollen oder machen zu müssen. Hier sollte man neue Wege gehen, die ich mit den Stichworten Projektunterricht, fächerübergreifenden Unterricht und Unterricht in konzentrischen Kreisen, also über mehrere Klassenstufen hinweg, andeuten will …

S: Auf diesen Gesichtspunkt kommen wir noch einmal zu sprechen. Vielleicht können wir noch etwas bei der Frage nach den Erfahrungen bleiben.

Sch: Wichtig ist auch, sich die didaktische Gestaltung des Unterrichts genau zu überlegen. Ich habe gute Erfahrungen mit dem Wechsel von Gruppen- und Freiarbeit einerseits und frontalem Unterricht andererseits gemacht. Einzelne Kapitel aus *LTI* z. B.
können sehr gut durch Gruppen erarbeitet werden. Mich hat während der Gruppenarbeit das gute Arbeitsklima überzeugt, das ernsthaft war, das aber auch zu wirklich
klugen Fragen der Schüler führte. So wurde das Problem der »Verführung« durch
Sprache, wie es Klemperer für den Faschismus beschreibt, verallgemeinert und unter
dem Gesichtspunkt seiner Relevanz in der DDR und in der unmittelbaren Gegenwart diskutiert. Hier gab es heftige Diskussionen und z. T. sehr pauschale Antworten. Ich habe immer versucht zu verdeutlichen, dass es sich leicht behaupten lässt,
auch in der Gegenwart würde mit Sprache manipuliert, dass es aber auch darauf ankommt, dafür Begründungen und Argumente zu geben, die sich auf sprachliche Fakten beziehen lassen. Zumindest haben viele meiner Schüler erkannt, dass man Manipulation wohl nicht an einzelnen sprachlichen Mitteln ablesen kann, sondern
dass man sich viel genauer mit Texten, ihren Kontexten und mit den gesamten kommunikativen Mechanismen befassen muss, bevor man derartige Urteile abgibt.

S: Die Beschäftigung mit Sprachkritik soll ja auch zur Erkenntnis der Schüler führen,
dass sprachkritisches Urteilen durch solides Sprachwissen gestützt werden muss,
dass also dem Bewerten von Sprache eine Analyse vorangehen sollte. Wie fällt Ihr
Fazit in dieser Hinsicht aus: Führt die Beschäftigung mit Klemperers Sprachkritik
von der Sprache weg oder zu ihr hin? Und eine weitere Frage möchte ich gleich anschließen: Welche sprachkritischen Themen, die Klemperer behandelt, eignen sich
unter diesem Gesichtspunkt für die sprachkritische Arbeit mit Schülern?

N: Ich habe ja vorhin bereits auf zwei Themen hingewiesen, die ich für geeignet halte:
das euphemistische Reden und Sprache und Gewalt. Zu nennen sind auch Themen
wie die Umwertung von Wörtern, das superlativische Reden und Schreiben, das
Problem der Beeinflussung von Menschen mittels Sprache und Medien. Im Grunde
findet sich in Klemperers sprachkritischen Anmerkungen fast der ganze Kanon
sprachkritischer Dauerthemen, wobei sich bei ihm fast alle dem Thema Sprache
und Ideologie unterordnen. Die Themen sind heute genauso aktuell, wie ja vor allem
das Buch von S. und M. Jäger »Gefährliche Erbschaften« zeigt, das vor kurzem erschienen ist.

W: Ich möchte etwas zu der Frage sagen, ob die Beschäftigung mit Klemperer von der
Arbeit an der Sprache wegführt. Nein, sie führt zur Sprache hin, aber nicht automa-
tisch! Es ist nicht leicht, die Aufmerksamkeit der Schüler über längere Phasen des
Unterrichts für genauere Analysen an der Sprache zu gewinnen. Manche Schüler
neigen dazu, die Sprache nur als Vehikel für Sach- oder Ideologiekritik, für allerlei
Interpretationen und Spekulationen zu nutzen, das muss man sehen. Aber in dieser
Hinsicht stehen diese Schüler nicht gänzlich allein, wenn man sich manche sprach-
kritische Glosse in Zeitungen anschaut. Klemperers Methode, von den sprachlichen Fakten sehr konsequent auf den Geist, auf das Bewusstsein, das Wissen der
Sprecher zu schließen, »verführt« da vielleicht auch die Schüler ein wenig. Dass
Klemperer für seine sprachkritischen Urteile jedoch eine ganze Reihe von philolo-
gischen Operationen vollzieht, sieht der Schüler nicht sofort. Das sollte man an

276

überzeugenden Beispielen demonstrieren, wobei es sich anbietet, Textstellen aus *LTI* und den Tagebüchern vergleichend zu behandeln. Dabei ist die Betonung des Zusammenhangs von Sprachwissen und sprachkritischer Anwendung wichtig. Wenn ich z. B. Klemperers Kapitel *Fluch des Superlativs* behandle, sollten noch einmal Kenntnisse zur Komparation des Adjektivs aktualisiert und sollte der Unterschied zwischen dem Superlativ als grammatischer Kategorie und dem Superlativismus als einem umfassenden Stilzug herausgearbeitet werden. Ein weiteres Beispiel: Wenn ich das Kapitel *Fanatisch* und damit eines der Schlüsselwörter des Faschismus besprechen, bietet es sich z. B. an, die Schüler mit der Frage zu provozieren, ob denn jemand der faschistischen Ideologie erlegen sei, wenn von *fanatischen Anhängern* einer Fußballmannschaft die Rede ist. Eine Diskussion dieser Frage führt in das Thema »belastete« Begriffe und mitten in das Problem der denotativen und konnotativen Bedeutungsdimension. Meine Erfahrung ist, dass die Motivation der Schüler, sich mit Grammatik, mit Sprachstrukturen zu befassen, ausgeprägter war, weil sie spürten, dass dieses Wissen ganz praktische Bedeutung hat.

Es ist m. E. ferner wichtig, Klemperer nicht als unumstößliches sprachkritisches Ideal darzustellen. Man sollte den Schülern zeigen, dass sich dieses oder jenes seiner Urteile heute schwer nachvollziehen lässt, sich auch als Fehleinschätzung herausgestellt hat, und dass und warum es in seiner Sprachkritik nach 1945 zwischen den Tagebuchnotizen und den öffentlichen Texten über Sprache in der DDR doch beträchtliche Differenzen gibt.

Ein letzter Hinweis noch: Mein Eindruck ist, dass die Beschäftigung mit Klemperers Sprachkritik die Schülerleistung mehr differenziert, als man das zunächst vermutet. Dadurch, dass insgesamt eine gute emotionale Atmosphäre vorherrschte, habe ich erst spät bemerkt, dass das Schweigen einiger Schüler teilweise auch mit einer Überforderung zu tun hatte. Darauf sollte man sich einstellen, z. B. dadurch, dass man diesen Schülern spezielle Aufträge erteilt, die ihren Neigungen und Stärken entgegenkommen.

Sch: Die Beschäftigung mit Klemperer führt sicherlich nicht weg von der Arbeit an der Sprache, das sehe ich ähnlich. Die Texte in *LTI* sind ja sehr »sprachnah«, etwas anders ist die Situation, wenn man Auszüge aus den Tagebüchern oder die Schulausgabe der Tagebücher von 1933–1945 heranzieht. Letztere hat ganz wenige sprachkritische Passagen, so dass man sich beim Einsatz dieses Buches »sprachferne« Diskussionen selbst organisiert. Wieweit man es schafft, dass die Diskussionen mit solidem Sprachwissen geführt werden können, hängt auch davon ab, wie der sonstige Muttersprachunterricht in dieser Hinsicht organisiert ist. Ich denke – das hat mir die Beschäftigung mit Klemperer gezeigt –, dass erstens Sprachkritik und Sprachstrukturbeschreibungen viel enger zusammengehören, als das manchmal vermittelt wird, und dass ich zweitens in der Sekundarstufe II insgesamt dem Sprachunterricht wieder mehr Aufmerksamkeit widmen muss. Warum sollten in der Abiturprüfung nicht auch Themen zur Sprachkritik auftauchen? So etwas gibt es bisher nur in Einzelfällen, wie ich weiß. Auch in vielen Sprachbüchern wird das Thema nur am Rande behandelt. Hier müsste allerdings auch die Lehrerweiterbildung mehr bieten, denn der einzelne Lehrer ist überfordert, die brisanten sprachkritischen Themen der Gegenwart zu registrieren, empirisch ausreichend zu dokumentieren und dann noch stets überzeugend erklären zu können …

S: Sie sprechen da einen ganz wichtigen Punkt an. In der Tat sind hier die Lehrerweiterbildung und auch die Lehrerausbildung stärker gefordert. Vielleicht kann dieser
Band ja auch dazu beitragen, dass die Zusammenarbeit und Abstimmung zwischen
Sprachwissenschaftlern, Fachdidaktikern und Deutschlehrern an den Schulen wieder besser funktioniert. Klemperer-Texte bilden sicherlich einen der Gegenstände,
von denen diese integrierende Wirkung ausgehen kann. Ich will aber noch einmal
auf die Stichworte fachübergreifender Unterricht und Projektunterricht zurück-
kommen, die bereits gefallen sind. Wo sehen Sie die Möglichkeit, vielleicht sogar
die Notwendigkeit der Zusammenarbeit mit anderen Fächern bzw. Kollegen, auf
welche Probleme muss man sich dabei einstellen?

W: Der Stoff ruft förmlich nach Kooperation zwischen unterschiedlichen Fächern und
Integration verschiedener Gesichtspunkte, ich hatte das ja bereits angedeutet. Über
die Formen ist weiter nachzudenken, wir alle hier, denke ich, sind bisher weitgehend in den traditionellen Bahnen geblieben. Gut wäre es jedoch, wenn man seine
Fachkollegen für Geschichte, Politische Bildung, Ethik/Religion für den Stoff begeistern und einen Projekt- oder zumindest einen abgestimmten Unterricht verab-
reden könnte. Ich kann z. B. im Deutschunterricht nicht den Geschichtsunterricht
ersetzen und die notwendigen Kenntnisse über den Faschismus vermitteln. Andererseits lässt sich das historische Wissen durch eine Kenntnis der kommunikativen
Mechanismen ergänzen. Eine Abstimmung ist auch deshalb wichtig, weil sie die
Freiräume schafft, sich im jeweiligen Fach intensiver mit dem fachspezifischen
Gegenstand befassen zu können. Im Deutschunterricht soll ja letztlich eine sprachkritische Kompetenz entwickelt werden, und deshalb darf sich die Arbeit an Klemperer nicht in den historischen, biografischen und politischen Aspekten verselbst-
ständigen bzw. auflösen.

N: Ich möchte betonen, dass auch ich in dieser Frage noch am Anfang stehe, die Potenzen des Stoffes für neue Formen des Unterrichtens jedoch sehr hoch einschätze. Im
schulischen Alltag stehen dem viele, z. T. kleine, teilweise aber auch größere Schwierigkeiten im Wege. Es fängt z. B. damit an, dass sich erst einmal die bzw. einige
Deutschlehrer der jeweiligen Schule einigen müssten, den Stoff aufzunehmen und
so etwas wie einen internen Rahmenplan dafür zu entwickeln. Dazu würde auch eine
Verständigung darüber gehören, welchen Platz Sprachkritik überhaupt im Unterricht einnehmen soll. Die Behandlung von Klemperers Sprachkritik ist zielgerich-
teter möglich, wenn klar ist, was wir als Deutschlehrer unter Sprachkritik verstehen
und was in den Klassenstufen dafür zu tun ist. In einem Aufsatz wurde einmal gefordert, Sprachkritik als ein durchgängiges Prinzip des Unterrichts zu entfalten.
Davon bin ich, sind wir an unserer Schule noch weit entfernt. Klemperer-Texte sind
jedoch ein Stoff, der solche Aktivitäten fördern kann.

Sch: Möglichkeiten der Zusammenarbeit sehe ich außer mit den bereits genannten Fächern auch mit den Fächern Psychologie und Politik. In meinem Fall hatte es sich
als sehr günstig erwiesen, dass in Psychologie bereits verschiedene Kommunika-
tionsmodelle behandelt worden waren. Vom Politikunterricht würde ich z. B. erwarten, dass dort das schwierige Thema des Vergleichs von demokratischen und
totalitären bzw. autoritär-zentralistischen Gesellschaftsstrukturen aufgegriffen

wird, was wiederum eine Voraussetzung für die Diskussion von Klemperers These der Ähnlichkeit von LTI und LQI ist. Das Fach Ethik wiederum könnte etwas zum Gesamtvorhaben beitragen durch eine Behandlung z. B. der Frage nach dem »Recht« auf Anpassung oder der »Pflicht« zum Widerstand des Einzelnen im Kontext von staatlichen Systemen.

S: Ich muss unser Gespräch an dieser Stelle abbrechen, wenngleich ich sehe, dass die Erfahrungen aus erster Hand noch nicht alle an- und ausgesprochen werden konnten. Ich habe jedoch den Eindruck, dass das Gespräch zumindest zweierlei verdeutlicht hat. Erstens: Es lohnt sich in verschiedener Hinsicht – fachlich wie erzieherisch –, das Thema »Sprachkritik und Klemperer« im Unterricht anzugehen. Vielleicht fühlen sich andere Kolleginnen und Kollegen ermuntert, Ihre Erfahrungen aufzugreifen und eigene Unterrichtseinheiten zu gestalten. Und zweitens: Im Grunde stehen wir alle, ich meine damit Lehrer und Wissenschaftler, noch am Beginn eines interdisziplinären Prozesses von Forschung, Kooperation und Kommunikation. Aber erste Fundamente sind ganz offensichtlich gelegt. – Ich danke Ihnen für das Gespräch.

Lebensdaten Victor Klemperers

1881	Victor Klemperer wird am 9. Oktober als neuntes Kind des Rabbiners Dr. Wilhelm Klemperer und seiner Ehefrau Henriette, geb. Frankel, in Landsberg an der Warthe (heute Gorzów Wielkopolski) geboren
1885	Die Familie zieht nach Bromberg (heute Bydgoszcz)
1891	Die Familie übersiedelt nach Berlin, Albrechtstraße 20. Der Vater wird 2. Prediger der Berliner Reformgemeinde Besuch des Französischen Gymnasiums in Berlin
1896	Wechsel zum Friedrichs-Werderschen Gymnasium; Umzug der Familie in die Winterfeldtstraße 26[1]
1897	Kaufmannslehre bei der Exportfirma Löwenstein & Hecht, Galanterie- und Kurzwaren, Alexandrinenstraße 2 Umzug der Familie in die Gossowstraße am Nollendorfplatz
1900 – 1902	Besuch des Königlichen Gymnasiums in Landsberg an der Warthe; Reifeprüfung
1902 – 1905	Studium der Germanistik und der Romanistik bei Franz Muncker, Erich Schmidt, Richard M. Meyer und Adolf Tobler in München, Genf, Paris und Berlin; Vorbereitung einer Dissertation bei Tobler
1903	Übertritt zur evangelischen Kirche unter familiärem Druck; Taufe Studienaufenthalt in Rom
1905 – 1912	Abbruch des Studiums und Leben als freier Publizist und Schriftsteller in Berlin
1906	Heirat mit der Pianistin Eva Schlemmer; Wohnung in der Dennewitzstraße; Sommerwohnung in Oranienburg; Umzug nach Berlin-Wilmersdorf, Weimarische Straße 6 a *Glück.* Eine Erzählung *Schwesterchen.* Ein Bilderbuch *Talmud-Sprüche.* Eine Kulturskizze
1907	*Paul Heyse.* Monographie *Adolph Wilbrandt.* Eine Studie über seine Werke *Paul Lindau.* Monographie Übersiedlung nach Oranienburg
1910	*Aus härteren und weicheren Tagen.* Geschichten und Phantasien *Berliner Gelehrtenköpfe* *Deutsche Zeitdichtung von den Freiheitskriegen bis zur Reichsgründung.* Teil 1: Literaturgeschichtlicher Überblick. Teil 2: Gedichtsammlung
1911	Übersiedlung nach Berlin-Wilmersdorf, Holsteinische Straße
1912	Nochmalige Taufe; Übersiedlung nach München, Römerstraße; Wiederaufnahme des Studiums

1913	Promotion bei Franz Muncker und Hermann Paul: *Die Zeitromane Friedrich Spielhagens und ihre Wurzeln*
	Zweiter Frankreichaufenthalt: Montesquieu-Studien für Habilitationsschrift in Paris und Bordeaux
	Habilitation (Romanistik) bei Karl Vossler über Montesquieu
1914–1915	Lektor an der Universität Neapel (als Privatdozent der Universität München)
	Montesquieu, 2 Bände
1915	Kriegsfreiwilliger (November 1915 bis März 1916 an der Westfront)
1916	Lazarettaufenthalt in Paderborn
	Königlich Bayrisches Militär-Verdienstkreuz 3. Klasse mit Schwertern
1916–1918	Zensor im Buchprüfungsamt der Presse-Abteilung des Militärgouvernements Litauen in Kowno (heute Kaunas) und Leipzig
1918	Heimkehr im November nach Leipzig, Reichelstraße 16
1919	Übersiedlung nach München, Pension Michel, Bayerstraße 57; Umzug in die Pension Berg, Schellingstraße 1^{I}
	Außerordentlicher Professor an der Universität München
1920	Übersiedlung nach Dresden, Pension Blancke, Bendemannstraße 3
1920–1935	Ordentlicher Professor an der Technischen Hochschule Dresden
1920	Umzug in die Holbeinstraße 131^{III}
1921	*Einführung in das Mittelfranzösische. Texte und Erläuterungen für die Zeit vom 13. bis zum 17. Jahrhundert*
	Idealistische Neuphilologie. Festschrift für Karl Vossler zum 6. September 1922, herausgegeben von Victor Klemperer und Eugen Lerch
1923	*Die moderne französische Prosa 1870–1920.* Studie und erläuterte Texte
1924	*Die romanischen Literaturen von der Renaissance bis zur Französischen Revolution* (Handbuch der Literaturwissenschaft). Von Victor Klemperer, Helmut Hatzfeld, Fritz Neubert [von Klemperer: 1. Einleitung, 2. Italien]
1925	*Die moderne französische Literatur und die deutsche Schule.* Drei Vorträge
	Idealistische Philologie. Jahrbuch für Philologie. Gemeinsame Herausgabe mit Eugen Lerch. Drei Folgen: 1925, 1927, 1927/1928
1925–1931	*Geschichte der französischen Literatur in 5 Bänden.*
	Band 5: Die französische Literatur von Napoleon bis zur Gegenwart, Teil 1–3. 1. Die Romantik. 1925. 2. Der Positivismus. 1926. 3. Der Ausgleich (Die Gegenwart). Hälfte 1: Bergson. Die gewahrte Form. 1931. Hälfte 2: Die Entgrenzung. Der Ausgleich. 1931. (Neuauflage 1956 u. d. T.: *Geschichte der französischen Literatur im 19. und 20. Jahrhundert*)
1926	*Romanische Sonderart.* Geistesgeschichtliche Studien *Stücke und Studien zur modernen französischen Prosa*
	Studienreise nach Spanien (13. 3.– 4. 6.)
1928	Umzug in die Hohe Straße 8^{I}
	Romanische Literaturen. In: *Reallexikons der deutschen Literaturgeschichte.* Band 3, hrsg. von Paul Merker und Wolfgang Stammler
1929	*Idealistische Literaturgeschichte.* Grundsätzliche und anwendende Studien
	Die moderne französische Lyrik von 1870 bis zur Gegenwart. Studie und erläuterte Texte
1933	*Pierre Corneille*

1934	Einzug in das Haus in Dölzschen, Am Kirschberg 19
	Zwangsweise Versetzung in den Ruhestand auf Grund des Gesetzes zur »Wiederherstellung des Berufsbeamtentums«
1940	Vertreibung aus dem Haus in Dölzschen; Zwangseinweisung in das »Judenhaus« Caspar-David-Friedrich-Straße 15 b
1942	Zwangsumsiedlung in das »Judenhaus« Dresden-Blasewitz, Lothringer Weg 2
1943	Zwangsarbeit in der Firma Willy Schlüter, Wormser Straße 30 c, danach Firma Adolf Bauer, Kartonagenfabrik, Neue Gasse, schließlich Firma Thiemig & Möbius, Papierverarbeitung, Jagdweg 10
	Erneute Zwangsumsiedlung in das »Judenhaus« Zeughausstraße 1^{III}
1945	Februar: Nach dem Luftangriff auf Dresden Flucht nach Piskowitz
	4.–6. März: Flucht über Pirna nach Falkenstein im Vogtland
	3. April: Weiterer Fluchtweg über Schweitenkirchen (6. 4.) und München (8. 4.) nach Unterbernbach (12. 4.)
	17. Mai: Rückkehr über München (22. 5.), Regensburg (30. 5.), Falkenstein (5. 6.) nach Dresden (10. 6.)
	19. August: Austritt aus der evangelischen Kirche
	1. November: Wiedereinsetzung als ordentlicher Professor an der Technischen Hochschule Dresden (bis 1947)
	23. November: Eintritt in die Kommunistische Partei Deutschlands
	1. Dezember: Leiter der Volkshochschule Dresden
1946	Mitglied der Landesleitung des Kulturbundes Sachsen
1947	*LTI. Notizbuch eines Philologen*
1947–1960	Mitglied des Präsidialrates des Kulturbundes zur demokratischen Erneuerung Deutschlands
1947–1948	Ordentlicher Professor an der Universität Greifswald. Wohnung: Pommerndamm 8
1948	*Kultur.* Erwägungen nach dem Zusammenbruch des Nazismus
1948–1960	Ordentlicher Professor an der Universität Halle. Wohnung: Kiefernweg 10
1948–1950	Landesvorsitz im Kulturbund Sachsen-Anhalt
	Mitglied des Zentralvorstandes der Gesellschaft für deutsch-sowjetische Freundschaft
1950	Rückkehr nach Dresden, Am Kirschberg 19
	Abgeordneter der Volkskammer für die Fraktion des Kulturbundes zur demokratischen Erneuerung Deutschlands
1951	Am 8. Juli stirbt Eva Klemperer
	Dr. h. c. paed. der Technischen Hochschule Dresden
1951–1953	Mitglied des Zentralvorstandes der Vereinigung der Verfolgten des Naziregimes (VVN)
1951–1954	Ordentlicher Professor an der Universität Berlin
1952	Heirat mit Hadwig Kirchner
	Nationalpreis III. Klasse
1953	Mitglied des Komitees der antifaschistischen Widerstandskämpfer
	Mitglied der Deutschen Akademie der Wissenschaften zu Berlin
	Zur gegenwärtigen Sprachsituation in Deutschland. Vortrag
	Der alte und der neue Humanismus. Vortrag

1954	*Geschichte der französischen Literatur im 18. Jahrhundert.* Band 1: Das Jahrhundert Voltaires
1956	Italienreise (Internationaler Romanistenkongress in Florenz, 3.–8.4.) Studienaufenthalt in Paris (17.4.–17.7.) *vor 33/nach 45.* Gesammelte Aufsätze Vaterländischer Verdienstorden in Silber
1957	*Moderne Französische Lyrik (Dekadenz – Symbolismus – Neuromantik).* Studien und kommentierte Texte. Neuausgabe mit einem Anhang: Vom Surrealismus zur Résistance Parisreise (Europäisches Treffen über die deutsche Frage, 14.–20.12.)
1959	Schwere Erkrankung in Brüssel (28.3.) während der Reise zum Internationalen Romanisten-Kongress in Lissabon
1960	Victor Klemperer stirbt am 11. Februar in Dresden
1960	F.-C.-Weiskopf-Preis der Akademie der Künste zu Berlin (postum)
1966	*Geschichte der französischen Literatur im 18. Jahrhundert.* Band 2: Das Jahrhundert Rousseaus
1989	*Curriculum vitae.* Erinnerungen eines Philologen. 1881–1918
1995	*Ich will Zeugnis ablegen bis zum letzten.* Tagebücher 1933–1945 Geschwister-Scholl-Preis der Stadt München (postum)
1996	*Und so ist alles schwankend.* Tagebücher Juni bis Dezember 1945 *Leben sammeln, nicht fragen wozu und warum.* Tagebücher 1918–1932
1999	*So sitze ich denn zwischen allen Stühlen.* Tagebücher 1945–1959

Auswahlbibliografie zum Werk Victor Klemperers

(von Karl-Heinz Siehr)

Die Bibliografie umfasst eine kleine Auswahl von Titeln aus Klemperers Gesamtwerk nach 1945 (1.) sowie eine gegliederte Auswahl von Sekundärtexten über Klemperer (2.–4.). Aufgenommen wurden ferner Angaben zu Filmen, CDs, Bildbänden u. ä. Materialien, die sich mit Klemperer befassen und im Unterricht eingesetzt werden können (5.). Für eine Übersicht über Klemperers Schriften bis zum Jahre 1956 sei auf die Bibliografie von Horst Kunze verwiesen: Victor Klemperer. Verzeichnis seiner Veröffentlichungen. Nach dem Stand vom 31. 12. 1956. In: Heintze/Silzer (Hg.) (1958), 1–40.

1. Titel von Victor Klemperer

Klemperer, Victor (1947): LTI – Notizbuch eines Philologen. Berlin: Aufbau-Verlag 1947 (Erstausgabe); 1949 (2. Aufl.); Halle/Saale: Max Niemeyer Verlag 1957 (3. Aufl.); Leipzig: Reclam 1966 (1. Aufl. bei Reclam, Bd. 278, nach dem Text von 1957); 1990 (10. Aufl.); 1999 (18. Aufl.); seit 1996 auch eine gebundene Ausgabe.

Klemperer, Victor (1966): Die unbewältigte Sprache. Aus dem Notizbuch eines Philologen. Darmstadt: Melzer.

Klemperer, Victor (1969): ›LTI‹. Die unbewältigte Sprache. München: dtv.

Klemperer, Victor (1948): Die moderne französische Prosa: Studie und erläuterte Texte. 3., erneuerte Aufl. Leipzig: Teubner.

Klemperer, Victor (1948): Kultur. Erwägungen nach dem Zusammenbruch des Nazismus. Berlin: Neues Leben.

Klemperer, Victor (1953a): Zur gegenwärtigen Sprachsituation in Deutschland. Vortrag gehalten im Klub der Kulturschaffenden Berlin. Berlin: Aufbau-Verlag (= Vorträge zur Verbreitung wissenschaftlicher Kenntnisse. Hg. vom Kulturbund zur demokratischen Erneuerung Deutschlands; H. 17).

Klemperer, Victor (1953b): Zur gegenwärtigen Sprachsituation in Deutschland. In: Sprachpflege 2(1953)3, 25–29 (gekürzte Fassung von 1953a).

Klemperer, Victor (1953c): Unsere Sprache – ein einigendes Band der Nation. Purismus und Sprachreinheit. In: Die neue Schule 8(1953)52, 4 f.

Klemperer, Victor (1953d): Der alte und der neue Humanismus. Berlin: Aufbau-Verlag (= Vorträge zur Verbreitung wissenschaftlicher Kenntnisse. Hg. vom Kulturbund zur demokratischen Erneuerung Deutschlands; H. 48).

Klemperer, Victor (1954/1966): Geschichte der französischen Literatur des 18. Jahrhunderts. Bd. 1, 1954: Das Jahrhundert Voltaires. Bd. 2, 1966: Das Jahrhundert Rousseaus. Berlin: Deutscher Verlag der Wissenschaften.

Klemperer, Victor (1955): Verantwortung für die Sprache. In: Neue deutsche Literatur 3(1955)3, 122–126.

Klemperer, Victor (1956): Geschichte der französischen Literatur im 19. und 20. Jahrhundert: 1800–1925. 2 Bde. Berlin: Deutscher Verlag der Wissenschaften.

Klemperer, Victor (1956): vor 33/nach 45: Gesammelte Aufsätze. Berlin: Akademie-Verlag.

Klemperer, Victor (1957): Moderne französische Lyrik (Dekadenz – Symbolismus – Neuromantik). Studie und kommentierte Texte. Neuausgabe mit einem Anhang: Vom Surrealismus zur Résistance. Berlin: Deutscher Verlag der Wissenschaften.

Klemperer, Victor (1958): Stellungnahme zu F. Kamradt. In: Sprachpflege (1958)5, 69 f. (vgl. Kamradt 1958).

Klemperer, Victor (1989): Curriculum vitae. Erinnerungen eines Philologen. 1881–1918. Hg. von Walter Nowojski. 2 Bde. Berlin: Rütten & Loening (unter dem Titel *Curriculum vitae. Jugend um 1900* auch Berlin/West: Siedler); inzwischen als Taschenbuch: Berlin: Aufbau Taschenbuch Verlag 1996.

Klemperer, Victor (1995): Ich will Zeugnis ablegen bis zum letzten. Tagebücher 1933–1945. Hg. von Walter Nowojski unter Mitarbeit von Hadwig Klemperer. 2 Bde. Berlin: Aufbau-Verlag (11., durchges. Aufl 1999); 8 Bde. Berlin: Aufbau Taschenbuch Verlag 1999.

Klemperer, Victor (1996a): Und so ist alles schwankend. Tagebücher Juni bis Dezember 1945. Hg. von Günter Jäckel unter Mitarbeit von Hadwig Klemperer. Berlin: Aufbau Taschenbuch Verlag.

Klemperer, Victor (1996b): Leben sammeln, nicht fragen wozu und warum. Tagebücher 1918–1933. Hg. von Walter Nowojski unter Mitarbeit von Christian Löser. 2 Bde. Berlin: Aufbau-Verlag (6 Bde. Berlin: Aufbau Taschenbuch Verlag 2000).

Klemperer, Victor (1997): Das Tagebuch 1933–1945. Eine Auswahl für junge Leser. Bearbeitet von Harald Roth. Mit Anregungen für den Unterricht. Berlin: Aufbau Taschenbuch Verlag.

Klemperer, Victor (1999): So sitze ich denn zwischen allen Stühlen. Tagebücher 1945–1959. Hg. von Walter Nowojski unter Mitarbeit von Christian Löser. 2 Bde. Berlin: Aufbau-Verlag.

2. Titel mit Orientierung auf die Biografie von Klemperer, auf die historischen Umstände seines Lebens sowie auf Rezeption und Wirkung seines Werkes (außer den unter 3. und 4. behandelten Aspekten)

Brodersen, Momme (1997): Klemperer, Victor. Curriculum vitae. In: Germanistik 38 (1997)1, 278.

Christmann, Hans Helmut; Hausmann Frank-Rutger in Verbindung mit Briegel, Manfred (Hg.) (1989): Deutsche und österreichische Romanisten als Verfolgte des Nationalsozialismus. Tübingen: Stauffenburg-Verlag, 291 f.

Dirschauer, Johannes (1997): Tagebuch gegen den Untergang. Zur Faszination Victor Klemperers. Gießen: Psychosozial-Verlag.

Fries, Fritz Rudolf (1995): Lesarten zu Klemperer. Berlin: Aufbau-Verlag.

Gerstenberger, Heide (1997): »Meine Prinzipien über das Deutschtum und die verschiedenen Nationalitäten sind ins Wackeln gekommen wie die Zähne eines alten Mannes«. Victor Klemperer in seinem Verhältnis zu Deutschland und zu den Deutschen. In: Heer (Hg.) (1997a), 10–20.

Goldenbogen, Nora (1997): »Man wird keinen von ihnen wiedersehen«. Die Vernichtung der Dresdener Juden 1938–1945. In: Heer (Hg.) (1997a), 92–109.

Greiner, Bernd (1997): »Zwiespältiger denn je.« Victor Klemperers Tagebücher im Jahr 1945. In: Heer (Hg.) (1997a), 144–151.

Heer, Hannes (Hg.) (1997a): Im Herzen der Finsternis. Victor Klemperer als Chronist der NS-Zeit. Berlin: Aufbau.

Heer, Hannes (1997b): Vox populi. Zur Mentalität der Volksgemeinschaft. In: Heer (Hg.) (1997a), 122–143.

Heintze, Horst (1956/1957): Victor Klemperer und das Hallenser Romanistische Seminar. In: Wiss. Zs. der Martin-Luther-Universität Halle-Wittenberg, Ges.- u. sprachwiss. Reihe, 6(1956/1957), 1–3.

Heintze, Horst; Silzer, Erwin (Hg.) (1958): Im Dienste der Sprache. Festschrift für Victor Klemperer zum 75. Geburtstag am 9. Oktober 1956. Halle: Niemeyer.

Heintze, Horst (1961): In memoriam Victor Klemperer. In: Beiträge zur Romanischen Philologie 1(1961), 8–16.

Jacobs, Peter (2000): Victor Klemperer: Im Kern ein deutsches Gewächs. Eine Biographie. Berlin: Aufbau Taschenbuch Verlag.

Kraushaar, Wolfgang (1997): Karriere eines Boxers. Johannes Clemens: Vom Dresdener Gestapo-Schläger zum Doppelagenten des KGB im BND. In: Heer (Hg.) (1997a), 152–169.

Kuhnke, Manfred (1997): Klemperers Tagebuch – ein Jahrhundertbuch. In: Deutschunterricht 49(1997)1, 51 f.

Leben in zwei Diktaturen. Victor Klemperers Leben in der NS-Zeit und in der DDR. Referate einer Tagung vom 19. und 20. September 1997. Hg. von der Friedrich-Ebert-Stiftung, Büro Dresden.

lendemains 21(1996)82/83. Themenheft zu V. Klemperer unter dem Titel: Victor Klemperer – Romanist. Hg. von Michael Nerlich.

Lerch, Eugen (1951): Victor Klemperer zum 70. Geburtstag. In: Romanistisches Jahrbuch 4(1951), 25–29.

Liebsch, Heike (1997): »Ein Tier ist nicht rechtloser und gehetzter«. Die Verfolgung der jüdischen Bevölkerung Dresdens 1933 bis 1937. In: Heer (Hg.) (1997a), 73–91.

Möhring, Gabriele (1994): »Ich war nichts als Deutscher, und ich dankte meinem Schöpfer, Deutscher zu sein«. Rückblicke eines jüdischen Bildungsbürgers. In: praxis geschichte 8(1994)5, 22–27.

Nerlich, Michael (1996): Victor Klemperer und die unendliche deutsche Misere. In: lendemains 21(1996)82/83, 145–147.

Nerlich, Michael (1996): Victor Klemperer, oder ein Tagebuch aus dem Inferno. In: lendemains 21(1996)82/83, 135–144.

Przyrembel, Alexandra (1998): Die Tagebücher Victor Klemperers und ihre Wirkung in der deutschen Öffentlichkeit. In: Heil, Johannes; Erb, Rainer (Hg.): Geschichtswissenschaft und Öffentlichkeit. Der Streit um Daniel J. Goldhagen. Frankfurt a. M.: Fischer Taschenbuch-Verlag, 312–327.

Reemtsma, Jan Philipp (1997): »Buchenwald wird von anderen geschildert werden; ich will mich an meine Erlebnisse halten«. Stenogramme aus der Vorhölle. In: Heer (Hg.) (1997a), 170–193.

Rieker, Yvonne (1997): »Sich alles assimilieren können und doch seine Eigenart bewahren«: Victor Klemperers Identitätskonstruktion und die deutsch-jüdische Geschichte. In: Heer (Hg.) (1997a), 21–34.

Rox-Helmer, Monika (1999): Die Tagebücher Victor Klemperers. In: Geschichte lernen 69(1999), 23–29.

Schober, Rita (1982): Sprache – Kultur – Humanismus. Victor Klemperer zum Gedenken. In: Wissenschaftliche Zeitschrift der Technischen Universität Dresden 31(1982)5, 3–10.

Schober, Rita (1996): Erinnerungen an Victor Klemperers Wirken nach 1945. In: lendemains 21(1996)82/83, 163–184.

Walser, Martin (1996): Das Prinzip Genauigkeit. Laudatio auf Victor Klemperer. Frankfurt a. M.: Suhrkamp.

Weinrich, Harald (1996): Der Gedächtnismann. In: lendemains 21(1996)82/83, 35–38.

Wildt, Michael (1997): Angst, Hoffen, Warten, Verzweifeln. Victor Klemperer und die Verfolgung der deutschen Juden 1933 bis 1941. In: Heer (Hg.) (1997a), 49–72.

zur Nieden, Susanne (1997): Aus dem vergessenen Alltag der Tyrannei. Die Aufzeichnung Victor Klemperers im Vergleich zur zeitgenössischen Tagebuchliteratur. In: Heer (Hg.) (1997a), 110–121.

Zschech, Fritz (1961): Victor Klemperer zum Gedenken. Von seinen Freunden und ihm selbst. Zsgst. von Fritz Zschech. Rudolstadt: Greifenverlag, 1961 (mit Texten aus *LTI* und Curriculum vitae, Nachdrucken von Reden, Artikeln und Aufsätzen Klemperers zu literarischen und bildungspolitischen Themen sowie würdigenden Erinnerungen von R. Schober, H. Heintze, A. Lazar, G. Wiesner, L. Feuchtwanger und A. Zweig).

3. Titel mit Orientierung auf das literaturhistorische Werk Klemperers

Bock, Hans Manfred (1996): Zur Stellung Victor Klemperers in der kulturkundlichen Frankreich-Diskussion der Weimarer Republik. In: lendemains 21(1996)82/83, 96–115.

Hausmann, Frank-Rutger (1996): »Wir wollen keine Positivisten sein«. Victor Klemperers Briefwechsel mit Karl Vossler. In: lendemains 21(1996)82/83, 54–85.

Krauss, Henning (1996): Victor Klemperer und »das weitmaschige Wort *Kulturkunde*«. In: lendemains 21(1996)82/83, 116–126.

Mass, Edgar (1996): Klemperers *Montesquieu*. In: lendemains 21(1996)82/83, 39–53.

Müller, Horst (1996): Die Korrespondenz Klemperer-Krauss. In: lendemains 21(1996) 82/83, 185–196.

Nerlich, Michael (1996): Victor Klemperer Romanist, oder warum soll nicht einmal ein Wunder geschehen. In: lendemains 21(1996)82/83, 3–34.

Nerlich, Michael (1997): Victor Klemperer Romanist, oder warum soll nicht einmal ein Wunder geschehen. In: Heer (Hg.) (1997a), 35–48.

Neuschäfer, Hans-Jörg (1996): Vom Journalismus zur Literaturwissenschaft: Klemperers Geschichte der französischen Literatur im 19. und 20. Jahrhundert (1800–1925). In: lendemains 21(1996)82/83, 127–134.

Schröder, Winfried (1996): Die französische Aufklärung aus der Sicht Klemperers. In: lendemains 21(1996)82/83, 197–218.

4. Titel mit Orientierung auf das sprachkritische Werk Klemperers

Bochmann, Klaus (1991): Die Kritik an der Sprache des Nationalsozialismus. Eine kritische Bestandsaufnahme der in der DDR erschienenen Publikationen. In: Bohleber, Werner; Drews, Jörg (Hg.) (1991): »Gift, das du unbewußt eintrinkst ...«: der Nationalsozialismus und die deutsche Sprache. Bielefeld: Aisthesis-Verlag, 83–100.

Ehlich, Konrad (1998): »... LTI, LQI, ...« – Von der Unschuld der Sprache und der Schuld der Sprechenden. In: Kämper, Heidrun; Schmidt, Hartmut (Hg.) (1998): Das 20. Jahrhundert. Sprachgeschichte – Zeitgeschichte. Berlin; New York: de Gruyter, 275–303.

Elbers, Helmut, (1999): Intention, Entstehungsprozeß und Wirkung von Victor Klemperers ›LTI‹. Duisburg: DU (= Duisburger Materialien zur Politik- und Verwaltungswissenschaft; Nr. 1999/8).

Fischer, Kristine (1999): Victor Klemperers ›LTI. Notizbuch eines Philologen‹. Ein Kommentar. Diss. Universität Kiel (unveröffentlicht).

Ising, Erika (1988): Die Sprache im deutschen antifaschistischen Widerstand. In: Zeitschrift für Germanistik 9(1988), 404–421.

Jäger, Siegfried (1999): Sprache – Wissen – Macht. Victor Klemperers Beitrag zur Analyse von Sprache und Ideologie des Faschismus. In: Muttersprache 109(1999)1, 1–18.

Jäger, Margret; Jäger, Siegfried (1999): Gefährliche Erbschaften. Die schleichende Restauration des Denkens. Berlin: Aufbau Taschenbuch Verlag (mit ausführlichem Einleitungskapitel zu Klemperers Sprachkritik).

Kämper, Heidrun (1996): Zeitgeschichte – Sprachgeschichte. Gedanken bei der Lektüre des Tagebuches eines Philologen. In: Zeitschrift für germanistische Linguistik 24(1996)3, 328–341.

Kämper, Heidrun (1999) (fälschlicherweise als Utz Maas ausgewiesen): Sprachgeschichte – Zeitgeschichte. Die Tagebücher Victor Klemperers. In: Sprache und Literatur in Wissenschaft und Unterricht. 30(1999)83/1. Halbjahr, 97–112.

Kämper, Heidrun (2000): Sprachgeschichte – Zeitgeschichte. Die Tagebücher Victor Klemperers. In: Deutsche Sprache 28(2000)1, 25–41.

Kämper, Heidrun (2001): LQI – Sprache des Vierten Reichs. Victor Klemperers Erkundungen zum Nachkriegsdeutsch. In: Cherubim, Dieter; Burkhardt, Armin (Hg.): Semantik, Pragmatik und Sprachkritik. (Festband für Helmut Henne). Tübingen: Niemeyer (demnächst).

Kamradt, Friedrich (1958): Über den Mißbrauch der Sprache in der Zeit des Faschismus. In: Sprachpflege 7 (1958)5, 67–69 (dazu Klemperer 1958).

Kinne, Michael (1983): Zum Sprachgebrauch des deutschen Faschismus. Ein bibliographischer Überblick. In: Diskussion Deutsch 14(1983)73, 518–521.

Klare, Johannes (1996): Victor Klemperers *Lingua Tertii Imperii* (LTI) im Licht seiner im Jahr 1995 erschienenen Tagebücher 1933 bis 1945. In: lendemains 21(1996)82/83, 184–160.

Lang, Ewald (1986): Victor Klemperers ›LTI‹. In: Gessinger, Joachim (Hg.) (1986): Wem gehört die Sprache? (= Osnabrücker Beiträge zur Sprachtheorie 1986, H. 33), 69–79.

Maas, Utz (1984): Philologie als Abwehrmechanismus: Victor Klemperers LTI. In: Maas, Utz (1984): »Als der Geist der Gemeinschaft eine Sprache fand.« Sprache im Nationalsozialismus. Versuch einer historischen Argumentationsanalyse. Opladen: Westdeutscher Verlag, 209–219.

Mieder, Wolfgang (2000): »In lingua veritas«: Sprichwörtliche Rhetorik in Victor Klemperers Tagebüchern 1933–1945. Wien: Edition praesens.

Römer. Ruth (1970): Gibt es Mißbrauch der Sprache? In: Muttersprache 80(1970), 73–84.

Sauer, Christoph (1995): Sprachwissenschaft und NS-Faschismus. Lehren aus der sprachwissenschaftlichen Erforschung des Sprachgebrauchs deutscher Nationalsozialisten und Propagandisten für den mittel- und osteuropäischen Umbruch? In: Steinke, Klaus (Hg.): Sprache der Diktatoren und Diktaturen. Beiträge zum internationalen Symposium an der Universität Erlangen vom 19. bis 22. Juli 1993. Heidelberg: Winter 1995, 9–96.

Schiewe, Jürgen (1998): Die Macht der Sprache: eine Geschichte der Sprachkritik von der Antike bis zur Gegenwart. München: Beck, 209–226.

Schlosser, Horst (1996): Sprachkritik als Problemgeschichte der Gegenwart. In: Böke, Karin; Jung, Matthias; Wengeler, Martin (Hg.) (1996): Öffentlicher Sprachgebrauch. Praktische, theoretische und historische Perspektiven. Opladen: Westdeutscher Verlag, 99–109.

Seidel, Ute; Siehr, Karl-Heinz (1997/1998): Victor Klemperer – ein Thema im Deutschunterricht? In: Deutschunterricht 50(1997)12, 562–573 (Teil 1) und Deutschunterricht 51(1998)1, 37–45 (Teil 2).

Siehr, Karl-Heinz; Seidel, Ute (2000): Victor Klemperer im Deutschunterricht? – Erfahrungen und Antworten aus der Praxis! In: Deutschunterricht 53(2000)3, 164–181.

Stötzel, Georg; Wengeler, Martin (1995): Kontroverse Begriffe: Geschichte des öffentlichen Sprachgebrauchs in der Bundesrepublik Deutschland. Berlin; New York: de Gruyter, 355–382.

Techtmeier, Bärbel (1987): Bedeutung zwischen Wort und Text – Die Sprache des Faschismus im Spiegel von Victor Klemperers »LTI«. In: Neumann, Werner; Techtmeier, Bärbel (Hg.) (1987): Bedeutungen und Ideen in Sprachen und Texten. Werner Bahner gewidmet. Berlin: Akademie-Verlag, 315–324.

Watt, Roderick H. (1998): Victor Klemperer's »Sprache des Vierten Reiches«: LTI = LQI? In: German life and letters (Oxford u. a.) 51(1998)3, 360–371.

5. Filme, CDs, Bildbände u. a. Materialien

Zeugnis ablegen. Die Tagebücher des Victor Klemperer 1933–1945. 6 CD-Audio. Gelesen von Udo Samel. Funkbearbeitung Klaus Schlesinger. Berlin: Der ›Audio‹ Verlag 1996.

»Ich will Zeugnis ablegen bis zum letzten.« Aus den Tagebüchern Victor Klemperers 1933–1945. Gelesen von Gert Westphal. 9 Kassetten. Litraton: 1997.

Leben sammeln. 3 CD-Audio. Die Tagebücher des Victor Klemperer 1918–1932. Gelesen von Udo Samel. Berlin: Der ›Audio‹ Verlag 1997.

»Mein Leben ist so sündhaft lang.« Victor Klemperer – ein Chronist des Jahrhunderts. Dokumentarfilm von Ullrich Kasten und Wolfgang Kohlhaase. Ostdeutscher Rundfunk Brandenburg u. a.: 1998.

Zwischen allen Stühlen. 3 CD-Audio. Die Tagebücher des Victor Klemperer 1945–1959. Gelesen von Udo Samel. Funkbearbeitung von Klaus Schlesinger. Berlin: Der ›Audio‹ Verlag 1999.

Victor Klemperer – ein Leben in Bildern. Mit einem Nachwort von Klaus Schlesinger.

Hg. von Christian Borchert, Almut Giesecke und Walter Nowojski. Berlin: Aufbau-Verlag 1999.

Victor Klemperer – ein Leben in Deutschland. Dreizehnteilige Verfilmung der Tagebücher 1933–1945. ARD 1999.

»Und so ist alles schwankend.« Victor Klemperer – Leben nach 1945. Dokumentarfilm von Ullrich Kasten und Klaus Wischnewski. Ostdeutscher Rundfunk Brandenburg u. a.: 2000.

Zu Victor Klemperers *LTI*:
ein Auswahlregister für den Schulgebrauch[1]

(von Kristine Fischer-Hupe)

Schon Victor Klemperer hielt es bei der Planung der Erstauflage seiner *LTI* »für sehr erwünscht, genauer: für notwendig [...]«[2], dass das Buch mit einem Stichwortregister ausgestattet würde. Ein solches fehlt jedoch bis heute und ist ein offensichtliches Desiderat für das Arbeiten mit *LTI*. Eine in dieser Hinsicht erweiterte Neuauflage steht jedoch auch weiterhin nicht in Aussicht.[3]

Das vorliegende Register ist ein Doppelregister. Es versucht zum einen das zu erfassen, was Klemperer als die »LTI«, die »Sprache des Dritten Reiches« beschreibt: das Vokabular der Nationalsozialisten und Besonderheiten ihres Sprachgebrauchs (im Register *kursiv*), wichtige Symbole und Stichwörter der Zeit (z. B. Fahnen; im Register unmarkiert) sowie Vokabeln, die unter Juden und anderen Regimegegnern gebräuchlich waren (im Register *[kursiv in eckigen Klammern]*). Es enthält weiterhin einige Namen und Oberbegriffe; zentrale Stichwörter und Seitenzahlen sind **fett** gedruckt. Zum anderen verweist das Register auf Stellen in Klemperers Tagebuch der Jahre 1933–1945: siehe die Ziffern **I** bis **III** für ZA 1 (= **I**), ZA 2 (= **II**) und AS (= **III**). Dabei handelt es sich z. T. um Tagebuchstellen, aus denen einzelne *LTI*-Passagen direkt hervorgingen, z. T. um ähnliche, inhaltlich ergänzende Notizen. Diese Verweise sind nicht vollständig, sie ermöglichen aber eine oftmals spannende Gegenüberstellung der ursprünglichen Notizen mit dem fertigen Buch, bieten einen breiteren Kontext oder eine zusätzliche Beobachtung.

Das Register ist sowohl für die neueren Ausgaben von *LTI* (seit 1996) als auch für das Arbeiten mit älteren Ausgaben angelegt: Angegeben sind – jeweils mit Schrägstrich getrennt – die Seitenzahlen der 12. Auflage von 1993 (RUB 278) (mit denen bei geringer Abweichung die Seitenzahlen der meisten noch früheren Auflagen, einschließlich der ersten, übereinstimmen) und die der 16. Auflage (RUB 278, Taschenbuch) bzw. 1. Auflage (gebunden) von 1996, und zwar in der Reihenfolge: [12]1993/[16]1996.

---

[1] Das Auswahlregister ist ein Auszug aus einem wesentlich umfangreicheren Register in meiner Dissertation (K. Fischer-Hupe: »Victor Klemperers ›LTI. Notizbuch eines Philologen‹. Ein Kommentar« (erscheint demnächst)).

[2] Brief Klemperers an den Aufbau-Verlag (Herrn Wilhelm) vom 30. 12. 1946, Aufbau-Verlagsarchiv; abgedruckt in: Faber, Elmar; Wurm, Carsten (Hg.) (1991): Allein mit Lebensmittelkarten ist es nicht auszuhalten. Autoren- und Verlegerbriefe 1945–1949. Berlin: Aufbau, 156 f.

[3] Auskunft des Reclam-Verlags Leipzig, zuletzt vom Mai 2000.

295

---

[4] Das Stichwort bezeichnet Stellen, an denen Klemperer in eine biologistisch-patholo-
gistische Bildsprache verfällt.

Die Autoren

Bircken, Margrid, Dr. phil., Jg. 1951, Studium der Germanistik und Geschichte; wissenschaftliche Mitarbeiterin an der Universität Potsdam, Inst. f. Germanistik, Lehrgebiet Neuere deutschsprachige Literatur; Forschungsschwerpunkt Generationsentelechien schreibender Frauen im 20. Jh.; Vorsitzende der Brigitte-Reimann-Gesellschaft; seit 1994 Redakteurin des Jahrbuches *Argonautenschiff* der Anna-Seghers-Gesellschaft Berlin u. Mainz e. V.

Dieckmann, Walther, Prof. Dr. phil., Jg. 1933, Studium der Germanistik, Geschichte und Politologie, Promotion 1963, seit 1966 Professor für Linguistik zunächst in den USA, ab 1971 an der Freien Universität Berlin; zahlreiche Publikationen auf den Gebieten Deutsche Sprache der Gegenwart, Sprache in der Politik, Sprache und Kommunikation in Institutionen, Sprachgeschichte seit 1800, seit 1998 emeritiert.

Diekmann, Irene, Dr. phil., Jg. 1952, Studium der Geschichte und Germanistik; wissenschaftliche Mitarbeiterin am Lehrstuhl für Neuere Geschichte II (Schwerpunkt: deutsch-jüdische Geschichte) an der Universität Potsdam; Arbeitsschwerpunkte und Publikationen zu den Bereichen Juden in Brandenburg, Oral history; Tätigkeit in pädagogischen Programmen und in der Lehrerweiterbildung.

Fischer-Hupe, Kristine, Dr. phil., Jg. 1970, Studium Deutsch und Geschichte für das Lehramt an Gymnasien in Kiel und Karlstad (Schweden), Promotion in Sprachwissenschaft, zurzeit Mitarbeit am DFG-Projekt »Sprachreflexion im ersten Nachkriegsjahrzehnt 1945–1955« unter Leitung von Heidrun Kämper am Institut für deutsche Sprache in Mannheim; Arbeitsschwerpunkte: Sprachgeschichte des 20. Jahrhunderts, lexikalische Semantik.

Gansel Christina, Prof. Dr. phil. habil., Jg. 1957, lehrt als apl. Professorin am Institut für Deutsche Philologie der Ernst-Moritz-Arndt-Universität Greifswald in den Bereichen Sprach- und Kommunikationswissenschaft; Studium Germanistik, Slawistik, Pädagogik, Psychologie, Philosophie in Güstrow, 1984 Promotion zur Semantik und Valenz von Adjektiven; 1989 Habilitation zur Semantik von Verben in kognitionspsychologischer Sicht; Schwerpunkte in Lehre und Forschung: Lexikon und Grammatiktheorien, Psycholinguistik, Textlinguistik, Semantik, Wissenschaftsgeschichte, Kommunikationswissenschaft, Inhaltsanalyse.

Kämper Heidrun, Dr. phil., Jg. 1954, Studium der Fächer Germanistische Linguistik, Deutsche Literaturwissenschaft, Politologie in Hamburg und Braunschweig, bis 1993 wissenschaftliche Mitarbeiterin an der TU Braunschweig; Mitarbeit bei der Neubearbeitung des *Deutschen Wörterbuchs* von H. Paul; seit 1993 wissenschaftliche Mitarbeiterin am Institut für deutsche Sprache in Mannheim, u. a. Mitarbeit am *Deutschen Fremdwörterbuch*; zurzeit Leiterin eines von der DFG geförderten Projekts *Zeitreflexion im ersten Nachkriegsjahrzehnt. Ein Beitrag zur Sprachgeschichte des 20. Jh.*; Forschungsschwerpunkte: Forensische Linguistik, Sprache des Nationalsozialismus, Historische Semantik, Lexikographie, Nachkriegsdeutsch.

Jäger, Siegfried, Prof. Dr., Jg. 1937, Studium der Germanistik, Anglistik, Philosophie und Kunstgeschichte; Hochschullehrer an der Gerhard-Mercator-Universität – GH Duisburg, Leiter des Duisburger Instituts für Sprach- und Sozialforschung (DISS); Arbeitsschwerpunkte: Diskurstheorie und Diskursanalyse, Rechtsextremismus, Rassismus (mehrere Buchveröffentlichungen).

Klose, Dagmar, Prof. Dr. phil. habil., seit 1993 Inhaberin des Lehrstuhls Didaktik der Geschichte an der Universität Potsdam; Studium der Germanistik, Geschichte, Pädagogik und Psychologie; Arbeit als Lehrerin und Lehrerbildnerin; Interessenschwerpunkte in Lehre und Forschung: Historisches Lernen im Kindes- und Jugendalter; Probleme von Geschichtsbewusstsein und Geschichtskultur in der Gesellschaft, Entwicklung des Schulgeschichtsbuches und anderer Medien.

Nowojski, Walter, Jg. 1931, wohnhaft in Eichwalde bei Berlin; Abitur an der Arbeiter-und-Bauern-Fakultät Potsdam, Studium der Germanistik; 1956 Verlagslektor, ab 1959 Literaturredakteur beim DDR-Rundfunk, später Chefdramaturg des Hörspiels; Anfang der 70er Jahre Wechsel zum DDR-Fernsehen; 1974 wegen politischer Differenzen Hausverbot und Entlassung; ab 1975 Chefredakteur der Zeitschrift *Neue Deutsche Literatur*; seit 1978 Arbeit am Nachlass Victor Klemperers; Herausgabe von Klemperers *Curriculum vitae* und der Tagebücher 1918–1959; Mitarbeit an *Mein Leben ist so sündhaft lang* (Dokumentarfilm, 1988), *Victor Klemperer – Ein Leben in Bildern* (Bildband, 1999).

Petsche, Hans-Joachim, Prof. Dr. phil. habil., Jg. 1953, Studium der Mathematik, Physik und Philosophie; apl. Professor am Institut für Philosophie der Universität Potsdam; hauptsächliche Arbeits- und Veröffentlichungsschwerpunkte: philosophische Probleme der Mathematik und der Naturwissenschaften sowie philosophische Fragen des wissenschaftlich-technischen Fortschritts.

Schübel, Adelbert, Prof. Dr. habil., Jg. 1943, acht Jahre Deutschlehrer in der Schulpraxis, seit über 25 Jahren in der Lehrerausbildung auf dem Gebiet der Didaktik und Methodik des Deutschunterrichts tätig; unter anderem in Zwickau, Kiel, Berlin und Potsdam; seit 1990 verantwortlich für die Didaktik und Methodik des Muttersprachunterrichts an der Universität Potsdam; die wissenschaftlichen Schwerpunkte liegen im Bereich der Sprachdidaktik, insbesondere der Rechtschreibung.

Seidel, Ute, Dr. phil., Jg. 1938, Universität Potsdam, wissenschaftliche Mitarbeiterin im Bereich Kommunikationslinguistik des Instituts für Germanistik, Studium der Germanistik und Geschichte zwischen 1958 und 1962 an der PH Potsdam, Promotion 1970 zu Fragen der politischen Lexik; Arbeitsschwerpunkte: Stilistik, Linguistik und Poetik, Sprachkritik, Sprachspiel; Aufsätze u. a. zu Gewaltmetaphorik Klemperers im Unterricht.

Siehr, Karl-Heinz, Dr. phil., Jg. 1956, wissenschaftlicher Mitarbeiter im Bereich Angewandte Sprachwissenschaft des Instituts für Germanistik an der Universität Potsdam; 1978–1982 Lehrerstudium für Deutsch und Geschichte, 1986 Promotion auf dem Gebiet der Textlinguistik; Arbeitsschwerpunkte und Publikationen zur Sprachkritik, Geschichte der Germanistik nach 1945, Text- und Kommunikationslinguistik, Varietätenlinguistik; Tätigkeit in der Lehrerweiterbildung.

Techtmeier, Bärbel, Prof. Dr. sc. phil., Jg. 1938, Studium der Romanistik; im Ruhestand, davor Forschung und Lehre an der Akademie der Wissenschaften der DDR und an der Universität Potsdam; fachliche Spezialgebiete: Pragmatik, Text- und Gesprächsanalyse, Soziolinguistik, Lexikologie/Semantik.

»Victor Klemperer im Unterricht«: Aufruf zur Etablierung eines Diskussionsforums

Leben und Werk des Romanisten und Philologen Victor Klemperer sind spätestens seit der Herausgabe seiner Tagebücher auch für die Schule eine überaus interessante Herausforderung geworden. Es zeigt sich, dass Teile seines Werkes für den Unterricht beträchtliche Potenzen bereit halten. Nicht wenige Lehrerinnen und Lehrer der Fächer Deutsch, Geschichte, Politische Bildung, Religion oder Lebensgestaltung/Ethik u. ä. nutzen diese Möglichkeit bereits mehr oder weniger intensiv und systematisch. Andere Kolleginnen und Kollegen werden vielleicht durch Beiträge in diesem Band angeregt, sich im Unterricht mit Klemperer zu befassen. Der vor wenigen Monaten durchgeführte Victor-Klemperer-Jugendwettbewerb hat den Prozess der schulischen Auseinandersetzung mit Klemperer zweifellos befördert.

Angesichts der Relevanz, der Komplexität, aber auch der Problemhaltigkeit des Stoffes wäre es vorteilhaft, wenn ein Austausch der Erfahrungen zustande käme, der über den Kreis der schulischen Fachzirkel oder lokaler Weiterbildungsveranstaltungen hinausginge. Aus diesem Grunde wird hier der Vorschlag unterbreitet, ein Diskussionsforum »Victor Klemperer im Unterricht« zu entwickeln. Es geht darum, bereits vorliegende oder in nächster Zeit zu erwartende Erfahrungen im unterrichtlichen Umgang mit der Biografie und mit Texten Klemperers zu sammeln und in einer geeigneten Form interessierten Nutzern zugänglich zu machen. Gedacht ist in erster Linie an eine Veröffentlichung im Internet, möglicherweise werden aber auch traditionelle Publikationsformen ergänzend genutzt. Es ist ausdrücklich erwünscht, dass sich auch Wissenschaftler der verschiedenen Disziplinen an dieser Debatte beteiligen. Letztlich geht es darum, in Lehrerkreisen und zwischen Schule und Wissenschaft einen systematischen, fachwissenschaftlich und fachdidaktisch unterstützten Diskussionsprozess zum Thema »Klemperer und Schule« zu organisieren, der von einer soliden Materialbasis getragen wird und theoretisch untersetzt ist. Als Ergebnis sollte eine spezifische Datenbank entstehen, die sich vor allem für die Lehrerinnen und Lehrer der o. g. Fächer als praktische Hilfe erweisen soll.

Angesprochen sind mit diesem Aufruf alle Lehrerinnen und Lehrer, die ihre Erfahrungen im Umgang mit Klemperer-Texten anderen Kolleginnen und Kollegen mitteilen möchten. Die Form der Erfahrungsberichte sei nicht weiter vorbestimmt; es sollten nicht allzu lange, gut lesbare, den praktischen Bedürfnissen eines Lehrers gerecht werdende Texte sein, die inhaltlich etwas über die spezifischen Ausgangsbedingungen in der Klasse, die Zielstellung, die Grobstruktur der Unterrichtssequenz und über die kritische Reflexion der Ergebnisse aussagen.

Wer für dieses Anliegen einen Beitrag leisten möchte, sollte an die unten genannte Adresse außer einem Ausdruck des Textes eine Diskettenversion in einem gängigen Textformat (möglichst Word f. Windows, ansonsten RTF-Format) einreichen. Vor jeder Art von Veröffentlichung wird mit dem Autor bzw. mit der Autorin Rücksprache gehalten; die Autorenrechte bleiben stets gewahrt. Ist eine Veröffentlichung aus irgendeinem Grund nicht möglich, werden die Materialien zurückgegeben.

Kontaktadresse:
Dr. Karl-Heinz Siehr, Universität Potsdam, Inst. f. Germanistik
Stichwort: Diskussionsforum »Victor Klemperer im Unterricht«
PF 60 15 33
D-14415 Potsdam
Tel: 0331/977 24 82 oder 0331/977 22 02
E-Mail: siehr@rz.uni-potsdam.de

Allen bereits an dieser Stelle ein herzliches Dankeschön.

Dr. K.-H. Siehr

Literarische Spaziergänge mit Büchern und Autoren

Das Kundenmagazin der Aufbau-Verlage.
Kostenlos in Ihrer Buchhandlung

Aufbau-Verlag Rütten & Loening Aufbau Taschenbuch   Gustav   Der >Audio< Verlag
                                  Verlag   Kiepenheuer

Oder direkt: Aufbau-Verlag, Postfach 193, 10105 Berlin
e-Mail: marketing@aufbau-verlag.de
www.aufbau-taschenbuch.de

Victor Klemperer

Leben sammeln
nicht fragen wozu und warum
Tagebücher 1918–1932

Herausgegeben von Walter Nowojski
unter Mitarbeit von Christian Löser
6 Bände in Kassette
2012 Seiten
Band 5513
ISBN 3-7466-5513-7

Ein Stempel des Arbeiter- und Soldatenrates macht es möglich: Victor Klemperer, gerade den Revolutionswirren und der zerbrechenden Front im Osten entkommen, kann vorläufig in Leipzig bleiben. Aber die ersehnte Rückkehr ins zivile Leben gestaltet sich schwieriger als erwartet. Er möchte endlich wieder arbeiten, Vorlesungen halten – doch wo? Auch in der Beziehung zu Eva, seiner Ehefrau seit 1906, deuten sich Konflikte an. Während er im Buchprüfungsamt Ober-Ost in Wilna Kriegsdienst leistete, hatte Eva in Leipzig Orgelstunden genommen. Ihre Liebe zur Musik weckt seine Eifersucht. Dann bietet München berufliche Hoffnungen: Im Februar 1919 hält Victor Klemperer seine erste Vorlesung nach dem Krieg und gibt Kurse über französische und deutsche Literatur für junge Kriegsteilnehmer. Über die turbulenten Ereignisse um die Münchner Räterepublik schreibt er unter Pseudonym Berichte für die Leipziger Neuesten Nachrichten und erwägt Pläne, zum politischen Journalismus überzuwechseln. Doch bei der Aussicht, eine Professur in Dresden zu erhalten, überwiegt wieder die Freude am Lehren. Nach monatelangem Bangen – einem Wechselbad von Zweifel und Hoffnung – trifft im Dezember die Berufung zum ordentlichen Professor an der Technischen Hochschule in Dresden ein.

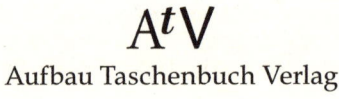

Aufbau Taschenbuch Verlag

Victor Klemperer

Ich will Zeugnis ablegen
bis zum letzten
Tagebücher 1933–1945

*Herausgegeben von Walter Nowojski
unter Mitarbeit
von Hadwig Klemperer
8 Bände in Kassette*

*1800 Seiten
Band 5514
ISBN 3-7466-5514-5*

Victor Klemperers Tagebücher haben sich als unverzichtbare und unvergleichliche Zeitdokumente von außergewöhnlicher Faszination erwiesen. »Beobachten, notieren, studieren« – das war die ständige Forderung, die er an sich selbst stellte. Seine minutiösen Notizen über den Alltag der Judenverfolgung mitten in einer deutschen Großstadt lösten die selbstgesetzte Chronistenpflicht des zwangsemeritierten jüdischen Professors ein, den die Liebe seiner nichtjüdischen Ehefrau Eva vor der Deportation bewahrte. Tag für Tag, trotz ständiger Todesgefahr, Zwangsarbeit und entwürdigender Existenz im »Judenhaus«, hielt Victor Klemperer fest, was er erlebte, hörte, sah, was ihm zugetragen wurde: den täglichen Terror mit Razzien, ständig neuen Verboten und Schikanen, gelegentlich auch Gesten der Solidarität von Unbekannten, Gerüchte, politische Witze oder Bericht von Frontsoldaten. Er wollte der »Kulturgeschichtsschreiber der Katastrophe« sein, er wurde darüber hinaus auch der Chronist von bewegenden Schicksalen und Familientragödien, über die die Zeit hinwegging.

Aufbau Taschenbuch Verlag

Victor Klemperer

So sitze ich denn
zwischen allen Stühlen
Tagebücher 1945–1959

*Herausgegeben von Walter Nowojski
unter Mitarbeit von Christian Löser
Mit einem Nachwort
von Walter Nowojski*

*2 Bände in Kassette
1824 Seiten, Gebunden
ISBN 3-351-02393-6*

Über die Geschichte Nachkriegsdeutschlands kann künftig nicht geredet werden, ohne Klemperers Aufzeichnungen heranzuziehen. In der unvergleichbaren Mischung aus minutiöser Genauigkeit, manischer Zeitzeugenschaft und schonungsloser Aufrichtigkeit reflektieren seine Tagebücher den Weg zunehmender Enttäuschung über das Mißlingen eines radikalen Neuanfangs nach dem »Dritten Reich«.

   Es ist das letzte Lebenskapitel des bürgerlichen Humanisten, der seine Liebe zu einem Deutschland der klassischen Aufklärung nie realisieren konnte, und der Abschluß einer einmaligen Jahrhundertschau.

»Durch vier Epochen deutscher Geschichte führt sein unvergleichliches Œuvre. Fast beiläufig, ohne es zu wollen und zu wissen, ist er zum großen Chronisten des Jahrhunderts geworden.«

Die Zeit

Aufbau-Verlag

Victor Klemperer
Curriculum vitae
Erinnerungen 1881-1918

Herausgegeben von Walter Nowojski
Mit Anmerkungen, Personenregister und
einem Nachwort von Walter Nowojski
2 Bände in Kassette
Etwa 1380 Seiten
Band 5500
ISBN 3-7466-5500-5

Zwangsweise emeritiert, durch vielerlei Verbote in seiner wissenschaftlichen Arbeit gehindert, begann der Dresdner Romanist Victor Klemperer 1939 mit der Niederschrift seiner Autobiographie. »Mit dem Bibliotheksverbot bin ich nun buchstäblich arbeitslos geworden. Ich
habe mir vorgenommen, nun wirklich einen Vita-Versuch zu wagen.«
So hatte er es in seinen kürzlich erschienenen Tagebüchern notiert, die
mit dem Alltag der Judenverfolgung auch die entwürdigenden Umstände festhielten, unter denen die »Vita« entstand: jenes geschliffene
Zeit- und Sittenbild des deutschen Mittelstandes vor und nach der
Jahrhundertwende von höchster Genauigkeit, ohne Sentimentalität
oder Bitterkeit.

»Das ist das schlechterdings Fabelhafte der Prosa-Existenz Victor Klemperers: seine unter gar allen Umständen gleichbleibende Genauigkeit,
die sich oft genug auswächst zu einer Unerbittlichkeit gegen ihn selbst.«
Martin Walser in seiner Laudatio auf Victor Klemperer
zur Verleihung des Geschwister-Scholl-Preises 1995

A^{t}V
Aufbau Taschenbuch Verlag

Victor Klemperer
Ein Leben in Bildern

*Herausgegeben von Christian
Borchert, Almut Giesecke
und Walter Nowojski*

*Mit 322 Abbildungen
224 Seiten. Gebunden
ISBN 3-351-02399-5*

Als Eva und Victor Klemperer im Mai 1940 aus ihrem Haus in Dölzschen vertrieben wurden, konnten sie nur das Allernötigste ins »Judenhaus« mitnehmen. Vieles mußten Sie vernichten, der Rest verbrannte
in der Bombennacht vom 13. Februar 1945 auf dem Speicher. Das erhaltene, nach 1945 umfangreicher vorhandene Fotomaterial wird in
diesem Bildband durch dokumentarische Raritäten ergänzt, die Klemperers Lebens- und Arbeitswelt anschaulich machen und Schnitt-
punkte zur Kultur- und Zeitgeschichte bieten. Die begleitenden Texte
aus den Tagebüchern setzen mosaikartig Victor Klemperers Selbstpor-
trät zusammen: der leidenschaftliche Chronist, der brillante Erzähler,
der ehrgeizig Planende und immer wieder Enttäuschte, der schonungs-
lose Kritiker eigener Schwächen, der Zweifelnde, der Desillusionierte.

Aufbau-Verlag

Victor Klemperer
Ein Leben in Deutschland
Original Soundtrack

CD mit Booklet (8 Seiten)
51 min. 13 Titel
Mit Daniel Barenboim
und der Staatskapelle Berlin
ISBN 3-89813-020-7

»Ich glaube, diese Klemperer-Bücher bringen einen Aspekt zur Diskussion, der manchmal vergessen wird. Nicht allein, daß die Deutschen so viele Millionen von Juden ermordet haben; was die Sache noch viel schlimmer macht, ist, wie deutsch sich diese Juden gefühlt haben. Dieser Aspekt und daneben die kulturelle Existenz eines Menschen wie Klemperer kommen in den Tagebüchern sehr klar zum Ausdruck. Ich glaube, hier versteht man besser oder eben garnicht, wie es zu all dem gekommen ist, und was man, um es positiv zu sehen, in Zukunft auf jeden Fall vermeiden muß, damit dergleichen nicht wieder passiert. Das hat mich an den Büchern einfach sehr, sehr bewegt, und deswegen habe ich auch gleich ja gesagt, als man mich fragte, ob ich die Musik zu ihrer Verfilmung aufnehmen wolle.«

Daniel Barenboim

Der Audio Verlag

Anna Seghers

Das siebte Kreuz
Ein Roman aus
Hitlerdeutschland

Mit einem Nachwort
von Sonja Hilzinger

432 Seiten
Band 5177
ISBN 3-7466-5177-8

Aus sieben gekuppten Platanen wurden im Konzentrationslager West-
hofen Folterkreuze für sieben geflohene Häftlinge vorbereitet. Sechs
der Männer müssen ihren Fluchtversuch mit dem Leben bezahlen. Das
siebte Kreuz aber bleibt frei.

»Das bedeutendste Buch des Exils über das ›Dritte Reich‹«.
Hans Albert Walter

Aufbau Taschenbuch Verlag

Erwin Strittmatter

Vor der Verwandlung
Aufzeichnungen

*Herausgegeben
und mit einem Nachwort
von Eva Strittmatter*

*173 Seiten
Band 5431
ISBN 3-7466-5431-9*

Erwin Strittmatter erinnert sich an ein ganz besonderes Jahr: an die
Zeit, in der er den letzten Teil seiner »Laden«-Trilogie beendete, acht-
zig Jahre wurde und den Höhepunkt seines literarischen Ruhms erlebte. Verknüpft mit lebensvollen, skurrilen Geschichten und ironi-
schen Zeitbetrachtungen spricht er mit bewegender Offenheit über
sich selbst, über seine Skrupel gegenüber dem Geschriebenen, den
Zweifeln vor den Erwartungen, von seinen Ängsten und seinen Versuchen, das Altwerden zu lernen.

»Ein Abschiedsbuch, wie es bewegender nicht sein kann.«
Frankfurter Rundschau

Aufbau Taschenbuch Verlag

Brigitte Reimann
Ich bedaure nichts
Tagebücher 1955–1963

Herausgegeben
von Angela Drescher

429 Seiten
Band 1536
ISBN 3-7466-1536-4

So manisch, wie sie alles betrieb, hat Brigitte Reimann seit ihrer Jung-
mädchenzeit Tagebuch geführt. Da sie die frühen Notizen vernichtete,
setzen ihre Tagebücher erst 1955 ein, als sie sich von ihrem ersten Ehe-
mann zu trennen begann, den Schriftsteller Siegfried Pitschmann ken-
nenlernte und erste Erfolge mit ihren Büchern hatte. Fasziniert verfolgt man die Geschichte einer so begabten wie lebenshungrigen und
kompromißlosen Frau, das Dokument einer Emanzipation von herrschenden Moralvorstellungen, dogmatischen Erwartungen und einer
politischen Desillusionierung.

Ein Parlando, in dem der Odem großer Literatur weht. Ich kann mich
nicht erinnern, das Buch einer Frau in deutscher Sprache gelesen zu haben, in dem die Sehnsucht nach Liebe mit einer solchen Sinnlichkeit
und Intensität gezeigt wurde. Dieses Buch hat die Qualität eines Ro-
mans und die Vorzüge eines Tagebuchs. Es hat mich ergriffen.
Marcel Reich-Ranicki im Literarischen Quartett

A*t*V
Aufbau Taschenbuch Verlag

Christoph Hein

Der fremde Freund

Novelle

224 Seiten
Band 1122
ISBN 3-7466-1122-9

»Meine undurchlässige Haut ist eine feste Burg«, sagt die Ärztin Claudia von sich. Kühl und leidenschaftslos hat sie ihr Leben kalkuliert, es ist so nüchtern wie ihr Einzimmer-Appartement. Die Begegnung mit einem spontanen, risikobereiten Mann und dessen plötzlicher Tod irritieren sie nur kurz. Der Panzer sitzt perfekt. Ihr fehlt nichts. Es geht ihr gut.

»Ein Buch, so still, daß man die Schreie hört, die da verschluckt werden.«

Rolf Michaelis

A^{t}V
Aufbau Taschenbuch Verlag